기도의 스승 프란치스코

레온하르트 레만 지음
신우창 / 이진행 옮김

FRANCESCO MAESTRO DI PREGHIERA © 1993,
ISTITUTO STORICO DEI CAPPUCCINI, ROMA
COPYRIGHT © LEONHARD LEHMANN, 1993
KOREAN TRANSLATION COPYRIGHT © FRANCISCANPRESS, 2017

기도의 스승 ㅜ 프란치스코

교회 인가 | 서울대교구 2017년 10월 24일
1판 1쇄 | 2017년 11월 1일
1판 3쇄 | 2024년 6월 29일

지은이 | 레온하르트 레만 (Leonhard Lehmann, OFM. Cap.)
옮긴이 | 신우창 / 이진행
펴낸이 | 김상욱
만든이 | 이상호
만든곳 | 프란치스코 출판사 (제2-4072호)
주 소 | 서울시 중구 정동길 9
전 화 | 02-6325-5600
팩 스 | 02-6325-5100
이메일 | franciscanpress@hanmail.net

ISBN 978-89-91809-61-1 93230
정 가 | 15,000원

이 도서의 국립중앙도서관 출판사도서목록(CIP)은
e-cip 홈페이지(http://www.nl.go.kr/ecip)와 국가자료공동목록시스템
(http://www.nl.go.kr/kolisnet)에서 이용하실 수 있습니다.
CIP제어번호 CIP2017027108

기도의 스승 프란치스코

레온하르드 레만 지음

신우창 / 이진행 옮김

프란치스칸 원천의 약어

❖ 프란치스코의 글[1]

권고	권고들
노래 권고	들으십시오, 가난한 자매들이여(노래 형식의 권고)
덕 인사	덕들에게 바치는 인사
동정녀 인사	복되신 동정 마리아께 드리는 인사
레오 축복	레오 형제에게 준 축복
레오 편지	레오 형제에게 보낸 편지
마지막 원의	클라라와 그의 자매들에게 써 보낸 마지막 원의
1보호자 편지	보호자들에게 보낸 편지1
2보호자 편지	보호자들에게 보낸 편지2
봉사자 편지	어느 봉사자에게 보낸 편지
비인준 규칙	인준받지 않은 수도규칙

---

[1] 일반적으로 글들의 번역은 F. OLGIATI, 『Gli scritti di Francesco e Chiara d'Assisi』, Padova, 1987에서 인용했는데, 이는 이탈리아어 프란치스칸 소품집인 프란치스칸 원천들(Fonti Francescane(FF), Padova, 1986)의 "editio minor"와 일치한다. 하지만 몇몇 경우에는 K. ESSER, 『Gli scritti di san Francesco, Nuova edizione critica e versione italiana』, Padova, 1982에 있는 F. GAMBOSO의 번역이나 L. CANONICI, 『Scritti ed opuscoli di s. Francesco e s. Chiara d'Assisi』, Assisi, 1980의 번역을 선호해 취하였다.

생활 양식	클라라와 그의 자매들에게 준 생활 양식
성직자 편지	성직자들에게 보낸 편지
수난 성무	주님의 수난 성무일도
시간경 찬미	시간경마다 바치는 찬미
1신자 편지	신자들에게 보낸 편지1
2신자 편지	신자들에게 보낸 편지2
십자가 기도	십자가 앞에서 드린 기도
안토니오 편지	안토니오 형제에게 보낸 편지
유언	유언
은수처 규칙	은수처를 위한 규칙
인준 규칙	인준받은 수도규칙
주님 기도	"주님의 기도" 묵상
지도자 편지	백성의 지도자들에게 보낸 편지
찬미 권고	하느님 찬미의 권고
태양 노래	태양 형제의 노래(피조물의 노래)
하느님 찬미	지극히 높으신 하느님께 드리는 찬미
형제회 편지	형제회에 보낸 편지

✣ **클라라의 글**

1아녜스 편지	프라하의 아녜스에게 보낸 편지1
2아녜스 편지	프라하의 아녜스에게 보낸 편지2

3아녜스 편지	프라하의 아녜스에게 보낸 편지3
4아녜스 편지	프라하의 아녜스에게 보낸 편지4
에르멘 편지	에르멘트루디스에게 보낸 편지
클라라 규칙	클라라의 수도규칙
클라라 유언	클라라의 유언

✧ 프란치스코와 클라라의 전기[2]

대전기	성 프란치스코의 대전기(보나벤투라)
소전기	성 프란치스코의 소전기(보나벤투라)
세 동료	세 동료들의 전기
아씨시 편집본	아씨시의 편집본(페루자 전기)
익명의 페루자	수도회의 기원 혹은 창설에 대하여
잔꽃송이	성 프란치스코의 잔꽃송이
1첼라노	성 프란치스코의 제1생애
2첼라노	성 프란치스코의 제2생애
3첼라노	복되신 프란치스코의 기적 모음집
클라라 전기	아씨시의 성녀 클라라의 전기(토마스 첼라노)

---

2 전기의 증언들은 여기서 일련의 번호와 함께 『FF』로 표시되는 Fonti Francescane, Assisi, 1977[⁺1990]에 따라 인용하였다.

차례

프란치스칸 원천의 약어   5
머리말   10

1 성 프란치스코와 기도하기   13

2 삶의 의미를 찾아서   39

3 우주적 경배   63

4 명확하고 구체적인 초대   85

5 성무일도의 준비   107

6 시편을 활용한 파스카 신비 묵상   135

7 성탄 신비에 대한 시편 묵상   175

8 마리아 찬미　　　193

9 주님의 기도에 대한 묵상　　　231

10 사탄을 부끄럽게 하는 덕들　　　273

11 당신, 언제나 오직 당신　　　299

12 하느님 당신[Tu]에게서 형제 당신[tu]으로　　　339

13 확고한 의지와 그분의 은총만을 통해 하느님께 이르다　　　359

14 하느님의 창조에 대한 찬미가　　　393

15 작별 인사　　　433

참고 문헌　　　456

머 리 말

이 책은 30여 년 전, 아씨시 성인의 내면에서 그를 움직인 동기와 그에게 살아계시며 참된 분이신 하느님과의 지속적이고 깊은 관계에서 내가 성 프란치스코를 재발견하는 데 도움을 준 두 가지 체험을 모아 수렴하고자 하는 열망에서 탄생하였다.

첫 번째 경험은 로마의 교황청립 안토니아눔 대학교[Pontificia Università Antonianum]에서 통과한 박사 논문을 쓰기 위해 프란치스코의 글에 관한 고된 연구를 한 것이었다. 이 작업은 나에게 인격적이고 깊이 있게 아씨시 성인의 기도문이 가진 풍요와 아름다움으로 들어가게 해주었다.

다른 경험은 피정이나 양성 같은 사목 활동을 하면서 전개되었다. 학문적 수준에서 발견한 것을 실천적인 삶에 적용하려고 노력하는 가운데, 오늘날에도 이 오래된 글들이 여전히 하느님과 인격적으로 만날 수 있게 한다는 것을 놀라운 마음으로 확인하였다.

이 두 체험이 만나서 이 책을 연구서이자 묵상서로 만들었다. 그 연구와 묵상의 대상은 역사 비평이 친저성을 인정한 프란치스코의 기도들이다. 그리고 프란치스칸 영성의 주요한 주제들을 생생하게 하고 구체화하기 위해서, 세 개의 장을 제외한 모든 장을 실천적 제안으로 마무리하는 것이 유용해 보였다. 이 제안들은 문화적 배경에 맞게 적용되고 바뀔 수 있다. 부디 이 제안들이 프란치스코를 "머리"와 "마음"으로 만나고, 그에게서 기도 체험을 하는 길과 방법을 발견하고 배우는 데 도움이 되기를 바란다.

이런 의미에서 이 책은 프란치스코의 기도에 관심을 가지고 인격적 체험을 하고자 하는 개인만이 아니라, 우리를 유일한 스승이신 예수 그리스도께 이끄기만을 겸손하게 바라는 프란치스코 같은 스승에게 기도하는 법을 배우고자 함께 작업할 준비가 된 수도 공동체나 젊은이들의 모임도 대상으로 한다.

1989년에 이 책의 초본이 독일어로 출판되었고, 2007년에 새 판이 나왔다. 중요한 번역본으로는 이탈리아어본(로마, 1993)을 들 수 있는데, 왜냐하면 이 번역본이 브라질리안-포르투갈어본(피라시카바, 1997), 제고어본(프라하, 1998), 스페인어본(마드리드, 1998), 영어본(델리, 1999), 폴란드어본(크라쿠프, 2003), 그리고 프랑스어본(파리, 2016) 번역을 위한 길을 열어 주었기 때문이다. 아직 나오지는 않았지만, 출판이 예정된 번역본으로는 말라얄람어본(케랄라, 인도), 인도네시아어본과 타일랜드어본이 있다.

특별히 기쁜 마음으로 한국어 번역본을 위한 이 머리말을 쓴다. 나는 이 아시아 언어의 철자조차도 알지 못하지만, 열정적인 믿음과 끈기 있는 학습으로 나에게 항상 강한 인상을 준 한국 학생들을 알고 있다. 내 생각과 말을 우리와 매우 다른 그들의 생각과 말로 번역해낸 이들에게 깊은 감사를 전한다. 너그러우신 하느님 아버지께서 그들에게 갚아 주시고 "건강과 평화"(salute e pace, 성 프란치스코)로 축복해 주시기를.

2017년 3월 19일, 성 요셉 축일에 로마에서
레온하르트 레만

1
성 프란치스코와 기도하기

프란치스코의 기도의 일반적 요소

프란치스코라는 인물이 오늘날 점점 더 많은 관심을 끄는 이유는 의심할 여지 없이 그의 평화에 대한 열정과 자연에 대한 사랑, 그리고 권력과 성공 앞에서의 자유로움에서 찾아야 할 것이다. 그러나 그의 삶의 비밀은 더욱 심원한 것으로서, 그것은 으뜸선이시고 살아 계시며 참되신 사랑스러운 하느님께 대한 믿음과 흔들리지 않는 신뢰에 기반을 두고 있다.

프란치스코의 기도들은 우리에게 전해진 가장 아름다운 글들에 속할 뿐 아니라, 하느님께 대한 그의 개인적인 체험의 풍요함을 알려주고, 참된 영성에 목말라 하며 기도의 스승을 필요로 하는 우리 시대에 또 하나의 기준점이 된다.

장소와 글들: 프란치스코의 기도에 관한 증언들

기도와 묵상은 프란치스코의 삶에서 중심을 차지하고 있으며, 실로 그의 인격의 참된 비밀을 만들어낸다. 성 다미아노, 카르체리, 리에티 계곡의 산비탈에 있는 은수처들(포지오 부스토네, 그렉치오, 폰테 콜롬보)과 라베르나 등 초기 프란치스칸 운동의 장소들을 방문한 이라면 누구라도 쉽게 이 말을 받아들일 수 있으리라. 이 은수처들은 프란치스코가 기도하고 묵상하기 위해 외딴곳으로 가고자 했던 열망이 얼마나 강했는지를 명확하게 보여주고 있다.

프란치스코의 기도 방식과 특성은 무엇보다도 그의 글에 잘 나타나는데, 이 글들은 모두 "기도와 헌신의 영"(spiritus orationis et devotionis: 「인준 규칙」 5,2; 「안토니오 편지」 2)으로 충만하다. 예를 들어, 우리는 프란치스코가 단식하고 기도하면서 「인준받은 수도규칙」을 작성했다는 것을 알고 있다. 레오 형제에게 준 양피지는 라 베르나 산에서 오상을 받은 후에 써 준 것이다. 그리고 「태양 형제의 노래」는 마지막 병중에 있었을 때 오랫동안 묵상한 기도의 열매이다.

그는 편지들에서도 다양한 형태의 기도를 끊임없이 삽입한다. 십자가의 표시(「2신자 편지」; 「형제회 편지」)나 축복(「봉사자 편지」; 「레오 편지」)으로 시작하고, 보통은 다시 한번 축복으로 마무리한다. 편지의 단락 전체가 훌륭한 기도, 기쁨의 탄성이나 묵상인 경우도 있다(참조: 「2신자 편지」 54-62; 「형제회 편지」 27.38-39.50-52). 「인준받지 않은 수도규칙」에는 기도에 관한 긴 가르침이 들어 있고(「비인준 규칙」 22), '프란치스칸 감사송'이라고 정의할 수 있는 긴 찬미가가 이어진다. 왜냐하면 "당신께 감사드리나이다"(「비인준 규칙」 23)라는 후렴이 고정적으로 반복되어 나오기 때문이다.[1]

그러나 우리에게 중요한 것은 형식에서나 내용 면에서 참되고 고유한 기도를 이루는 그런 글들이다. 그것들은 문학적으로 볼 때 프란치

---

1   L. Lehmann, 「"Gratias agimus tibi". Structure and Content of Chapter 23 of the Regula non bullata」, 『Laurentianum』 23 (1982), 312-375.

스코의 글 중 가장 아름다운 글에 속한다고 여겨진다. 이는 저 유명한 「태양 형제의 노래」에만 해당하는 것이 아니라 잘 알려지지 않은 다른 기도들, 예를 들어 「하느님 찬미의 권고」에도 해당한다.

이런 기도들을 특징짓는 요소들은 찬양과 감사, 흠숭이다. 하지만 청원 기도는 아주 드물다. 청원 기도는 두 경우, 즉 「십자가 앞에서 드린 기도」와 「형제회에 보낸 편지」를 끝맺는 기도에만 나온다(「형제회 편지」 50-52). 그러나 프란치스코는 여기에서도 그리스도의 발자취를 따르고 주님의 명을 실천할 수 있도록 믿음과 희망과 사랑, 감각과 깨달음과 같은 영적인 선물만을 청하고 있다.

프란치스코의 기도와 기도의 초대에는 그가 언제 어디서 어떻게 기도했는지에 대한 정보가 많지 않다. 이와 관련해서는 초기 전기 사료들을 참고해야 한다.

기도의 사람 프란치스코

프란치스코의 삶에서 기도가 어떤 자리를 차지하는지를 이해하기 위한 하나의 통로는 그의 초기 동료들의 증언이다. 요약된 것으로 간주할 수 있는 글을 우리는 토마스 첼라노의 「제1생애」에서 찾아볼 수 있다.

> **그의 가장 포근한 안식처는 기도였다. 그 기도는 잠시 하는 기도라든가 헛되거나 자부심이 들어 있는 기도가 아니라 장시간에 걸쳐 심혈을 기울여 겸허하게 고요히 드리는 기도였다. 저**

녁에 시작한 기도라면 아침이 되기 전에는 끝내는 법이 거의 없었다. 걸을 때나 앉아 있을 때나, 먹을 때나 마실 때나, 그는 늘 기도에 몰두하였다. 그는 홀로 야밤에 기도를 하려고 아무도 돌보지 않는 성당이나 폐허에 있는 성당에 가곤 하였다(「1첼라노」 71).

"한시적 은수자"

프란치스코가 몰두한 첫 번째 일은 기도의 외적 내적 공간을 만들려는 의지와 결심이다.

기도의 **외적 공간**은 숲, 절벽, 동굴과 한적한 성당 등이었다.
프란치스코는 "영혼만이 아니라 몸까지도 하느님과 하나가 되려고 늘 숨은 장소를 찾았다. 그가 사람들 앞에 있을 때 갑작스레 주님의 방문을 받았다 싶으면 방패로 삼으려고 자기 망토로 방을 만들었다. 때때로 망토를 입고 있지 않았을 때 그런 일이 일어나면 숨겨진 만나가 드러날까 봐 그의 옷소매로 얼굴을 덮어 버렸다"(「2첼라노」 94). 프란치스코는 풀리아Puglia의 전투에 참전하려는 생각을 포기한 후 아씨시로 돌아온 뒤, 「세 동료들의 전기」에서 언급하듯이, 자주 세상의 소란함을 뒤로하고 외딴곳으로 물러갔다.

자주 하는 정도를 지나 거의 매일 은밀히 기도하려고 어디론지 사라지곤 했다. 때때로 그는 광장이나 혹은 사람들의 발길이

잦은 장소에서도 간헐적으로 찾아드는 거룩한 기쁨에 이끌려 기도에 빠져들곤 하였다(「세 동료」 8).

아마 젊은 프란치스코는 시리아에서 건너온 은수자들에 대해 잘 알고 있었을 것이다. 그 은수자들은 수바시오 산과 스폴레토 근방에 있는 루코 산에서 은수 생활을 하고 있었다. 은수의 요소는 형제회의 초기에 상당히 강렬했고, 형제회 역사 안에서 계속 현존했다. 프란치스코는 은수처에 사는 형제들을 위한 규칙을 쓰기까지 하였다. 그러나 그는 은수처라는 말의 본래 의미대로 단 한 명의 형제만을 위한 것이 아니라, "셋이나 최대 네 명"의 형제들이 함께 머물 수 있기를 원했다.

게다가 "은수처 형제들"은 서로 간에 주인과 종 또는 스승과 제자같이 처신해서는 안 되고, "어머니"와 "아들"로서 서로 봉사해야 했다. "아들들"이 관상에 전념하는 동안 "어머니들"은 생활에 필요한 것을 마련해 주어야 했다. 적절하게 울타리로 둘러싸인 엄선된 장소에서, 각자는 기도하고 머무는 독방을 가지지만, 성무일도를 함께 바쳐야 했다(참조: 「은수처 규칙」 1-10).[2]

은수처에 사는 형제들을 위한 규칙에는 은수 생활을 하고자 했던

---

[2] 참조: K. Esser, 「Die "Regula pro eremitoriis data" des hl. Franziskus von Assisi」, 『Studien zu den Opuscula des hl. Franziskus von Assisi』, herausgegeben von E. Kurten und I. de Villapadierna, Roma, 1973, 137-179; O. Schmucki, 「"Mentis silentium". Il programma contemplativo nell'Ordine Francescano primitivo」, 『Laurentianum』 14 (1973), 177-222; O. Schmucki, 「Luogo di preghiera, eremo, solitudine. Concetti e realizzazioni in san Francesco d'Assisi」, 『Le case di preghiera nella storia e spiritualità francescana』, Napoli, 1978, 29-53; 『Eremitismo nel francescanesimo medievale. Atti del XVII Convegno internazionale. Assisi, 12-14 ottobre 1989』, Assisi, 1991.

프란치스코의 초기 원의가 여전히 남아 있다. 이는 그가 성 다미아노 성당을 수리하던 시기에 입었던 은수자의 옷에서도 드러난다. 그러나 그는 제자들의 파견(루카 10,1-16)이나 사도들의 파견(마태 10,5-15 또는 루카 9,1-5)에 관한 복음을 미사에서 듣고 즉시 그 은수자의 옷을 벗어버렸다. 왜냐하면 그는 자신이 사도직에 불림 받았음을 깨달았기 때문이다(참조: 「세 동료」 25; 「1첼라노」 22).[3]

수도규칙을 인준 받기 위하여 로마를 순례하는 동안, 성 바오로의 요한 추기경은 그에게 "수도원 생활이나 은수 생활을 선택하라고" 권하였다. 프란치스코는 겸손하게 이 제안을 사양했는데, "경건하게 또 다른 생활을 향하는 마음에서 그는 보다 높은 바람으로 고무되었기 때문이었다"(「1첼라노」 33).

프란치스코는 사도직과 관상이 조화된 '혼합 생활'을, 그리고 영속적 고독보다는 형제적 생활을 선택하였다. 공동체적으로 실현된 '한시적 은수자'의 모델이 탄생한 것은 바로 이런 전망에서였다. 프란치스코의 제안은 비록 서로 다른 방식이긴 하지만 다양한 장소와 기도의 집들에서 커다란 매력을 지닌 채로 항상 실천되었다.[4]

프란치스코의 **기도의 내적 공간**은 무엇보다도 '마음의 성전'이었다. 고독, 침묵, 고요와 단순성은 그와 하느님과의 관계를 특징짓는다.

---

3 참조: O. Schmucki, 「La "forma di vita secondo il Vangelo" gradatamente scoperta da s. Francesco d'Assisi」, 『L'Italia Francescana』 59 (1984), 341-405, 여기서 347-349.

4 참조: 『Le Case di preghiera』. 참조: F. Jiménez, 「Fraternidades contemplativas franciscanas de ayer y de hoy」, 『Selecciones de Franciscanismo』 8 (1979), 361-372; R. Mrozinski, 『Franciscan Prayer Life. The Franciscan Active-Contemplative Synthesis and the Role of Centers of Prayer』, Chicago, 1981.

한적한 곳으로 물러나는 유일한 목적은, 오직 하느님과 함께 머물고, 침묵하고, 귀 기울이고, 기도하고자 하는 것이었다. 외적 독방에 상응하는 내적 공간은 "마음의 성전"이었다.

> 그는 신랑의 손길을 모르게 하려고 구경꾼과 자신 사이에다 항상 무엇인가를 놓았다. 그러므로 좁은 배에 많은 사람이 있어도 그는 보이지 않게 기도할 수 있었다. 이것조차도 할 수 없을 때는 마지막으로 가슴에 성전을 만들었다(「2첼라노」 94).
>
> 그는 차츰차츰 세속적인 소란함에서 벗어나, 그리스도를 마음속에 간직하려고 애쓰곤 하였고, 모든 것을 팔아서 사들인 진주를 속인들의 눈에 뜨이지 않도록 감추면서, 자주 하는 정도를 지나 거의 매일 은밀히 기도하려고 어디론지 사라지곤 했다(「세 동료」 8).

몸과 마음으로 기도하다

프란치스코의 기도에서 강하게 드러나는 두 번째 요소는 육신과의 온전한 연결이다. 그의 기도는 많은 경우 어떤 행위를 동반하거나 단식의 도움을 받는다.

정감적 기도

프란치스코는 다른 사람과의 관계에서 자신의 외적 감각을 잘 다스리고 감정을 통제할 수 있었다(참조: 「1첼라노」 71). 그러나 홀로 있을 때는 마음의 감정과 영의 활력을 자유롭게 표현하였다.

그가 숲이나 외딴곳에서 기도할 때에는 숲을 한숨으로 채웠고, 땅에는 눈물이 흘러가게 하였으며 손으로 가슴을 쳤다. 그런 곳이 마치 무슨 비밀 장소나 되는 듯이 그때마다 주님과 말로 대화를 나누곤 하였다. 그는 심판관에게 응답을 하곤 하였고, 아버지에게 탄원을 드렸으며 자기 친구와 말하는 투로 신랑과 즐거움을 나누곤 하였다. 실로 자기 자신의 전 존재를 여러 면으로 번제물이 되게 하기 위하여 그는 자기 눈앞에 어느 모로 보나 지극히 단순화된 자기 모습을 놓곤 하였다. 그는 입술을 움직이지 않고 마음속으로 자주 관상을 하곤 하였고, 외적인 사물들을 마음으로 그려봄으로써 자기의 영혼을 더 높은 경지로 끌어올리곤 하였다. 기도하는 사람이라기보다는 스스로가 곧 기도였던 그가 주님께 빌어 얻고자 했던 그 하나를 향하여 그는 전 존재를 바쳐 자신의 모든 집중과 열정을 이끌어 갔다(「2첼라노」 95).

이 마지막 구절은 인간 프란치스코가 가슴 깊이 품은 가장 큰 특성으로 간주하여야 한다. 그의 기도는 그의 존재를 뒤흔들었고, 행위 안에서 존재를 변화시켰다. 끊임없이 기도하는 그의 태도는 자신을 기도 자체로 변화시키고, 이는 라 베르나 산에서 오상을 받을 때 그 절정에 이른다.

"가능한 한 자기의 눈으로 바라보다"

프란치스코의 기도의 구체성은 그의 '음유 시인'다운 본성뿐 아니라 복음을 극적劇的으로 재현하는 능력과도 연관되어 있다. 로마에서의 탁발 체험이나 주교 앞에서 발가벗음, 그리고 그렉치오에서의 성탄의 재현을 그 예로 들 수 있다. 그의 신심의 구체적이고 시각적인 특징은 무엇보다도 1223년에 그렉치오에서 행한 구유의 재현에서 드러난다. 그리스도의 육화의 겸손이 프란치스코를 그토록 감동시켰기에, 그는 베들레헴의 사건을 생생하게 재현할 수밖에 없었던 것이다. 그리고 마치 하느님의 겸손이 그의 종교적인 감수성의 정곡을 찌른 것처럼, 그 역시 구유의 재현으로 사람들의 마음을 감동시켜, 다시 한번 예수님께 대한 사랑을 불러일으키게 했다(「1첼라노」 84-86 참조).

프란치스코가 그렉치오에서 베들레헴을 재현하게 된 동기는 명확하다. 그는 귀족인 요한에게 이렇게 말한다.

> 베들레헴에서 탄생하신 아기 예수님을 기억하고 싶습니다. 아기가 겪은 그 불편함을 보고 싶고, 또한 아기가 어떻게 구유에 누워 있었는지, 그리고 소와 당나귀를 옆에 두고 어떤 모양으로 짚북데기 위에 누워 있었는지를 나의 눈으로 그대로 보고

싶습니다(「1첼라노」 84).

두 눈만이 아니라 다른 모든 감각이 베들레헴의 사건을 재현하는 데로 빨려 들어가고 집중되었다.

> 그는 둘레에 서 있는 사람들에게 설교를 하였다. 그는 가난한 임금님의 탄생과 작은 마을 베들레헴에 관하여 재미나게 말을 하였다. 그는 그리스도 예수님을 부르고 싶을 때면 사랑에 불타서 그분을 "베들레헴의 아기"라고 부르곤 하였고, "베들레헴"이라는 말을 할 때의 그의 목소리는 마치 어린양의 울음소리 같았다. 그의 입은 말로써보다는 차라리 감미로운 사랑으로 채워져 있는 형편이었다. 그뿐 아니라 "베들레헴 아기"나 "예수"라는 말을 할 때, 그의 혀는 이 말의 감미로움에 입맛을 다시고 입술을 핥으며 맛과 향기를 맛보는 듯하였다(「1첼라노」 86).
>
> 그의 전 인격은 감동에 겨워 예수님의 사랑으로 가득 차 있었다. "어디에서나 그는 늘 예수께 사로잡혀 있었다. 마음에 예수를 품고 있었고, 입에도 예수, 귀에도 예수, 눈에도 예수, 손에도 예수, 나머지 다른 지체에도 늘 예수를 모시고 다녔다"(「1첼라노」 115).

프란치스코는 그 안의 모든 것, 즉 몸과 마음 그리고 모든 감각으로 기도한다. 그는 성당이나 십자가를 보게 되면 이렇게 말하면서 몸을 굽혔다. "주 예수 그리스도님, 저희는 전 세계에 있는 당신의 모든 성당에서 당신을 흠숭하며, 당신의 거룩한 십자가로 세상을 구속하셨기에 당신을 찬양하나이다"(「유언」 5). 그리고 제자들에게도 그렇게 하라고 가르쳤다(참조: 「1첼라노」 45; 「세 동료」 37). 「형제회에 보낸 편지」에서는 "땅에 엎드려 두렵고 공경하는 마음으로"(「형제회 편지」 4) 하느님의 아들을 흠숭하라고 권한다. 엎드림은 겸손, 즉 땅[humus]에 맞닿은 상태로 표하는 공경이다.

클라라도 기도할 때 얼굴과 팔을 십자가 모양으로 펼치며 땅에 엎드리곤 하였다.

그녀는 자주 얼굴을 땅에 대고 기도하였고, 땅을 눈물로 적셨으며, 땅에 입맞춤하였고, 그리하여 그녀는 예수님을 언제나 자기 가까이에 모시듯이 예수님의 발에 눈물을 흘리기도 하고, 입을 맞추기도 하였다(「클라라 전기」 19).

이것은 성경에 빈번히 등장하는 행위로서, 인간의 연약함과 무가치함, 그리고 인간의 잘못이 그 안에서 함축적으로 표현된다.

단식

기도의 외적이고 육체적인 차원에는 단식도 포함된다. 프란치스코의 생각에 따르면, 예수님은 자발적으로 감옥에 갇히듯 사막으로 물러가셨다. 이것이 아씨시 근처의 은수처를 "카르체리"(Carceri; 감옥들)라고 부르는 이유일 것이다. 프란치스코는 예수님을 닮으려고 단식을 한다.

그리스도께 대한 각별한 신심으로 그는 매년 예수님께서 혼자 사막에서 지냈던 시기인 주님의 공현 대축일부터 시작해서 40일간 단식했다. 그때가 되면 그는 어떤 한적한 곳에 가서는 하느님께 기도하고 찬양하면서 가능한 한 적게 음식과 물을 마시며 자기 방안에 박혀 지냈다(「대전기」 9,2).

수도규칙 "성무일도와 단식재"(「인준 규칙」 3; 「비인준 규칙」 3)에서도 단식은 기도와 연결되어 있다. 그리고 여기서 프란치스코는 "주님께서 말씀하십니다. 단식하고 기도하지 않고서는 이런 악령들을 쫓아낼 수 없다"(마르 9,28; 「비인준 규칙」 3,1)는 복음 말씀을 인용한다.

프란치스코의 기도에 대한 설명과 형식

프란치스코의 글과 동료들의 증언으로부터 프란치스코의 기도를 특징짓는 요소들을 찾아 열거해 볼 수 있다.

"하느님의 말씀을 마음 안에, 그리고 마음을 하느님 안에"

이 구절은 기도에 대한 성 프란치스코의 가르침과 태도를 종합하여 보여 준다(참조: 「비인준 규칙」 22). 프란치스코는 자주 복음의 구절들을 언급하면서 형제들에게 **마음을 하느님께 향하도록** 권고하고, 그들의 마음을 **하느님과 그분의 말씀이 거하시는 곳으로** 삼으라고 권고한다. 마음은 인간의 중심이고, 인간의 결정의 중심이다. 이 마음속에 사탄이 머물거나 혹은 하느님께서 그분의 말씀과 함께 머무신다.

사람들은 평생 "그들이 믿어서 구원받지 못하도록 곧바로 악마가 와서 그들의 마음에 뿌려진 것들을 잡아채 그들의 마음에서 말씀들을 빼앗아 가는"(「비인준 규칙」 22,13) 위험에 노출되어 있다. 그래서 프란치스코는 "사탄의 사악함과 교활함에 온갖 주의를 다합시다. 사탄은 인간이 자신의 정신과 마음을 주 하느님께 향하지 않기를 바랍니다"(「비인준 규칙」 22,19)라고 권고한다. 형제들이 마음을 쓸 것은 오직 "주 하느님을 깨끗한 마음과 순수한 정신으로 섬기고 사랑하며 공경하고 흠숭하는"(「비인준 규칙」 22,26) 것이어야 한다.[5]

그러므로 기도는 하느님께 대한 사변적인 묵상이나 빈말을 되풀이하는 그 이상이다(참조: 마태 6,7). 오히려 기도는 하느님과의 사랑 깃든 대화, 그분과의 영속적 결합이다. **관상적 차원**은 "현세의 다른 모든 것들이 이바지해야 하는, 거룩한 기도와 헌신의 영을"(「인준 규칙」 5,2) 끄지 않도록 일에서도 유지되어야 한다. 그리고 프란치스코가 안토니오에게 신학을 가르치도록 허락하는 짧은 편지에서 언급하였듯이, 이런 원칙은 신학자나 설교자에게도 해당한다.

---

5 참조: W. Egger, 「"Verbum in corde - cor ad Deum". Analyse und Interpret-ation von Regula non bullata XXII」, 『Laurentianum』 23 (1982), 286-311; W. Viviani, 『L'ermeneutica di Francesco d'Assisi. Indagine alla luce di Gv 13-17 nei suoi scritti』, Roma, 1983, 243-249. 300-321; D. Dozzi, 『Il Vangelo nella Regola non bollta di Francesco d'Assisi』(Bibliotheca seraphico-capuccina, 36), Roma, 1989, 247-282.

수도규칙에 담겨 있는 대로, 신학 연구로 거룩한 기도와 헌신의 영을 끄지 않으면, 그대가 형제들에게 신학을 가르치는 일은 나의 마음에 듭니다(「안토니오 편지」 2).

끊임없는 기도

계속되는 **마음의 기도**는 프란치스코에게 찬가 형식의 노래를 부르거나 황홀한 탄성을 터뜨리게 한다(「시간경 찬미」 11; 「하느님 찬미」; 「비인준 규칙」 17,17-18; 「형제회 편지」 26-29; 「2신자 편지」 61-62). 또는 다음과 같이 지나치다 싶을 만큼 표현하도록 이끈다.

> 우리 모두는 모든 곳에서, 모든 시간과 모든 때에, 날마다 그리고 계속해서, 지극히 높으시고 지존하시고 영원하신 하느님을, … 진실하고 겸손히 믿고, 마음에 모시고, 사랑하고, 공경하고, 흠숭하고, 섬기고, 찬미하고 찬양하며, 영광을 드리고, 드높이고, 찬송하고 감사드립시다(「비인준 규칙」 23,11).

화살기도 형식으로 반복하는 짧은 기도들

마음의 정감적 기도는 길고 긴 연도(連禱, Litany)의 형태보다 자주 반복하는 짧은 기도 형태로서 화살기도, 탄성과 탄식을 통해서 표현될 수 있다.

「성 프란치스코의 잔꽃송이」에서 언급하고 있듯이, 레오 형제는 라베르나 산의 숲속에서 프란치스코가 "내 사랑하는 하느님이여, 당신은 누구이십니까? 그리고 당신의 가장 미천한 작은 벌레이며 쓸모없는 작은 종인 저는 무엇입니까?"라고 반복하는 것을 들었다. 「복되신 프란치스코와 동료 형제들의 행적」이라는 초기 문헌에도 잘 알려진 표현이 나온다. "Deus meus et omnia"("나의 하느님 나의 전부시여!" 또는 "나의 하느님, 모든 것이여"로 번역할 수 있다). 「1첼라노」 26에 따르면 프란치스코는 자주 "오, 하느님! 이 죄인을 불쌍히 여겨 주십시오"라고 하면서 하느님의 자비를 간청하기도 했다. 이런 간략한 기도는 성인이 어떻게 복음 말씀(루카 18,13)을 취하여 되풀이하고 음미하면서 자기의 것으로 만드는지를 잘 보여 준다.

회개를 선포하도록 형제들을 세상으로 보낼 때마다, 그는 "여러분의 생각을 주님께 맡기십시오. 그러면 몸소 당신이 해 주십니다"(시편 54,23; 「1첼라노」 29)라고 말하며 그들을 격려하곤 하였다. 이러한 권고는 간략한 프란치스칸 생활양식이요, 형제들이 여정 중에 하느님의 섭리에 온전히 내맡기도록 힘을 북돋아 주는 "vademecum"[나와 함께 가라]이라 할 수 있다.

한 단어의 기도

마음의 기도는 '예수'라는 이름을 묵상하며 음미하는 데서 가장 단순하고 응축된 형태를 취한다. 이 유일한 이름을 계속 반복함으로써 프란치스코는 하느님 아드님의 전 생애를, 특히 그분의 수난을 묵상할 수 있었다.

"영의 눈으로 바라보다"

"하느님의 말씀을 마음 안에, 그리고 마음을 하느님 안에" 간직하라는 권고가 기도에 관한 가르침의 요점이라면, 성체성사에 관한 가르침의 요점으로는 다음의 글을 들 수 있다.

> 당신 자신을 참된 살로서 거룩한 사도들에게 보여 주신 것과 마찬가지로 지금 축성된 빵으로 우리에게 당신 자신을 보여 주십니다. 그리고 그들은 육신의 눈으로 그분의 육신만을 보았지만, 영신의 눈으로 관상하면서 그분이 하느님이심을 믿었습니다. 이와 같이 우리들도 육신의 눈으로 빵과 포도주를 볼 때, 그것이 참되고 살아 있는 그분의 지극히 거룩하신 몸과 피라는 것을 보고 굳게 믿도록 합시다 (「권고」 1,19-21).

여기에서는 "보기"에서 "관상하기"로 나아가는 과정을 살펴볼 필요가 있다. 사실 영신의 눈으로, 즉 "당신을 믿는 이들 안에서 머무르시는 주님의 영"(「권고」 1,12)의 눈으로 바라볼 필요가 있다. 깨끗한 마음 안에 하느님이 머무르시면(참조: 「비인준 규칙」 22,26-27; 「2신자 편지」 48 참조) 그 사람은 하느님과의 일치로 나아가게 된다.

"행복하여라, 마음이 깨끗한 사람들! 그들은 하느님을 볼 것이다"(마태 5,8). 진정 마음이 깨끗한 사람들은 지상의 것들을 멸시하고 천상의 것들을 찾으며, 살아 계시고 참되신 주 하느님을 깨끗한 마음과 정신으로 항상 흠숭하고 바라보는 일을 그치지 않는 사람들입니다(「권고」 16).

전기 작가들이 언급하는 바에 따르면, 프란치스코는 자주 이런 "바라봄"[visione]을 체험하곤 했다. 그의 기도는 자주 침묵 속의 관상으로 변화되었다.

거기서 얼마간 그렇게 머물며 계속되는 기도와 관상으로 하느님과의 친교를 말로 표현할 수 없는 방법으로 체험하게 되었고, 이어서 신변에 관한 일, 마음속에 있는 일, 또는 주변에서 생기는 일 중에서 영원하신 임금님께서 더 잘 받아들여 주실 일이 무엇인지를 알고 싶어 이를 몹시 갈망하였다(「1첼라노」 91).

묵상의 원천

성경: 주님의 말씀으로 즐거워하다(「권고」 20)

프란치스코는 성경을 매우 잘 알고 있었다. 이는 그가 개인적인 독서뿐만 아니라 전례에 적극적으로 참여했기 때문이기도 하다. 그에게 성경은 기도의 마르지 않는 원천이었다.

특히 시편이 중요한 역할을 했다. 그는 시편을 통해서 읽고 쓰는 것을 배웠고, 그 과정에서 시편을 암기하게도 되었다. 이것이 그가 어떻게 자기 고유의 시편집, 즉 「**주님의 수난 성무일도**」를 작성할 수 있었는지를 이해하게 해 준다.

그는 전례 주년을 고려하면서 여러 시편에서 적절한 구절을 선택했고, 거기에 다른 성경 구절과 자신만의 표현을 덧붙였다. 프란치스코의 시편이라 부를 수 있는 이 글은 예수님의 지상 여정, 즉 예수님의 탄생에서부터(성탄 시편) 승천까지(부활 시편)를 관상하게 해 준다.

그중에서 가장 강조되는 부분은 수난이다. 프란치스코는 수난에 관해서 일곱 개의 시편을 작성했다. 이 시편들은 특별히 예수님께서 아버지께 순종하고, 신뢰로 봉헌한 것을 강조하며, 이러한 태도는 "당신은 지극히 거룩하신 저의 아버지이시며, 저의 임금님, 저의 하느님이시나이다"(「수난 성무」 2,11; 4,9; 5,15; 6,12)처럼 프란치스코가 자주 예수님의 입을 빌려 하는 표현에 잘 요약되어 있다.

시편 묵상은 종종 그리스도를 닮으라는 요청으로 마무리된다. 예를 들면, "너희 몸을 바쳐 그분의 거룩한 십자가를 져라. 그분의 지극히 거룩한 계명을 끝날까지 지켜라"(「수난 성무」 7,8; 15,13). 그래서 기도는 행동으로 이어져야 하고, 찬미는 그리스도를 따름으로 이어져야 한다.

수난: 그리스도의 십자가라는 책을 읽다

프란치스코는 "아버지의 말씀이신 우리 주 예수 그리스도의 말씀과 영이며 생명이신 성령의 말씀"(「2신자 편지」 3)을 지극히 공경했지만, 그는 또한 기록된 말씀 없이도 지닐 수 있었다. 그의 상상력은 그리스도의 신비에 대한 열렬한 사랑과 결합하여, 성경이 담지 못한 부분까지도 채워 넣었다.

이런 관점에서 십자가는 그에게 근본적인 것이었다. 성인은 책을 통해서 그러하듯이 십자가를 통해서 구원의 신비를 온전히 돌이켜보았다. 성인의 생애를 확실히 특징짓는 사건 중 하나는 성 다미아노 십자가와의 만남이다. 그 만남은 프란치스코에게 그의 사명을 계시하였을 뿐 아니라, 그를 십자가가 내적으로 새겨진 사람, 그리고 라 베르나 산에서 십자가에 못 박히신 분의 형상을 외적으로도 지니게 될 사람, 즉 "제2의 그리스도"[alter Christus]가 되게 하였다.

십자가에 못 박히신 구세주께 대한 그의 사랑은 초기 형제체의 기원과 관련된 기도인, "주 예수 그리스도님, 저희는 전 세계에 있는 당신의 모든 성당에서 당신을 흠숭하며, 당신의 거룩한 십자가로 세상을 구속하셨기에 당신을 찬양하나이다"(「유언」 5)에 특히 잘 나타난다. 형제들의 삶에서 이 기도가 지닌 중요성에 대한 의미 있는 증언은 보나벤투라가 수도회의 초기 시절에 대해 언급하는 내용 중에 포함되어 있다. 보나벤투라에 따르면, 형제들이 리보토르토에 머물며 성무일도를 바칠 전례서를 아직 갖지 못했을 때, "그리스도의 십자가가 그들의 책이었으며, 그들은 자기들에게 십자가에 관해서 끊임없이 얘기하는 사부님의 권고와 모범에 따라 그것을 밤낮으로 공부하였다"(「대전기」 4,3).

클라라에게서 십자가에 대한 관심의 집중은 한층 더 두드러진다. 이는 "말할 수 없는 사랑을 관상하십시오. 그분은 이 사랑 때문에 십자나무 위에서 고통당하시고 거기서 가장 수치스러운 죽음을 맞이하기를 원하셨습니다"(「4아녜스 편지」 23)라고 하는 프라하의 아녜스 자매에게 보낸 편지에서 잘 드러난다.

또한 그녀는 브뤼쥬의 에르멘트루디스(Ermentrude di Bruges)에게 보낸 편지에서는 이렇게 쓰고 있다.

> **오, 지극히 사랑하는 자매여, 우리를 초대하고 있는 하늘나라를 바라보십시오. 십자가를 지고, 우리를 앞서가시는 그리스도를 따르십시오. 사실, 온갖 시련을 겪고 나서야 우리는 그분을 통해 그분의 영광에로 들어갈 것입니다. 온 마음을 다하여 하느님을 사랑하고 우리 죄인들을 위해 십자가에 달리신 그분의 아드님 예수를 사랑하며, 그대 정신에서 그분에 대한 기억이 떠나지 않도록 하십시오. 십자가의 신비들과 십자가 아래 서 계신 어머니의 고통을 끊임없이 묵상하십시오**(「에르멘 편지」 9-12).

클라라는 프란치스코가 만든 「**주님의 수난 성무일도**」를 바쳤을 뿐 아니라, "주님의 다섯 상처에 대한 기도를 자주 묵상하였다."[6]

그리스도의 수난을 묵상하는 것에 관한 프란치스코와 클라라의 특별한 애정은 십자가의 길, 오상의 형제회, 칠고 묵주기도 등으로 후대에도 영향을 미쳤다. 알퇴팅Altötting의 카푸친 수도원의 문지기였던 파르잠의 성 코라도 형제(Fr. Corrado da Parzham, +1894)는 이러한 방식의 묵상을 "십자가는 나의 책이다"라는 방식으로 축약하였다.

---

6 토마스 첼라노, 「클라라 전기」, n. 30; 참조: nn. 30-34. 참조: M. Bartoli, 『Chiara d'Assisi』(Bibliotheca seraphico-capuccina, 37), Roma, 1989, 159-162.

창조물: 세상에 있는 것들을 즐기다

프란치스코는 기꺼이 한적한 곳으로 물러나곤 했다. 그렇다고 그가 세상을 멸시한 것은 아니었다. 초기부터 그의 기도는 동굴이나 바위틈에서 묵상할 때나, 꽃이 핀 들판에서 주님을 찬미할 때도 항상 자연과 관련되어 있었다. 토마스 첼라노는 세상으로부터의 도피와 세상으로의 귀환 사이에 있는 이러한 긴장에 대해서 이렇게 말하고 있다.

> **이 복된 나그네는 이 세상에 있는 사물로부터 적지 않은 도움을 벌써 받고 있었다. 프란치스코는 암흑세계의 지배자인 마귀와의 관계에서는 이 세상을 전쟁터로 보았지만, 하느님과의 관계에서는 선하신 하느님의 매우 밝은 거울로 보았다. 그는 창작가이신 그분을 찬미하였다. 피조물들에게서 무엇을 발견하든 그는 그것을 창조주와 관련시켰다. 그는 주님의 손에서 빚어진 모든 작품 안에서 즐거워하였고, 유쾌한 사물들의 배후의 뜻을 살핌으로써 그 사물들에게 생명을 부여하는 이성과 원인을 보았다. 그는 아름다운 사물들 안에서 아름다움 자체를 보았다. 모든 사물들이 그에게는 선이었다. 그들은 "우리를 만드신 분은 가장 좋으신 분입니다"라고 그에게 외쳤다. 그분의 발자국이 서려 있는 사물들을 통하여 그는 어디서나 사랑이신 그분을 따라갔다. 그는 홀로 모든 사물에서 사다리를 만들어 그 사다리를 밟고 옥좌로 올라갔다**(「2첼라노」 165).

첼라노가 말하고 있는 것은 프란치스코의 글 안에서 쉽게 찾아볼 수 있다. 「하느님 찬미의 권고」에서 성인은 하느님을 찬미하도록 모든 독자, 아니 모든 피조물을 초대한다. 그의 생애 마지막 무렵에 이 초대는 온 우주에까지 미치게 되는데, 이는 「태양 형제의 노래」에서 완벽하게 표현되었다.

프란치스코에게 자연은 또한 묵상의 대상이다. 피조물 안에서 그는 하느님의 손길을 보았고, 이런 이유로 하느님을 찬미하라고 온 세상을 초대한다. 성인에게 우주와의 일치는 하느님과 총체적 관계를 맺는 것일 뿐만 아니라, 무엇보다도 그리스도와 관계를 맺는 것이다. 사도 바오로가 그리스도의 승리가 지닌 우주적 중요성을 강조하듯이(콜로 1,13-20), 프란치스코는 「주님의 수난 성무일도」에 세 번이나 다음의 구절을 삽입하였다.

하늘은 기뻐하고 땅은 즐거워하여라. 바다와 그 안에 가득 찬 것들은 소리쳐라. 들과 그 안에 있는 것도 모두 기뻐 뛰어라(시편 95,11; 「수난 성무」 7,4; 9,7; 15,9).

아씨시의 성인은 우주의 일치를 창조주의 요구로 알아차렸다. 왜냐하면, 그에게는 모든 것이 하느님과 그리스도의 흔적을 지니고 있기 때문이다. 이렇듯 모든 것은 하느님을 향해 있다. 하느님은 이 세상에 갇혀 계시지도 않지만, 그렇다고 이 세상 밖에 머무시는 것도 아니다. 하느님은 모든 사물 안에서 당신을 찾을 수 있고 발견할 수 있도록 해 주신다. 프란치스코 이후, "모든 것 안에서 하느님을 발견한다"는 사상은 로욜라의 이냐시오(Ignazio da Loyola, +1556)에 의해 새롭고 두드러진 방식으로 강조된다.

지금까지 프란치스코의 기도를 특징짓는 요소들을 전반적으로 살펴보았는데, 이제 우리는 각각의 기도에 대해서 분석하고 묵상으로 나아갈 수 있겠다. 이 기도들은 전승을 통해서 우리에게 전해진 것이고, 비평을 통해서 아씨시의 가난뱅이의 친저성이 인정된 것들이다.

2
삶의 의미를 찾아서

「성 다미아노 십자가 앞에서 드린 기도」

우리에게 알려진 프란치스코의 첫 번째 기도는 그가 하느님의 뜻을 찾고 있던 시기(1205-1206)까지 거슬러 올라가는 매우 짧은 것이다. 이 기도는 '회심의 시기에 드린 기도'라고도 불린다. 그러나 그것이 이 기도가 정확히 그 순간에 만들어졌다는 것을 의미하지는 않는다. 이 기도문이 우리에게 전해진 형식으로 확정되기 이전에도 프란치스코는 아마 비슷한 방식으로 기도했을 것이다.

오, 높으시고 영광스러운 하느님,
제 마음의 어두움을 비추어 주소서.

주님, 당신의 거룩하고 참된 명을 실천할 수 있도록
올바른 믿음과 확실한 희망과 완전한 사랑을 주시며
감각과 깨달음을 주소서.
아멘.

Altissimo glorioso Dio,
illumina le tenebre de lo core mio.

Et dame fede dricta, speranza certa e carità perfecta,
senno et cognoscemento,

Signore,
che faccia lo tuo santo e verace comandamento.
Amen.

이 본문은 옥스퍼드Oxford의 보들레이언Bodleian 도서관에 있는 한 필사본에 포함되어 있다. 필사본을 통해 우리는 이 기도가 모두에게 알려지고 사용될 수 있도록 즉시 라틴어로 번역되었음을 알 수 있다.[1]

그리고 성 프란치스코의 첫 번째와 마지막 기도가 성인의 모국어로 전해졌다는 사실은 대단히 인상적이다. 사실, 「태양 형제의 노래」와 「들으십시오, 가난한 자매들이여」와 함께 「십자가 앞에서 드린 기도」는 "민중어"[volgare], 다시 말해 그 당시 대중들이 사용하는 토속어로 쓰인 것으로 알려진 유일한 작품이다. 다른 글들은 가끔 실수가 있지만 프란치스코가 라틴어로 작성하거나, 민중어로 구술한 것을 서기 형제가 즉시 라틴어로 번역한 것이다.

「십자가 앞에서 드린 기도」의 기원

언젠가부터 프란치스코는 더는 예전에 그랬던 것처럼 청년들의 자유분방하고 유쾌한 왕자가 아니었다. 사실 그는 생각에 잠겨 도시를 어

---

1 Cod. Can. Misc. 525(scritto nel 1384/85), fol. 76v: "…pro maiori fructu, ut intelligatur per orbem"; 참조: K. Esser, 「Das Gebet vor dem Kreuzbild in San Damiano」, 『Studien zu den Opuscula』, 89; K. Esser, 『Gli scritti di s. Francesco』, Nuova edizione critica e versione italiana, Padova, 1982, 455.

슬렁거렸고, 자주 공상에 빠져들었다. 그는 아직 알지 못하는 이상을 찾고 있었고, 그에게 일어나고 있는 일에 대해 온전히 이해하지 못하고 있었다. 하지만 한 가지는 확실했다. 기사의 꿈은 사라졌고, 그는 전쟁터에서는 자신의 행복을 발견할 수 없었다.

페루자에서 보낸 감옥살이와 병고는 그를 생각에 잠기게 했다. 그는 가족들과도 잘 어울리지 않았다. 아버지의 야심찬 계획은 더 이상 그의 마음을 끌지 못했다. 피에트로 베르나르도네는 자신의 사업적 감각으로는 더 이상 아들의 섬세하고 민감한 영을 이해할 수 없었다. 프란치스코는 마음속으로부터 가족과 집에서 조금씩 벗어나고 있었다. 그는 자주 기도하기 위해 한적한 곳을 찾거나 나병 환자들과 어울리기 위해 소란스러운 친구들을 떠났다. 그리고 나병 환자들과 함께 지내면서 그에게 혁명적인 일이 일어났다. 쓴맛이 단맛으로 바뀐 것이었다. 나병 때문에 역겨웠던 것이 완전히 새로운 감정인 자비로 바뀌었고, 이 자비는 그에게 기쁨은 물론 한층 더 나아가 단맛과 애정을 발견하게 해주었다.

프란치스코가 자연스러운 역겨움을 극복하며 나병 환자를 껴안고 입을 맞추는 순간, 그는 자기 자신을 발견하고 자신 안에서 새로운 체험을 하는 동시에 자신 안에서 새로운 가능성을 발견하게 되었다. 이제 전쟁이나 사업과는 다른 무언가가 지평선에서 반짝이고 있었다. 그러나 그 너머에서 그에게 무슨 일이 일어날 것인지는 아직 상상조차 할 수 없었다.

이러한 상황에서 프란치스코를 이끄는 구심점이 된 것은 자신의 삶을 결정적으로 전환하는 데 온전히 열려있고 준비된 자세였다. 그는 여러 사건을 통해서 새로운 판단 기준을 받아들이는 법을 배웠고, 이전에는 별다른 생각 없이 지나치거나 경멸했던 다른 가치들도 알아차릴 수 있게 되었다. 말하자면, 그는 나병 환자들 안에서 하느님과 도움이 필요한 형제를 발견한 것이다. 하느님과 형제를 모두 만난 그 사건을 통해 그는 변화되기에 이르렀다. 젊은 프란치스코는 이제 자신의 삶에서 예전과는 다른, 더욱 높은 무엇인가를 열망하게 되었다. 그는 이런 간절함과 열린 태도로 기꺼이 그것을 찾아 나섰다.

> 곧 외모도 바뀌겠지만, 프란치스코는 이제 마음이 완전히 바뀌어 어느 날 거의 다 허물어져 아무도 돌보지 않는 성 다미아노 성당 근처를 걷고 있었다. 그는 성령의 이끄심에 안으로 들어가 기도하려고 십자가 앞에 겸손하고 경건하게 엎드렸다. 그러자 그는 뜻밖의 방문을 받고 충격을 받아서 들어올 때와는 사뭇 다른 자신을 발견하게 되었다. 그러한 상태에 계속해서 머물러 있는데 세상에서는 들어보지도 못한 일이 그에게 일어났다. 십자가에 달리신 그리스도의 그려진 고상이 입술을 움직이면서 말을 하였다. 고상이 그의 이름을 부르며 말하였다. "프란치스코야, 보다시피 다 허물어져 가는 나의 집을 가서 수리하여라." 프란치스코는 덜덜 떨고 정신 나간 사람처럼 말을 더듬으며 적잖이 놀랐다. 그는 복종할 각오를 단단히 하고 이 명령 [mandatum]을 완수하려고 자신을 온전히 바쳤다(「2첼라노」 10; 참조: 「세 동료」 13).

토마스 첼라노의 이 글 안에서 우리는 바로 그리스도의 "명령" 또

는 라틴어로는 "mandatum"에 대해서 말하는 부분에서 이 기도에 관한 암시를 볼 수 있다.[2]

첼라노는 이 기도를 바치게 된 상황에 대해서는 묘사를 하지만, 아쉽게도 그 본문은 전하지 않는다. 기도 본문은 오래된 필사본들에 남아 있는데, 이 필사본들은 프란치스코가 자주 토속어로 이 기도를 바쳤고 그를 따르는 이들에게도 가르쳤다는 정보를 전해 주고 있다.

십자가와 관련된 기도

이 기도를 이해하기 위해서 우리는 두 번째 요소, 즉 프란치스코는 성 다미아노에 있는 저 유명한 십자고상 앞에서 이 기도를 바쳤다는 점에 주목할 필요가 있다. 호두나무에 붙어 있는 캔버스 천(2.10x1.30m)은 움브리아 유파에서 유래하고 시리아-비잔틴(siro-bizantino; 동방 가톨릭 교회) 양식의 요소들을 명확하게 보여 준다. 거의 800년이 된 이 그림은 아직도 색깔이 밝고 생생하다. 이 십자가에서 그리스도는 고통받는 인간이 아니라 주님인 분이시다. 그리스도의 깊은 시선은 그분을 관상하는 이들을 꿰뚫는다. 그분의 두 팔은 움츠러들지 않고 펼쳐져 있으며, 그분은 십자가에 매달려 있는 것이 아니라 마치 왕좌에 있듯이 서 계신다. 그분은 부활하신 그리스도, 십자가에서 다스리시는 하느님의 아드님이시다. 화가는 요한복음 사가의 시선으로 그분을 관상하면서 부활

---

2 「2첼라노」 10: "Ad obediendum se parat, totum se recolligit ad mandatum." K. ESSER, 『Gli scritti』: "... ut faciam tuum sanctum et verax mandatum"(452).

의 기쁨과 믿음 안에서 십자가에 못 박히신 분을 그린 것이다.³

이 성화에 그리스도 신비의 모든 영광 - 십자가에 못 박히심, 부활과 승천 - 이 묘사되어 있다는 사실을 또한 언급해야만 한다. 십자가 곁에 있던 사람들뿐만 아니라 무덤에 나타나는 천사들과 여인들도 등장한다. 그리스도의 발아래에는 성인들(아씨시의 수호성인 루피노, 또는 고스마와 다미아노?)이 보이고, 순례하는 교회를 상징하는 여러 사람이 나온다.

그리스도께서는 원형으로 표현된 세상을 떠나 아버지께로 오르시면서 하늘을 쳐다보신다. 그 하늘로부터 성부의 손이 당신의 뜻을 실행한 "십자가 죽음에 이르기까지 순종하신" 아드님 위에 나타나 그분을 축복하고 있다. 성부의 축복하는 손가락은 성령을 의미할 수도 있다. 성령 강림 대축일 부속가에서⁴ 성령은 "아버지의 오른 손가락"[digitus paternae dexterae]이라 불린다. 그렇다면 이 성화에는 성부, 성자, 성령이 모두 나타나고 있는 것이다.

이 로마네스크-비잔틴 양식의 십자가는 너무도 강렬하고 충만하며 힘 있게 표현되어 있기에 감수성이 풍부한 프란치스코가 완전히 사로잡혔다는 것은 그렇게 놀라운 일이 아니다. 모든 것을 기꺼이 어떤 장면으로 표현하고 색채와 형상에 특별한 관심을 가졌던 그는 자신이 이 성화에 빠져들고 있음을, 그리고 이 성화가 자신에게 질문하고 있음을

---

3 O. van ASSELDONK, 「Il crocefisso di San Damiano visto e vissuto da s. Francesco」, 『Laurentianum』 22 (1981), 453-460(con bibl. anteriore); M. BOYER, 『François d'Assise à Saint Damien. Une expérience de Jésus crucifié』, Montreal-Paris, 1982; J. de SCHAMPHELEER, 「El Crucifijo de San Damián y Francisco de Asís」, 『Selecciones de franciscanismo』 17 (1988), 384-423.

4 역자 주: 이것은 저자의 오류이다. 실제로 이 내용은 부속가 Veni Sancta Spiritus가 아닌 저녁기도 찬미가 Veni Creator Spiritus에 나온다.

느꼈다. 영광스러운 그리스도의 모습이 내적이고 외적으로 프란치스코를 지배했다. 그에게 이 그림은 살아서 말하는 무엇인가로 변했다. 그리스도께서 친히 눈을 크게 뜨고 팔을 펼친 채 프란치스코를 유심히 바라보시며 마음을 울리는 당신의 선하심으로 말씀하시면서 그를 초대하신 것이다.

"프란치스코야, 너도 나의 집이 허물어져 가는 것을 보고 있지 않느냐? 그러니 너는 가서 나의 집을 수리해다오"(「세 동료」 13; 참조: 「2첼라노」 10).

토마스 첼라노와 「세 동료들의 전기」는 여기에서 분명히 기적에 관해 이야기하고 싶어 하고, 보나벤투라는 십자가에 못 박히신 분이 세 번이나 같은 요청을 반복하게 함으로써 이를 강조했지만(「대전기」 2,1), 그렇더라도 우리는 처음부터 기적에 관해 이야기할 필요는 없다. 우리가 이 사건을 자연스러운 차원에서 해석한다면, 우리에게 더욱 친숙하게 다가올 것이다.

우리에게도 어떤 말이 특별한 방식으로 감동을 주는 그런 상황이 있지 않는가? 우리에게도 특별한 빛을 감지한 개인적인 체험의 순간이나 나 자신을 변화시킨 만남, 또는 결코 지울 수 없는 인상을 남긴 이미지가 있지 않은가? 오늘도 우리는 '나에게 그 사건은 특별한 의미가 있으며, 나에게 계속해서 말을 걸고 질문을 건네온다'고 되뇌고 있을지 모른다.

우리는 성 다미아노 십자가의 저항할 수 없는 초대를 이런 방식으로 이해할 수 있을 것이다. 그리스도의 풍부한 힘은 프란치스코에게 물음을 던지면서 그의 모든 사지에 스며들 정도로 그렇게 프란치스코를 꿰뚫었다. 십자가에 못 박히신 분에 대한 이러한 체험은 지금 우리가 묵상하고 있는 이 기도가 하느님의 초대에 대한 즉각적인 응답으로 솟아나게 할 정도로 프란치스코의 존재를 깊이 감동시켰다.

기도의 구조와 내적 역동성

언어 및 운율의 형식

이 기도가 어떤 '편집 역사'를 거쳤으리라고 생각할 수 있다. 프란치스코는 직관적이고 자연스러운 형태를 지닌 기도로부터 시작하여, 기도의 내용이 이끄는 대로 내맡긴 채 기본적으로 같은 내용에 머물러 있으면서 최초의 기도 양식으로 반복적으로 돌아갔을 것이다. 그러나 이 양식은 묵상과 관상의 과정을 통해서 문체와 구조가 계속 다듬어졌을 것이다. 우리에게 전해진 기도문은 그 최종 결과물이다. 그러므로 이 기도의 시적 특징을 분명히 보여 주는 몇 가지 관찰 사항을 제시해 볼 만한 가치가 있다.

무엇보다도 이 기도에는 운율이 보인다.

1) … 영광스러운 하느님[glorioso Dio] - 제 마음[lo core mio]
2) … 올바른 믿음[fede dricta] - 확실한 희망[speranza certa]

- 완전한 사랑[carità perfecta]

3) ⋯ 감각[senno] - 깨달음[cognoscemento] - 명[comandamento]

이 장章의 시작 부분에 소개된 원문(41쪽)을 보면, 첫 줄에는 "오"(o) 모음이 많이 나타나고, 셋째 줄에는 "아"(a) 모음이 많이 나타나며, 넷째 줄과 여섯째 줄에서는 다시 "오"(o) 모음이 많이 나타난다. 둘째 줄과 다섯째 줄, 여섯째 줄에는 "오"(o) 모음과 "아"(a) 모음이 서로 섞여 있고, 여기에 "에"(e) 모음으로 더 풍요로워진다. 이렇게 이 기도는 운율을 지닌 대중적인 산문으로서, 이 방식은 프란치스코가 「태양 형제의 노래」와 「들으십시오, 가난한 자매들이여(노래 형식의 권고)」에서 사용하는 것과 매우 흡사하다. 더 자세히 설명하지 않아도 이 기도가 단순성 안에서 일정한 규칙성과 운율, 그리고 기사도적인 시적 느낌을 보여주고 있음은 분명하다. 운율과 모음운, 그리고 하느님을 부르면서 청원하는 기본 구조는 예나 지금이나 이 기도문을 기억하기 쉽게 하는 특징들이다.[5]

청원의 기도

프란치스코가 처한 상황에 상응하는 이 기도는 두 개의 호칭과 두 개의 청원으로 이루어진 탄원 기도이다. 첫 번째 호칭은 하느님께 두

---

5 참조: I. RODRÍGUEZ, 「La primera oración de s. Francisco」, 『Naturaleza y Gracia』 29 (1982), 7-39; C. PAOLAZZI, 『Lettura degli scritti di Francesco d'Assisi』, Milano, 1987, 32-36.

가지 속성을 적용하면서 확장된다. 즉, 여기서 프란치스코가 부르는 하느님은 지극히 높으시고 영광스러운 분이시다. 마음의 어두움을 겪고 있는 프란치스코는 비추임은 오직 빛이신 하느님에게서 온다는 사실을 인식하면서 영광스러운 분 앞에 머물러 있다. 프란치스코는 주님께 '마음의 비춤'과 '올바른 믿음과 확실한 희망과 완전한 사랑, 그리고 감각과 깨달음'을 청한다.

첫 번째 청원에서 두 번째 청원으로 전개되면서 단어의 개수는 물론 내용상으로도 어떤 상승이 일어남을 볼 수 있다. 프란치스코의 생각은 부정적인 측면(어둠)에서 긍정적인 측면(믿음, 희망, 사랑)으로 옮겨 간다. 이 두 개의 청원에 이어서 첫 번째보다 짧은 두 번째 호칭, 즉 "주님"이 나타난다. 이 호칭은 어떤 식으로든 이전의 청원들을 마지막 구절,[6] 즉 "당신(하느님)의 거룩하고 참된 명을 실천할 수 있도록"으로 이끌어 가면서 이 청원들을 한 곳으로 수렴시킨다.

이렇게 「십자가 앞에서 드린 기도」는 내적 역동성으로 가득 차 있다. 하느님의 크심과 위엄 앞에 선 인간은 두려움과 어두움에 휩싸여 있다. 마음과 지성의 모든 능력은 오직 하느님으로부터 오고, 그것은 인간을 하느님께로 인도해야 한다. 자신의 약함과 불확실함을 잘 알고 있는 프란치스코는 믿음과 희망과 사랑을 청할 뿐만 아니라, 무엇보다도 하느님의 참되고 거룩한 뜻을 실행할 수 있게 되기를 청한다. 그는 주님의 뜻이 무엇인지 알고 깨닫기를 원한다.

「십자가 앞에서 드린 기도」는 프란치스코의 생활 방식과 하느님과

---

6 역주: 한국어 번역문과 달리 원문에서는 어순 상, "당신(하느님)의 거룩하고 참된 명을 실천할 수 있도록"이 마지막 구절로 온다.

의 관계를 이해하는 데 큰 도움을 준다. 프란치스코는 하느님을 부르면서 기도를 시작하고, 주님의 거룩한 명을 실행하고자 하는 것으로 끝맺는다. 이 기도를 구성하는 양극은 '주다'와 '하다'(dame: 저에게 주소서; che faccia: 할 수 있도록)이다. 하느님께서 주셔야 인간은 행할 수 있다.

이런 과정은 그의 다른 글을 통해서도 확인되는데, 예를 들어, 프란치스코는 「유언」에서 이렇게 말한다. "주님께서 나 프란치스코 형제에게 이렇게 회개를 시작하도록 해 주셨습니다. 죄 중에 있었기에 나에게는 나병 환자들을 보는 것이 쓰디쓴 일이었습니다. 그런데 주님 친히 나를 그들 가운데로 이끄셨고 나는 그들과 함께 지내면서 자비를 실행하였습니다"(「유언」 1-2). 유언의 전반에 '하느님은 주시고 영감을 불어넣으시며, 프란치스코는 듣고 순종한다'는 구조가 나타난다.

기도의 묵상

"지극히 높으시고 영광스러운 하느님…"

"지극히 높으시고 영광스러운 하느님"이라는 호칭을 사용하면서 주님께 드리는 프란치스코의 응답은 십자가에 못 박히신 분을 영광스럽게 표현하는데 어울린다. 프란치스코에게 하느님은 십자가 위에서의 무화無化 중에서도 지극히 높으신 분이다. 그는 여러 차례 이렇게 기도한다. "지극히 높으시며 으뜸이신 하느님…"(「시간경 찬미」 11), "당신은 힘세시나이다. 당신은 위대하시나이다. 당신은 지극히 높으시나이다

…"(「하느님 찬미」 2). "지극히 높으신"이라는 용어는 커다란 원형의 아치처럼 프란치스코의 전 생애를 감싸 안는다. 이러한 탄성은 그의 마지막 작품, 즉 저 유명한 "지극히 높으시고 전능하시고 좋으신 주님"으로 시작하는 「태양 형제의 노래」에 다시 나타난다. 높으신 하느님과의 만남은 프란치스코에게 십자가, 구유 여물통, 제대의 빵과 포도주 등을 통하여 일상적으로 일어났다. 프란치스코는 어디에서든 "지극히 높으신 분"께 도달했다.

성인이 이 기도를 만들 당시 그에게는 그 자신, 부모와의 관계, 그리고 자신의 미래 등 모든 것이 문제였다. 이런 실존적 혼란에도 불구하고 그는 지극히 높으신 분께 향하기 위해 자기 너머의 것을 바라보는 힘을 지니고 있었다.

우리는 해결책이 없는 문제와 질문에 휩싸여 불화와 대립 속에 가로막혀 있는 경우가 많다. 우리는 무엇을 해야 할지, 어디로 가야 할지 알지 못한 채 힘겨운 걸음을 옮긴다. 우리의 시야는 한 뼘 정도로 줄어들고 우리는 수많은 문제 속에 갇히게 된다. 이럴 때는 높은 곳을 바라보고 지극히 높으신 분의 이름을 천천히 불러 보는 것이 도움이 될 수 있다. "지극히 높으신 분"이라고 말할 때, 나보다 크신 분이 계심을, 그리고 나는 보잘것없는 작은 형제 또는 작은 자매라는 사실을 인정하는 것이다. 나는 가장 위대한 분을 바라보고 그분께 향하고자 한다.

하느님은 또한 "영광스러운" 분이시다. 믿음은 십자가에 못 박히신 분의 모욕과 고통만을 보지 않는다. 십자가에 못 박히신 분의 성화에는 성금요일과 부활하신 날이 함께 있다. 그리스도는 십자가 위에서도 위엄과 영광을 발하시는 주님이시다. 결국 우리 믿음의 모든 실존적인 과정은 성금요일과 부활절을 함께 바라보고 평일과 축일을 아우르는 것이라고 하겠다. 만일 그리스도 안에서, 즉 십자가에 못 박히신 분 안에서 영광이 빛난다면, 그때에는 더 이상 평이한 나날들, 고통, 죽음과 부조리만이 있는 것이 아니게 된다.

프란치스코 자신이 어떻게 육신의 약함과 고통을 통해서 기쁨이 발할 수 있는지, 그리고 어떻게 죽음 자매를 노래로 맞이할 정도로 죽음의 순간에 하느님의 영광이 충만할 수 있는지 보여 주는 하나의 본보기가 된다.

"…제 마음의 어두움을 비추어 주소서…"

하느님을 부르면서 프란치스코는 그분의 영광을 알아보았다. 하느님의 가까이 다가갈 수 없는 빛 앞에서 인간은 어두움만을 지닌 존재이다. "영광스러운"이란 말에 "제 마음의 어두움을 비추어 주소서"라는 간청이 호응한다. 프란치스코는 "정신"[mente]에 대해 말하지 않고 "마음"[cuore]에 대해 말한다. 마음은 영의 거처이고, 양심의 지성소이며, 선과 악의 근원이자 사람이 어떤 결정을 하는 중심이다. 그러므로 "제 마음의 어두움을 비추어 주소서"는 다음과 같이 말하는 것과 같다. 저를 변화시켜 주소서! 더 이상 저 자신을 위해 살지 않도록, 당신께서 저의 삶 전체의 중심이 되도록, 제가 당신을 위해 살도록 저를 변화시켜 주소서![7]

여기서 프란치스코는 마음의 어두움, 낙담 등 자기 자신 전부를 드러낸다. 프란치스코는 아직 어떤 길도 보지 못하고 있고, 모든 것이 불

---

7 참조: S. Duranti, 『Preghiere di Francesco d'Assisi』, Assisi, 1988, 15.

확실하며, 쓴맛과 단맛 사이에서 흔들리고 있다. 프란치스코의 청원은 자기 영혼의 이러한 당혹감을 응축하여 표현하고 있는데, 이는 오직 하느님만이 그것을 비추어주실 수 있다는 인식에서 생겨난다. 하느님의 지복에 참여하는 것, 그분의 빛으로 들어가는 것, 이것이 바로 프란치스코가 이 기도문에서 청하는 첫 번째 것이고, 가장 중요한 것이다. 오직 그 빛만이 절망적인 상황에서 희망을 다시 줄 수 있기 때문이다. 하느님의 빛이 인간을 비출 때 그의 삶은 새로운 의미를 얻게 된다.

성녀 클라라 역시 그녀의 유언에서, "지극히 높으신 하늘의 아버지께서 지극히 복되신 우리 사부 프란치스코의 모범과 가르침으로 내가 회개 생활을 하도록 당신의 자비와 은총을 통해 황공하게도 **나의 마음을 비추어 주신 후…**"(「클라라 유언」 24)라고 기록하고 있다.

"…올바른 믿음과 확실한 희망과 완전한 사랑을 주소서…"

빛으로 가득 찬 십자가 앞에서 프란치스코는 자기 마음의 어두움, 즉 십자가에 못 박히신 예수님께서 하신 것처럼 성부를 신뢰하고 그분께 자신을 내맡기지 못하는 무능함을 깨달았다. 이런 이유로 프란치스코는 십자가의 주님께서 지니셨던 헌신에 상응할 만한 덕목을 청한다. 가장 먼저 간청한 것은 세 가지 신학적 덕, 또는 향주덕이다. 위대한 영혼은 위대한 것을 요청한다. 프란치스코는 하느님에 의해 선택받았다고 느끼며, 그분을 믿고 그분을 바라고 그분을 사랑하기를 원한다. 이는 바로 그리스도인의 삶에 기초가 되는 세 가지 태도이다.

아브라함이 그랬던 것처럼 나는 믿음 안에서 타자를 신뢰하게 된다. 희망 안에서 나는 나 자신 너머의 것을 바라본다. 그리고 나는 사랑 안에서 나의 깊은 곳에 있는 자아를 표현하고 당신[Tu]이신 분께 나의 인격적 응답을 드리게 된다. 인간이 추구하는 것은 사랑이다. 인간은 사랑하고 사랑받을 때 자신을 실현하고 성장한다. 타자에 헌신하면서 인간은 완전에 이르게 된다. 프란치스코는 이러한 완전한 사랑을 지니게 해 달라고 기도한다. 또한, 프란치스코는 올바른 믿음, 즉 순수하고 온전하며 맑고 신실한 믿음도 청한다. 그는 이러한 믿음으로 당시 유행하던 이단들과 거리를 두고 "올바르고 보편되며 사도로부터 이어오는 믿음"을 견지하려는 그의 바람 또한 가능하게 되었다.[8]

카타리Catari파가 스폴레토 계곡에 진출해 있었고, 그들의 사상은 이미 많은 이를 이단에 빠시게 했다. 회개의 설교자들도 이 지역을 다니고 있었고 그래서 사람들은 무엇을 믿어야 할지 알 수가 없었다. 이런 불확실한 상황에서 프란치스코는 올바른 믿음의 편에 서서 그 믿음에 충실할 수 있도록 하느님께 명료함을 청한다. 십자가 앞에서 드린 이 기도에서 이미 참된 믿음에 충실하고자 하는 프란치스코의 바람을 감지할 수 있는데, 이는 나중에 작성된 그의 **권고**와 **편지들**(「인준 규칙」 2,2; 12,3-4; 「권고」 26; 「2신자 편지」 32-36; 「형제회 편지」 44)에 또다시 나타난다.

참된 믿음으로의 초대는 오늘날에도 유효하다. 우리는 많은 긴장 속에 속박되어 있다. 믿는다는 것은 쉽지 않으며, 신경[credo]의 내용을 받아들이는 것은 더더욱 어렵다. 우리는 우리 자신의 의견을 맹신하거

---

8 참조: B. van Leeuwen, 「Twee gebeden van Franciscus voor het heilig Kruis」, 『Franciscaans Leven』 64 (1981), 55-60, spec. 58: "Het geloof is juist, als het waarlijk katoliek is en overeenstemt met het geloof van de Kerk van Rome."

나 유행하는 사상을 따라가는 위험 속에 살고 있다. "주님, 저에게 올바른 믿음을 주소서"라는 기도는 과장된 자기 확신은 물론 다양한 유행에 휩쓸려 다니는 위험으로부터도 우리를 보호해 줄 수 있다.

한때 프란치스코는 군인으로서의 화려한 무기와 출세를 꿈꾸며 부질없는 희망에 젖어 있었다. 그러다가 그는 더 위대하고 영광스러운 또 다른 모험, 즉 하느님과 함께하는 모험으로 자신을 초대하는 내면의 소리를 듣는다. 이러한 삶의 전환기에서 프란치스코는 **확실한 희망**, 즉 영광과 명예를 안겨 주는 야망이 아니라, 주 하느님 안에서 힘과 확신을 주고 인생의 기둥과 닻이 되는 희망을 지닐 필요가 있었다.

프란치스코가 청하는 세 번째 덕은 **완전한 사랑**이라는 형용사의 수식을 통해 구체적으로 표현되어 있다. 이는 프란치스코를 나병 환자와의 만남으로 이끈 그의 내면의 근본적 태도를 반영하는 듯하다. "그런데 주님 친히 나를 그들 가운데로 이끄셨고 나는 그들과 함께 지내면서 자비를 실행하였습니다. 그리고 내가 그들에게서 떠나올 무렵에는 나에게 쓴맛이었던 바로 그것이 도리어 몸과 마음의 단맛으로 변했습니다"(「유언」 2-3).

나병 환자와의 만남은 프란치스코의 모든 감각과 감수성을 뒤흔들어 놓았다. 십자가 앞에서 기도를 바치고 있을 때 그는 아직도 이 사건에 깊이 젖어 있었고, 영웅적인 헌신으로 나병 환자를 포옹하며 입을 맞추고 그의 끔찍한 상처를 씻어 주는 힘을 지녔다는 놀라움에 가득 차 있었다. 이러한 당혹스러움 속에서 프란치스코는 십자가, 즉 그리스도의 전적인 헌신으로부터 근본적인 해답을 얻는다. 또한, 이러한 봉헌에서 자신은 무력하다는 점과 생명을 주는 살아 있는 사랑이 필요하다는 점을 깨닫는 가운데 프란치스코는 사랑 안에서, 그리고 점점 더 완전해지는 애덕 안에서 성장할 수 있게 해 달라고 청한다.

회심의 시기에 프란치스코가 청한 선물들은 그의 전 생애 동안 지속되었다. 광적인 많은 이단자와 달리 프란치스코는 참되고 올바른 믿음 안에 머물고 이 믿음을 옹호한다. 확실한 희망은 그를 주교나 교황에게 이끌고, 그로 하여금 가난한 이들과 병든 이들을 격려할 수 있게 하며, 죽음의 순간에도 그와 함께한다. 프란치스코가 임종 때 부르게 했던 「태양 형제의 노래」는 하느님과 인간을 향한, 종국에는 모든 피조물을 초대하는 우주적이고 완전한 사랑의 작품이다. 이 완전한 사랑의 힘은 시장과 주교 사이에 평화를 되찾게 해 준다.

"… 주님, 저에게 … 감각과 깨달음을 주소서…"

프란치스코는 무엇보다 먼저 향주삼덕을 갖게 해달라고 기도했다. 이제 그가 두 번째로 하느님에게 청하는 것은 영적이고 육체적인 능력과 관련된다. 프란치스코는 "감각과 깨달음"을 청하는데, 이는 라틴어로 "sensum et cognitionem"이라고 번역되었다.

감각[sensus]은 보고, 듣고, 맛보고, 만지는 능력을 의미한다. 우리는 오감 덕분에 세상을 만나고 궁극적으로 삶의 의미를 만난다. 그러니 이 기도는 다음과 같이 확장되고 해석될 수 있다. 당신께서 원하는 것에 대한 감수성을 주소서, 당신의 명을 알려주는 표지와 그것을 알아볼 수 있는 감각을 주소서, 당신께서 원하시는 것을 느끼고, 느끼면서 그것을 체험하게 하소서, 당신과 사람들에게 주의를 기울이게 하소서, 당신의 부르심과 다른 많은 이의 침묵의 소리에 민감하게 하소서, 저의 모든 감각과 감수성으로 저 자신을 개방하게 하시어 삶의 의미와 의의를 깨닫게 하소서. **깨달음**[cognitio]은 인식과 이해를 의미한다. 프란치스코는 하느님께서 원하시는 참된 길을 알게 해달라고, 그분의 계획을 깨닫게 해달라고 기도하는 것이다.

그러므로 "감각과 깨달음"은 인간 전체, 즉 인간의 육체와 영 모두 해당한다. 인간은 마음과 지성, 육체와 영혼 그리고 온 힘을 다해 주님의 뜻을 실행하여야 한다. 그러나 우리의 힘만으로 이를 실현하는 것은 불가능하다. 프란치스코는 인간이 이렇게 가난하고 하느님께 속해있음을 잘 알고 있었다. 그래서 "주님"을 부르짖는다. 올바른 방향과 충만한 인식은 오로지 그분에 의해서만 올 수 있다. 선의 실행과 덕에 관한 한 하느님 앞에 선 인간은 걸인이다. 그러나 그는 신뢰에 찬 마음으로 주님께 손을 뻗어 마음의 어두움을 비추어 주시고, 올바른 믿음과 확실한 희망과 점차 성장하는 사랑을 주시며, 감각을 열어 주시고 당신의 뜻을 알게 해 달라고 청하는 그런 걸인이다.

"당신의 거룩하고 참된 명을 실천할 수 있도록…"

프란치스코는 기도를 끝맺으면서, 자기를 위해서는 아무것도 청하지 않는다. 그의 기도 전체는 유일한 목표를 지니고 있다. 즉, 그의 삶 전체가 하느님의 뜻에 일치하고, 삶의 방향은 하느님만을 지향하며, 실존적 삶의 계획은 하느님 위에 정초하는 것이다. 젊은 프란치스코는 자신의 진로를 탐색하면서 전적으로 하느님께 귀를 기울이고, 그분의 참되고 거룩한 뜻을 실행할 수 있기를 청하면서 그분께 온전히 자신을 내맡긴다. 그에게는 이 바람이 거룩한 것이다. 그는 감히 세밀하고 현학적인 이론을 전개하면서 이에 대해 의심을 품으려고 하지 않는다. 프란치스코는 이 바람을 말로 선포하는 데 그치지 않고, 행동으로 실천하고자 애쓰면서 조건 없이 실행할 준비가 되어 있다.

성 다미아노 십자고상 앞에서 프란치스코는 존재의 고통으로부터 십자가에 못 박히신 분에 대한 연민으로 넘어간다. 지금까지 이 아씨시 청년이 내적인 어두움과 불확실성, 실존적 고뇌라는 존재의 아픔을 겪었다면 이제 그의 고통은 다음과 같은 내용과 기준점을 얻게 된다. 프란치스코는 나병 환자들에게 사랑을 실천하게 될 것이고, 그 사랑을 "천한 사람들과 멸시받는 사람들, 가난한 사람들과 힘없는 사람들, 병자들과 나병 환자들, 그리고 길가에서 구걸하는 사람들"(「비인준 규칙」 9,2) 모든 이에게로 확장해 나갈 것이다.

프란치스코는 이제 고통에 시달리는 모든 피조물과 함께 아파하게 된다. 왜냐하면 그 안에 십자가에 못 박히신 구세주께서 계시기 때문이다. 고통받는 예수님을 가엾게 여기는 마음은 이후 그의 여정에 영향을 미치게 된다. **가엾게 여기는 마음**[compassione]은 단순한 동정[simpatia] 이상의 것이다. 프란치스코는 그렇게 온전히 자기 자신을 벗어 버리고, 가엾게 여기는 마음이 이끌어가는 대로 내맡긴다. 그리하여 생애의 마지막 즈음에는 십자가에 못 박히신 분의 완전한 형상이 될 것이다. 프란치스코는 성 다미아노 사건 안에서 자신의 삶을 십자가에 못 박히신 분에 대한 연민으로 이해하게 되는데, 이 사건은 그가 최종적이고 결정적으로 그리스도를 닮는 단계인 오상을 받는 것으로 마무리되는 여정의 시작이다. 성 다미아노에서 라 베르나로 이어지는 길이 시작되는 것이다. 「세 동료들의 전기」는 이러한 관계를 다음과 같이 잘 강조하고 있다.

> 이리하여 이때부터 그의 마음은 주님의 수난에 대한 생각에 상처를 입어 녹아내렸다. 살아 있는 동안 그는 늘 주 예수의 성흔을 마음에 지니고 다녔으며, 그리하여 후일에 그의 몸에 그분의 성흔들이 뚜렷이 복제되어 신비로운 형상으로 나타났고, 그것들을 아주 확실하게 모든 이가 알아볼 수 있었다(「세 동료」 14,1).

실천 과제

여기에서 설명한 프란치스코의 기도는 그와 밀접하게 연관되어 있지만 프란치스코에게만 해당하는 것은 아니다. 이 기도가 만들어진 상황과는 별개로 이 기도는 오늘날에도 기도의 모범이 될 수 있다. 특히 결정을 하지 못하고 있을 때나 중요한 선택을 앞두고 있을 때 그렇다. 이 기도는 또한 새로운 하루를 시작할 때 아침기도로도 사용할 수 있다.

1. 성 다미아노 십자가를 열심히 관상하라. 더 정확히 말하면, 십자가에 못 박혀 영광스럽게 되신 분의 시선에 자신을 내맡긴다. 우리에게 무엇을 말씀하시는가? 우리를 위해 그리고 오늘 우리의 삶을 위해 어떤 명을 주시는가? 그 내용이 무엇인가? 그다음 "오, 높으시고 영광스러운 하느님…"으로 시작하는 프란치스코의 기도를 천천히 암송하면서 관상적 바라봄에서 청원의 기도로 넘어간다.

2. 가능하다면 성 다미아노 십자가 앞에서 프란치스코의 기도를 노래한다.[9]

3. 성 다미아노 십자가는 세세한 내용이 풍부하게 담겨 있다.[10] 이를 통해서 십자가에 못 박히심부터 주님의 승천 및 성령 강림에 이르는 구원의 여정을 따라가 보거나 각 인물을 묵상해 본다. 마지막에는 그리스도의 빛나는 얼굴에 주의를 집중하고 위에서 소개한 노래나 프란치스코의 기도로 마무리한다.

4. 성녀 클라라의 생애에 대한 초기 인쇄본, 즉 15세기 중후반에 발행된 인쇄본[incunabolo]은 이 기도에 대해 "성 프란치스코가 매일 바쳤던 기도"라고 말한다. 사실 이 기도는 성인이 옛 교부들의 방식대로 자주 되풀이하면서 음미했던 반복적 기도였을 것이다. 사막의 남녀 스승들과 정주 수도자들이 행했던 이러한 방식은 **되새김**(ruminatio, 혹은 반추)이라고 한다. 여기에서 되새긴다[ruminare]는 것은 되새김질하는 동물들처럼 성경 말씀이나 간단한 기도 또는 시편 구절을 습관적으로 반복하고 음미하는 것을 의미한다.[11]

성 다미아노 십자가 앞에서 드린 기도도 이런 방식으로 묵상할 수

---

9   다음의 책에서 선율이 있는 본문을 찾을 수 있다: 『Cantiamo al Signore』, a cura del Convento dei Cappuccini, P.le Velasquez 1, 20148 Milano, 1990, nr. 215.

10 M. Picard, 『L'icona del Cristo di San Damiano』, Assisi, 1989(con fotografie e suggerimenti per la preghiera); K. Kleiner, 『Das Kreuz von San Damiano』(17 diapositive con spiegazioni), Aschaffenburg[3], 1992.

11 참조: U. Occhialini, 「Lectio divina monastica e spiritualita biblica di san Francesco」, 『Parola di Dio e Francesco d'Assisi』, Assisi, 1982, 42-63, 특히 46쪽에서는 다음과 같은 성 베르나르도의 구절이 인용되었다. "Vos estote animalia munda et ruminantia."

있다. 즉, 한 단어 한 단어, 한 구절 한 구절을 여러 번 반복하는 것이다. 그리고 이 기도와 완전히 하나가 될 때까지 계속 처음으로 돌아가 다시 시작하는 것이다. 호흡에 주의를 기울이고 자신에게 알맞은 리듬을 찾아본다.

5. 「십자가 앞에서 드린 기도」는 "시편의 구절들을 확장한 것이다."[12] 이 기도를 다음 구절들과 비교해 본다.

"저의 하느님, 저의 어둠을 밝혀 주소서"(시편 17,29: Deus meus, illumina tenebras meas).

"저를 깨우치소서. 당신의 가르침을 따르고 마음을 다하여 지키오리다"(시편 118,34: Da mihi intellectum, et scrutabor legem tuam, et custodiam illam in toto corde meo).

6. 시에나의 성녀 카타리나의 편지에서 인용한 다음의 기도를 묵상하고 비교해 본다. "오, 주님! 당신과 저를 알게 되는 거룩한 심연을 저에게 주소서."

---

12 C. Paolazzi, 『Lettura degli scritti』, 33.

3

우주적 경배

프란치스코의 「유언」에 나오는 십자가 기도

성 다미아노 성당에서의 사건은 프란치스코의 전 생애에 걸쳐 영향을 끼쳤다. 그 십자가가 너무도 깊은 인상을 남겼던지 그 후 그는 십자가에 대한 특별한 존경을 드리게 되었다. 이 기도는 확실히 성인의 작품으로 여겨진다. 성인의 모든 전기 외에도 그의 글 가운데 가장 개인적인 글인 「유언」에 이 기노가 다음과 같이 나타난다.

> 그리고 주님께서 성당들에 대한 크나큰 믿음을 나에게 주셨기에, 다음과 같은 말로 단순하게 기도하곤 했습니다. "주 예수 그리스도님, 저희는 전 세계에 있는 당신의 모든 성당에서 당신을 흠숭하며, 당신의 거룩한 십자가로 세상을 구속하셨기에 당신을 찬양하나이다"(「유언」 4-5).

이 기도는 「십자가 앞에서 드린 기도」와 공통된 실존적 체험을 지니고 있는데, 이는 "성당들에 대한"이라는 표현에 나타나 있다. 프란치스코는 자주 작고 허물어져 가는 경당들이나 작은 성당들에서 시간을 보내곤 했는데, 그런 연유로 이러한 찬미와 권고의 글을 쓰게 되었다. 아니, 오히려 주님께서 친히 그에게 그렇게 하도록 영감을 주셨다고 하는 편이 낫겠다. 사실 이 경우에도 프란치스코는 모든 것을, 성당에 대한 깊은 믿음과 신뢰심을 주신 주님께 돌려드린다. 이 성당들은 프란치스코가 밤새워 기도하거나 일상으로 잠시 방문하는 동안 그의 삶에서 결정적인 사건들이 일어났던 곳이다. 따라서 기도이자 흠숭인 이 기도문은 하느님께서 채워 주신 믿음과 희망에 대한 프란치스코의 응답이라 하겠다.

배운 바를 창조적으로 심화하다

전례 형태의 기도문

젊은 프란치스코는 틀림없이 학교와 신앙생활을 통해서 다양한 기도문을 배웠고 기억했을 것이다. 「유언」에 나오는 이 기도 역시 그 핵심 내용은 전해져 내려온 글, 즉 프란치스코가 익히 알고 있던 기도이다. 이 기도는 이미 당시 성무일도에 들어 있었고, 십자가 현양 축일과 재발견 축일(9월 14일, 5월 5일)에 바쳐졌으며, 성금요일의 찬미가에도 포함되어 있었다. 십자가를 기념하는 축일들에 대한 당시의 대단한 신심을 고려한다면, 아씨시 상인의 아들이 그 시기에 많이 사용하였을 뿐만 아니라 지금 우리에게도 전해져 내려온 다음의 십자가 경배송을 잘 알고 있었을 것으로 추정할 수 있다.

그리스도님, 당신의 십자가로 세상을 구속하셨기에, 저희는 당신을 흠숭하며 찬양하나이다.

Adoramus te, Christe, et benedicimus tibi, quia per crucem tuam redemisti mundum.

프란치스코의 기도문은 더 길다.

주 예수 그리스도님, 저희는 전 세계에 있는 당신의 모든 성당에서 당신을 흠숭하며, 당신의 거룩한 십자가로 세상을 구속하셨기에 당신을 찬양하나이다.

Adoramus te, **Domine Jesu** Christe, **et ad omnes ecclesias tuas, quae sunt in toto mundo**, et benedicimus tibi, quia per **sanctam** crucem tuam redemisti mundum.[1]

이 두 기도문을 비교해 보면, 프란치스코가 전통적 기도문을 확장한 것이 분명하게 드러난다.

새로운 첨가문들

성인은 이미 알려진 기도문을 취해서 이를 변형한다. 그는 전통과

---

1 K. Esser, 『Gli scritti di san Francesco』, 572. 이전 형식에 대한 의존도와 첫 번째 해설은 다음을 보라. O. Schmucki, 「Das Leiden Christi im Leben des hl. Franziskus」, 『Collectanea Franciscana』 30 (1960), 5-30, 특히 14, 그리고 더 넓게는 L. Lehmann, 『Tiefe und Weite. Der universale Grundzug in den Gebeten des Franziskus von Assisi』, Werl, 1984, 51-58.

풍요롭고 소중한 보화가 담겨 있는 전례를 받아들이지만, 기존의 전례 기도문에 자기 나름대로 덧붙이는 방식으로 그것을 확장하여 자기의 것으로 만든다. 위에 옮긴 기도문에서 굵은 활자로 표시한 내용이 덧붙여진 부분이다.

    a) "그리스도"라는 짧은 호칭 앞에 "주 예수"라는 표현이 덧붙는다. 이는 프란치스코가 말하는 전형적인 방식이다. 그의 「유언」에 "주님"[Dominus]이 28번이나 나타난다는 것만 예로 들어도 충분하다. 이 기도문에는 영광스러운 "그리스도" 곁에 베들레헴과 나자렛의 지상 "예수" 또한 나타나는데, 프란치스코는 이 지상 예수를 주님으로 알아 모신다.

    b) 가장 중요한 첨가 부분은 "전 세계에 있는 당신의 모든 성당에서"이다. 여기에서 우리는 프란치스코가 기도문을 늘리기만 하는 것이 아니라, 보편적인 정신으로 그의 흠숭을 세상의 모든 성당으로 확장하기 위하여 움브리아 지역의 경계를 뛰어넘는다는 것을 알 수 있다. 우리는 이 구절에서 프란치스코의 특징적인 성격, 그의 포용적인 사고방식, 그리고 그의 마음과 기도의 드넓음을 마주하게 된다. 프란치스코는 성당이나 십자가를 바라보거나 거룩한 장소에 들어서면 마음으로 온 세상에 있는 모든 성당을 끌어안고 주님께 대한 깊은 흠숭의 자세를 어디로든 확장하는 그런 믿음으로 가득 차 있었다. 이러한 자세는 온 세계에 퍼져 있는 모든 구원의 표지들(성당, 십자가) 하나하나에 하느님께서 현존하신다는 것을 그가 얼마나 깊이 깨달았는지를 보여준다.

    이러한 흠숭의 보편적 특성은 첼라노가 프란치스코의 초기 동료들에 대해 다음과 같이 언급하는 부분에서도 확인된다.

교회가 어디에 있든 간에 그리고 형제들이 그곳에 갈 일이 없고, 다만 먼 곳에서 바라볼 수밖에 없는 경우에는 그 방향을 향해서 땅에 엎드려 육신과 영혼으로 깊은 절을 하고, 그 거룩하신 사부님이 가르친 대로 "그리스도님, 우리는 전 세계에 있는 당신의 모든 교회에서 당신을 흠숭합니다" 하며 형제들은 전능하신 하느님을 흠숭하곤 했다. 그리고 더욱 놀라운 일은 그들은 언제나 땅에서나 벽에서나 나무에서나 길가의 담장에서나 예수님의 고상 또는 십자가의 표시를 보게 되면 언제나 역시 그렇게 했다는 것이다(「1첼라노」 45).

단순히 십자가의 표시만 보아도 프란치스코와 그의 동료들은 마음이 움직여 흠숭의 자세를 취한다. 따라서 그들의 전례는 더 이상 어떤 예배 장소에 국한되지 않는다. 전례 기도문만 확장되는 것이 아니라 전례 환경도 확대되는 것이다. 이 세상이 흠숭의 장소가 된다. 형제들이 성당이나 야외에서 바쳤던 "…주님을 흠숭하며 찬양하나이다"라는 기도 안에는 나중에 「태양 형제의 노래」에서 표현할 우주적 전례가 이미 울려 나오고 있다.

c) 세 번째 첨가 부분은 "당신의 **거룩한** 십자가로"에 나타나는 "거룩한"이라는 형용사이다. 이 간단한 첨가 역시 성인의 기도를 해석하는 중요한 열쇠로 여겨진다. 성인에게는 하느님의 기록된 말씀과 그분의 이름들이 "거룩한" 것처럼(예를 들어, 「유언」 12: "지극히 거룩한 이름들과 그분의 말씀이 기록된 것이 부당한 곳에서 발견되면, 나는 그것을 모으겠고…"), 십자가 또한 그렇게 거룩하다. 그렇기에 프란치스코는 비록 암시에 지나지 않

는다 할지라도, 구원의 신비를 상기시키는 표시를 발견하면 어디에서든지 십자가를 경배한다. 프란치스코가 성 다미아노 십자가로부터 받은 명이 거룩한 것처럼 십자가는 거룩하다.

이 기도에서 흠숭이 십자가를 향한 흠숭이지 성체성사에 대한 흠숭이 아닌 것은 성체가 당시에는 오로지 주교좌 성당에만 모셔졌기 때문이다. 다른 중요한 성당들에도 점차 감실을 사용하게 된 것은 제4차 라테란 공의회(1215) 때부터이다. 그리고 1224년 이후, 즉 호노리오 3세 교황이 작은 형제들에게 내린 칙서에서 제대와 성당을 소유할 수 있게 허락한 다음에야 비로소 프란치스칸 성당에서도 성체 흠숭이 가능하게 된다. 프란치스코는 호노리오 3세와 일치하여 "성체 십자군 운동"[crociata eucaristuca]을 펼치는데, 이러한 배경 안에서 지금 우리가 살펴보는 흠숭의 기도가 성체성사적인 분위기와 의미를 지니게 된다. 우리 시대에 "당신을 흠숭하나이다"[Adoramus te]로 시작하는 이 기도는 십자가의 구원 신비와 제대의 구원 신비 모두를 의미한다.

열성적인 전파

프란치스코가 이러한 흠숭 기도를 만들고 그것을 장려했다는 것은 그가 자신의 동료들에게 이 기도를 내맡겼다는 사실을 통해서 알 수 있다. 「세 동료들이 쓴 전기」는 이 기도를 언급하고 있으며(37), 첼라노의 「제1생애」도 형제회 초기에 작은 형제들이 아직 성무일도를 모르고 성무일도서를 가지고 있지 않았을 때 이 기도를 바쳤다고 증언한다.

그때에 형제들은 단순한 마음으로 생활을 했을 뿐 아직 교회의 성무일도를 몰랐기 때문에 성 프란치스코에게 기도를 가르쳐 달라고 부탁을 드렸다. 그는 형제들에게 다음과 같이 말하였다. "여러분들은 기도할 때 주님의 기도를 외시오. 그리고 다음과 같이 하시오. 그리스도님, 우리는 전 세계에 있는 당신의 모든 교회에서 당신을 흠숭하며 찬미하오니, 당신의 거룩한 십자가로 세상을 구원하셨기 때문입니다." 그리하여 사랑 깊은 스승의 제자들인 형제들은 대단한 노력으로 이것을 지키려고 하였다(「1첼라노」 45).

그러므로 이 흠숭의 기도는 작은 형제들이 바친 기도 가운데서도 첫 번째 보물에 해당한다. 이 기도는 프란치스코의 젊은 공동체에 어떠한 형태를 부여하고, 이 공동체의 오랜 여정과 함께한다.

다양한 형태로 전해진 형제회의 좋은 전통

「유언」의 흠숭 기도는 토마스 첼라노와 「세 동료들이 쓴 전기」 외에도 「익명의 페루자 전기」(19)와 보나벤투라의 「대전기」(IV,3)에서도 나타난다. 각 작품이 전하는 기도문의 형태에는 큰 차이가 없다. 그러므로 이 기도는 증거 자료가 충분하며, 그 모든 원천 사료는 창설자가 재구성한 이 기도를 온전히 전달하는데 주의를 기울이고 있다. 이렇게 이 기도는 형제회의 전통적 유산에 속하며, 이는 우리 시대에 이르기까지 그러하다. 오늘날에도 프란치스칸들, 특히 클라라 수도원들과 많은 프란치스칸 수도회들에서 서거나 무릎을 꿇거나 또는 양팔을 벌린 채 매일 공동으로 이 기도를 바치고 있다.

이 기도를 바치는 것은 프란치스칸 가족 안에서 역사적 연속성의 표지가 될 뿐만 아니라, 모든 경계의 구분을 뛰어넘어 형제적 일치를 보여 주는 행위이기도 하다. 이탈리아와 스페인, 프랑스와 멕시코, 영국, 독일 또는 오스트리아에서 이 기도를 한 목소리로 함께 바칠 수 있었던 것은 나에게는 항상 아름다운 체험이었다. 이 기도는 일종의 안정감을 주고 낯선 땅에서 프란치스칸적 모성의 작은 품이 되어 준다.

오직 한 가지가 이 기쁨을 방해하는데, 그것은 이 기도가 지역뿐만 아니라 관구마다 지나치게 다양한 형태로 존재한다는 것이다. 예를 들어, 독일어권에서는 열두 개나 되는 서로 다른 형태의 기도문이 존재한다. 이탈리아에서는 적어도 네 개의 서로 다른 번역이 존재한다. 여기에 가장 널리 사용되는 것들 세 가지를 소개한다.

> Ti adoriamo, Signore Gesú Cristo, qui e in tutte le tue chiese che sono nel mondo intero, e ti benediciamo, perché, per mezzo della tua santa croce, hai redento il mondo.
>
> **주 예수 그리스도님, 당신의 거룩한 십자가로 세상을 구속하셨기에, 저희는 여기와 전 세계에 있는 당신의 모든 성당에서 당신을 흠숭하며 찬양하나이다.**
>
> T'adoriamo, Signore Gesú Cristo, qui e in tutte le chiese che sono in tutto il mondo, e ti benediciamo poiché con la santa tua croce hai redento il mondo(L. Canonici).
>
> **주 예수 그리스도님, 거룩한 당신의 십자가로 세상을 구속하셨**

기에, 저희는 여기와 모든 세계에 있는 당신의 모든 성당에서 당신을 흠숭하며 찬양하나이다.

Ti adoriamo, Signore Gesú Cristo, in tutte le tue chiese che sono nel mondo intero e ti benediciamo, poiché con la tua santa croce hai redento il mondo(『FF』 ed. maior 111).

주 예수 그리스도님, 당신의 거룩한 십자가로 세상을 구속하셨기에, 저희는 전 세계에 있는 당신의 모든 성당에서 당신을 흠숭하며 찬양하나이다.

로마에 있는 "브린디시의 성 로렌조" 국제대학[L. Collegio Internazionale "San Lorenzo da Brindisi"]에서는 또 다른 형태의 기도문을 사용한다.

Ti adoriamo, Signore Gesú Cristo, pensando anche a tutte le tue chiese che sono nel mondo intero, e ti benediciamo, perché con la tua santa croce hai redento il mondo.

주 예수 그리스도님, 거룩한 당신의 십자가로 세상을 구속하셨기에, 저희는 전 세계에 있는 당신의 모든 성당을 떠올리며 당신을 흠숭하며 찬양하나이다.

아무튼, 이러한 차이는 「유언」의 라틴어 필사본뿐만 아니라 원천이 되는 전기 사료들 안에도 서로 다른 부분이 있기 때문이다.[2] 특히, 프란

2　이 점에 관해서는 K. Esser, 『Gli scritti』, 572와 위에 언급한 전기문의 증언들(「세 동료」 37; 「1첼라노」 45; 「대전기」 IV,3)을 참조.

3 우주적 경배　73

치스코가 「유언」에서 전해 준 것과 같은 기도 양식은 무엇보다 그가 덧붙인 부분들 때문에 다소 난해하다. 어려운 것은 "당신의 모든 성당에서"[ad omnes ecclesias tuas]의 앞에 놓인 "et"[그리고]의 번역이다. 사실, 접속사 et는 여기서 두 개의 단어를 연결하는 기능을 하지 않기에 번역을 할 때 종종 생략된다.[3] "et" 앞에 놓인 hic[여기]도 마찬가지이다. 이 hic은 "'**여기**와 당신의 모든 성당에서'에 상응하도록 해석적으로 덧붙인 것이다."[4] 이러한 형태의 기도가 보통 가장 많이 사용된다.

라틴어 et는 etiam[~도 또한]의 약어일 수도 있기에, 어떤 이들은 "… 모든 성당에서**도 또한**"이라고 번역한다.[5] 이 경우 Et는 비교의 의미보다는 "강조"의 의미를 지닌다.

또 다른 어려움은 전치사 ad에서 생겨난다. 그것은 단순히 '~안에서'를 의미하지 않고, '~가까이', '~쪽으로', '~의 방향으로' 또는 '~에 관해'라는 의미를 지닌다. 형제들이 십자가나 성당을 보았을 때, 이 기도를 암송하면서 절하며 향하는 그 방향을 말한다. 이제 라틴어에 더욱 가까운 번역을 뽑아보면 다음과 같다.

> Adoramus te, Domine Jesu Christe, (hic) et ad omnes ecclesias tuas quae sunt in toto mundo, et benedicimus tibi, quia per sanctam crucem tuam redemisti mundum.

---

3 스피라의 율리아노(Giuliano da Spira), 「세 동료」는 물론, 「대전기」 IV,3의 보나벤투라도 그렇게 했다. "Adoramus te, Christe, ad omnes ecclesias tuas, quae sunt in toto mundo, et benedicimus tibi…"(AnalFranc X, 572).

4 K. Esser, 『Das Testament des hl. Franziskus von Assisi』, Münster, 1949, 86.

5 『FF』111 (ed. minor, Padova, 1986); C. Paolazzi, 『Lettura degli scritti』, 78.

주 예수 그리스도님, 당신의 거룩한 십자가로 세상을 구속하셨기에, 저희는 (여기와) 전 세계에 있는 당신의 모든 성당에서 당신을 흠숭하며 찬양하나이다.

흠숭 기도문에 대한 묵상

"저희(우리)는…"

첫 번째 기도, 즉 성 다미아노 십자가 앞에서 드린 기도에서 프란치스코는 "제 마음의", "저에게 주소서", "제가 할 수 있도록"과 같은 1인칭을 사용한다. 이를 통해 그는 십자가에 못 박히신 분과의 전적이고 인격적인 관계를 표현했다. 하지만 그 이후의 기도들에서 그는 거의 항상 "우리"(저희)를 사용한다. 1인칭 복수형을 사용하는 것은 기도를 함께 바친다는 전례적 필요성뿐만 아니라 그의 공동체적 본성도 드러낸다. 프란치스코는 "우리" 안에 그 기도를 같이 바치는 자기 동료들을 우선하여 포함하지만, 또한 모든 그리스도인도 끌어들인다. 그는 이 흠숭의 기도문에서 자신이 전 교회와 결합하여 있다는 의식을 이같이 표현한다.

프란치스코의 보편적인 감수성을 통해 볼 때, 우리는 기도할 때 몇 번이나 "우리"라고 말하는지, 그리고 몇 번이나 "나"라고 말하는지 자문해 보자. 우리는 시간경을 바치고 거룩한 미사를 거행할 때 모든 교회와 함께 기도하고, 교회의 이름으로 무엇을 행한다는 의식을 지니고 있는가?

"우리" 안에는 지금 나와 함께 기도하는 모든 이, 그리고 참석하지 못하거나 병든 형제들을 포함한 나의 공동체, 형제회의 모든 관구, 모든 프란치스칸 가족이 포함되어 있다.

우리 - 본당 공동체, 교구, 우리나라, 보편 교회

우리 - 여기, 이곳에서, 감추어지거나 드러난 채로, 침묵의 교회와 일치하여, 믿음 때문에 박해받고 감옥에 갇힌 이들과 연대하여

우리 - 모든 인간의 이름으로

"주 예수 그리스도님, 당신을 흠숭하나이다"

흠숭! 이것은 가장 거룩하고 고양된 형태의 기도이다. 오직 하느님만을 흠숭한다. 그분이 대상이 아닐 때 흠숭은 우상 숭배가 된다. 몸과 마음을 다해 무릎을 꿇고 몸을 숙여 경배한다. 몸짓이나 침묵은 말보다 더 많은 가치를 지닐 수 있다. 첼라노는 형제들이 "땅에 엎드려 육신과 영혼으로 깊은 절을 하고, … 전능하신 하느님을 흠숭하곤 했다"(「1첼라노」 45)고 말한다. 여기서 말과 행위는 흠숭 안에서 하나가 되고 전인全人의 행위가 된다. 이러한 흠숭 안에서 피조물로서 우리 존재가 근본적으로 실현된다. 왜냐하면, 우리는 흠숭 안에서 우리가 하느님으로부터 나왔으며, 그분 덕에 존재한다는 것을 인식하면서 창조주께 몸을 숙이기 때문이다.

흠숭 안에서 개인적이며 공동체적인 체험이 응축되며, 그 안에서 인간은 자신을 개방하여 다른 모든 이를 형제요 자매로 받아들이고 모

든 피조물을 형제적으로 환대한다. 바로 이런 이유 때문에 프란치스코는 이미 알고 있던 기도에 다음의 구절을 덧붙인다.

"…전 세계에 있는 당신의 모든 성당에서…"

성인은 "우리"라는 인식에 이렇듯 깊이 심취하여 단지 하나의 성당에 한정되는 것이 아니라, 구원받은 모든 이가 온 세상에 흩어져 있는 다양한 성당에서 하느님께로 향하여 드리는 흠숭에 참여한다. "모든"[omnes]과 "온"[toto]이라는 말은 우리가 그의 기도에서 계속 만나게 될 특징인 프란치스코의 우주적 보편주의를 명확히 보여준다. 그의 보편적 지평은 구원의 보편성에 대한 응답이다. 이러한 구원의 보편성을 증언하는 것이 전 세계에 있는 성당과 십자가들인데, 이것들은 우리의 세상이 구원 덕분에 새롭게 하느님의 장소가 되었음을 가리킨다.

그러므로 우리는 흠숭할 때 우리가 알고 있는 모든 성당을 자연스럽게 떠올리게 된다. 세례를 받고 첫영성체를 한 성당, 나의 본당, 수련소 경당, 서원과 사제 서품 때, 그리고 첫 미사 때 사람들로 가득 찼던 성당, 결정적인 순간에 하느님과 대화를 나눈 성당, 감실 앞에서 침묵의 기도를 드린 성당, 휴가 중의 산속 성당, 길가의 아름다운 십자가들, 산꼭대기에 있는 십자가들, 동료 수사와 수녀들이 일하는 아시아, 아프리카, 라틴 아메리카에 있는 경당과 성당들, 엽서나 선교 잡지를 통해서 알고 있는 세계 곳곳의 성당 등. 세상이 구원받았고 하느님께서 십자가를 들어 높여 축복해 주셨다는 것을 알려 주는 눈에 보이는 상징인 성당과 십자가는 어디든 있다.

십자가의 흔적을 나와 전 세계에 남기면서 감사하는 태도로 세상의 모든 구원받은 이들과 나는 하나가 된다.

"…당신을 찬양하나이다"

흠숭은 찬미를 의미한다. 프란치스코의 기도에서는 청원보다 찬미와 감사가 첫 자리에 온다. 그의 기도의 대부분은 찬미의 기도이다. 하느님을 찬미하고 찬양하는 것은 하느님에 대해 좋게 말하는 것, 수많은 시편이 읊조리듯이 그분의 놀라운 일을 이야기하는 것, 그리고 하느님의 사랑으로 이루어진 세상 창조에 대해, 또한 당신의 창조 세계와 타락한 인간을 절대 저버리지 않으셨다는 명백한 증거인 구원에 대해서 감사드리는 것이다. 프란치스코는 자신의 믿음 안에서 역사의 중심이자 세상의 흐름을 바꾼 사건인 구원에까지 다다른다.

"당신의 거룩한 십자가로 세상을 구속하셨기에"

구원은 흠숭을 하는 가장 깊은 동기이자 "우리"가 근거를 두는 실재로서, 이것이 흠숭을 모든 성당으로 확장하게 한다. 하느님께서는 온 세상을 구원하셨다. 에페소 신자들에게 보낸 서간이 증언하듯이 그리스도께서는 그분의 죽음과 부활과 성령을 보내심으로써 모든 것 안에서 모든 것이 되시면서(에페 1장 참조) 창조의 중심이 되셨다. 이러한 온 세상의 구원에 대해 프란치스코는 "우리"와 보편적 흠숭으로 응답한다.

이런 기도에서 인상적인 것은 프란치스코가 성당이나 십자가라는 구체적 표지를 통해 말하는 서로 간의 결합과 그것이 지니는 보편적 특성이다. 하느님께서 어디든지 계신다는 체험은 시간과 공간의 밖에서 일어나는 것이 아니라 가장 직접적이고 이해 가능한 구원의 표지, 즉 십자가를 통해 일어나게 된다.

거룩한 십자가를 통해 창조주와 피조물 사이의 단절, 피조물들 사이의 단절이 모두 제거되었기에 프란치스코는 이러한 믿음에 힘입어 모든 피조물과 함께 찬미의 노래인 「태양 형제의 노래」를 부를 수 있게 된다. 이 찬미는 프란치스코가 하나로 이해하는 두 가지 순간, 즉 창조와 구원의 주님이신 분과 피조물이 일치를 되찾은 기쁨에서 비롯된다.

이렇게 묵상해 볼 때, 흠숭의 기도는 아씨시의 가난뱅이가 기도하는 방식에 있어 근본적인 것으로 드러난다. 그가 저음부터 실천했고 자주 되풀이했던 사랑과 헌신 안에서 말과 행동으로 흠숭하는 것은 그의 삶에서 근본적인 태도가 된다. 그의 삶은 흠숭이며 찬미이다.

실천 지침

1. 방금 묵상한 기도는 프란치스코가 전해져 내려오는 글을 어떤 방식으로 활용했는지 보여 준다. 그는 단순히 그것을 반복하지 않고 깊이 묵상하며 변형시키고 확장하면서 자기 것으로 만들었다. 말하자면 그는 전통에 충실하면서도 **창조적인 방식**으로 원문을 다루었다.

때로는 많은 글보다 단 하나의 구절이 우리가 기도를 더 잘하는데 도움이 될 수 있지 않을까? 때로는 더 간략한 성무일도가 더 풍요로울 수 있지 않을까? 오늘날에는 묵상을 더욱 깊이 하는 방식으로 기도에 잠길 수 있도록 자유로이 시편 하나만 가지고 저녁기도를 드리는 것이 가능하다. 그리고 무엇보다도 개인 기도를 바칠 때 영과 생명으로 충만하기 위해서 우리는 이미 알고 있는 기도를 창조적으로 다룰 수 있다.

2. 「유언」의 이 기도문과 우리가 성당에서 무릎을 꿇는 행위 사이에 새로운 관계를 설정할 수 없을까? 성당에 들어갈 때 **무릎을 꿇는 기도** [genuflessione]는 더욱 의식적으로 실천되어야 하고, 이 기도문을 천천히 바치기 위해 걸리는 시간만큼 지속하여야 할 것이다. 예로부터 행해진 무릎을 꿇고 기도하는 육체적, 영성적 행위는 우리의 의식을 그리스도의 현존 안에서 더욱 튼튼하게 할 수 있다.

3. 우리는 인간적 약함 때문에 일정한 **형태**[forme]나 **양식**[formule] 즉, 정해진 경배의 시간, 적절한 공간과 분위기, 그리고 기억하고 있는 짧은 기도문도 필요하다는 것을 잘 알고 있다. 프란치스코의 기도는 분명 그 내용이 가장 아름답고 풍요로운 기도문 중의 하나이다.

4. **두 팔을 벌리고 바치는 기도**는 초기 그리스도인들이 기도하던 전형적인 자세였다. 프란치스코 역시 종종 그림이나 이콘에서 두 팔을 벌리고 기도하는 모습으로 그려지는데, 그러나 이는 특히 그와 십자가의 관계를 강조하기 위한 것이다. 오상을 통해 십자가에 못 박히신 분을 닮게 된 프란치스코는 두 팔을 벌린 자세를 통해, 십자가에 못 박도록 자신을 내맡기고 그렇게 온 세상을 품에 안으신 분의 형상을 재현한다.

몇몇 수도원, 특히 관상 수도원에서는 십자가 앞에서 기도하는 동안에 여전히 이런 자세를 취한다. 이 기도는 단순히 기도문을 암송하는 데 그치거나 습관이 되어서는 안 되며, 기도에 대한 "열정"[passione]의 외적 표현으로 실천되어야 한다. 무릎을 꿇고 팔을 벌려 자신을 살아 있는 제물로 봉헌하는 자세를 취하는 이는 시간이 지나면서 자신이 모방하는 이와 닮아가게 된다. 프란치스코는 그 확실한 본보기이다.

5. 초기 동료들에 대해 첼라노는 그들이 나무 사이에서든 울타리에서든, 땅에 있는 것이든 교차로에서든 **십자가를 발견했다**고 전한다. 그러므로 세속의 것들 역시 그들에게는 구원의 표지를 떠올리게 했다.

우리도 길을 가는 중에 주의를 기울인다면 바위와 나뭇가지에서, 그리고 첨단화되고 세속화된 세계 한가운데서도 십자가의 표지를 발견하게 될 것이다.

6. 유기 서원기 때 내가 동반한 적이 있는 젊은 형제가 자신이 어떻게 한 무리의 복사들과 함께 작은 경당을 수리했는지 이야기해 주었다. 이들은 먼저 마을 사람들의 동의를 구하고 나서 지붕을 수리하고 손상된 벽을 복구했으며 내부를 다시 칠했다. 그러자 사람들은 그 경당이 왜 만들어졌는지 알고 싶어 했다. 마치 전염되듯이 많은 관심과 흥미가 되살아났고, 마을 사람들의 가정에서도 시골의 이 작은 성당에 대한 사랑과 공경이 일었다. 복사들이 작은 전례 예식을 준비했는데, 이 간단한 봉헌식을 통해 경당의 소유자들과 수리한 이들 사이에 우정 관계가 확립되었다.

"가서, 나의 집을 수리하여라"라는 말씀은 프란치스칸 소명의 기본

책무이다.[6] 페루자 편집본(또는 전기)의 다음 증언은 이런 빛나는 배경에서 나온 것이다.

> 프란치스코는…때때로 주민들에게 회개를 설교하러 아씨시 일대의 마을과 성당에 들르곤 했다. 그분은 성당을 청소하려고 빗자루를 들고 다니곤 했다(「페루자 전기」 18).

많은 지역에 십자가의 길, 경당, 성상聖像과 성화가 있다. 우리는 이것들에 관심을 갖고 그 앞에서 기도해야 하며(예를 들어 말씀의 전례를 준비하거나, 5월의 특별 전례 또는 다른 신심 행위를 계획하여), 깨끗이 청소하고 아름답게 장식하며 그 소유자들과 대화해야 한다.

나의 동료 형제가 많은 묘지의 성상과 길가에 있는 십자가 사진을 찍어 상세히 설명하곤 했는데, 후에 그는 연구 결과와 함께 사진을 담은 소책자를 출판하였다. 이 카푸친 형제의 작업은 그 지역 사람들 사이에서 자신의 지역 역사에 대한 새로운 관심을 불러일으켰으며, 대중적 종교성의 증거물인 그 성상과 십자가에 대한 신심을 키우는데 일조했다. 이런 형태의 종교 문화에 대한 그의 관심과 열정은 그토록 강렬하고 진심 어린 것이었기에 이 형제는 1984년에 대중 성聖 건축 조사와 연구를 위한 단체(Istituto di Ricerche e di Studi sull'Edilizia Popolare Sacra: I.R.S.E.P.S)를 설립하기에 이른다. 이 단체의 활동으로 많은 책이 출판되

---

6 참조: L. Lehmann, 「"Geh hin und stelle mein Haus wieder her!" Überlegungen zum franziskanischen Grundauftrag」, 『Geist und Leben』 64 (1991), 129-141.

었으며,[7] 1984년에는 『Amici dei 'Capitei'』[8]라는 잡지가 발행되었다.

초기 형제들에 대해서 다음과 같은 기록이 있다. "그들은 십자가와 성당을 보면 어디에서나 항상 그곳을 하느님이 계신 곳으로 믿었다"(『세 동료』 37).

7. 프란치스칸 흠숭 기도문을 노래로 만들거나 비슷한 노래를 부를 수 있을 것이다.[9]

---

7 쿠만(Fiorenzo Cuman) 신부의 25개 출판물 중에서 두 가지만 인용하면 다음과 같다: 『"Capitei" e oratori di Rosà: saggio sull'edilizia popolare sacra』, Bologna, 1987; 『Mille "Capitei" di s. Antonio di Padova. Fede, arte, storia』, Padova, 1989.

8 역주: capitei는 capitello, 우리말로 '주두'(柱頭)라는 건축 용어를 의미하는 듯하다.

9 예를 들어, 『Cantiamo al Signore』, Milano, 1990에서 370, 376 또는 393번.

4
명확하고 구체적인 초대

「하느님 찬미의 권고」

아씨시의 성 프란치스코의 글 중에서 잘 알려지지 않은 것이 「하느님 찬미의 권고」[Exortatio ad Laudem Dei]이다. 몇 년 전부터 이 소품은 비판적 연구를 통해 거의 모두에게 진본으로 인정받았고, 프란치스코의 글 개정판들에 포함되었다.[1] 그리 알려지지 않은 이유는 이 글이 「태양 형제의 노래」의 범주 안에 들고, 그 전조가 되는 작품으로 볼 수 있기 때문이다. 여기서 소개하는 본문에서 **굵은 활자**로 쓴 부분을 유념해야 하는데, 이는 프란치스코가 성경이나 전례서에서 가져온 인용문을 바꾸었거나 첨가한 부분이다. 이러한 방식으로 어떤 부분이 글자 그대로 또는 거의 그대로 인용되었고, 어떤 부분이 프란치스코 고유의 것인지 쉽게 알아볼 수 있다.

1. 주님을 두려워 하고 그분께 영예를 드려라(묵시 14,7).
2. 주님은 **찬미와** 영예를 받으실 만한 분이시로다(묵시 4,11).
3. 주님을 경외하는 **모든 이들**아, 주님을 찬미하여라(시편 21,24).

---

[1] K. Esser, 「"Exortatio ad Laudem Dei". Ein wenig beachtetes Loblied des hl. Franziskus」, 『Archivum Franciscanum Historicum』 67 (1974), 3-17; K. Esser, 『Gli scritti』, 332-340; 「François d'Assise」, 『Écrits』, Texte latin de l'édition K. Esser, introduction, traduction, notes et index par Th. Desbonnets - Th. Matura - J. F. Godet - D. Vorreux, Paris, 1981, 332s.

4. 은총이 가득하신 마리아님, 기뻐하소서.
   주님이 당신과 함께 계시나이다(루카 1,28).
5. 하늘과 땅아, 하느님을 찬미하여라(참조: 시편 68,35).
6. **모든 강들아 주님을 찬미하여라**(참조: 다니 3,78).
7. **하느님의** 아들들아 주님을 찬양하여라(다니 3,82).
8. 이 날은 주님이 마련하신 날, **이 날에 춤들을 추자, 기뻐들하자** (시편117,24).
9. **알렐루야, 알렐루야, 알렐루야!** 이스라엘의 임금님!(요한12,13).
10. 숨 쉬는 것 모두 다 주님을 찬미하여라(시편 150,6).
11. 주님은 좋으시니 주님을 찬미하여라(시편 146,1).
12. **이 글을 읽는 모든 이들아**, 주님을 찬양하여라(시편 102,21).
13. 모든 피조물아, 주님을 찬양하여라(참조: 시편 102,22).
14. 하늘의 **모든** 새들아, 주님을 찬미하여라(다니 3,80: 참조: 시편 148,7-10).
15. **모든** 어린이들아, 주님을 찬미하여라(시편 112,1).
16. 총각들과 처녀들아, 주님을 찬미하여라(시편 148,12).
17. 죽임을 당하신 어린양은 **찬미와 영광과 영예를 받기에** 합당한 분이시나이다(묵시 5,12).
18. 거룩한 삼위이시며 나뉨이 없으신 일체이시여, 찬미 받으소서!(전례서)
19. 대천사 성 미카엘이시여, 싸움에서 우리를 보호하소서!(전례서)[2]

---

2 이 글은 『FF』의 소편집본(ed. minor)에만 삽입되어 있다. 『FF』, Assisi-Padova, 1986, 142(n. 265/a), 그리고 『Gli scritti di Francesco e Chiara d'Assisi』, Introduzione, traduzione e note di F. Olgiati, Padova, 1987, 168s.

이와 같은 묵상 틀의 기원

피렌체의 마리아노(Mariano da Firenze, +1537)가 기록한 작은 형제회의 연대기를 통해 우리는 「하느님 찬미의 권고」에 관한 몇 가지 정보를 얻을 수 있다. 이 글은 움브리아 지역의 은수처(테르니의 체시, Cesi di Terni) 에 있는 작은 성 프란치스코 경당의 제대 장식[antipendio]으로 부착된 판 [tavoletta]에[3] 새겨져 있었다. 마리아노는 1500년 초반에 직접 그 판을 보았다.

나는 제대 왼쪽 벽면의 판에 기록된 이 찬미가를 내 눈으로 보았다. 성 프란치스코가 손수 그 판에 찬미가를 기록했다고 일컬어진다.

피렌체의 마리아노 외에도 다른 무명의 연대기 작가 역시 이를 증언한다. 피렌체의 연대기 저자로서 그는 프란치스코가 손수 모든 피조물을 하느님 찬미로 초대하는 몇몇 구절을 썼고, 게다가 그 판 위에 다양한 피조물을 직접 그리거나 그리게 했다고 언급한다. 이후 그 판은 그 '은수처'에 있는 경당 안에 기념물 또는 유물로 보관되는데, 안타깝게도 그것은 분실되고 말았다. 은수처는 파괴되었고, 프란치스코의 귀중한 자필본은 도난당했는지 분실되었는지 알 길이 없다. 어쨌든 지금 원본은 존재하지 않으며, 두 연대기 저자의 증언만 남아 있을 뿐이다.

---

3 역주: 한국어 소품집에서는 이를 "제대 위에 있는 목재로 된 독서대"라고 말한다.

그들 중 한 명이 후세에 본문을 전해 주었고, 이는 1623년 루카 워딩 Luke Wadding의 편집본에 들어가게 된다.[4]

「하느님 찬미의 권고」를 이해하기 위해서는 은수처의 작은 성당이 하느님의 어머니께 봉헌되었다는 사실을 아는 것이 중요하다. 게다가 피렌체의 마리아노가 언급하듯이, 이 성당은 포르치운쿨라 경당과 모든 면에서 유사했고, 아마도 프란치스코가 가장 사랑하던 자그마한 성당과 같은 이름, 즉 "천사들의 성모 마리아"라는 이름을 지녔을 것이다. 이 이름을 통해 어째서 본문에 마리아와 미카엘 대천사가 명시적으로 언급되는지를 이해할 수 있다. 전승에 따르면, 이 기도는 경당의 축성, 특히 제대의 축성과 직접적으로 연관되어 있다. 바로 이를 위해서 묵상용 그림도 구상된 것이었다. 아마도 「하느님 찬미의 권고」는 이 소성당을 축성하는 날을 위해 작성되었을 것이다. 이렇게 볼 때 "이날은 주님이 마련하신 날"(8절)이라는 구절이 등장하는 이유를 이해할 수 있을 것이다.

프란치스코가 이 글의 저자인가?

앞에서 언급한 두 연대기 저자는 프란치스코가 쓴 묵상 기도를 직접 보았다고 증언한다. 게다가 이들은 그곳의 형제들이 대대로 전해온

---

[4] 역주: 한국어 소품집에서는 워딩이 1623년에는 포함시키지 않고, 1625년에 포함시켰다고 말한다. 참조: 『아씨시 프란치스코와 클라라의 글』, 프란치스칸 원천 01, 작은 형제회 (프란치스코회) 한국 관구, 프란치스코출판사, 2014, 70.

구두 전승에 대해서도 언급한다. 작은 공동체 안에서 그처럼 생생하고 확실한 전승을 꾸며낼 수는 없다. 그리고 글 자체에서도 기도의 친저성親著性을 뒷받침하는 근거들이 나오는데, 이를 다음과 같이 요약할 수 있다.

- 편집자는 로마 시편집을 사용하는데, 프란치스코 역시 「주님의 수난 성무일도」나 다른 글에서 같은 시편을 사용한다.
- 저자는 3절과 15절에서 이탈리아어와 비슷한 라틴어를 쓰는데, 이런 이탈리아어법은 프란치스코의 다른 글에서도 나타난다.
- 「하느님 찬미의 권고」의 내용이 성인의 다른 작품에서도 발견된다.
- 「하느님 찬미의 권고」는 아씨시의 가난뱅이에게서 전형적으로 나타나는 자유로운 기도와 같은 선상에 있다.

따라서 외부의 증언뿐만 아니라 내적인 판단 기준을 모두 고려할 때, "성 프란치스코의 소품 목록에 이 찬미가를 포함하고, 그 문체나 내용에 있어서 성인의 고유성을 간직한 노래로 보는 데 문제가 없다."[5]

프란치스코가 언제 이 제단 판에 글을 썼는지 그 시기를 확정할 수 없다. 우리는 1213년 성 프란치스코가 이 '은수처'를 베네딕토회 수도승으로부터 받았다는 사실(포르치운쿨라 성당이 그러했듯이)을 알고 있지만, 그가 그곳에 즉시 소성당을 만들었는지에 대해서는 의문이 남는다. 다른 한편, 「하느님 찬미의 권고」는 다른 찬미의 기도와 비교해 볼 때

---

5 K. Esser, 『Gli scritti』, 334s.

단순하고 소박한 문체를 보여 주는데, 이는 이 기도가 이 움브리아 시인의 초기 작품 중 하나일 수 있다고 짐작하게 한다. 게다가 여기에는 로마 시편집이 사용되는데, 이 시편집은 훗날 1223년에 갈리아[gallican] 시편집으로 대체되었다(「인준받은 수도규칙」 3,1 참조). 이렇듯 「하느님 찬미의 권고」는 1223년 이전 시기, 아마도 1219년 동방 여행 이전에 만들어졌을 것이다. 하지만 시기의 문제보다 기도의 내용이 더 중요하므로, 이제 우리의 주의를 그쪽으로 돌리고자 한다.

해설

찬미가: 찬미와 권고

1절: 프란치스코는 묵시록에서 취한 구절로 자신의 기도를 시작한다. "주님을 두려워하고 그분께 영예를 드려라"(묵시 14,7). 이 구절은 기도 전체를 이끄는 금언이라는 것 외에도, 프란치스코와 초기 형제들의 설교를 구성하는 요소를 종합해 준다. 평신도 신분인 프란치스코는 교의적 설교를 할 수 없었다. 신앙과 교의에 대해 설교하는 것은 주교와 지정된 사제들에게 맡겨져 있었다. 그러나 성령의 특별한 은사로 제도 교회가 행하는 설교의 독점을 비판하고 스스로 복음을 설명하는 이들이 등장했다.

몇몇은 종종 자의적 해석 때문에 이단으로 빠지는 잘못된 길로 들어서기도 했지만, 다른 이들은 교의적 설교를 삼가고 도덕적 설교에만 한정하면서 말하자면 새로운 형식의 설교를 만들어 냈다. 이는 권고, 즉 기회가 있을 때마다 광장에서 행하는 도덕적 담화였다. 주로 평신도였던 순회 설교가들은 사람들에게 회개와 복음에 따른 삶을 권고했다. 교의가 아니라 실천이 그들의 주제였다.

모범적이고 금욕적인 생활로 자신의 말에 힘을 더한 이 회개의 설교가들은 설교로 많은 군중을 끌어모으면서 교회를 쇄신하는 데 중요한 역할을 수행하였다. 교도권 또한 이와 같은 회개의 설교가 지닌 유용성을 알아차리고 그 진가를 인정했다. 인노첸시오 3세는 모든 작은 형제들이 회개를 권고하는 설교를 하도록 허락하였다(「1첼라노」 33). 하지만 프란치스코가 회개의 권고에만 한정하지 않고 여기에 찬미를 더하여 권고와 찬미[Exhortatio et Laus]를 하는 것이 또한 흥미롭다. 1221년의 수도규칙에는 이런 종류의 설교에 대해 명확히 언급하는 장이 있다. 이 장은 의도적으로 이렇게 시작한다.

나의 모든 형제들은 좋다고 생각될 때마다 하느님의 축복을 받아 다음과 같이 혹은 다음과 비슷하게 권고와 찬미를 누구에게나 전할 수 있습니다(「비인준 규칙」 21,1).

이어서 형제들이 설교하는 방식에 대한 하나의 본보기가 나온다. 이런 설교 형태는 찬미와 권고를 특징으로 하는 **찬미가**[lauda]라는 새로운 양식, 새로운 문학 장르를 낳는다. 이 두 요소는 교회에 대적하여 날선 비판에 경도된 몇몇 개혁주의자들의 권고 설교에 비해서 형제들이

했던 권고의 설교를 더욱 광범위하고 풍요롭게 만들어 주었다. 찬미가는 교의를 설명하고 옹호하는데 국한되었던 공식적인 설교보다 더 이해할 만하고 더 활기찼으며 신심을 불러일으키는 힘이 있었다.

하느님을 찬미함과 사람들에게 권고함은 프란치스칸 설교의 두 기둥이 된다. 「하느님 찬미의 권고」에서처럼 이 두 가지를 프란치스코의 글 전반에서 종종 찾아볼 수 있다. 실제로 「인준받지 않은 수도규칙」 21장의 시작 부분에서 프란치스코가 제시하는 설교 양식과 같은 요소를 발견할 수 있다.

> **여러분은 만물의 창조주이시고 성부와 성자와 성령이시며 삼위와 일체이신 전능하신 주 하느님을 경외하고 공경하며 찬미하고 찬양하며 감사드리고 흠숭하십시오**(「비인준 규칙」 21,2).

이 글과 「하느님 찬미의 권고」 사이에는 병행구가 많은데, 이들 사이의 비교를 통해 후자의 글을 찬미와 권고의 특성이 있는 찬미가로 규정할 수 있다. 이 찬미가에서 프란치스코는 하느님과의 대화를 첫머리에 두고자 하지 않고, 그분께 대한 찬미의 태도를 통해 사람들이 무엇보다도 하느님을 경외하고 공경하도록 권고하고자 한다.

2절: 1절의 초대에 이어 그 동기가 뒤따른다. 하느님은 찬미와 영예를 받으실 만한 분이시다. "찬미"는 성인이 애용하는 단어 중 하나인데, 여기서는 묵시록의 구절에 덧붙여졌다(묵시 4,11). "찬미하다"는 가장 많이 사용된 동사로, 19개 구절 안에서 10번이나 등장한다. 이 또한 이 기도를 찬미가, 즉 찬미와 권고의 노래로 규정하는데 힘을 실어주는 요소이다.

3절: 하느님을 경외하라는 주제가 다시 등장한다. 1절에서 인간은 하느님을 두려워하도록 초대되며, 이제 이러한 하느님에 대한 경외 속에서 살아가는 모든 이가 "그분을 찬미하여라"라는 초대를 받는다. 이 구절을 시편 21,24과 대조해 보면, 프란치스코가 자신의 보편주의적 경향을 표현하기 위해 덧붙인 "모든"[omnes]이라는 단어를 통해 내용을 확대한 것을 보게 된다.

4절: 프란치스코는 왜 이 구절에서 갑자기 마리아의 이름을 부르며 그녀에게로 향하는 것일까? 앞에서 언급한 동기, 즉 성당이 마리아께 봉헌되었다는 사실 외에도 본문 자체에 담긴 동기가 있다. 1절과 3절에서 주님을 경외하여아 한디고 말한 후에 기노하는 이는 "기뻐하소서, 은총이 가득하신 이여!"라는 대천사 가브리엘의 말로 인사하면서 하느님을 경외하는 이의 전형적인 모범인 마리아에게 향하는 것이다.

우주적 전망

5절: 하느님을 경외하도록 초대한 후에, 기도하는 이는 시편 68,35을 통하여 그의 시선을 우주로 향한다. 하늘과 땅은 하느님을 찬미해야 한다. 그러나 이 시편 구절은 프란치스코에 의하여 직설법 문장으로, 즉 "찬미하여라"라는 인격적 명령형의 호소로 바뀐다.

6절: 온 우주를 찬미로 초대한 프란치스코는 땅의 구성 요소 중 하나인 "강들"을 선택해서 찬미를 권한다. 하지만 여기서도 그의 보편주의적 정신은 그가 전형적으로 사용하는 "모든"이란 말을 덧붙인다.

7절: 우주에서 창조 행위의 정점이 되는 존재인 인간이 세 번째로 나타난다. 다니엘서의 구절은 "사람들아, 주님을 찬미하여라"(다니 3,82)라고 말한다. 하지만 프란치스코의 글에서는 **"하느님의 아들들아"**라는 의미 있는 변형이 일어난다. 하느님의 아들과 딸로서 인간이 지닌 존엄성은 성인의 다른 글에서도 선포된다(「권고」 15;「형제회 편지」 5;「2신자 편지」 49.54.56-60;「비인준 규칙」 23,1). 여기서 전례 본문에까지 변화를 주는 프란치스코의 순수한 생각을 볼 수 있다.

임금의 성소 입장

8-9절은 성당이나 제대의 축성식 날과 관련되어 있을 것이다.「주님의 수난 성무일도」에서 프란치스코는 성탄절 성무일도의 시편처럼, 파스카 축일 아침기도에도 시편 117,24을 사용한다. 이런 병행구는「하느님 찬미의 권고」의 친저성에 힘을 실어 준다. 이어지는 구절은 프란치스코의 자유로운 기도 방식을 잘 보여준다. 기쁨으로의 초대는 프란치스코를 포함한 "우리들"에게 돌려져 "춤들을 추자, 기뻐들 하자"가 되며, 이는 곧 세 번 반복되는 "알렐루야"와 "이스라엘의 임금님"이라는 환호로 이어진다. 이것은 예수님께서 예루살렘에 들어가실 때 그분을 반겼던 환호이다(참조: 요한 12,12-15). 프란치스코는 이와 같은 방식으로 축성 때에 당신의 집에 현존하시는 주님을 영접하고, 성당 안에 오셔서 당신 자신을 보이시는 그분께 경의를 표하고자 했을 것이다.

8-9절은 성인이 어떻게 시편을 예수님과 연관 짓고 신약 성경에서 취한 구절을 더해 확장하면서 시편에 "세례를 주고" 그리스도교적인

특성을 부여하는지 보여 준다. 그는 기도할 때 구약 성경으로는 만족하지 못했다. 오늘날 시간경에는 신약 성경의 찬미가들도 포함되어 있지만, 이전에는 그렇지 않았다. 이는 프란치스코가 시편을 구성하는 데 신약 성경의 내용을 계속해서 활용했다는 것이 무엇을 의미하는지 평가하게 한다. 「하느님 찬미의 권고」에서는 이런 혼합이 특히 눈에 띄는데, 이는 성경으로 기도하는 하나의 탁월한 모범을 보여준다.

살아 있는 모든 것을 초대

10절: 8-9절 다음으로, 일련의 찬미 권고가 새로이 시작된다. 10절은 가장 짧고 가장 포괄적이어서 거의 하나의 제목으로 간주할 수 있을 정도이다. 이 구절은 "숨 쉬는 것 모두 다 주님을 찬미하라"[Omnis spiritus laudet Dominum]라는 시편 150,6과 글자 그대로 동일하다. 이 초대에는 영을 받은 모든 존재, 즉 천사와 인간, 더 단순하게는 살아 숨 쉬는 모든 것이 포함된다.

11절에서는 다시 그 이유가 이어진다. 주님은 "좋으시니" 그분은 찬미 받으셔야 한다. 아씨시의 성인은 얼마나 많이 "하느님 홀로 선하시다"를 반복했던가! 이와 관련해 이 구절과 유사한 「"주님의 기도" 묵상」의 일부를 인용해 보자.

> **천사들과 성인들 안에 계신 [우리 아버지], 주님, 당신은 빛이시기에 당신을 알아보도록 그들을 비추시나이다. 주님, 당신은 사랑이시기에 사랑하도록 그들을 불태우시나이다. 주님, 당신**

은 으뜸선이시고 영원한 선이시며, 모든 선이 당신에게서 나오고, 당신 없이는 어떤 선도 없기에 그들 안에 머무시며 그들을 복됨으로 채우시나이다(「주님 기도」 2).

프란치스코가 두 개의 시편 인용(11절과 12절) 사이에 넣은 "이 글을 읽는 모든 이들아"라는 표현이 흥미롭다. 이것은 이 찬미가가 (「태양 형제의 노래」와는 다르게) 처음부터 글로 기록되어 만들어졌다는 것을 보여주는 한편, 피렌체의 마리아노가 전해준 정보, 즉 이 글이 방문하는 모든 이가 보고 읽을 수 있는 판에 쓰인 것이라는 점도 확인해 준다. 게다가 이렇게 첨가된 부분은 프란치스코가 자기 글의 중요성과 유용성을 분명히 알고 있다는 것을 말해 준다. 이 초대에는 그에게 아주 친근한 단어가 다시 반복된다. 글을 읽는 "모든" 이들이 주님을 찬양하도록 권고받는다. 이들 중에는 오늘날 이 글을 읽는 우리도 포함된다. 우리 역시 이 찬미에 초대받고 있는 것이다. 그렇다면 우리는 프란치스코의 이러한 초대에 어떻게 응답해야 하는가?

13절에서 기도하는 이는 모든 피조물에게 향한다. 이 구절이 시편 102,22의 영향을 받기는 했지만, 지금과 같은 모습의 구성은 프란치스코의 독창적인 작업으로 간주할 만하다. 특히 시편 102,22에는 없는 "**모든** 피조물"이라는 표현에 있어서 그러하다. 이런 독창적인 첨가문안에서 이미 「태양 형제의 노래」를 엿볼 수 있다.

14절에서 피조물의 대표 격으로 새들이 명명된다. 옛 전기들을 통해서 우리는 프란치스코가 새들을 특별히 사랑했다는 것을 알고 있다(치마부에Cimabue와 지오토Giotto는 「새들에게 한 설교」를 널리 알렸다). 이 절에서 우리는 전기 작가들이 전해준 내용을 확인할 수 있다. 또한 다니엘서의 세 청년의 노래와 시편 148에서 몇몇 표현들을 받아들이면서도, 그것들을 온전히 자신의 방식으로 활용하고 있다는 것도 흥미로운 사실이다. 이 구절은 그가 생각하고 느끼는 방식과 완전히 일치한다.

15절은 "어린이들아, 주님을 찬미하여라"[Laudate pueri Dominum]라고 노래하는 시편 112,1과 연결되어 있다. 이 경우에도 저자는 자신의 전형적 표현인 "모든"을 덧붙이며, 시편 구절을 "모든 소년·소녀들아, 주님을 찬미하여라" 또는 아마도 더 나은 표현인 "모든 어린이들아, 주님을 찬미하여라"로 바꾸어놓는다.[6]

16절: 어린이들을 언급한 후에, 프란치스코는 하느님을 찬미하는데 젊은이들을 초대한다. 그는 그들을 성(性)에 따라 iuvenes와 virgines로 구분하는데, 이는 일반적으로 총각들과 처녀들로 번역된다. 프란치스코가 여기에서 모든 연령대를 열거하지 않는 것으로 보아 (이와 다른 경우로는 「비인준 규칙」 23,7 참조), 그는 「하느님 찬미의 권고」가 모두에게 향하기를 원하지만, 특히 젊은이들에게는 특별한 방식으로 그러하기를 원한다고 추측할 수 있다.

---

6 『FF』 265a번에서 어떻게 다음과 같이 번역할 수 있는지 이해가 되지 않는다: "주님의 모든 종들아, 주님을 찬미하여라"[Servi tutti del Signore, lodate il Signore]; 참조: 반면에, 『Scritti ed Opuscoli -di s. Francesco e s. Chiara d'Assisi』, traduzione, introduzione e note di L. Canonici, Assisi, 1980, 138: "모든 어린이들아, 주님을 축복하여라"[Fanciulli tutti, benedite il Signore]. G. Spagnolo, 「L'Exhortatio ad Laudem Dei di san Francesco. Storia del testo e un commento spirituale」, 『L'Italia Francescana』 63 (1988), 147-151은 감보소(V. Gamboso)의 이탈리아어 판으로 된 에써(K. Esser) 비판본에 있는 본문을 취한다. 그곳 13절에서는 이렇게 말한다. "너희 모든 아이들아, 주님을 찬미하여라!"[Tutti voi, fanciulli lodate il Signore!], 339.

어린양과 삼위일체께 찬미

저자가 찬미가의 독자들에게 직접적으로 이야기하는 구절들 이후에 **17절**은 2절을 반복하면서 하느님을 찬미해야 하는 이유, 곧 그분은 찬미 받기에 합당한 분이시라는 것을 다시금 말한다. 그렇지만 2절에서는 기도하는 이가 관상하는 주된 대상이 하느님인 데 비해 17절에서는 그 대상이 예수 그리스도, "죽임을 당한 어린양"이시다. 기도의 시선은 높으신 하느님으로부터 자신을 희생 제물로 봉헌하신 하느님의 아드님으로 옮아간다. 그렇게 프란치스코는 당신 자신을 낮추시어 어린양이 되신 하느님의 겸손의 길을 따라간다.

그분의 피를 통한 속량과 어린양의 옥좌 앞에서 찬미가를 부르는 천사들과 성인들의 무리, 이 두 장면이 17절에 융합되어 있다. 이 절의 시간대는 십자가 희생에서부터 마지막 전례에까지 확장되는데, 이 마지막 전례에서 하느님은 모든 것 안에서 모든 것이 되시고 우리는 영광스러운 그리스도와 일치를 이룰 것이다. "죽임을 당하신 어린양은 찬미와 영광과 영예를 받기에 합당한 분이시나이다"라고 기도할 때, 프란치스코는 이미 지상에서 이 전례에 참여하고 있는 것이다.

18절은 이 기도 전체에 삼위일체적 특성을 부여한다. 프란치스코는 승리한 교회의 찬미 노래를 삼위일체 찬미로 이어간다. 이 구절은 삼위일체 대축일 미사 입당송에서 유래하는 것으로 프란치스코가 알고 있던 것이다. 사실 이 미사는 평일에도 신심 미사로 드려지곤 했는데, 말하자면 당시 가장 많이 사용되던 양식이었다. 세 동료가 말하듯이(「세 동료」 29,60) 삼위일체의 열렬한 경배자[cultor Trinitatis]인 성인은 이 대중 신심에 참여한다. 삼위일체를 찬미하라는 동일한 초대를 「인준받지 않은 수도규칙」에 나오는 찬미와 권고의 본보기에서도 찾아볼 수 있다.

여러분은 만물의 창조주이시고 성부와 성자와 성령이시며 삼위와 일체이신 전능하신 주 하느님을 경외하고 공경하며 찬미하고 찬양하며 감사드리고 흠숭하십시오(「비인준 규칙」 21,2).

이런 찬미와 권고의 설교를 하는 것은 모든 형제에게 허용되었고, 프란치스코 자신도 「하느님 찬미의 권고」를 통해 그것을 행한다. 따라서 이 글은 그가 모든 형제에게 제안한 그 본보기가 실현된 일종의 거울이라 하겠다. 이렇게 볼 때, 프란치스코가 삼위일체를 언급하는 것은 더 이상 놀라운 일이 아니다. 모든 피조물에게 하느님을 찬미하라고 권하는 그의 초대는 "거룩한 삼위이시며 나뉨이 없으신 일체"께 찬미의 노래를 부르면서 어린양 앞에 드리는 전례 안으로 자연스럽게 흘러들어 간다.

영적 방어

19절은 18절의 영광송 다음으로 특이하고 예상하지 못한 마감을 한다. 이 절은 제2차 바티칸 공의회 이전에 미사 후에 바치곤 했던 성 미카엘에게 드리는 기도를 상기하게 한다. 이 구절은 당시의 미사 경본에서 유래한 것이다. 그러나 당시에 대천사 미카엘 공경이 널리 퍼져 있었음(예를 들어, 몬테 가르가노Monte Gargano 성지)을 고려하면 프란치스코가 이 본문을 전례 아니면 단순히 대중 신심에서 취했으리라 생각할 수 있다. 미카엘은 "천상 군대의 사령관"으로 여겨졌는데, 이는 천상 군대에만 해당하는 것은 아니었다.

대천사 성 미카엘을 기념하는 5월 8일과 9월 29일의 두 축일은 인노첸시오 3세의 전례력에서 찾아볼 수 있다. 작은 형제회에서는 초기부터 이 두 개의 축제를 받아들였을 뿐만 아니라, 성 미카엘 신심 미사를 자주 거행하는 것이 자연스러운 일이 되었다. 그러니 프란치스코는 그 경문을 잘 알고 있었고 그것을 그의 찬미가에 삽입했을 것이다. 성 미카엘에게 탄원하는 이 기도는 17절에서 언급한 천사들과 성인들의 전례와 아주 잘 어울린다. 게다가 그 은수처의 경당이 "천사들의 성 마리아"에게 봉헌되었다는 점을 유념해야 한다. 프란치스코는 4절에서 마리아께 인사드렸듯이 이제는 대천사 미카엘에게 그의 곁에 있어 달라고 기도한다.

이 마지막 구절로 기도하는 이는 이른바 선과 악의 투쟁을 특징으로 하는 일상을 언급한다. 미카엘은 이 싸움에서 분명히 도움이 되어줄 것이다. 하느님의 전사에게 함께 해 주기를 청하는 기도는 피난처를 구하는 기도이자, 삶의 위험 속에서 영적 무기로 준비시켜 주는 화살기도 [giaculatoria]와도 같은 것이다.

「태양 형제의 노래」의 전주곡

이 찬미가에 등장하는 모든 존재를 살펴보는 것은 매우 유용하다. 그럼으로써 여기에 초대받은 대상이 얼마나 많은지 알 수 있고, 이 소박한 노래를 저 유명한 「태양 형제의 노래」와 이어주는 우주적 광대함도 볼 수 있을 것이다.

주님을 찬미해야 하는 이들의 무리는 다음과 같다.

- 주님을 경외하는 모든 이들(3절)
- 하느님의 아들들(7절)
- 프란치스코 자신과 그에 결합한 무리인 우리(8절)
- 모든 영, 또는 숨 쉬는 것 모두(10절)
- 「하느님 찬미의 권고」를 읽는 모든 이들(12절)
- 모든 어린이들, 총각들과 처녀들(15-16절)
  온 우주도 사람들과 합세하여 하느님을 찬미해야 한다.
- 하늘과 땅(5절), 특히 강들(6절)
- 모든 피조물(13절)과 그중에서 특히 새들(14절)

온 우주와 모든 사람이 찬미를 권고하는 이 노래 안에서 초대받는다. 이 거대한 성가대에는 천사들과 성인들까지 참여한다. 하지만 완덕의 상태에 있는 그들에게 하느님을 찬미하도록 권고할 수는 없다. 그들에게는 무엇보다도 인사와 경의의 태도로 다가가야 한다. 이 때문에 마리아에게는 천사 가브리엘의 인사로 경의를 표하고, 미카엘에게는 우리를 보호해 줄 것을 청하게 된다. 천사들과 성인들의 여왕이신 마리아와 함께, 그리고 천사 중의 으뜸이신 미카엘과 함께 이 찬미의 노래 안에서 천사들과 성인들의 세계가 펼쳐진다. 저 유명한 「태양 형제의 노래」에 필적할 만큼 「하느님 찬미의 권고」는 프란치스코가 온 우주와 모든 피조물을 참여시키는 우주적 전례의 증언으로 간주할 만하다.

앞으로 보겠지만, 「태양 형제의 노래」에는 시적인 힘과 색채와 음악적 면모가 더 많이 녹아들어 있다. 하지만 프란치스코의 기도를 특징짓는 우주적인 차원과 포괄성은 「하느님 찬미의 권고」에 이미 나타난다. 사실, 시편 구절들에 덧붙인 수많은 "모든"이라는 말, 사람들과 피조물의 다양한 무리에 대한 두드러진 언급, 그리고 끝으로 지상 세계와 천사들과 성인들의 천상 세계 사이에 프란치스코가 설정한 일치를 생각한다면, 「하느님 찬미의 권고」는 「태양 형제의 노래」보다 더 구체적이고 강한 우주적인 해석을 담고 있다고까지 말할 수 있을 것이다.

우주적 차원과 함께 이 글을 특징짓는 또 다른 요소는 이 본문 안에 단순하고 보잘것없는 이들이 존재한다는 점이다. 프란치스코는 작은 이들에 대한 특별한 사랑으로 모든 사람 가운데 어린이들, 총각들과 처녀들을 언급하며, 피조물 중에서는 새들에 대해 말한다. 큰 것 안에서 성인은 작은 것을 사랑한다. 그의 눈에는 이들이 위대하고 의미 있으며 소중하기 때문이다. 이것은 그가 방문자들과 온 세상을 향해 "주님을 두려워하고 그분께 영예를 드려라"라고 말하며 그들을 하느님 찬미로 초대하기 위해 아마도 제대 앞에 놓였을 단순한 나무판을 선택했다는 사실에서도 드러난다.

실천적 제안

1. 「하느님 찬미의 권고」의 모든 구절을 묵상하고 이 기도에 생기를 불어넣는 근본적인 어조가 무엇인지 질문해 볼 수 있다.

2. 겉으로 보기에 이 기도는 어떤 논리적인 구조도 없는 것 같다. 그러나 좀 더 주의 깊게 들여다보면 위에서 아래로, 두려움에서 찬미로, 찬미하라는 초대에서 찬미 자체로, 찬미에서 청원으로 옮겨 감을 알게 된다. 이러한 전개 과정을 확인해 보고 이 노래를 단락으로 묶어 본다.

3. 성경의 간략한 인용들은 본래의 성경 맥락에서 읽을 때 그 의미가 뚜렷해진다. 모든 구절이 더욱 긴 성경 묵상을 하도록 자극할 수 있다.

4. 신약과 구약의 인용들을 혼합하는 것은 시간경을 더욱 심화하게 하는데, 거기에는 시편뿐만 아니라 신약의 찬미가도 포함된다.

5. 「하느님 찬미의 권고」에 자신을 내맡기면서 개인적이거나 공동체적인 회개의 시간(사막의 날)을 갖는다.

6. 프란치스코의 「하느님 찬미의 권고」는 이렇듯 단순하기에 우리 또한 같은 것을 시도해 볼 수 있다. 아름다운 곳에 가서 자신을 개방하고 글이나 말로 우리를 둘러싼 모든 것을 하느님 찬미로 초대한다.

7. 제단의 전면 장식[antipendio]으로 사용된 「하느님 찬미의 권고」는

오늘날 예루살렘 성지와 로마, 아씨시, 카르체리, 폰테 콜롬보, 라 베르나와 베수비오산 정상과 같은 많은 장소에서 볼 수 있는 수많은 인각문들을 상기시킨다. 이 인각판들은 모두 M.B.라는 표시를 지니고 있는데, 이는 독일 다름슈타트Darmstadt에 있는 개신교 **마리아의 자매회**[Evangelische Marienschwestemschaft]를 창설한 바실레아Basilea(Schlink) 수녀를 가리킨다. 그들 나름대로 프란치스코의 방식을 따르는 이 자매들은 이 인각문들을 통해 사람들을 묵상과 감사로 이끄는 것을 그들의 사도직으로 여긴다. "이 글을 읽는 이들아, 주님을 찬양하여라."

개인으로나 그룹으로 이와 비슷한 인각문이나 기념비, 문장紋章, 명패 등을 계획하고 만들어 볼 수 있을 것이다. 그리고 프란치스코가 그랬듯이 묵상용 그림을 봉헌하고 전시할 수 있을 것이다. 사용할 수 있는 재료는 나무, 두꺼운 종이, 폴리스티렌 등 다양하다. 거기에 그림을 그리거나 글을 새겨서 보이는 곳에 걸어 놓거나 전시하면 된다.

5

성무일도의 준비

「시간경마다 바치는 찬미」

「시간경마다 바치는 찬미」는 「하느님 찬미의 권고」가 이후에 발전된 것으로 볼 수 있다. 이 두 개의 기도는 내용에 있어서든 형식과 구조에 있어서든 밀접하게 결합되어 있다. 둘 다 같은 원천, 즉 성경과 전례에서 유래하며 하느님 찬미라는 같은 주제를 지닌다. 하지만 「하느님 찬미의 권고」가 자연스러운 문체이고 덜 구조적이며 공동 기도에 적합하게 만들어지지 않았지만, 「시간경마다 바치는 찬미」는 숙고를 거쳐 잘 다듬어진 작품으로서 가대에서 교송으로 바치는 전례용 기도로 고안되었다. 사실 이 기도의 목적도 마음을 모아 시간경을 영적으로 준비하게 하기 위한 것이다.

프란치스칸 초대

프란치스코의 글의 대부분이 포함된 가장 오래된 필사본은 「아씨시 필사본 모음집 338」(13세기 중반)이다. 이 필사본에 라틴어로 "Laudes ad omnes horas"라고 하는 「시간경마다 바치는 찬미」도 들어 있다. 이 13세기의 필사본은 「시간경마다 바치는 찬미」 본문과 함께 성 프란치스코가 행한 매일의 기도 계획에 대한 정보를 알려 주는 붉은색의 주해[rubrica]도 포함되어 있다. 이 주해에 따르면, 성인은 평일에 항상 7개의 공적인 시간경과 위령 성무일도를 바쳤을 뿐만 아니라 복되신 동정 마리아 소 성무일도[Officium parvum b. Mariae Virginis]도 바쳤다. 그는 매 시간경을 바치는 것에 앞서 이 「시간경마다 바치는 찬미」를 바쳤다. 이와 관련해서 주해는 이렇게 언급한다.

> **지극히 복되신 우리 사부 프란치스코께서 명하신[1] 찬미가 시작된다. 성인께서는 낮과 밤 모든 시간경에서 그리고 복되신 동정 마리아 성무일도 앞에 이 찬미를 바치셨다. 이 시간경은 이렇게 시작한다. "하늘에 계신 지극히 거룩하신 우리 아버지…." 다음에 영광송이 이어지고,[2] 그다음 찬미를 바친다**(「시간경 찬미」, 주해).[3]

같은 내용이 더 근래의 필사본들의 또 다른 주해에도 나타난다. 이

---

[1] 역주: 우리말 번역에는 "명하신"으로 되어 있으나 LEHMANN은 이 책에서 명백히 ordinavit을 '명령했다'가 아닌 '지었다' 또는 '작곡했다'의 의미로 해석한다.

[2] 역주: "다음에 영광송이 이어지고"는 한국어 소품집에는 없는 부분이다.

[3] 이 주해로부터 분명해지는 점은 프란치스코가 자신이 전형적으로 첨가하는 말인 '지극히 거룩하신'을 더해 주님의 기도를 바쳤다는 것이다. 그러나 이것이 몇몇 이탈리아의 편집자들이 지지하듯이 「"주님의 기도" 묵상」을 바쳤다는 것은 아니다. 참조: F. OLGIATI, 『Gli scritti di Francesco e Chiara』, Padova, 1987, 166 주석 1; L. CANONICI - G. BOCCALI, 『Scritti ed Opuscoli』, Assisi, 1980, 140. 「시간경마다 바치는 찬미」와 「"주님의 기도" 묵상」은 일치를 이루는 것이 아니라 분리되어 있다! 이 문제에 대한 논의는 다음을 참조: K. ESSER, 『Gli scritti』, 352-354.

를 통해 프란치스코의 기도 양식 안에는 서로 관련되어 있고 잘 배열된 일련의 기도들이 존재한다는 결론에 이르게 된다. 여기서 성무일도 시간경은 일련의 비공식적인 기도에 속하지만, 이 비공식 기도들은 어떤 개인적인 신심의 표현이 아니라 모두 전례에서 비롯된 것이었다. 그러므로 이는 개인의 특별한 신심을 배가시킨 것이라기보다는 교회 전례를 확장한 것으로 보아야 할 것이다.

앞에서 언급한 것처럼 프란치스코는 시간경에 앞서 그가 전형적으로 첨가하는 "지극히 거룩하신"이라는 말을 덧붙여 '주님의 기도'를 드렸고, 뒤이어 짧은 '영광송'을 드린 후에 마지막으로 「시간경마다 바치는 찬미」를 드렸다. 따라서 여기에는 하나의 통일성과 세 단계의 기도가 있다. 이 중에 세 번째 것은 길이와 축제의 분위기, 그리고 내용으로 인해 이 모든 기도의 절정을 이룬다. 교송으로 부르는 바로 그 노래 형식 때문에 「시간경마다 바치는 찬미」는 성무일도에 적합하고 축제적인 도입 기도가 된다. 이것은 프란치스칸 초대송이다.[4]

구성

「하느님 찬미의 권고」처럼 「시간경마다 바치는 찬미」도 성경과 전례에서 가져온 구절들과 개인적인 첨가 부분들(뒤에 소개할 본문에서 굵은 글씨로 강조될 것이다)로 이루어져 있다. 대부분의 구절은 전례에서 사용된 성경 말씀이다. 여기에 프란치스코는 때때로 말을 조금 바꾸거나 무언

---

4 슈무키(O. Schmucki)의 자세한 해설을 보라. O. Schmucki, 『Preghiera liturgica secondo l'esempio e l'insegnamento di san Francesco d'Assisi』, Roma (^{2}1980), 29-33.

가를 덧붙인다.

성경 본문에서 취한 인용문들은 거의 성경 전체에 광범위하게 걸쳐 있다. 요한 묵시록의 찬미가들이 기본적인 원천이 되고,[5] 그다음은 세 젊은이의 찬미 노래(다니 3,51-90)이며, 7절에서 시편 68,35도 엿보인다. 4절은 주일의 찬가로 흔히 사용되던 후렴인 "(너희들은) 영원히 그분을 찬송하고 드높이 찬양하여라"(다니 3,57)를 취한 것이다. 하지만 프란치스코는 이를 "(우리들은) 영원히 그분을 찬미하고 찬송들 하세"로 바꾼다. 이 구절이 10번이나 반복된다는 것은 「시간경마다 바치는 찬미」를 다 함께 후렴으로 부르고자 했던 프란치스코의 의도를 드러낸다. 여하튼, 이 후렴은 이 기도의 특징을 가장 뚜렷하게 보여준다.

마지막 구절(11절)을 제외한다면, 「시간경마다 바치는 찬미」는 "옛날 미사 전례에서 네 시기[Quattro tempora]의 토요일에 바치던 찬미가의 구조에 기초하여 성경과 전례서의 문구들로 구성된"[6] 하나의 모자이크이다. 이것은 프란치스코가 얼마나 성경 구절들을 꿰뚫고 있었고, 어떻게 그것을 소화하여 그것과 일체가 되는지를 알게 해 준다. 그는 전례에서 얻은 성경 말씀으로 기도한다. 성경 말씀을 한데 모으고 줄이거나 늘리면서 그것을 활용하는 방식에서 그의 개인적인 편집 기법이 드러난다. 라틴어 필사본을 통해 얻게 되는 결론도 바로 이것이다.

> Laudes, quas **ordinavit** beatissimus pater noster Franciscus et dicebat ipsas ad omnes horas diei et noctis et ante officium beatae

---

5　참조: O. van Asseldonk, 「San Giovanni evangelista negli scritti di San Francesco」, 『Laurentianum』 18 (1977), 225-255, 여기서 248; L. Lehmann, 『Tiefe und Weite』, 93-95.
6　K. Esser, 『Gli scritti』, 384.

Mariae Virginis.

지극히 복되신 우리 사부 프란치스코께서 지으신 찬미가 시작된다. 성인께서는 낮과 밤 모든 시간경에 그리고 복되신 동정 마리아 성무일도 앞에 이 찬미를 바치셨다.[7]

프란치스코는 이미 존재하는 요소를 취해서, 즉 완전히 새로운 것을 창조하지는 않고 「시간경마다 바치는 찬미」를 지었다. 그렇지만 아씨시의 성인은 이 글의 저자, 즉 작성자 또는 편집자로 인정받아야 한다. 성경 구절을 연결하는 솜씨와 특히 마지막 구절에서처럼 자신의 말을 첨가한 부분들은 그가 실제로 자신의 손으로 이 글을 작성한 것임을 보여준다.

「시간경마다 바치는 찬미」가 언제 만들어졌는지 확정하기는 불가능하다. 그러나 이 기도가 매일 바치는 시간경의 필수적인 부분을 이루고 있음을 고려하면, 1221년의 「인준받지 않은 수도규칙」 이전으로 그 기원을 잡을 수 있다. 「인준받지 않은 수도규칙」에 나오는 성무일도에 관한 몇몇 지침은 프란치스코가 작성한 찬미가를 암시하는 것으로 보이는데, 예를 들어 다음과 같은 구절이다.

> 그러므로 성직형제나 평형제 모두는 정해진 대로 성무일도와 찬미의 기도들과 다른 기도들을 바칠 것입니다(「비인준 규칙」 3,3).

---

[7] K. ESSER, 『Gli scritti』, 385s, 참조: 391.

「시간경마다 바치는 찬미」 본문

「시간경마다 바치는 찬미」를 특징짓는 내부 구조를 드러내기 위해서 다른 출판본에서와 달리 여기서는 단락을 나누어 기재하겠다.

A) 1 거룩하시다, 거룩하시다, 거룩하시다.
 전능하신 주 하느님,
 지금도 계시고 전에도 계셨고(묵시 4,8)
 또 앞으로 오실 분.
 그리고 영원히 그분을 찬미하고 찬송들 하세(다니 3,57).

 2 주 우리 하느님,
 당신께서는 **찬미**[lode]와 영광[gloria]과
 영예[onore]와 **찬양**[benedidizione]을(묵시 4,11)
 받기에 합당한 분이시나이다.
 그리고 영원히 그분을 찬미하고 찬송들 하세.

 3 죽임을 당하신 어린양은
 권능과 신성과 지혜와 힘과 영예와 영광과 찬양을
 받기에 합당한 분이시나이다(묵시 5,12).
 그리고 영원히 그분을 찬미하고 찬송들 하세.

 4 성령과 함께 성부와 성자를 찬양들 하세[로마 성무일도(Brev. Rom)].
 그리고 영원히 그분을 찬미하고 찬송들 하세.

B) 5 주님의 모든 업적들아, 주님을 찬양하여라(다니 3,57).
그리고 영원히 그분을 찬미하고 찬송들 하세.

6 하느님의 모든 종들아,
그리고 낮은 사람이든 높은 사람이든
하느님을 경외하는 모든 이들아,
우리 하느님을 찬미하여라(묵시 19,5).
그리고 영원히 그분을 찬미하고 찬송들 하세.

7 하늘과 땅아,
영광스러운 그분을 찬미하여라(시편 68,35).
그리고 영원히 그분을 찬미하고 찬송들 하세.

8 하늘과 땅 위와 **땅 아래에** 있는 모든 피조물과,
바다와 그 안에 있는 모든 피조물아(묵시 5,13),
영광스러운 그분을 찬양하라.
그리고 영원히 그분을 찬미하고 찬송들 하세.

9 영광이 성부와 성자와 성령께,
그리고 영원히 그분을 찬미하고 찬송들 하세.

10 처음과 같이 이제와 항상 영원히, 아멘.
그리고 영원히 그분을 찬미하고 찬송들 하세.

C) 11 **기도:**
전능하시고 지극히 거룩하시고 지극히 높으시며 으뜸이신 하느님, 모든 선이시고 으뜸선이시고 온전한 선이시며, 홀로 선하신 당신께(참조: 루카 18,19), **모든 찬미와 모든 영광과 모든 감사와 모든 영예와 모든 찬양과 그리고 모든 좋은 것을 돌려드리나이다. 그대로 이루어지소서. 그대로 이루어지소서. 아멘.**

「시간경마다 바치는 찬미가」의 구조

세 개의 단락

이 기도는 세 부분으로 나누어진다. 단락 A는 하느님과 하느님의 어린양에 대한 선언을 담고 있다. 하느님은 거룩하시고(3번), 전능하시며, 또한 찬미와 영광과 영예와 찬양을 받기에(2번) 합당한(2번) 분이시다. 거룩함과 영원함 그리고 영광은 첫 번째 단락의 주제이며, 이는 성삼위께 대한 영광송을 통해 삼위일체 찬미로 흘러 들어간다.

단락 B에서는 하느님에 대한 진술이 아닌 피조물들에게 찬미하여라[lodate], 찬양하여라[benedite], 찬미하기를[lodino]과 같은 말로 호소한다. 하느님께서는 찬미 받기에 합당하시다는 **확언**[costatazione]에 이어 그러니 모든 피조물은 그분을 찬미하라는 **권고**[esortazione]가 따른다. 단락 B 역시 지극히 거룩하신 삼위일체께 영예를 드리는 영광송으로 끝을 맺는다.

이 기도는 이렇게 형식과 내용 면에서 완벽히 균형 잡힌 내부 구조를 보여준다. 단락 A는 거룩하시고 영광을 받기에 합당하신 하느님과 죽임을 당하신 어린양께 **삼중의 찬미를 선포**하며, 성삼위께 대한 영광송을 드린다. 단락 B도 이처럼 **삼중의 찬미에 초대**(모든 업적들, 주님의 종들, 우주)하는 것과 마지막 영광송으로 구성되어 있다.[8]

---

[8] C. Paolazzi, 『Lettura degli scritti』, 81; L. Lehmann, 『Tiefe und Weite』, 80-89; 그

하지만 세 번째 부분은 그 형식과 축제적 분위기에서 앞의 두 단락과 현저한 차이를 보인다. 이 단락은 새로운 선포나 호소 대신에 장엄함과 경배, 찬미와 환희를 표현하는 서로 연관된 일련의 수식어와 특성들을 담고 있는 하나의 긴 문장으로 되어 있다. 이 기도문의 중심에는 "하느님은 선하시다"라는 의식이 자리하고 있는데, 이 단순하고 기본적인 진리가 바로 프란치스코가 찬미의 열정적인 표현들을 쏟아내면서 선포하고자 하는 것이다.

이 세 단락을 종합적으로 보면 다음과 같은 점들을 발견할 수 있다. 단락 A에서는 하느님께 관심이 집중되는 반면, 단락 B에서는 모든 피조물에게 시선이 확장되며, 단락 C에서는 다시 홀로 선하시고 모든 좋은 것이 속해 있는 하느님께로 되돌아간다. "찬미"는 세 단락 모두의 공통분모이다. 두 번째 단락은 찬미하라는 초대이며, 첫 번째와 세 번째 단락은 그 권고를 실행하는 것이다.

지금까지 언급한 구조를 확인할 수 있는 증거는 앞의 두 단락 모두를 결론지으면서 거룩한 삼위께 바쳐진 두 개의 영광송으로부터 도출된다. 4절과 9절에서는 성부와 성자와 성령의 이름이 언급되고 있다. 이 영광송들은 기도문 안에서 운율이 나뉘는 부분을 가리키는데, 이는 프란치스코의 글을 다룬 다양한 편집본을 볼 때 더욱 잘 드러날 것이라 생각된다.

시작 부분 때문에 S. Duranti, 『Preghiere di Francesco』, 49-58는 「시간경마다 바치는 찬미」를 "프란치스칸 상투스(Sanctus)"라고 부른다. 다음의 간략한 해석도 보라. F. S. Toppi, 『Preghiamo con san Francesco』, Roma, 1987, 21-24.

지극히 거룩하신 삼위일체께 드리는 영예

라틴어 원문을 보면 삼중의 구조는 이미 1절에서부터 등장하는데, 이를 다음과 같이 명확히 나타낼 수 있다.

Sanctus	sanctus	sanctus
Dominus	Deus	omnipotens
qui est	et qui erat	et qui venturus est

이 구조 안에서 다양한 관점의 3분할의 모습을 보는 것도 가능하다.

- 수직적인 관점
- 수평적인 관점
- 시간적인 관점: 지금도 계시고 전에도 계셨고 또 앞으로 오실

1절은 3×3의 구조에 따라 구성되어 있는데, 이는 마치 삼위일체께 드리는 찬가로 "거룩하시다"를 세 번 읊는 트리사기온trishagion[9]을 바치려 한 듯하다. 그리고 마무리 나팔 소리가 세 번 울리듯이 "그대로 이루어지소서! 그대로 이루어지소서! 아멘"[Fiat! Fiat! Amen]이라는 이 글의 마지막 세 단어에서도 삼위일체에 대한 암시를 볼 수 있다. 처음에 등장하는 세 번의 "거룩하시다"에 마지막 세 번의 탄성이 상응하는데,

---

9 역주: 전례 기도의 하나로서, 로마 가톨릭 교회는 이를 성금요일 십자가 경배 때 바친다. 전문은 "거룩하신 하느님, 거룩하신 용사이신 분, 거룩하신 불사신, 저희에게 자비를 베푸소서[Ἅγιος ὁ Θεός, Ἅγιος ἰσχυρός, Ἅγιος ἀθάνατος, ἐλέησον ἡμᾶς]"이다.

이는 본문 전체에 일종의 수미쌍관 구조를 이룬다. 이런 관계는 첫 부분에 나오는 "거룩하시다", "전능하신", "찬미", "영광", "영예"와 같은 단어들이 마지막에 다시 등장한다는 사실로도 확인된다. 그러므로 도입부에 대응하는 부분은 마지막 구절에 있는데, 이 마지막 구절은 앞의 찬가에 등장하는 찬미의 표현들을 자신 안에 결합하고 간추린다. 말하자면 이 마지막 구절은 이 기도에 나오는 수많은 찬미의 파도들이 흘러들어 자리 잡는 하나의 바다와도 같다.

세 개의 단락으로 구분하는 것 이면에는 더욱 깊은 삼위일체적 특성의 의미가 숨어있다. 세라핌 천사들의 세 번의 "거룩하시다"로 시작하는 이 기도는 하느님 찬미를 세 장면으로 전개한다. 첫 단락의 끝부분에서(4절) 성부와 성자와 성령을 함께 부르고 있는데, 단락 B의 끝에서도 "영광이 성부와 성자와 성령께"(9-10절)라고 한다. 우리가 주해에서 보았듯이 「시간경마다 바치는 찬미」 앞에 바치는 주님의 기도 다음에도 짧은 영광송이 나온다. 이는 곧 세 번에 걸쳐 성삼위께 명백한 찬미를 드린다는 것을 의미한다. 즉 「시간경마다 바치는 찬미」의 시작, 그리고 A 단락의 끝과 B 단락의 끝에 나온다.

프란치스코의 다른 글에서도 "성부와 성자와 성령이시며 삼위와 일체이신 전능하신 주 하느님을"(「비인준 규칙」 21,2) 경외하라는 초대가 여러 차례 나온다. 「하느님 찬미의 권고」(18절)와 「시간경마다 바치는 찬미」는 전형적인 본보기이다. 삼위일체적 특성은 「시간경마다 바치는 찬미」에서 특히 두드러지는데, 여기서 삼위일체 공경은 글의 구조에서도 드러날 정도로 강조된다. 이 작품은 외적 형식에서도 프란치스코의 기도를 특징짓는 삼위일체 신심을 반영하고 증언한다.

삼위일체의 우주적 전례인「시간경마다 바치는 찬미」

장면 A: 하느님 찬미 안에서 하나가 된 순례하는 교회와 승리한 교회(1-4절)

프란치스코가 인용한 구절들을 온전히 이해하기 위해서 그 성경적 배경을 살펴보는 것이 필요하다. 예를 들어, 묵시록에서 "거룩하시다, 거룩하시다, 거룩하시다, 전능하신 주 하느님"이라고 외치는 이는 누구인가? 우리가「시간경마다 바치는 찬미」에 이렇게 질문을 던진다면 수많은 인물과 만나게 된다. 비록 이 기도에서 호칭되지 않는다 하더라도 그들은 말하자면 무대 뒤에 존재하고 있다. 프란치스코나 이 찬미가를 바치는 이들은 그들의 대변자가 되고, 그럼으로써 성경의 여러 인물이 했던 역할을 수행하게 된다.

1절: 우선 "거룩하시다"를 세 번 외치는 네 세라핌 천사들이 있다(참조: 이사 6,3; 묵시 4,8). 묵시록에서 이들은 이 외침으로 하느님의 어좌 앞에서 예배를 시작한다. 프란치스코의 기도 또한 이 세 번의 거룩하시다로 시작한다. 그런데 주목할 만한 것은 프란치스코가 한 단어의 위치에 준 변화이다. 그는 "전에도 계셨고 지금도 계시며 또 앞으로 오실 분"(묵시 4,8)이라고 하는 대신, 묵시 1,4을 따라서 **"지금도 계시고** 전에도 계셨고 또 앞으로 오실 분"이라고 말한다. 분명히 프란치스코는 하느님을 무엇보다도 지금 현존하시는 분으로, 그리고 그런 다음에 과거와 미래 역사의 하느님으로 자신 안에서 인식하고 있다.

2절: 하느님의 존엄하심이 24명의 원로의 입을 통해 선포된다(묵시 4,9-11). 이들은 "주님, 저희의 하느님 주님은 영광과 영예와 권능을 받기에 합당한 분이십니다"라고 말한다. 프란치스코는 여기서 "권능"의 자리에 "찬양"을 넣고 "찬미"라는 말도 넣으면서 영광을 드리는 목록을 늘린다. 이 목록은 「태양 형제의 노래」의 시작 부분에서도 "찬미[laude]와 영광[gloria]과 영예[onore]와 모든 찬양[onne benedizione]이 당신의 것이옵고"(1절)처럼 같은 순서로 다시 등장한다. 우리는 이처럼 놀라운 병행 구절을 마주하게 되는데, 이것은 「시간경마다 바치는 찬미」의 진위성을 증명해 주는 한편, 「태양 형제의 노래」는 프란치스코가 하느님께 매일같이 드리던 찬미가로부터 유래한다는 점을 보여 준다.

3절: 어린양 찬미는 프란치스코가 묵시록(5,12)의 말씀을 문자 그대로 기져온 것이다. 그는 이 구절을 통해 수많은 천사들, 신비로운 생물들, 원로들과 하나가 되어 영광스러운 하느님의 어린양 앞에 서 있다. 이들은 어린양께 일곱 가지 속성, 즉 무한한 권능, 신적 본성, 세상과 구원 역사 안에서의 지혜, 항구한 힘, 영예와 영광과 찬미가 있음을 알아본다. 생물들과 원로들, 수많은 천사들은 이렇게 일곱 가지 속성을 하느님께 돌리면서 그분의 완전함과 절대성을 알아 모시는 것인데, 이는 요한 묵시록과 교회 전통에서 7이라는 숫자가 완전함을 가리킨다는 점을 생각하는 것으로 충분하다.

4절: 주일의 **찬가**[Laudes]를 변형하지 않고 가져온 이 부분은 "영원히 그분을 찬미하고 찬송들 하세"라는 후렴과 맞물려서 "우리"가 바치는 찬미가 된다. 이 기도를 바치는 사람들은 천상에 있는 이들과 하나가 되고 그들의 합창에 소리 맞춰 이 첫 번째 단락의 끝에서 성삼위께 찬미를 드린다. 「시간경마다 바치는 찬미」를 바치는 이는 파트모스Patmos의 예언자 요한과 함께 천상 예배의 첫 번째 장면에서 "어좌와 어린양께" 나아간다. 세라핌 천사들과 원로들, 수많은 천사들로 이루어진 거대한 합창단이 그의 눈앞에 있다. 천상 장면을 관상하는 이는 후렴과 단락의 마무리 구절을 통해 그 합창대와 하나가 되어 천상 예배에 참여하게 된다. 그러므로 단락 A 장면은 다음과 같은 두 가지 특징을 지닌다.

- 시간을 초월하는 전례: 지금부터 미래의 완성인 천상을 경축한다. 지상 전례는 천상 전례의 반향이다.

- 순례하는 교회의 전례 안에서 승리한 교회와 친교를 이룬다. 「시간경마다 바치는 찬미」는 프란치스코의 종말론적 신심을 보여준다. 그는 고국을 그리워하는 추방자처럼 이 세상에서 나그네이자 순례자라고 느끼며(참조: 「유언」24) 종말을 향해 살아간다. 그리고 프란치스코가 이 찬미가를 온종일 계속해서 드린다는 사실은 그가 지닌 하느님께 대한 종말론적 갈망이 얼마나 생생하고 지속적인 것이었는지 보여준다. 게다가 공동체의 기도로서 「시간경마다 바치는 찬미」는 작은 형제들이 천상 교회와 결합하여 어린양의 어좌 앞에서 이루어지는 영원한 전례에 참여한다는 자각을 가지고 성무일도의 매 시간경을 바치게 하는 도입 또는 준비 양식이라고 할 수 있을 것이다.

장면 B: 모든 피조물의 초대(5-10절)

광범위한 의미의 3, 4절 다음에 비교적 차분한 어조를 지닌 두 번째 장면이 등장한다. 그 시작은 다니엘서 3장 57절을 인용해 하느님을 찬양하라는 짧은 초대이다. 이 첫 구절은 단락 전체의 제목이라고도 할 수 있으며, 이 두 번째 단락이 일련의 대상들에게 하느님을 찬미하도록 권고하는 내용을 담고 있음을 드러낸다.

5절: 주님의 모든 업적들.

6절: 하느님의 모든 종들, 그리고 주님을 경외하는 이들, 사회적 조건의 구별 없이 낮은 사람들과 높은 사람들. 여기서 높은 사람들보다 낮은 사람들을 먼저 부른다.

7절: 하늘과 땅. 여기서 프란치스코는 특별히 "영광스러운"이라는 형용사를 덧붙인다. 그는 성 다미아노의 십자가 앞에서 하느님께 탄원할 때도 같은 표현을 사용한다. "오, 높으시고 영광스러운 하느님."

8절: 하늘과 땅 위와 땅 아래에 있는 모든 피조물, 그리고 바다와 그 안에 있는 모는 것. 이 절을 지으면서 프란치스코는 묵시 5,13을 인용해 모든 피조물을 초대하는데, 성경의 우주관에 따르면 피조물들은 하늘, 땅, 그리고 땅 아래라는 세 층에 존재한다. 여기에 바다도 더해진다. 이 절은 이제 전 우주를 포함하면서 3절에 나오는 천사들의 찬미와 다시 연결된다. 이 모든 것은 「태양 형제의 노래」를 상기하지 않을 수 없는데, 이 단락은 형식 면에서 「태양 형제의 노래」와 흥미로운 병행을 보여준다. 「태양 형제의 노래」가 네 개의 요소(공기, 물, 불, 땅)를 언급하는 것처럼 「시간경마다 바치는 찬미」에서는 네 개의 절(5-8절)로 우주를 초대하고 있다. 반면 하느님을 부르며 찬양하는 곳에서는 마치 삼위일체를 암시하듯이 세 개의 구절(1-3절)만이 있음을 볼 수 있다. 「시간경마다 바치는 찬미」에는 삼위일체적-응축적 차원과 우주적-확장적 차원, 즉 하느님 안에 잠기는 깊이와 우주로 퍼져 나가는 넓이가 함께 있다. 달리 말하자면, 성 프란치스코의 신비 체험과 사명에 우주적인 보편성이 존재하는 것이다.

9-10절: 3절 이후에 삼위일체 찬미가 뒤따랐듯이 여기에서도 8절 다음에 '영광송'이 삽입되는데, 영광송은 둘로 나뉘고 각각 후렴이 더해지면서 더욱 강화된다. 9-10절의 영광송은 장면 B뿐만 아니라 A 장면까지도 마무리하면서 다시 한번 두 장면의 일치를 보여준다. 이들 사이에 존재하는 유일한 차이라면 첫 번째 장면은 거행 중인 예배에 대한 것이지만 두 번째 장면은 모든 피조물을 다양한 소리가 어우러진 합창단에 참여하도록 초대하는 것이라는 데 있다. 이는 마치 프란치스코가 하느님을 찬미하는 자신을 도와달라고 피조물을 초대하는 것과도 같다. 이 전례는 온 세상으로 뻗어 나가서 우주적이 된다. 이렇게 장면 A에서 장면 B로 넘어가면서 진화하고 확장되며 역동성이 증가하고 고조된다. 이는 절들의 길이가 점점 늘어나는 것, 특히 두 번째 장면에서 그러한 것을 통해서도 확인할 수 있다.

장면 C : 하느님의 충만하심과 선하심을 관상하여 맛보기(11절)

점점 고조된 기도가 마지막에 다다른다. 세 번째 장면에서 합창의 강렬함이 잦아들면서 오직 하나의 목소리가 된다. 앞에서 수없이 되뇌었던 후렴은 여기서 거의 끝없이 이어지면서 영광을 드리는 말마디 속으로 수렴된다. 관상을 통해 그려낸 다양한 장면은 충만함 그 자체이신 분 앞에서 물러난다. 하느님께서는 모든 것 안에서 모든 것이 되신다(콜로 1,16).

프란치스코는 하느님을 통교하시는 선善으로 인식하고 그분의 충만함 안에 잠긴다. 그분으로 인해 그는 무한한 찬미로 인도되며, 홀로 선하시고, 모든 좋은 것의 주인이신 분께 모든 찬미와 모든 영광과 모든 영예와 모든 찬양을 돌려드리게 된다.

11절의 긴 문장 안에 담긴 내용을 통찰해보자. 전반부는 기쁨에 넘친 하느님 **부름**이고, 후반부는 인간이 하는 **결심**과 요청이다.

하느님의 지극히 높으심

하느님의 위대하심과 그분께 다가가는 인간의 한계를 잘 알고 있는 프란치스코는 "전능하시고 지극히 거룩하시고 지극히 높으시며 으뜸이신 하느님"이라고 말하면서 하느님께 향한다.

이 부름은 묵시 4,8을 인용한 「시간경마다 바치는 찬미」의 시작 절을 어느 정도 다시 취하지만, "전능하신 하느님"이라는 표현에 세 개의 최상급을 더해 확장하고 있다. "지극히 거룩하신" 역시 처음에 나오는 세 번의 "거룩하시다"와 연결된다. 이처럼 처음과 마지막 절이 상응하지만 그 규모는 완전히 다르다. 첫 구절의 하느님 찬미와 비교해 볼 때, 마지막 구절은 엄청나게 고조되었다. 이는 이 찬미가의 나머지 부분이 전개되는 양상을 볼 때도 분명해진다.

보편적 선이신 하느님

"하느님"이라는 말이 그의 입술에서 나올 때 프란치스코는 "모든 선이시고 으뜸선이시고 온전한 선이시며 홀로 선하신 당신"이라는 말을 덧붙인다. 이 구절 역시 프란치스코의 개인적이고 독창적인 기도 방식을 보여준다. 성인은 "하느님 한 분 외에는 아무도 선하지 않다"(루카 18,19)는 예수님의 선언에다 모든 것을 포괄하는 선으로 하느님을 찬미하는 세 가지 새로운 표현인, 하느님은 **모든**[ogni] 선이시고 **으뜸**[sommo] 선이시고 **온전한**[tutto] 선이시라는 말을 덧붙인다.

모든 좋은 것은 하느님 안에 그 원천을 두고 있다. 그 전체성과 다양성에서 그 위대함과 충만함 안에서 선은 하느님께 집중된다. 그분은 태초의 좋음이시고, 근원적이고 보편적인 선이시다. 그분은 모든 선이 흘러나오는 유일한 선이시다. 그분은 세상 안으로 흘러들어오는 선의 충만함이시다.

인간의 응답인 보편적 찬미

하느님의 선을 체험한 프란치스코는 그분께 찬미의 노래를 드리기로 결심하고 "당신께 모든 찬미와 모든 영광과 모든 감사와 모든 영예와 모든 찬양과 그리고 모든 좋은 것을 돌려드리나이다"라고 응답한다. 이 마무리 찬가에는 앞에서 쓰였던 묵시록의 단어들인 찬미, 영광, 영예, 찬양(묵시 4,11; 5,12; 19,5)이 다시 등장한다. 그렇지만 성인은 여기서 이 단어들을 다른 식으로 연결함으로써, 특히 몇몇 자기만의 표현을 첨가함으로써 성경 본문에 얽매이지 않는다. 성인이 덧붙인 고유한 표현은 다음과 같다.

a. **모든**: 고유 첨가문 중에서 11절의 후반부에 여섯 번 나오는 "모든"[omnis]이란 단어가 특히 두드러진다. 프란치스코는 전반부에서 "하느님 한 분 외에는 아무도 선하지 않다"는 루카의 말을 **모든**[ogni], **으뜸**[sommo], **온전한**[tutto]이라는 형용사로 확장하고 강화한 것처럼 "찬미, 영광, 영예, 찬양"이라는 단어에 그가 전형적으로 사용하는 표현인 "**모든**"[ogni]을 덧붙인다.

b. **모든 감사**: 이 말을 통해서도 프란치스코는 성경 표현을 넘어선다. 그의 기도는 특별한 방식으로 감사를 드리는 기도이다. 라틴어로 'gratia'라는 단어는 감사[ringraziamento]뿐만 아니라 은총[grazia]도 의미한다. 프란치스코는 모든 것을 은총으로, 하느님의 선물로 받아들인다. 그는 형제회의 종인 봉사자에게 다음과 같이 쓴다.

> 할 수 있는 만큼 나는 그대의 영혼 사정에 관하여 이야기할까 합니다. 그대가 주 하느님을 사랑하는 데에 방해되는 것이든, 또 형제들이나 다른 사람들이 그대를 때리면서까지 방해하든, 이 모든 것을 은총으로 받아들여야 합니다(「봉사자 편지」 2).

모든 것을 'gratia'로 이해하는 가운데, 프란치스코는 'grazie', 즉 감사하는 마음으로 모든 것을 하느님께 돌려드릴 수 있었다. 「시간경마다 바치는 찬미」의 마무리 찬가는 프란치스코가 하느님만 생각하고 그분을 위해 살아가면서 모든 선과 모든 영예와 모든 영광을 그분께 돌려드리는 모습을 잘 보여주는 증거이다.

그리고 이것이 바로 그가 아래와 같이 성경에 없는 또 다른 표현을 첨가하는 이유이다.

c. **모든 좋은 것**: 가난뱅이가 말을 더듬으며 도달한 종착점이 이 마지막 찬사이다. 「주님의 수난 성무일도」의 마무리 기도에서도 "살아 계시고 진실하신 주 하느님을 찬양하고, 항상 그분께 찬미와 영광과 영예와 찬양과 온갖 선을 돌려드립시다. 아멘. 아멘. 그대로 이루어지소서. 그대로 이루어지소서"(「수난 성무」 끝기도 주해)라는 말이 등장하는 것처럼,

성인의 핵심적인 열망은 하느님께 모든 좋은 것을 돌려드리는 것이다. 이 찬가에서 **모든 좋은 것**이라는 표현은 프란치스코가 하느님을 모든 것을 포괄하는 선으로 찬미하는 11절 전반부와 정확히 호응한다. 하느님은 "모든 선"이시고, "으뜸 선"이시며, "온전한 선"이시라고 삶에서 체험한 그였다. 그래서 그는 다른 이들, 즉 인간들과 피조물들도 오직 하느님께만 속하는 모든 좋은 것을 그분께 돌려드리면서 이러한 찬미의 태도에 동참하기를 원했다.

　　d. **그대로 이루어지소서. 그대로 이루어지소서. 아멘**[Fiat! Fiat! Amen]
「시간경마다 바치는 찬미」는 성인이 직접 만든 「주님의 수난 성무일도」에서처럼 "그대로 이루어지소서. 그대로 이루어지소서. 아멘"으로 끝난다. 헌신과 열망, 그리움과 갈망이 이 마지막에 응축되어 있다. 프란치스코는 하느님께 모든 찬미와 모든 영예와 모든 좋은 것을 드리는 것 외에 다른 열망이 없다. **그대로 이루어지소서**와 **아멘**은 우리가 청하는 것이 이루어지기를 바란다는 점에서 근본적으로 같은 것을 의미한다. 그러니 아씨시의 성인은 마지막으로 세 번 강하게 외침으로써, 하느님께 모든 영예를 드리고 모든 것에 대해 감사드리려는 결심을 표현하고자 하는 것이다.

　　「시간경마다 바치는 찬미」 전체에서 봤을 때, 이 마지막 기도는 프란치스코의 개인적이고 독창적이며 신비로운 기도 방식을 잘 드러내 주는 부분이다. "가난뱅이는 몇 줄 안 되는 이 기도에서 자신이 지닌 하느님 형상의 기본적 요소를 드러낸다. 하느님은 그에게 '전능하시고 지극히 거룩하시고 지극히 높으신' 분이시고, '으뜸 선'이시며 '홀로 선하신' 분이시다. 하느님의 초월적 측면에 그분의 내재적 측면이 스며들어 신학적이고 영성적으로 온전한 균형을 이룬다. **소품집**[Opuscoli] 어디에서도 하느님이나 그리스도를 짧은 명칭으로 부른다든지 하는 감성적인 축소의 흔적을 볼 수 없다. 하느님께서는 당신의 피조물들 위에 영원히 들어 높여지신 채로 살아 계시고 활동하시지만, 동시에 그들 각자를 깊은 사랑으로 보살피신다. 하느님의 선성에 대한 빈번한 언급은 창조된 모든 좋은 것의 원천이신 하느님의 절대적인 역할을 명백히 드러내 준다."[10] 이 마무리 기도의 두 축은 **하느님**과 **모두**이며, 그 핵심은 선[bonum]이라는 개념이다. 일종의 '반추'[ruminatio]를 통해, 즉 같은 말들을 계속해서 재음미하고 반복하고 변형하면서 프란치스코는 하느님의 무한한 선을 맛본다. 이 기도의 두 축을 잘 살펴보면, 「복되신 프란치스코와 그 동료들의 행적」이 전해주는 이야기가 신빙성 있게 다가온다. 이 이야기에 따르면, 프란치스코는 영에 취해 계속해서 "나의 하느님, 모든 것이여!"[Deus meus et omnia!]라고 외쳤다고 한다. 짧은 기도의 형태로 전해진 이 표현 안에는 「시간경마다 바치는 찬미」의 마지막에서 묵상의 형태로 길게 전개된 내용의 핵심이 담겨 있다. 그리고 이 짧은 기도문이 「시간경마다 바치는 찬미」를 매일 반복하는 가운데 떠올랐을 가능성도 없지 않다.

요약

성무일도를 마음으로 준비하기 위해 구상하고 만들어진 「시간경마다 바치는 찬미」는 다음과 같은 특징을 지니고 있다.
- 하느님의 일체성과 삼위성이 공존하는 내적인 시각은 삼중으로

---

10 O. Schmucki, 『Preghiera liturgica』, 32s.

나뉜 외적 구조에까지 반영된다. 이 기도는 삼위일체적이다. 하지만 마지막 부분에서 삼위성, 즉 하느님의 일종의 '다양성'은 '일체성', 즉 하느님의 '단순성'에 자리를 양보한다. 하느님의 삼위성과 일체성에 대한 시각은 「시간경마다 바치는 찬미」를 특징짓는 긴장과 역동성을 불어넣는다.

- 프란치스코와 그의 동료들은 살아 계신 하느님과 어린양의 얼굴을 보면서 영원한 영광을 누리는 수많은 천사와 성인들의 합창대에 영적으로 결합한다. 형제들의 순례하는 공동체는 언젠가 그들도 영원히 충만하게 맛볼 수 있을 천상 전례와 이미 지금 맞닿아 있다.

- 이 전례는 형제들의 공동체와 구원받은 이들의 종말론적 공동체 사이에서만 이루어지는 것이 아니라 온 세상을 포함한다. 하늘과 땅, 그리고 모든 피조물이 하느님 찬미로 초대된다. 이 전례는 우주적이고 보편적이 되는데, 이는 「태양 형제의 노래」를 떠올리지 않을 수 없게 하는 요소이다.

- 「시간경마다 바치는 찬미」는 떠남과 돌아옴[exitus-reditus]의 과정 안에서 전개된다. 거룩하신 하느님에서 하느님의 어린양으로, 그다음엔 세상으로, 그리고 마지막으로 모든 선의 중심이자 근원이신 하느님께로 다시금 되돌아가는 과정이다. 이 기도는 천상 전례의 관상에서 시작해서 전 우주로 뻗어가고, 마지막에는 하느님 깊숙이 들어가 그분의 충만한 선 안에서 편히 쉬기에 이른다.

실천 지침

1. 「시간경마다 바치는 찬미」를 더 잘 이해하기 위해서는 요한 묵시록 4장, 5장, 19장과 친숙해져야 할 것이다. 따라서 오늘날에도 시간경에서 매우 중요한 성경의 이 장들에 잠시 주의를 기울여 묵상할 필요가 있겠다.

2. 「시간경마다 바치는 찬미」의 세 장면은 각각 별도로 묵상할 수 있다. 그런데 첫 번째 장면을 세 개의 국면으로 나누는 것이 가능하다. a. 거룩하신 하느님의 감주어지고 형언할 수 없는 신비를 인식함(1절), b. 하느님을 "당신"(2절)이라고 부름, c. 죽임을 당하신 어린양의 상징에서 구원의 신비를 묵상함(3절).

3. 두 번째 장면에서 프란치스코는 주님의 삼중적 현시에 대해 응답하고 있다. 성인은 세상의 종말론적 완성을 바라보면서 거기서 그리스도께서 현존하심을 발견한다. 모든 지상의 실재 안에서 당신을 드러내시는 그리스도를 보기 위해서는 많은 훈련이 필요하다. 모든 것 안에서 그분을 알아보는 만남은 나의 삶 어디에서 실현되는가?

4. 예수님과의 만남은 제대의 성사, 즉 성체성사와 성체 경배에서 더욱 강하게 체험된다. 이런 관점에서 「시간경마다 바치는 찬미」를 성체성사와 결합하여 바치거나 현시된 성체 앞에서 드리는 것은 매우 아름다울 것이다.

5. 자연과 직접 접촉하면서 「시간경마다 바치는 찬미」를 드리는 것도 의미 있을 것이다. 미사에서 선포되는 세 번의 '거룩하시다'는 여기서 "어린양은…합당한 분이시나이다"라는 찬미로 강화된다. 너무나도 강렬하고 의식적으로 선포되는 어린양이라는 칭호는 우주의 성사적 구조를 드러내 준다. 즉 우주 자체가 그리스도 현존의 명백한 표지가 되게 한다(참조: 콜로 1,16-17). 이는 왜 프란치스코가 기도의 두 번째 장면에서 주님의 모든 업적들에게 주님을 찬미하라고 초대하는지 더 잘 이해할 수 있게 한다.

6. 「시간경마다 바치는 찬미」에서도 그러하듯이 묵상의 다음 단계에서는 앞서 관상했던 이미지들은 잦아들게 하고, "당신"이신 하느님께만 집중해야 "으뜸 선이시고 온전한 선이시며 충만한 선이신" 그분을 경배하고 그분께 모든 찬미를 돌려드릴 수 있을 것이다.

7. 「시간경마다 바치는 찬미」를 프란치스코의 의도에 맞게 바치는 것, 즉 개인적이든 공동체적이든 시간경을 시작할 때 초대송[invitatorio]처럼 바쳐야 하는 것을 잊어서는 안 된다.

8. 「시간경마다 바치는 찬미」 안에는 사은 찬미가[Te Deum] 역시 엿보인다. 두 기도의 차이점과 유사성에 유의하면서 둘을 비교해 보자.

9. "Deus meus et omnia", 거의 작은 형제회의 좌우명이 된 이 유명한 짧은 기도는 "나의 하느님, 나의 전부시여"[Dio mio e mio tutto]라고 하기보다는 "나의 하느님, 모든 것이여"[Dio mio e tutte le cose]라고 번역되어야

할 것이다.[11]

어쨌든 이 기도문은 「시간경마다 바치는 찬미」를 요약한 것이고 호흡과 아주 잘 조화를 이룬다. 들숨과 날숨의 리듬에 맞추면 그 말마디를 더 잘 발음하고 그 깊은 의미를 확인하는 데 도움이 될 수 있다. 호흡의 두 가지 움직임은 관상을 지탱하고 돕는다.

"나의 하느님": 숨을 들이쉬면서 하느님으로 나 자신을 채운다. 내 안에 그분을 위한 공간을 만들고, 그분께서 나를 지배하시도록 개방한다.

"…그리고 모든 것이여": 숨을 내쉬면서 모든 것 안에서 하느님을 발견한다. 자연이 책 안에서 그분을 발견하고, 그분으로부터 출발하여 새롭게 모든 것을 대한다.

"나의 하느님": 나 자신의 깊은 곳 안에서 하느님의 깊이를 체험한다. 나 자신의 신비로 하느님을 경험한다.

"…그리고 모든 것이여": 하느님의 피조물이자 내가 활동할 장소인 세상의 광대함을 인식한다.

"나의 하느님, 모든 것이여": 이 기도는 우리가 하느님과 세상과 맺는 관계의 본질을 가리키며, 하느님 안에 집중하는 관상과 세상을 향한 사도적 소명 사이의 균형도 의미한다. "Deus meus et omnia"는 프란치스칸 삶의 심오함과 광대함, 신비와 선교 사명을 모두 담고 있다.

---

11 참조: S. LOPEZ, 「Dios mio y todas mis cosas. Transcendencia y exclusividad de Dios en San Francisco」, 『Verdad y Vida』 28 (1970), 47-82.

6
시편을 활용한 파스카 신비 묵상

「주님의 수난 성무일도」

이제까지 묵상한 기도 중 첫 번째 기도와 두 번째 기도는 십자가와 관련이 있었다. 프란치스코는 성 다미아노의 십자가를 통해서 그의 사명을 받았고, 성당이나 십자가 앞에서 「유언」의 십자가 기도를 바쳤다. 십자가는 그의 묵상에서 중심이 될 정도로 성인의 삶에서 중요한 것이 되었다. 십자가를 묵상할 때 성인은 주 예수 그리스도의 수난 여정을 되짚을 수 있게 해주는 시편에서 큰 도움을 얻었다. 사실 15세기경에야 만들어진 14처로 된 **십자가의 길**[via crucis]이 그때는 아직 존재하지 않았다.

앞으로 살펴보겠지만, 프란치스코가 수난의 신비를 묵상하는 방법은 훗날 프란치스칸들이 널리 퍼뜨린 십자가의 길 전통과 밀접한 관계를 지닌다. 사실 그가 「주님의 수난 성무일도」에서 제시하는 것은 일종의 문학적 십자가의 길, 즉 시편 말씀으로 이루어진 십자가의 길이라고 정의할 수 있다.

새롭지는 않으나 명백히 독창적인

이미 샤를 마뉴Carlo Magno 시대부터 공식적인 성무일도와 함께 개별적인 시간경 기도가 발달했다. 이는 주로 열심한 평신도들에 의해 성행하게 되었다. 아우크스부르크의 성 울리히(+973)의 생애를 보면, 십자가를 경배하는 신심 성무일도와 마리아를 경배하는 또 다른 신심 성무일도에 대한 이야기가 처음으로 나온다.[1]

성 프란치스코의 「주님의 수난 성무일도」에도 강조점은 다르지만 십자가와 마리아께 향한 신심을 발견할 수 있다. 이는 한편으로, 프란치스코가 뭔가 새로운 것을 만들어 낸 것이 아니라 자기 시대의 흐름에 합류했음을 말해준다. 그러나 다른 한편으로, 그는 이미 알고 있는 성무일도를 단순히 받아들이지 않고 그것을 독창적으로 만들었다는 사실에 주목할 필요가 있다.

그렇다면 이 작품의 어떤 부분에 프란치스코의 독창성이 있는가? 그가 강조한 것은 무엇인가? 그가 시편을 어떻게 구성했는가를 주의 깊게 살펴봄으로써 우리는 이 질문에 대답할 수 있을 것이다.

시편의 자유로운 활용

언뜻 보기에 주로 시편 구절과 다른 성경 인용문을 편집한 그의 성무일도는 어떠한 독창성도 담고 있지 않은 것으로 보일 수 있다. 그러나 더 주의 깊게 살펴보면, 프란치스코가 변화를 주지 않고 그대로 취

1　O. Schmucki, 『Das Leiden Christi』, 129-145; O. Schmucki, 『Preghiera liturgica』, 17-28, 여기서 17. 이 장章에서는 이 연구를 폭넓게 사용할 것이다. 참조: D. Gagnan, 「Office de la Passion, prière quotidienne de saint François」, 『Antonianum』 55 (1980), 3-86도 있다.

하는 시편은 단 두 개밖에 없다. 부활 시기의 끝기도인 시편 8은 성경 시편 69를 전부 인용한 것이고, 대림 시기의 끝기도인 시편 13은 성경 시편 12편 전부를 충실히 인용한 것이다. 그의 성무일도에 있는 나머지 13개 시편은 다양한 시편과 신약 성경 구절에서 가져온 내용에다 개인적인 첨가까지 더해져 모자이크처럼 편집된 혼합문이다.

저자는 시편들을 혼란스럽게 나열하지 않고 확실한 계획에 따라 어떤 구절은 보완하고 어떤 구절은 생략하면서 이들을 조합한다. 그가 시편을 자유롭게 활용할 수 있던 것은 그가 시편과 복음을 거의 암기할 정도로 잘 알고 있었기 때문이다. 프란치스코는 어린 시절 성 죠르죠 성당 학교에서 시편과 복음을 배웠는데, 그곳에서는 시편집이 초등 독본으로 사용되었다.

그가 적합한 구절을 찾기 위해 성경을 넘기면서 자신의 고유한 성무일도, 이른바 봉헌 성무일도[Ufficio votivo]를 만들었다고 상상해서는 안 된다. 프란치스코는 시편을 활용해서 기도할 때 보통 자신이 어떤 시편을 인용하고 있는지 알지 못했다. 단지 후대의 비평가들이 그가 인용하고 있는 시편이 어떤 것인지를 찾아낼 뿐이다. 시편을 활용해 이런 **이어붙임**(collage; 콜라주)을 구성하는 것은 더욱 생생한 방식으로 이루어졌다. 프란치스코는 어떤 이미지나 묵상할 장면을 눈앞에 두고 시편의 말마디에서 출발해 다른 성경 구절로 이끌려가거나 관상된 신비를 통해 영혼 속에서 솟아나는 자신의 말마디를 집어넣는다.

프란치스코는 「주님의 수난 성무일도」에서 바로 이런 방식으로 성 목요일 저녁부터 시작해서 파스카 주일 새벽에 이르는 그리스도 수난의 다양한 장면에 자신을 맡긴다.

파스카 신비

이 작품이 「주님의 수난 성무일도」[Officium passionis]라는 이름으로 불리기 때문에 항상 주님의 수난만을 묵상하는 여정이라고 생각할 수 있다. 하지만 프란치스코는 세상 창조, 부활, 그리스도의 재림과 최후의 심판과 같은 구원 역사의 다른 순간도 눈앞에 두고 있다.

예를 들어, 성금요일 **구시경**[Nona] 시편은 예수님의 죽음만이 아니라 죽음으로부터의 부활도 기억되며, 그분이 세상을 심판하러 오실 것을 확고한 믿음으로 선포하고 있다. 그러므로 「주님의 수난 성무일도」는 이렇게 파스카 신비, 즉 우리가 성체성사를 거행할 때 성변화 후에 "주님께서 오실 때까지, 우리는 주님의 죽음을 전하고 부활을 선포하나이다"라고 말할 때 선포하는 그 신비를 포괄한다.

프란치스코가 사용하는 "수난"이라는 용어는 이런 넓은 지평에서 이해해야 한다. 교회의 많은 교부와 위대한 신학자들도 프란치스코에 앞서 그렇게 해석해 왔다. 예를 들어, 알퀴노Alcuino에 따르면 **수난**은 죽음과 부활, 승천과 재림을 포괄하는 구원 업적이다. 프란치스코는 구원 역사의 이 모든 순간을 관상한다. 그러나 그는 특별히 주님의 고통스러운 여정을 강조하는데, 이는 「주님의 수난 성무일도」의 도입부 주해에서 다음과 같이 밝힌다.

지극히 복되신 우리 사부 프란치스코가 주님의 수난을 공경하고 기억하며 찬미하기 위하여 편집한 시편들이 시작된다(「수난 성무」, 도입부 주해).

토마스 첼라노의 성녀 클라라 전기도 클라라가 십자가를 중심에 두고 있었음을 확인해 주는데, 이런 점에 있어 두 성인의 시선과 행위가 일치하는 것을 볼 수 있다.

그녀는 십자가를 사랑하는 프란치스코가 만든 수난의 성무일도를 배웠고, 또 그것을 프란치스코와 흡사한 감정으로 암송했다(「클라라 전기」 30).

마지막으로, 프란치스코의 성무일도에서 가장 먼저 등장하고 가장 양이 많은 제1부가 성주간의 성삼일만이 아니라 연중 평일에도 바쳐진다는 점에 주목해야 한다(참조: 「수난 성무」, 제1부 마침 주해). 말하자면, 제1부는 한 해 대부분에 사용되는 것이다. 이는 프란치스코가 자신의 지평 안에 파스카 신비 전체를 통합하기는 하지만, 예수님께서 성부께 사랑으로 헌신하신 그 역사의 과정 안에서 그가 묵상한 고통의 신비에 특별한 관심과 신심을 가지고 있었음을 의미한다. 고통받으시는 예수님과 하나가 됨으로써 프란치스코는 역사적으로 일어난 것을 신비롭게 모방한다.

「주님의 수난 성무일도」의 구조

전례 시기에 따른 다섯 가지 양식

성 프란치스코의 「주님의 수난 성무일도」는 전례 시기에 따라 다섯 부분으로 이루어져 있다. '성삼일과 연중 평일'를 위한 제1부는 7개의 시편으로 이루어져 있다. '부활 시기'를 위한 4개의 시편이 뒤따르는데, 이 가운데 2개의 시편은 이미 제1부에 있는 것이다. '주일과 주요 축일'을 위한 제3부에는 3개의 새로운 시편이 추가되고, '대림 시기'를 위해서는 2개의 다른 시편이 들어온다. '주님의 성탄에서 공현 팔일 축제까지'를 위한 제5부에는 모든 시간경에서 바치는 오직 하나의 시편만 있다.[2] 이 시편은 프란치스코가 더 공을 들여 독창적으로 만든 것이다. 이렇게 「주님의 수난 성무일도」는 모두 15개의 시편 묵상으로 되어 있다. 그중 7개의 시편이 제1부에 들어있다는 사실은 프란치스코의 기도에서 수난이라는 주제가 중심을 차지한다는 것을 확인해 준다.

시작

각 시편은 모두 같은 구조로 짜여 있다. 앞 장章에서 이미 언급했듯

---

2 K. Esser, 『Gli scritti』, 413-430; L. Lehmann, 『Tiefe und Weite』, 121-148; E. Franceschini, 『Nel segno di Francesco』, a cura di F. Casolini e G. Giamba, Assisi, 1988, 146-169.

이 프란치스코는 모든 시간경을 '주님의 기도'로 시작했으며, 이어서 '영광송'이 뒤따르고, 그다음에 「시간경마다 바치는 찬미」를 바쳤다.

> 「찬미」와 기도가 끝난 후 "거룩하신 동정 마리아님" 후렴을 시작했다. 이어서 성 마리아 시편을 먼저 외우고 그다음에 미리 선택한 다른 시편들을 바쳤다. 그리고 이 모든 시편들을 다 바치고 나서 수난 시편을 바쳤다(「수난 성무」, 도입부 주해).

따라서 프란치스코는 모든 시간경을 시작할 때 그의 기도를 동반하고 지지해주는 천사들과 성인들과 함께 삼위일체 하느님 앞에 깨어 나아간다. 천상 교회와 결합하여 있음을 강하게 느끼면서, 그는 하늘과 땅을 결합하는 전례를 거행한다.

마침

각 시간경은 '거룩하신 동정 마리아님' 후렴과 '영광송'을 되풀이하면서 시작과 비슷한 방법으로 끝마친다. 이는 삼위이고 일체이신 하느님께 대한 프란치스코의 깊은 흠숭과 모든 성인의 전구에 대한 신뢰를 다시 한번 명백히 드러내며, 성인 중에서도 특히 하느님의 어머니의 전구를 신뢰했음을 잘 보여준다. '영광송'으로 마치는 것은 온종일 끊임없이 지속하여야 마땅할 찬미로 흥겨운 초대를 하는 것이다.

살아 계시고 진실하신 주 하느님을 찬양하고, 항상 그분께 찬미와 영광과 영예와 찬양과 온갖 선을 돌려드립시다. 아멘. 아멘. 그대로 이루어지소서. 그대로 이루어지소서(「수난 성무」, 제1부 끝기도 주해).

성주간의 성삼일과 연중 시기를 위한 시편

여기서 성 프란치스코의 모든 15개 시편뿐만 아니라 수난에 관한 제1부의 7개 시편을 주석하고 묵상하는 것은 불가능할 것이다.[3] 그러므로 제1부에서 끝기도, 육시경, 저녁기도의 세 가지 시간경만을 선택하도록 한다. 그 외 나머지 시편들인 아침기도, 일시경, 삼시경, 구시경에 대해서는 프란치스코가 이 시편들로 기도하면서 어떤 이미지를 떠올렸는지 알 수 있도록 그 내용을 개괄하는 것만으로 충분할 것이다.

---

3 프란치스코가 구성한 시편이 오늘날에도 지니고 있는 현재성과 활용 가능성에 대한 증명이 프란치스코의 글과 관련해 최근에 재출간된 두 권의 책을 통해 전개되었다: G. MONTORSI, 『La via crucis di san Francesco』, Padova, 1985와 『Ufficio della passione del Signore composto da Francesco d'Assisi』, Milano, 1990.

끝기도: 시편 1

후렴: 거룩하신 동정 마리아님….

1 하느님, 제 신세를 당신께 아뢰었더니, *
　당신은 제 눈물을 당신 앞에 두셨나이다(시편 55,8-9).

2 제 원수들 모두 저를 거슬러 저의 불행만 생각하고(시편 40,8) *
　함께 모여 음모를 꾸몄나이다(시편 70,10).

3 또한 그들은 저를 거슬러 선을 악으로, *
　제 사랑을 미움으로 갚았나이다(시편 108,5).

4 저를 사랑하기보다 오히려 저주하였나이다. *
　그러나 저는 기도했나이다(시편 108,4).

5 **거룩하신 저의 아버지, 하늘과 땅의 임금님,** †
　제게서 멀리 계시지 마옵소서 *
　환난이 닥치는데 도와줄 이 없나이다(시편 21,12).

6 언제라도 제가 당신을 부르짖는 날에, †
　제 원수들이 뒤로 물러가리니, *
　그 때 저는 당신이 저의 하느님이심을 아나이다(시편 55,10).

7 제 동무들과 제 이웃들이 저를 거슬러 다가와 둘러서고 *
　제 이웃들이 멀찍이 서 있나이다(시편 37,12).

8 당신은 제가 아는 이들을 제게서 멀어지게 하시고 †
　저를 그들의 혐오거리로 만드셨으니, *

저는 갇힌 몸, 나갈 수도 없나이다(시편 87,9).[4]

9 **거룩하신 아버지**, 당신의 도움 제게서 멀리하지 마옵소서
(시편 21,20). *
저의 하느님, 저를 굽어보시어 도우소서(시편 70,12).

10 어서 와 저를 도우소서 *
주님, 제 구원의 하느님(시편 37,23)
영광이 성부와 성자와 성령께 *
처음과 같이 이제와 항상 영원히, 아멘.

후렴: 거룩하신 동정 마리아님….

8개의 다른 시편과 첨가문의 혼합

프란치스코가 재구성한 시편을 한 번 훑어보기만 해도 그가 어떤 방식으로 시편을 활용하는지 알 수 있다. 프란치스코는 시편 55,8에서 시편 40,8을 거쳐 시편 70,10로 넘어간다. 그런 뒤 시편 108의 5절을 취하고 거기에 같은 시편의 앞 구절(108,4)을 덧붙이며, 시편 21,12에 도

---

4 여기서 나는 "traditus sum et non egrediebar"(시편 87,9 - Romanum)을 "저는 구할 길 없는 죄수와도 같나이다"[Sono come un prigioniero senza scampo]라고 번역하는 이탈리아어 소품집 『Fonti Francescane』 280의 번역과는 거리를 둔다. K. Esser, 『Gli scritti』, 431에 있는 감보소(V. Gamboso)의 번역, "저는 갇힌 몸, 나갈 수도 없나이다"[sono bloccato e non posso uscire]도 그리 충실한 번역이 아니다. 참조: 반면에 사바텔리(G. V. Sabatelli)의 번역은 "저는 배반당한 몸, 도망칠 곳 없나이다"[Sono stato tradito e non fuggivo]: San Francesco D'Assisi, 『Gli scritti』, Assisi, 1971, 153. 역주: 한국어 소품집의 번역은 "저는 갇힌 몸, 나갈 수도 없나이다"이다.

달한다.[5]

시편 108,4과 21,12 사이에는 신약 성경의 요한 17,11과 마태 11,25에서 가져온 하느님의 이름을 부르며 탄원하는 기도가 삽입된다. 이 호칭 기도는 9절에 다시 나오는데, 이때는 "거룩하신 아버지"라는 더 짧은 형태를 취한다. 따라서 프란치스코의 모자이크는 8개의 시편에서 취한 12개의 인용문으로 구성되어 있다. 프란치스코는 여기에 신약 성경에서 취한 세 번의 하느님 호칭을 고유한 요소로 첨가한다.

아버지께 드리는 기도

"거룩하신 저의 아버지"(5절) 또는 "거룩하신 아버지"(9절)라는 호칭은 이 기도가 향하고 있는 방향을 가리키며, 사실상 시편을 본질적으로 바꾸어놓는다. 실제로 구약 성경의 시편에서 하느님은 절대 아버지로 직접 불리지 않는다. 예수님께서는 처음으로 하느님을 "아빠! 아버지!"(마르 14,36; 참조: 요한 12,28; 17,11)라고 부르심으로써 놀라운 새로움을 가져오셨다. 또한, 당신의 제자들에게 "너희는 기도할 때 이렇게 하여라. '아버지…'"(루카 11,2)라고 하셨듯이, 우리에게도 그렇게 하도록 초대하신다.

---

5 여기서는 불가타 역으로 읽을 필요가 있다: "Et posuerunt adversum me mala pro *bonis*"(시편 108,5). 아씨시 필사본 모음집에 있고 에쎄가 자신의 비판본(『Gli scritti』, 401, 413, 431)에서 선호한 "너희들을 위하여"[a pro vobis]는 이치에 맞지 않는다. 참조: 『Franziskanische Studien』 68 (1986), 284에 있는 나의 주해와 L. GALLANT, 「L'"Officium passionis" de saint François d'Assise. Discussion concernant quelques variantes」, 『Archivum Franciscanum Historicum』 74 (1981), 502-507.

프란치스코는 이런 신뢰 가득한 호칭을 삽입하면서 말하자면, 시편에 세례를 주고 그리스도교적 특성을 부여한다. "아버지"라는 호칭은 그의 성무일도에 있는 거의 모든 시편에서 발견되는데, 이는 이 작품에 그리스도교 기도의 인장을 부여하는 것이다.

예수님께서 아버지께 기도하신다

이 시편에서 중심에 있는 분은 분명 아버지이시다. 사실 이미 1절에서 드러나듯이 그분은 기도하는 이가 자신의 삶을 이야기하는 상대인 "당신"이시다. 그런데 기도하는 이는 누구인가? 누가 1절에 나오는 "나" 뒤에 숨어 있는가? 모든 시편이 "나"와 "당신" 사이에서, 그리고 비탄과 간청의 모습 안에서 전개된다. 이는 제1부의 다른 시편에서도 대부분 그러하다. 여기서 고통받는 이는 자신의 아픔을 말하고 버려진 처지를 한탄하면서 도움을 구한다. 이 고통받는 이는 바로 예수님이시다.

그러므로 프란치스코는 자신의 묵상 시편 안에 기도하시는 예수님을 상정하고 있다. 아씨시의 성인이 시편과 구약 성경 전체를 읽는 기준은 그것이 예수님을 향하고 있는가에 있다. 교부들이나 전례가 그러하듯이 프란치스코도 구약 성경에서 메시아가 계시되어 왔음을 발견하는 가운데, 시편 안에 그리스도의 신비가 선포되어 있음을 본다. 그에게 시편은 "그리스도께로 이끄는 교사"[6](갈라 3,24)이다.

---

6 역주: 한국어 성경에서는 교사 또는 후견인이라는 의미의 그리스어 '파이다고고스(παιδαγωγός)'를 '감시자'로 번역하여 "그리스도께서 오실 때까지 우리의 감시자"라고 해석했지만, 여기서는 문맥상 저자의 번역을 따랐다.

프란치스코가 예수님과 함께 아버지께 기도드린다

만약 프란치스코가 시편을 예수님께서 아버지께 드리는 기도로 받아들인다면, 이는 시편으로 기도할 때 프란치스코 자신은 거의 완전히 사라진다는 것을 의미한다. 시편의 "나"는 바로 예수님이시다. 다른 한편, 기도를 바치며 "나"와 하나가 되고 예수님의 비탄과 간청 또는 신뢰에 자신을 동일시하는 이는 역시 프란치스코(그리고 그의 시편을 바치는 모든 아들)이다. 이렇게 프란치스코는 그리스도와 신비로운 일치를 이룬다. 그의 많은 질병과 형제회 내부의 많은 문제, 그리고 마지막으로 오상의 체험은 그로 하여금 예수님과 함께 "거룩하신 아버지, 당신의 도움 제게서 멀리하지 마옵소서"라고 기도하고, 자신의 모든 고통과 신뢰를 그분과 함께 표현할 수 있게 해 주었다.

고통받는 그리스도와의 이러한 신비로운 관계는 프란치스코 안에 다른 이들을 위한 대속 사명의 자각이 점점 더 분명한 형태로 솟아나게 했다. 여하튼 그가 자신의 시편에서 그리스도의 수난 속으로 빠져 들어가 잠기는 방식과 고통받는 예수와 함께 아버지께 기도하는 강렬함은 그가 받은 오상의 영적 원천을 이해할 수 있는 열쇠를 분명히 제공한다.

이처럼 빈번하고 강렬하게 또한 인격적으로 예수님의 **십자가의 길** 장면에 동화되는 사람은 자신이 관상하는 그것으로 변모되기에 이를 것이고, 자신의 몸으로 수난의 표지인 오상을 체험하게 될 것이다. 프란치스코는 내적으로 묵상하는 그것으로 가득 차고 그 인장을 받았으며, 자신이 온 삶과 온 마음을 다해 따르는 분을 닮게 되었다. 이런 전망을 염두에 두고, 이제 수난에 대한 그의 묵상 내용을 되짚어 볼 수 있겠다.

올리브 동산의 예수님

프란치스코가 성금요일[7] 끝기도로 자신의 개인적인 시간경을 시작한다는 사실이 인상 깊다. 도입부 주해는 그 동기를 밝혀 준다. "그날 밤 우리 주 예수 그리스도께서 배반당하시고 잡히셨기 때문이다." 여기에 선택된 시편들은 올리브 동산 사건에 대한 일종의 재현이다. 그 안에서 우리는 고뇌와 눈물에 젖어 아버지를 부르는 구세주의 음성을 듣는다. "하느님, 당신은 제 눈물을 당신 앞에 두셨나이다"(1절). 우리는 최고 의회 판결의 목격자가 된다(2절). 그리고 세상의 무지를 대가로 받으면서 예수님께서 겪으신 실망(3절), 그리고 가장 가까운 동무들과 친지들마저도 그분을 버렸을 때 그분이 느낀 고독(7절)을 알게 된다.

그런 상황에서 프란치스코의 시편은 예수님에 대해 응당 다음과 같이 말한다. "그러나 저는 기도했나이다"(4절). 그리고 이와 같이 기도하는 태도를 더욱 분명히 강조하기 위해서 예수님 친히 말씀하시도록 한다. "거룩하신 저의 아버지, 하늘과 땅의 임금님, 제게서 멀리 계시지 마옵소서. 환난이 닥치는데 도와줄 이 없나이다"(5절). 이처럼 프란치스코는 시편의 말씀으로 루카 22,41-42에서 다음과 같이 묘사된 장면을 놀라운 방식으로 재현하고 있다.

그러고 나서 돌을 던지면 닿을 만한 곳에 혼자 가시어 무릎을 꿇고 기도하셨다. "아버지, 아버지께서 원하시면 이 잔을 저에

---

[7] 역주: 레만은 이를 성목요일이라고 적고 있다.

게서 거두어 주십시오. 그러나 제 뜻이 아니라 아버지의 뜻이 이루어지게 하십시오."

6절은 예수님 체포와 밀접히 연관된 요한 18,6, 즉 "예수님께서 '나다' 하실 때, 그들은 뒷걸음치다가 땅에 넘어졌다"를 상기시키면서 원수들에 대한 마지막 승리를 예견한다.

7절은 예수님의 비탄을 이어간다. 동무들과 이웃들이 위험한 순간에 도망쳤으며 그분을 부끄럽게 여긴다. 8절은 "Traditus sum"[저는 배반당했나이다]이라고 말하고 있듯이 명백히 유다의 배반을 담고 있다. 예수님은 배반당하고 버려졌으며, 구할 길 없는 죄수와도 같다. 절망으로 비탄에 잠겨 있으면서도 예수님은 다시 한번 아버지를 부르며 간청한다(9절). 이는 10절의 신뢰 가득한 외침, "주님, 제 구원의 하느님"으로 강화된다.

이 묵상의 이어지는 단계들은 우리에게 프란치스코가 어떻게 수난을 묵상하는지 짐작하게 해 준다. 올리브 동산 사건의 매 순간이 묵상의 대상이 된다. 눈물, 원수, 최고 의회, 배반, 사랑이 아닌 증오, 버려짐과 고독 등이 핵심적인 단어들이다. 그러나 이 시편 구성의 본질은 예수님의 육체적 고통을 묘사하는 데 있는 것이 아니라, 프란치스코가 구세주의 영적인 고통 속으로 들어간다는 사실에 있다. 이는 한편으로는, 그분의 슬픔, 절망, 고뇌에 이르는 것이지만 다른 한편으로는, 두 번에 걸쳐 "거룩하신 아버지"를 부르는 것에서 잘 보여주듯이 아버지께 순종하시는 그분의 무한한 신뢰에 이르는 것이다.

예수님께서 올리브 산에서 아버지께 간청하시며 그분께 자유로이 자신을 내어드렸듯이(마르 14,32-40), 프란치스코도 자신의 시편에서 예수님의 입을 통해 "아버지"를 부른다. 「신자들에게 보낸 편지」에서 성인은 아름다운 묘사로 예수님의 이런 근본적 태도를 표현한다.

> 그러나 아버지의 뜻에 당신의 뜻을 맞추시며 말씀하셨습니다. "아버지, 당신의 뜻이 이루어지게 하십시오. 제가 원하는 대로 하지 마시고 아버지께서 원하시는 대로 하십시오"(「2신자 편지」 10).

감옥에서의 하룻밤

아침기도 시편은 앞의 시편처럼 그리 쉽게 수난의 특정한 장면하고만 연관 지을 수 없다. 프란치스코는 그 밤의 심문과 모욕 후에 예수님께서 겪으신 버려짐과 당혹스러운 상황을 떠올리며 그것을 묘사하고 싶었을 것이다. 기도의 도입부터 밤에 성부께 간청하시는 예수님의 기도 소리가 들린다. "주님, 제 구원의 하느님, 낮에도 당신께 부르짖고, 밤에도 당신 앞에서 외치나이다"(1절 = 시편 87,2).

시편 22,10-11의 말씀으로 표현된 예수님과 아버지의 항구한 일치(4-5절)를 바라본 후에 대사제 저택의 경비병들이 밤중에 가했던 모욕의 상황을 개괄적으로 다시 볼 수 있다. "당신은 제가 받은 모욕과 창피를 아시옵고 저의 경외심을 아시나이다"(6절 = 시편 68,20). 예수님께서는 자신의 목숨을 위협하는 폭력적이고 사악한 무리에 대해 슬퍼하신다(9절 = 시편 85,14). 그분 앞에는 오직 죽음만이 있고, 그분은 구렁으로 떨어지는 자들처럼 여겨졌다(10절 = 시편 87,5-6). 하지만 이 시편 역시 신뢰 가득한 의탁을 고백하며 끝난다. "당신은 지극히 거룩하신 저의 아버지이시며, 저의 임금님, 저의 하느님이시나이다"(11절). 밤 또는 이른 아침의 이 시편에서 프란치스코는 뛰어난 심리적 직관으로 예수님으로 하여금 그의 어머니의 이름을 세 번에 걸쳐 부르게 한다. 고통 중에 있는 인간은 자신의 탄생 순간을 다시금 떠올리고, 자신을 어미 배 속에서 내신 하느님의 손에 처음부터 속해 있음을 알고 있다(4절). "어미 배 속에서부터 당신은 저의 하느님이시오니"(5절 = 시편 21,11). 버림받은 극적인 순간에 죽음 앞에 홀로 서서 죽어 가는 이들이 흔히 그러하듯이 예수님께서는 당신의 어머니를 떠올리신다.

변모된 고통

일시경을 위한 시편에서는 그리스도의 수난과 관련된 구체적인 지점을 발견하기가 더 어렵다. 이는 "이 시편은 항상 일시경에 바친다"는 주해가 알려주듯이 성삼일과 연중 평일만이 아니라 주일에도 일시경에 이 기도를 바친다는 사실로 설명이 된다. 이 시편은 더 일반적인 주제들을 다루고 있으며, 중간에 나오는 시편 17,18과 아버지를 부르며 기도하는 고유 첨가 부분을 제외하면, 이어지는 구절들에서도 시편 56편과 완전히 호응한다. 아무튼, 일시경은 정주 수도자들의 전례에서(예를 들어, 도이츠의 루페르트[Ruperto von Deutz]) 항상 빌라도의 예수님 사형 선고와 관련되었다(참조: 마태 27,11-31).

아마도 이 시편의 시작에서 암시하는 것이 바로 이 사건일 것이다. "자비를 베푸소서, 하느님, 저에게 자비를 베푸소서. 제 영혼이 당신께 의탁하나이다"(1절 = 시편 56,2). 지극한 비탄 속에서도 신뢰하는 태도가 이 시편 전체를 지배한다. 여기서 예수님은 임박한 구원에 대해 미리 감사드리고, 자신의 수난이 이미 지난 것처럼 말씀하실 정도로 당신의 기도를 하느님께서 들어주시리라고 확신하신다. 원수들의 사악함에 대한 승리의 희망은 당신의 아버지께 찬미를 드리게 한다. "지극히 높으시고, **지극히 거룩하신 저의 아버지께**, 저에게 은혜를 베푸시는 하느님께 부르짖나이다"(3절, 참조: 시편 56,3).

이 시편이 보여 주듯이 프란치스코는 예수님의 사형 선고로부터 일어나는 슬픔에 압도당하지 않는다. 사실 성인은 그리스도의 수난을 파스카의 전망 안에서 묵상한다. 프란치스코가 예수님의 입으로 "그들이 제 발길마다 그물을 쳐 놓아, 제 영혼이 꺾이게 하였나이다. 제 앞에 구덩이를 파 놓았나이다"(6-7절 = 시편 56,7)라고 말하면서 그분의 죽음을 사실적으로 바라보기는 하지만, 그는 죽음에서 해방되기를 희망하면서(4절) 그것을 넘어선다.

이른 아침, 일시경을 바치는 시간(9절: 나는 새벽을 깨우리라)은 프란치스코로 하여금 파스카의 아침을 생각하고 하느님의 신실함을 앞서 찬미하게 한다(11절). 그리고 프란치스코가 마지막에 기원하고 있듯이 그분의 힘 있는 활동은 온 세상에 선포되어야 한다. "하느님, 하늘 높이 오르소서. 당신 영광을 온 땅 위에 드러내소서"(12절 = 시편 56,12).

사람도 아닌 구더기

삼시경 시편은 앞선 시편보다 더 생생한 방식으로 로마 총독 본시오 빌라도 앞에서 벌어진 극적인 사건을 상기시킨다. 여기에는 빌라도에게 몰려와 소란을 피우며 사형 선고를 요구하는 수석 사제들과 원로들, 그리고 유다 군중이 등장한다(참조: 마태 27,11-26).

프란치스코는 6개의 다양한 시편에서 취한 10개의 절로 이 장면을 묘사한다. 이 시편은 고통의 심연에서 아버지께 기도하시는 예수님의 목소리로 시작된다. "하느님, 저에게 자비를 베푸소서. 사람들이 저를 짓밟고 온종일 몰아치며 억누르나이다"(1절 = 시편 55,2). 그러나 이어지는 절들은 최고 의회의 결정, 은밀하게 선고된 사형, 채찍질, 모욕, 가시관을 씌움(마태 27,26-31), 그리고 "자, 이 사람이오"[Ecce Homo]라고 하는 장면(요한 19,4-5)을 명백히 암시한다.

구세주의 비탄은 다음과 같이 부르짖기에 이른다. "저는 인간도 아닌 구더기, 사람들의 우셋거리, 백성의 조롱거리"(7절 = 시편 21,7). 예수님께서 십자가 위에서 돌아가실 때 읊으신 시편에서 나오는 이 표현은 프란치스코가 다른 영성 작가들처럼 십자가의 표지 안에서 삼시경의 시간을 해석하고 있음을 확인해 준다. 즉, 삼시경의 시간에 이미 "십자가에 못 박으시오. 십자가에 못 박으시오"라는 군중의 외침으로 첫 번째 형태의 십자가형이 실행되었다는 것이다. 육시경을 바치는 시간에 벌어지는 사건은 이러한 선고가 결정적으로 수행되는 것뿐이다.

프란치스코는 많은 묘사를 하지 않으면서도 적지만 강한 말로 빌라도 앞에서 벌어지는 조롱과 불의의 장면을 그려내며, 마음속을 파고드는 시편의 말씀들로 죄가 없음에도 단죄받는 영혼의 비탄을 표현한다. 하지만 이 장면은 한탄보다는 평온함으로 지배된다. 실제로 이 묵상은 신뢰와 희망을 표현하기에 이른다. "거룩하신 아버지, 당신 도움 제게서 멀리 하지 마옵소서. 저를 굽어보시어 보호하소서"(9절 = 시편 21,20과 요한 17,11).

육시경: 시편 5

후렴: 거룩하신 동정 마리아님….

1 소리 높여 나 주님께 부르짖나이다 *
  소리 높여 나 주님께 간청하나이다.

2 그분 앞에 내 기도 쏟아붓고 *
  그분 앞에 내 곤경 하소연하나이다.

3 제 얼이 아뜩해질 때 *
  제가 갈 길 당신은 아시나이다.

4 제가 다니는 길에 *
  저들은 덫을 숨겨 놓았나이다.

5 오른쪽을 살피고 바라보아도 *
  저를 아는 이 아무도 없나이다.

6 도망갈 곳이 더는 없는데 *
  아무도 제 목숨 걱정하지 않나이다(시편 141,5).

7 당신 때문에 제가 모욕을 당하고 *
  제 얼굴이 수치로 뒤덮였나이다(시편 68,8).

8 저는 제 형제들에게 낯선 사람이 되었고 *
  제 친형제들에게 이방인이 되었나이다(시편 68,9).

9 **거룩하신 아버지**, 당신의 집을 향한 열정이 저를 불태우고 *
  당신을 욕하는 자들의 욕이 저에게 떨어졌나이다(시편 68,10).

10 저를 거슬러 그들은 기뻐하며 모였나이다. *
　　그들이 모여 와 저를 내쳤는데도 저는 몰랐나이다(시편 34,15).

11 까닭 없이 이 몸을 미워하는 자 *
　　제 머리카락보다 많사옵니다(시편 68,5).

12 저를 박해하는 자들, 음흉한 제 원수들이 힘도 세나이다. *
　　제가 빼앗지도 않았는데 물어내라 하나이다(시편 68,5).

13 사악한 증인들이 들고일어나 *
　　제가 모르는 일을 캐묻나이다(시편 34,11).

14 그들이 제게 선을 악으로 갚고(시편 34,12) *
　　제가 선을 따른다고 공격하나이다(시편 37,21).

15 **당신은 지극히 거룩하신 저의 아버지이시며** *
　　저의 임금님, 저의 하느님이시나이다(시편 43,5).

16 어서 와 저를 도우소서. *
　　주님, 제 구원의 하느님(시편 37,23).

후렴: 거룩하신 동정 마리아님….

십자가의 예수님

　전승에 따르면, **육시경**은 예수님께서 십자가에 못 박히신 시간(참조: 반면, 마르 15,25)에 바쳤기에 정오에 드리는 이 기도는 프란치스코 훨씬 이전부터 십자가 죽음과 직접적으로 관련되어 있었다. 이미 로마의 히폴리투스(Ippolito, +235)는 구세주께서 육시에 십자가에 못 박히셨다는 사실을 공식적 시간경의 근거로 제시한다. 그로부터 천 년 후에 수도원장 도이츠의 루페르트(+1229/30)는 "육시에 그리스도 주님께서 만물을 당신께 이끄시려고, 우리를 위해 십자가에 들어 높여지셨다"(참조: 요한 12,32)라고 쓴다.[8]

프란치스코는 그의 시편을 구성하는 세 부분 중 첫 번째에서 시편 141을 글자 그대로 따르는데, 이 시편은 그가 자신의 죽음의 순간에 읊게 될 시편이다(「1첼라노」 109). 수난에 대한 성경의 이야기를 조금이라도 알고 있는 사람이라면 누구나 십자가에서 끈기 있게 죽음과 싸우고 있는 분에 대한 명백한 암시를 이 구절들 안에서 발견하게 된다. 그분께서는 아버지이자 당신의 길을 알고 계신 분께 자신의 기도가 다다르도록 큰 소리로 울부짖으신다. 원수들은 그분의 길에 덫을 놓았고, 십자가에 못 박히신 분께서는 모두에게 버림받았다고 느끼신다(1-6절).

십자가에 못 박히신 분의 상황에 대한 묘사를 계속하기 위해 프란치스코는 시편의 두 번째 부분에 시편 68을 가져온다. 여기에서 예수님은 모욕을 당하고 친지들에게조차 이방인이 되었다. 하지만 아버지와의 대화는 끊김 없이 계속되는데, 이 대화는 프란치스코가 얼마나 십자가 위에서 기도하시는 분을 닮아 그분을 통해서 그분과 함께 하느님 아버지께 향하는지를 알게 해 준다. "거룩하신 아버지, 당신의 집을 향한 열정이 저를 불태우고, 당신을 욕하는 자들의 욕이 저에게 떨어졌나이다"(9절). 예수님은 당신의 삶을 되돌아보시면서 하느님 나라와 당신 아버지(참조: 루카 2,49)의 일에 온전히 헌신했다고 고백할 수 있다. 한편,

---

[8] 『Patrologia Latina』(PL), 170, 14A. 더 많은 교부들을 참고하려면 다음을 참조: O. SCHMUCKI, 『Das Leiden Christi』, 138-140; O. SCHMUCKI, 『Preghiera liturgica』, 23.

그분의 비탄은 마태오가 전하는 대로 왼편에 못 박힌 강도의 경멸과 군중의 조롱을 상기시킨다.

> **지나가던 자들이 머리를 흔들어 대며 예수님을 모독하면서 이렇게 말하였다.** "성전을 허물고 사흘 안에 다시 짓겠다는 자야, 너 자신이나 구해 보아라. 네가 하느님의 아들이라면 십자가에서 내려와 보아라." 수석 사제들도 이런 식으로 율법 학자들과 원로들과 함께 조롱하며 말하였다. "다른 이들은 구원하였으면서 자신은 구원하지 못하는군. 이스라엘의 임금님이시면 지금 십자가에서 내려와 보시지. 그러면 우리가 믿을 터인데. 하느님을 신뢰한다고 하니, 하느님께서 저자가 마음에 드시면 지금 구해 내 보시라지. '나는 하느님의 아들이다' 하였으니 말이야." 예수님과 함께 십자가에 못 박힌 강도들도 마찬가지로 그분께 **비아냥거렸다**(마태 27,39-44).

세 번째 부분에서 프란치스코는 십자가에 달리신 하느님의 종에 대해 이제까지 제시된 모습에 더욱 적합한 다양한 시편 구절들을 선택한다. 원수들이 앞으로 나서고 거짓 증인들이 부당한 고발을 하기 위해 들고 일어났다는 몇몇 전형적인 표현들이 이를 증명한다. 그들이 선을 악으로 갚았다는 사실은 예수님의 삶을 요약한다. 하지만 이번에도 프란치스코는 부정적 이미지에만 머무는 것이 아니라 긍정적 제안으로 시편을 마무리한다.

십자가 위에서 고통받는 분은 변함없이 하느님의 아드님이시며, "당신은 지극히 거룩하신 저의 아버지이시며, 저의 임금님, 저의 하느님이시나이다"(15절)라는 말씀과 함께 그분께 당신 자신을 의탁하신다. 예수님께서는 충만한 믿음으로 오직 그분으로부터만 도움과 구원이 올 수 있는 아버지의 손에 당신 자신을 맡기신다. 따라서 "구원"은 희망으로 가득한 채 이 고통과 아픔의 시편을 끝내는 단어이다.

옥타비안 슈무키Octavian Schmucki 신부의 말을 인용해 요약하자면, 이 육시경 시편은 이렇게 특징지을 수 있다. "여러 시편 구절의 이러한 조각 모음을 통해 성경적 충만함과 종교적 내면성, 그리고 결과적으로 그리스도인 생활의 본질에 대한 열망이 드러난다. 천상의 아버지는 가까이 갈 수 없도록 높이 계시는 동시에 아주 생생히 가까이 계신다. 여기서 예수님의 수난은 순명하는 태도로 아버지의 뜻을 받아들이는 것이자 인간의 구원을 위한 사랑 넘치는 헌신으로 이해된다."[9]

예수님의 죽음의 시간

구시경 시편은 확실히 예수님께서 십자가에서 돌아가시는 시간과 관련된다. "구시경쯤", 즉 오후 세 시쯤에 "예수님께서 큰 소리로, '엘리 엘리 레마 사박타니?' 하고 부르짖으셨다. 이는 '저의 하느님, 저의 하느님, 어찌하여 저를 버리셨습니까?'라는 뜻이다. …예수님께서는 다시

---

[9] O. Schmucki, 『Gotteslob und Meditation nach Beispiel und Anweisung des hl. Franziskus von Assisi』, Luzern, 1980, 47(이 부분은 『Preghiera liturgica』, 23-24에는 빠져 있다).

큰 소리로 외치시고 나서 숨을 거두셨다"(마태 27,46-50)라고 전하기 때문이다. 마태오뿐만 아니라 루카와 마르코도 예수님께서 돌아가신 때를 구시경으로 가리킨다. 이 때문에 그리스도교 초창기부터 구시에 그리스도께서 돌아가신 사건을 기억하는 특별한 기도의 시간을 가지도록 했다.

프란치스코의 시편은 이 전통 안에 완벽히 자리한다. 이 시편은 구성에 있어서 두 부분으로 나누어볼 수 있다. 이 시편의 대부분을 차지하는 첫 부분에서 프란치스코는 구세주께서 십자가에서 1인칭(나)으로 말씀하시게 한다(1-14절). 그러고 나서 성인은 3인칭 단수(그)와 1인칭 복수(우리)를 사용하여 구원에 대한 찬미의 노래와 자신의 신앙 고백으로 자신이 묵상한 바에 응답한다(15-16절). 1인칭 단수로 되어있는 문장들은 시편 22의 말씀에서 가져온 비탄을 포함하고 있는데 마르코가 전하는 바에 의하면, 이 시편은 예수님께서 돌아가실 때 부르짖으신 것이다. 구시경 시편 전체는 프란치스코가 전례를 통해 알게 되었을 애가의 구절로 시작된다(1절 = 애가 1,12).

여기서 주목할 만한 사실은 프란치스코가 그의 시편 묵상에서 예수님의 비탄에만 머물지 않고, 11절부터는 예수님을 이미 부활하시고 영광 받으신 분으로 관상한다는 것이다. 프란치스코는 이를 위해 여섯 개의 시편에서 다양한 구절을 취해 활용한다. 파스카 신앙이 기도하는 이를 이끌어가는 두 번째 부분에서는 구약 성경의 시편 내용에 새로운 요소를 더하는 프란치스코의 고유한 첨가문들도 찾아볼 수 있다.

이 시편을 전체적으로 보면, 예수님이 돌아가신 시간에 대한 묵상은 구체적인 역동성을 지닌다. 우선 십자가 위의 구세주는 당신의 비탄을 통해 사람들이 공감하도록 초대하신다. "길로 지나는, 오, 너희 모든 이들이여, 이 내 아픔 같은 아픔이 또 있는지 살펴보고 둘러보시오"(1절). 그런 다음 당신의 고통에 대해 말한다. 고문하는 자들이 개들처럼 나를 둘러싸고, 악한 무리가 내 옷을 놓고는 제비를 뽑고, 내 손과 내 발을 뚫고, 포효하는 사자와 같이 내게 입을 벌리고, 내 뼈마디는 온통 어그러지고 내 마음은 녹아내리는 밀초처럼 되고, 내 혀는 입천장에 둘러붙고, 목마를 때 나에게 초와 쓸개를 마시게 했다(2-9절, 참조: 시편 21). 시편 21에서 가져온 마지막 절에서 프란치스코는 예수님의 죽음을 말하지만, 곧바로 시편 3,6절을 통해 부활로 시선을 돌려 주님의 승천에까지 이른다.

10 그들은 저를 죽음의 재에 눕히었으며(참조: 시편 21,16) *
　 고통 위에 제 상처를 더했나이다(시편 68,27).

11 제가 잠들었다 깨어나니(참조: 시편 3,6) *
　 지극히 거룩하신 저의 아버지는 저를 영광으로 받아들이셨나이다(참조: 시편 72,24).

12 거룩하신 아버지(요한 17,11), 당신은 제 오른손을 잡아, 당신 뜻대로 저를 이끄시고 *
　 저를 영광으로 받아들이셨나이다(시편 72,24).

　성금요일은 이미 파스카이다! 성 다미아노 십자가를 그린 화가처럼 프란치스코도 죽음과 부활과 승천을 유일하고 총체적인 파스카 신비에 밀접히 결합된 것으로 보며, 예수님의 유일한 건너가심(파스카)으로 본다. 이렇게 성인은 신비적 차원에서 예수님의 육체적이고 심리적인 고통에만 머물지 않는다. 성인은 이 시편에서 구세주의 죽음의 시간을 관상하지만, 단지 이 과거의 사건에만 머무는 것이 아니라 영광을 받으신 그리스도께 다다른다. 십자가에 달리신 분은 그에게 하느님이시며 주님이시다. 그래서 그는 예수님께서 "너희는 내가 하느님임을 알아보고 또 알아보아라, 주님이 말씀하신다. 나는 민족들 위에 우뚝 섰노라. 세상 위에 우뚝 섰노라"(14절 = 시편 45,11; 참조: 필리 2,8-11)라고 말씀하시게 한다.

게다가 프란치스코는 십자가에 못 박히신 분의 신성뿐만 아니라 인성도 강조한다. 예수님께서는 당시의 몇몇 이단자들이 말했던 것처럼 겉보기로만 고통당하신 것이 아니라 실제로 고통받으셨다. 그래서 프란치스코는 수난의 실재를 강조하기 위하여 즈카르야의 노래와 시편 33으로 이루어진 찬미의 노래에 주님께서 십자가에서 흘리신 피에 대한 생각을 첨가한다.

15 **주님은 당신의 지극히 거룩한 피로써** 당신 종들의 목숨을 건져
주시니, **주 이스라엘의 하느님은 찬미받으소서**(루카 1,68). *
그분께 희망을 두는 이는 아무도 버림받지 않으리이다
(참조: 시편 33,23).

아씨시의 성인은 신학자가 아님에도 불구하고 여기서 매우 훌륭한 방식으로 십자가상 끔찍한 죽음의 피로 얼룩진 실재와 그분의 영광스러운 승리를 한 자리에 놓는다. 구시경의 끝으로 가면서 프란치스코의 시선은 성금요일과 파스카 사건으로 확장되어 넘어가서 산 이들과 죽은 이들을 심판하기 위해 오실 마지막 때로 향한다.

16 **이제 우리는 아노라**, 그분이 오심을, *
  정녕 그분은 정의로 심판하러 **오시리라**(참조: 시편 95,13).

이 마무리 절을 통해서 프란치스코가 얼마나 창의적으로 시편을 활용하는지 다시금 확인할 수 있다. 프란치스코는 한편에서는 "이제 우리는 아노라"[E sappiamo]라는 말을 앞에 놓고, 다른 한편에서는 "veniet"을 첨가해 시편을 "오시리라"[che verrà]라고 미래 시점으로 읽는다.[10] 이런 변형을 통해서 "우리"라는 말을 사용하면서 교회의 이름으로 기도하고자 하고, 시편 안에서 주님의 죽음과 부활과 최후의 심판을 결합하고자 하는 프란치스코의 원의를 알아볼 수 있다.

"이 성경 묵상에서 놀라운 것은 다양한 그리스도론적 신비들을 통합적으로 보는 전망이다. 이 가난뱅이가 이 신심 시편을 성금요일 구시경으로, 즉 전례의 시선이 자연스럽게 십자가라는 역사적 사건에 집중되는 중요한 순간을 위한 기도로 생각했다는 점을 고려해야 한다. 비록 프란치스코가 그의 시편 묵상에서 시편 21의 궤적을 따라 고통받는 인간이 겪는 육체적이고 정신적인 고난을 되짚지만, 동시에 그는 주님의

---

10 K. ESSER, 『Die Opuscula des hl. Franziskus von Assisi. Neue textkritische Edition』, Grottaferrata, 1976, 343: "Et scimus, quoniam venit quoniam veniet iustitiam iudicare." 이탈리아의 편집자들은 문장을 옮겨 적으면서 다음과 같은 한 가지 실수를 저질렀다. "Et scimus, quoniam venit quoniam *venit*…"(K. ESSER, 『Gli scritti』, 419). 『FF』에 실린 구시경과 저녁기도에서도 미래시제 veniet에 유의하지 않고 다음과 같이 번역하였다. "이제 우리는 아노라, 그분이 오심을, 정녕 그분은…심판하러 오신다"[E sappiamo che viene, *viene* a giudicare…]. 그리고 프란치스코가 개인적으로 첨가한 부분을 이탤릭체로 처리하지 않았다. 카노니치(L. CANONICI)도 오시리라[verrà] 대신에 다음과 같이 읽는다. "정의로 심판하러 오신다"[…*viene* a giudicare con giustizia] (『Scritti ed Opuscoli』, 153).

부활과 아버지의 영광 속에 승천하심과 다시 오심을 잊지 않는다. 성금요일에 그리스도께서 돌아가신 역사적 순간을 기념하면서도 형제회의 사부께서는 오직 수난에만 머물러 있지 않는다. 그의 종교적인 전망 안에서 모든 전례 시기에 지상 예수의 이미지는 천상 그리스도의 그것과 서로 스며들며 완성된다."[11]

저녁기도: 시편 7

후렴: 거룩하신 동정 마리아님….

1 모든 민족들아, 손뼉을 쳐라 *
    기뻐 소리치며 하느님께 환호하여라(시편 46,2).

2 주님은 지극히 높으신 분, 경외로우신 분 *
    온 땅의 위대하신 임금이시로다(시편 46,3).

3 **지극히 거룩하신 천상 아버지**, 세상이 있기 전부터 우리 임금님이 †
    높은 곳에서 당신이 사랑하시는 아드님을 보내시어 *
    세상 한가운데서 구원을 이루어 주셨도다(시편 73,12).

4 하늘은 기뻐하고 땅은 즐거워하여라. †
    바다와 그 안에 가득 찬 것들은 소리쳐라. *
    들과 그 안에 있는 것도 모두 기뻐 뛰어라(시편 95,11-12).

---

[11] O. Schmucki, 『Gotteslob und Meditation』, 49.

5 그분께 노래하여라, 새로운 노래를. *
　　온 땅아, 주님께 노래하여라(시편 95,1).

6 주님은 위대하시고 드높이 찬양받으실 분. *
　　모든 신들 위에 경외로운 분이시네(시편 95,4).

7 주님께 드려라, 뭇 민족의 가문들아. †
　　주님께 드려라, 영광과 영예를. *
　　주님께 드려라, 그 이름의 영광을(시편 95,7-8).

8 **너희 몸을 바쳐 그분의 거룩한 십자가를 져라**(루카 14,27). *
　　그분의 지극히 거룩한 계명을 끝날까지 지켜라(1베드 2,21).

9 온 땅아, 그분 앞에 무서워 떨어라. *
　　겨레들에게 말하여라, 주님은 **"나무 위에서"** 다스리신다
　　(참조: 시편 95,9-10).

(성금요일부터 승천 축일까지 매일 여기까지 바친다. 그러나 승천 축일에는 다음 구절들을 덧붙인다.)

10 **그분은 하늘에 오르시어** *
　　하늘에서 지극히 거룩하신 아버지의 오른편에 앉아 계시도다.

11 하느님, 하늘 높이 오르소서. *
　　당신의 영광 온 땅 위에 드러내소서(참조: 시편 56,12).

12 이제 우리는 아노라, 그분께서 오심을 *
　　정녕 그분은 정의로 심판하러 오시리라(참조: 시편 95,13).
　　영광이 성부와… 처음과 같이….

후렴: 거룩하신 동정 마리아님….

파스카의 성금요일

수난 이야기에 대한 묵상은 저녁기도로 끝난다. 프란치스코는 성금요일뿐만 아니라 파스카 축제일에도 이 시편(1-9절)을 기도했다. 이는 확실히 놀랍고도 의미심장하다. 이것은 예수님께서 십자가 위에서 세상의 생명을 위해 자신을 바치는 순간에 이미 죽음을 이기고 부활하셨다는 요한복음의 신학과 일치한다. 요한이 예수님께서 십자가 위에 들어 높여지심을 이중의 의미로 말하는 것도 바로 이 때문이다. 성 다미아노 십자가에 못 박히신 분 역시 고통받는 한 사람이 아니라 부활하고 영광을 받으신 하느님의 아들, 즉 "영광스러운 그리스도"[Christus gloriosus]를 보여 준다. 이는 프란치스코기 고유한 방식으로 세밀히 손질한 이 저녁기도 시편에서도 마찬가지다.

성주간과 연중 평일을 위해 구성된 7개의 시편 중에서 저녁기도 시편은 프란치스코가 개인적으로 첨가한 내용(인용문에서 굵은 글씨로 표시)을 가장 많이 포함하고 있다. 이 첨가문들은 아씨시의 성인이 묵상한 내용과 형식을 드러내 준다. 특별한 설명 없이 사람들에게 이 글을 보여 준다면, 누구도 이것이 성금요일 저녁을 위한 기도라고는 생각하지 않을 것이다. 실제로 이 시편은 십자가에 못 박히신 분에 대한 연민을 특징으로 하지 않고, 오히려 그 반대로 "복된 수난"[beata Passio]의 감동적인 찬양과 온 인류가 무상으로 구원된 것에 대한 감사에 의해 지배된다.[12]

저녁기도는 저녁 시간 동안 바쳤으며 따라서 기도하는 이는 그리스도께서 견디시고 이제는 넘어서신 고통에 시선을 둘 수 있다. 믿음이

---

12 참조: O. Schmucki, 『Leiden Christi』, 142-144; O. Schmucki, 『Gotteslob』, 49-51.

있기에 그는 부활에 대해 알고 있으며, 그래서 십자가 죽음을 하나의 승리로 바라본다. 그러므로 이 시편은 십자가에 못 박히신 분의 영광스러운 승리로 향하는 저녁 노래로 정의할 수 있다.

첫 번째 절부터 이미 환희의 외침이다. 이어지는 두 절은 "~이기에"[poiché]라는 말로 시작하면서 이 환희의 이유를 알려준다(2-3절).[13] **2절**은 찬미 받으시기에 합당한 하느님의 위대하심과 온 땅에 대한 그분의 지배를 드러낸다. 그리고 **3절**은 시간과 공간에 대한 우리의 인식을 무한히 초월하시는 바로 이 지극히 거룩하신 아버지께서 "높은 곳에서 당신이 사랑하시는 아드님을 보내셨다"는 점을 강조한다. 그 아드님께서는 이 세상에서 위험을 무릅쓰고 당신 안에서 구원을 이루어 주셨다. 이것이 온 세상을 그리고 심지어 온 우주까지 기쁨으로 인도해야 하는 이유이다.

프란치스코는 **4-7절**에서 시편 95에 나오는 몇몇 구절을 이용하여 하느님 찬미로 초대하는데, 이는 하늘과 땅, 바다와 함께 하는 찬미이다. 성인은 이 구절들을 성탄 시기의 모든 시간경에도 바친다.[14] 이는

---

13 역주: 이탈리아어 본문에서는 2, 3절이 '~이기에'라는 의미의 'poiché'와 'perché'라는 단어로 각각 시작된다. 이에 따르면 2-3절은 다음과 같이 해석된다: 2절: 주님은 지극히 높으신 분, 경외로우신 분 * 온 땅의 위대하신 임금이시기 때문이다. 3절: 지극히 거룩하신 천상 아버지, 세상이 있기 전부터 우리 임금님이, 높은 곳에서 당신이 사랑하시는 아드님을 보내시어 * 세상 한가운데서 구원을 이루어 주셨기 때문이다.
14 주님의 수난 성무일도, 시편 15: 주님의 성탄 저녁기도(『FF』 303); K. Esser, 『Gli scritti』, 429-430. 참조: L. Massé, 「Ad Vesperam in nativitate Domini」, 『Studium』 13 (1959), 165-175; O. Schmucki, 「Das Geheimnis der Geburt Jesu in der Frömmigkeit des hl. Franziskus von Assisi」, 『Collectanea Franciscana』 41 (1971), 260-287, 특히, 260-267; L. Lehmann, 『Ein Psalm des hl. Franziskus zur weihnachtlichen Zeit, in Geist und Leben』 63 (1990), 5-15, 스페인어 번역본: 『Selecciones de Franciscanismo』 20 (1991), 251-263.

그에게 있어 하느님의 육화가 십자가에서 비롯되는 구원의 기쁨에 버금가는 기쁨의 원천이 된다는 것을 의미한다.

찬미를 드리라는 초대에서 자기 자신을 제물과도 같이 바치라는 권고로 넘어가는 과정을 살펴보는 것은 대단히 유익하다. **8절**은 시편 95에서 취한 동사 'portate'[너희는 가지고 오라]를 발전시키는데, 다만 이제 찬미를 드리는 것에서 우리 몸 자체를 바치는 것으로 옮겨 간다. 우리는 그분의 거룩한 십자가를 짐으로써, 그리고 그분의 거룩한 계명을 평생 따름으로써 **우리 자신**을 봉헌해야 한다. 십자가를 따르는 것은 구원에 대한 감사의 결과이다. 기쁨의 표현과 감정만으로는 충분하지 않다. 우리는 십자가에 못 박히신 그리스도를 따르며 우리 자신을 봉헌함으로써 구원을 가져다준 죽음의 위대한 업적에 응답해야 한다.

8절에서 프란치스코는 시편 95와 신약 성경의 많은 구절들(루카 14,27; 마태 16,24; 1베드 2,21)을 그가 전형적으로 사용하는 "거룩한"을 덧붙이면서 연결한다. 십자가와 계명은 그에게 있어 거룩한 것인데, 이는 구세주로 인해 거룩하게 되었기 때문이다. 십자가는 그에게 단순한 순교의 도구가 아닌 구원의 표지이다. 계명 역시 제한을 가하는 규정이라기보다 참된 자유와 생명으로 가는 길이다. 프란치스코는 성 다미아노 십자가 앞에서 "당신의 **거룩하고** 참된 명을 실천할 수 있도록…"(「십자가 기도」)이라고 기도했다. 그리고 프란치스코와 그의 동료들은 십자가를 보면 몸을 굽히며, "주 예수 그리스도님…당신의 **거룩한** 십자가로 세상을 구속하셨기에 당신을 찬양하나이다"(「유언」 5; 「1첼라노」 45)라고 말했다.

골고타 사건은 프란치스코에게 단지 과거의 사실이 아니다. 그것은 지금 여기서 그 영향을 미치고 있다. 저녁기도의 시편은 성금요일만이 아니라 모든 연중 평일, 그리고 약간의 차이만이 있을 뿐 성탄 시기에도 바쳐졌다. 이는 프란치스코가 그리스도 십자가의 구원하는 승리와 그분을 따르라는 초대를 거의 매일 눈앞에 두고 있었음을 의미한다.

예수님의 십자가 죽음이 지닌 항구한 의미와 "십자가 위에서" 온 세상을 다스리심은 **9절**에서도 명백히 드러난다. 이 절에서 "나무 위에서"[a ligno]라는 표현은 초기 그리스도인들이 시편 95,10에 덧붙인 것이다. 이 표현은 베난티우스 포르투나투스(Venantius Fortunatus, 600년경 선종)의 십자가 찬미가에 이미 등장하는데, 이 찬미가는 수난 시기의 전례에서 불렸으며 오늘날에도 성무일도 사순 시기의 찬미가 중 하나로 들어 있다. 그러니 프란치스코는 전례를 통해 "나무 위에서"라는 첨가문을 알고 있던 것이다. 그리고 성인이 이것을 그의 시편에서 사용하였다는 사실은 그가 수난을 관상하면서 십자가에서 행하신 그리스도의 다스림이라는 생각에 얼마나 심취했는지를 보여 준다.

10-11절은 승천 축일을 위해 첨가된 것으로 이 축일의 신비와 잘 어울린다. 프란치스코는 시편 56,12절의 의미심장한 확대를 통해 **신경**의 내용과 비슷하게 성자께서 하늘에 오르시고 아버지 오른편에 앉아 계심을 고백한다. 이렇게 해서 이 시편은 순환하는 형태로 마무리된다. 즉, 3절에서 "…천상 아버지가 높은 곳에서 당신이 사랑하시는 아드님을 보내시어"라고 노래했다면, 10절에서는 "그분은 하늘에 오르시어 하늘에서 지극히 거룩하신 아버지의 오른편에 앉아 계시도다"라고 끝맺는다.

11절에서 그리스도의 왕권은 마침내 심판에 대한 생각과 연결되어 이 저녁기도 시편을 재림에 대한 전망으로 마무리하기에 이른다. 이 마무리 절에서도 프란치스코가 얼마나 창조적인 방법으로 시편을 활용했는가를 볼 수 있다. 프란치스코는 한편으로는 "이제 우리는 아노라"[E noi sappiamo]를 삽입하고, 다른 한편으로는 'veniet'라는 말을 넣어 "그분은 오시리라"[che egli verrà]라는 미래의 시각으로 이 시편을 읽는다. 이런 수정과 첨가에서 확실히 드러나는 사실은 프란치스코가 교회("우리")와 함께 하느님과 세상 안에서의 그분의 활동하심에 대하여 균형 잡히고 온전한 전망 속에서 기도한다는 것이다.

이렇게 저녁기도 시편은 구원 역사에 대한 깊은 인식을 특징으로 하고 있다. 여기서 수난 사건은 하느님 아들의 육화에서부터 그분의 수난과 죽음, 부활, 그리고 세상 끝 날에 다시 오실 때까지 하늘에 올라 계심을 모두 포괄하는 그리스도의 총체적 사건 안에 자리하고 있다.

개인 묵상과 공동체 모임을 위한 제안

1. 신약 성경에서 시작해서 시편 읽기

그리스도로부터 출발해서 시편을 이해하는 것은 신약 성경과 초기 교회에서도 증언되는 사실이다. 오늘날에는 그리스도론적 관점에서 시편을 읽는 것이 점차 사라지고 있다. 프란치스코가 시편으로 기도하고 묵상한 방식은 우리가 '교회의 가장 오래된 기도서'에 더욱 깊이 접근하는 길을 되찾도록 도와줄 수 있을 것이다. 우리의 성무일도에서 모든 시편의 앞에 있는 신약 성경의 짧은 인용문들도 이러한 관점에서 이해해야 한다. 공동체가 시편을 바칠 때, 때로는 이 인용문들을 후렴

앞 또는 후렴 대신에 읽을 수 있을 것이다.

2. 시편과 창조적인 방식으로 관계 맺기

프란치스코가 배워 기억하고 있는 시편 구절에서 시작해서 새로운 시편을 엮어냈듯이, 구체적으로 떠오르는 생각에서 출발해 묵상한 바를 글로 적으면서 개인적으로 시편 기도를 만들 수 있다.

3. 비교하기

저녁기도 시편에 나오는 구절들을 성경에서 찾아본다. 이 구절들의 배경은 무엇인가? 그리고 프란치스코는 그것을 어떻게 바꾸어 놓았는가?(프란치스코는 불가타 역을 따라 인용한 것을 염두에 두어야 한다. 여기서 시편에 적용되는 번호는 오늘날 우리 성경에서 괄호 안에 적혀있는 번호이다. 예를 들어, 예수님께서 돌아가시면서 읊으신 시편 21은 오늘날 우리가 보는 시편에서는 시편 22이다.)

4. 성경을 묵상하기

요한 19,12-37을 읽고 마지막에 저녁기도 시편을 바친다. 두 글을 (공동체적으로) 묵상한다.

5. 십자가의 길 바치기

성 프란치스코의 「**주님의 수난 성무일도**」를 통해서 예수님과 함께 그리고 예수님을 통해서 아버지께 자신과 세상의 고통을 가져가면서 **십자가의 길**을 바칠 수 있다. 그 안에서 갈바리아의 길에 있는 다양한 사람들, 즉 예수님, 마리아, 빌라도, 군사들, 시몬, 베로니카, 십자가 아래에 서 있는 사람들과 하나가 되고, 그들과 동화되어 그들이 던지는 물음에 우리 자신을 맡길 수 있을 것이다.

6. 시편에서 찬미가로

성무일도에서 앞서 얘기한 바 있는 베난티우스 포르투나투스의 찬미가를 찾아보라.[15] 이 찬미가는 라틴어로는 "Vexilla regis prodeunt"[임금님 높은 깃발 앞장서가니]로 시작하고, 이탈리아어로는 "Ecco il vessillo della croce"[십자가의 깃발이여]로 시작한다. 프란치스코의 시편을 이 옛 찬미가와 비교한다. 이 둘 사이에 어떤 유사성과 차이점이 발견되는가?

프란치스코의 성무일도는 고유의 찬미가를 담고 있지 않기에 이 찬미가를 「주님의 수난 성무일도」를 보완하는 기도로 바칠 수 있다. 이렇게 하면 우리가 사용하는 성무일도가 갖춘 모양처럼 하나의 온전한 시간경에 이를 수 있을 것이다.

---

15 역주: 주님 수난 성지 주일 제2저녁기도 찬미가를 말한다.

7
성탄 신비에 대한 시편 묵상

성탄 시기를 위한 시편
「주님의 수난 성무일도」 시편 15[1]

많은 이들이 아씨시의 프란치스코를 성탄 구유, 즉 마구간이나 동굴 또는 야외에 소품을 활용해서 베들레헴의 예수님 탄생 장면을 재현하는 관습의 발명가로 생각한다. 그러나 프란치스코는 구유를 발명하지 않았다. 콘스탄티누스 황제 때 로마로 옮겨진 베들레헴 말구유 조각이 유서 깊은 성 마리아 대성당[Santa Maria Maggiore]에서 – 오늘날에도 그 자리에 있다 – 유물로 공경받고 있었다. 프란치스코도 몇 차례 로마를 방문했으니 이 유물을 보고 경의를 표했을 것이다. 따라서 프란치스코가 1223년에 특별한 방식으로 성탄을 기념할 생각을 했을 때도 그는 이미 존재하던 전통 안에 있었던 것이다. 여기서 특별한 점은 프란치스코가 리에티의 주교좌 성당으로 가지 않고 그렉치오라는 작은 마을의 목자들과 농부들 사이에 남아있었다는 사실이다. 프란치스코는 베들레

---

1 역주: 저자가 「주님의 수난 성무일도」 시편 15, 성탄 시기를 위한 시편을 새로이 추가했다. 한국어 번역에 맞추어 새로운 내용을 접할 수 있음에 감사를 드리며, 독자적인 장을 염두에 두고 추가한 저자의 원의에 따라 협의 하에 이 묵상을 새로운 7장으로 삼는다.

헴에서 일어난 일을 바로 그곳에서 되살려 재현하고자 했다.

> **베들레헴에서 탄생하신 아기 예수님을 기억하고 싶습니다. 아기가 겪은 그 불편함을 보고 싶고, 또한 아기가 어떻게 구유에 누워 있었는지, 그리고 소와 당나귀를 옆에 두고 어떤 모양으로 짚북데기 위에 누워 있었는지를 나의 눈으로 그대로 보고 싶습니다**(「1첼라노」 84).

이어서 토마스 첼라노는 그 거룩한 밤에 거행된 감동적인 전례를 묘사한다. 어떻게 프란치스코가 성자의 육화를 기념하는 그러한 축제를 실행하기에 이르렀는가 하는 질문을 던져볼 수 있는데, 그에 대한 답은 첼라노가 아닌 프란치스코 본인의 글에서 발견할 수 있다. 프란치스코는 성탄 시기 내내 - 주님의 성탄에서 주님 공현 팔일 축제까지 - 자신이 지은 시편을 계속 바쳤다. 친저성은 확실하지만 잘 알려지지 않은 이 글을 먼저 살펴보고 나서 그렉치오의 숲으로 돌아오자.

고유한 「수난 성무일도」

성탄 시편은 「주님의 수난 성무일도」에 들어있는데, 이 성무일도는 그 시작 부분에 있는 주해가 말해주듯이 "지극히 복되신 우리 사부 프란치스코가 주님의 수난을 공경하고 기억하며 찬미하기 위하여 편집한 [ordinavit]" 것이다.

성 프란치스코의 성무일도를 이루는 열다섯 개의 시편은 전례 시기

별로 성삼일과 연중 평일을 위한 일곱 개의 시편, 부활 시기를 위한 두 개의 시편, 주일과 주요 축일을 위한 세 개의 시편, 대림 시기를 위한 두 개의 시편, 그리고 마지막으로 "주님의 성탄에서 공현 팔일 축제 전까지"를 위한 단 하나의 시편으로 나뉜다. 이 마지막 시편에 붙어 있는 주해는 다음과 같이 전하고 있다. "이 시편은 주님의 성탄부터 공현 팔일 축제까지 모든 시간경에 바친다."

성탄 시편

프란치스코는 성탄 시기를 위해서는 전례력의 다른 축일들과 달리 단 하나의 시편만을 마련하고 모든 시간경에 변동 없이 바치도록 했다. 성탄에서 공현 팔일 축제까지 프란치스코의 개인적인 기도는 단 하나의 시편을 바치는 것으로 이루어졌다. 이는 그에게 이 시편이 얼마나 중요했는가를 짐작하게 해준다. 분명히 프란치스코는 이 시편에 결부된 이미지들이 너무도 깊이 있고 풍요로운 것이라서 이 기도를 하루에 일곱 번씩 삼 주 동안도 바칠 수 있다고 믿었던 것이다.

여기에 제시하는 본문에서 프란치스코의 고유한 첨가문은 굵은 글씨로 표시할 것이다. 첨가문에서 프란치스코는 아기 예수님과 관련된 루카 복음서의 이야기를 암시하거나, 복음 또는 전례 본문에서 몇몇 단어를 부분적으로 짧게 인용하고 있다. 반면에 프란치스코가 활용한 시편 인용은 보통 글씨로 표시할 것이다. 이 성무일도의 모든 시편이 그렇듯이 이 시편 또한 프란치스코의 '거룩하신 동정 마리아님' 후렴으로 시작하고 끝맺는다. 이 후렴에 대해서는 다음 장에서 묵상할 것이다.

후렴

1 거룩하신 동정 마리아님, 세상에 태어난 여인들 중에 당신 같으신 이 없나이다. 2 당신은 지극히 높으시고 지존한 임금이신 천상 성부의 딸이시며 여종이시고, 지극히 거룩하신 우리 주 예수 그리스도의 어머니이시며, 성령의 정배이시나이다. 3 비오니, 성 미카엘 대천사와 하늘의 모든 능품천사들과 모든 성인들과 함께, 주님이시요 스승이신 당신의 지극히 거룩하시고 사랑하시는 아드님 앞에서 저희를 위하여 빌어 주소서. 4 영광이 성부와 성자와 성령께, 처음과 같이 이제와 항상 영원히, 아멘.

시편

1 환호하여라, 우리의 도움 하느님께!(시편 80,2) *
　기뻐 소리치며 **살아 계시며 진실하신 주 하느님께** 환호하여라(참조: 시편 46,2).

2 주님은 지극히 높으신 분 *
　경외로우신 분, 온 땅의 위대하신 임금이시기 때문이로다(시편 46,3).

3 세상이 있기 전부터 우리 임금이신(참조: 시편 73,12) **지극히 거룩하신 천상 아버지께서** †
　높은 곳에서 사랑하는 당신 아드님을 보내시어 *
　복되신 동정 성모 마리아에게서 나게 하셨기 때문이로다.

4 그는 그분을 불러 "당신은 저의 아버지" 하리니 *
　그분은 그를 맏아들로, 세상 임금들 가운데 으뜸으로 세우셨도다
　(시편 88,27-28).

5 그 날 주님이 당신 자비를 베푸시니 *
　　밤에 저는 그분께 노래 부르리이다(참조: 시편 41,9).

6 이 날은 주님이 마련하신 날 *
　　이 날을 기뻐하며 즐거워하세(시편 117,24).

7 **지극히 거룩하고 사랑스러운 아이가 우리에게 주어졌기 때문이로소이다.** †
　　여관에는 그들이 머무를 곳이 없었기에 *
　　여행 중에 우리를 위하여 태어나(참조: 이사 9,5) **구유에 눕혀졌나이다**(참조: 루카 2,7).

8 지극히 높은 곳에서는 주 하느님께 영광, *
　　땅에서는 좋은 뜻을 지닌 사람들에게 평화!(참조: 루카 2,14)

9 하늘은 기뻐하고 땅은 즐거워하여라. †
　　바다와 그 안에 가득 찬 것들은 소리쳐라. *
　　들과 그 안에 있는 것도 모두 기뻐 뛰어라(시편 95,11-12).

10 **그분께** 노래하여라, 새로운 노래를, *
　　주님께 노래하여라, 온 땅아(시편 95,1).

11 주님은 위대하시고 드높이 찬양받으실 분, *
　　모든 신들보다 경외로우신 분이시기 때문이로다(시편 95,4).

12 주님께 드려라, 뭇 민족의 가문들아. 주님께 드려라, 영광과 영예를. *
　　주님께 드려라, 그 이름의 영광을(시편 95,7-8).

13 **너희 몸을 바쳐 그분의 거룩한 십자가를 져라**(참조: 루카 14,27). *
　　그분의 지극히 거룩한 계명을 끝날까지 지켜라(참조: 1베드 2,21).

영광이 성부와… 처음과 같이….

혼합된 글

「주님의 수난 성무일도」의 다른 시편들과 마찬가지로, 성탄 시편도 시편집과 전례에서 가져온 내용에 고유 첨가문이 더해진 모자이크라 할 수 있다. 특히 성탄 시편에는 프란치스코가 예수님의 삶과 고통을 관상하기 위해 만든 다른 시편들보다 고유 첨가문이 더 많이 들어있다. 이는 분명 육화의 신비가 그를 더욱 깊이 감동시켰고, 또 구약 성경의 시편에서는 이 신비를 말하기에 적당한 본보기를 많이 찾지 못했기 때문일 것이다. 고유 첨가문은 대부분 성탄 밤 미사의 복음에서 영감을 받았다. 여기서 성탄의 소식을 전하는데 적용된 방식은 "요점 위주"이다. 예수님의 베들레헴 탄생은 글자 그대로 전해지지도, 빠짐없이 온전히 전해지지도 않았다. 천사와 목자들, 그리고 요셉은 불리지도 않았다. 여기서 가장 큰 중요성을 가지는 것은 그 거룩한 밤이다. 지극히 거룩하신 아버지께서 동정 마리아를 통해 우리에게 당신 외아드님을 보내신다. 이것이 바로 모든 피조물이 즐거워해야 할 이유이다.

해설

구절들을 읽어 내려가다 보면, 프란치스코가 이 시편을 지을 때 그를 이끈 중심 생각들을 발견할 수 있다. 질서정연하게 세 번 반복되는 기뻐하라는 초대(1.6.10절) 뒤에는 모두 "왜냐하면"[poiché]을 필두로 하는 그 이유가 따라온다(2.3.7.11절). 지극히 높으신 하느님께서 사랑하는 당신 아드님을 보내셨다는 것이 이 시편에서 프란치스코가 하는 신앙 고백의 핵심이다.

1절은 그 가장 첫 단어인 "환호하여라"부터 성탄에서 오는 기쁨을 표현하고 있다. 이 절은 거의 제목의 역할을 하면서 기뻐하라고 초대하는데, 이는 성탄의 밤에 하느님께서 "우리의 도움"으로, 그리고 프란치스코가 덧붙이듯이 "살아 계시며 진실하신 하느님"으로 나타나셨기 때문이다. 1테살 1,9과 미사성제의 감사 기도(또는 로마 전문, Canone romano)를 상기시키는 이러한 첨가문은 프란치스코에게 하느님은 어떤 추상적 개념이 아니라 살아 계신 존재, 명백한 실재로서 그분으로부터 또한 그분 안에서 살며 행동한다는 것을 보여준다.

2-3절은 기쁨의 이유를 알려준다. 주님은 지극히 높으신 분임에도 불구하고 당신 아드님을 보내시는 것을 너무 까다롭거나 비천하게 여기지 않으신다. 여기서 1-2절에 나오는 "주님"과 "하느님"이 성부를 가리키고 있음이 분명해진다. 프란치스코는 대비되는 개념을 통해 이 신비의 위대함을 경탄할 줄 안다. **지극히 높으시고 지극히 거룩하신 아버지, 세상이 있기 전부터 임금**이신 분이 우리 세상과 우리 **시대**의 비천함 속으로 당신 아드님을 보내신다. "거룩하신 아버지"와 "사랑하는 아드님"이라는 용어는 아버지와 아드님 사이의 친밀한 관계를 표현하는데, 이는 신약 성경에서 표현되었고(참조: 요한 17장) 프란치스코가 묵상한 바이다. 「주님의 수난 성무일도」의 다른 시편들에서도 "지극히 거룩하신 아버지"라는 호칭은 전형적으로 중요한 표현이다. 프란치스코는 단순히 "우리 아버지"라고 말하는데 만족하지 못하고 항상 **거룩하신** 또는 그의 최상급 수식어인 **지극히 거룩하신**[santissimo]을 덧붙인다. "사랑하는 아드님"도 전형적인 그의 표현이다. **"지극히 거룩하신"**이 아버지

의 초월성을 더 드러낸다면, **"사랑하는"**은 아드님께서 인간과 가까우심을 더 많이 표현하고 있다. 예수님, 즉 성자의 탄생으로 마리아는 아버지의 거룩하심에 참여한다. 이 때문에 프란치스코는 그녀를 **복되고 거룩한** 이로 칭송한다.

1절과 2절에서는 기도하는 이가 시편의 모범을 더 따르고 있는 반면, 3절에서는 고유한 요소들이 더 자유롭게 등장한다. 하느님의 높으심과 영원하심을 선포하기 위해 시편 73에서 몇 마디 가져온 것을 제외하고 나머지는 프란치스코의 작품이다. 이것은 내용이나 어휘에서 성경과 전례에 직접적으로 연관되어 있다. 이 3절과 7절은 성탄 신비의 핵심이며, 프란치스코의 신앙 고백이자 교회의 신앙 고백이다.

4절은 다윗의 말을 가져와 예수님께 적용한다. 시편 88의 화자는 이사이의 막내아들이었던 다윗이 하느님으로부터 직접 이스라엘의 왕으로 들어 높여졌음을 기억한다(참조: 1사무 16,1-13). 프란치스코는 이를 아버지와 아드님의 대화로 해석한다. 새로운 다윗인 예수님께서는 하느님을 당신 아버지로 고백하시고, 그 보답으로 세상 임금들 가운데 으뜸으로 들어 높여지신다. 프란치스코는 이렇게 기도함으로써 예수님의 탄생을 기억하는 중에 이미 그분의 왕권이라는 주제가 울려나오게 하는 것이다. 사실 프란치스코는 성금요일에도 이와 비슷하게 **"주님은 나무 위에서 다스리신다"**[Dominus regnavit a ligno](「수난 성무」 7,9)고 기도한다. 시편 88과 성탄 복음은 시편 88,28과 루카 2,7에 사용된 "맏아들"이라는 단어를 통해서도 연결된다. 여기서 프란치스코에게는 성경이 하나임을 볼 수 있다. 프란치스코는 시편을 예수님의 시각으로 읽고, 신약을 구약의 완성으로 여긴다.

시편 41,9에서 가져온 **5절**은 하느님께서 낮에도 밤에도 당신 자비를 베푸신다고 선포한다. 그런데 프란치스코는 이 구절을 축제의 신비에 온전히 적용하기 위해 지시대명사 "그 날"[in illa die]을 덧붙인다. 이는 거의 성탄의 날을 손가락으로 가리킨 것과도 같다. 또한 "밤에" 들리는 노래는 그 거룩한 밤의 천사들을 생각하게 한다.

5절이 성탄의 밤을 하느님 자비의 선물로 칭송한 뒤, **6절**은 주일마다 바쳐지는 유명한 시편 117을 활용해서 성탄을 "주님의 날"로 경축한다. 프란치스코의 또 다른 작품을 살펴보면, 생각의 공통된 노선이 드러난다. 부활 주일 밤기도는 파스카의 날에 똑같이 시편 117,24에서 취한 표현을 적용하고 있다(「수난 성무」 9,5). 프란치스코에게는 성탄도 부활도 모두 "주님이 마련하신 날"이다. 다만 그 동기는 다르다. 부활 시편에서 프란치스코는 구약의 시편 말씀에 머무른다. 자신의 주체적 참여로까지 이어지지 않는다. 이는 분명 파스카 신비가 거룩한 아기의 탄생보다 인간적 감성을 훨씬 덜 건드리기 때문일 것이다. 성탄이 "위대하신 하느님의 사신"을 더욱더 감동하게 하고, 그의 애정과 감성을 불러일으킬 수밖에 없었던 이유가 다음 구절에 나온다. 여기서 기뻐하고 즐거워하라는 초대의 이유가 등장한다.

7절은 프란치스코가 지금껏 자신의 말을 감싸는데 사용했던 시편이라는 포장지를 완전히 없애버린다. 이제 프란치스코는 전례 축일 독서의 도움을 받아 자기 생각의 핵심을 표현한다. 그는 작은 변경과 적용을 통해 이사 9,6과 루카 2,7의 표현들을 하나의 문장 안에 결합한다. 이렇게 프란치스코는 티 나지 않는 방식으로 구약과 신약을 연결시키고, 약속이 실현으로 이어지도록 한다. 이는 그와 동시대의 이단이었던 카타리파와 비교가 되는 부분이다. 카타리파는 구약을 거부했다. 그들에게 성경의 단일성은 의미 없었다. 성탄 시편의 이 중요한 구절을 보면, 프란치스코가 얼마나 역사적 사건을 강조하고 있는지에 깊은 인상을 받게 된다. 아기는 정말로 태어났고 구유에 눕혀졌다. 프란치스코는 **"여행 중에"**[in via]를 덧붙이면서 루카의 본문도 넘어선다. 이 특이한 표현은 외경 복음에서 왔을 수도 있지만, 성무일도에 실려 있던 루카 2,1-14에 관한 대 그레고리오의 강론[Homilia] 8(PL 76, p. 1104)에서 가져왔을 가능성이 더 크다. 작은 첨가문이기는 하지만, 이는 프란치스코의 가난 개념과 순례자 개념을 이해하는데 밝은 빛을 던져준다. **"여행 중에"** 라는 표현에는, 복음에서는 짧게 언급되고 성탄 묘사에서 더 비중 있게 등장하는 그것, 즉 베들레헴으로의 고된 여정과 머무를 곳을 찾기 어려웠음이 요약되어 있다. 예수님께서는 부모님의 집이 아니라 여행 중에 순례자이자 나그네로 태어나셨다. 예수님께서는 동물들의 구유에 눕혀지셨는데, **여관에는 그분이 머무를 곳이 없었기 때문이다**. 프란치스코의 표현인 **"그분은 자리를 갖지 못하셨다"**[non habebat locum]는 루카 2,7의 **"그들에게는 자리가 없었다"**[non erat eis locus]를 강화하는데, 이는 마치 탄생 때부터 "사람의 아들은 머리를 기댈 곳조차 없다"(루카 9,58)는 것을 보여주는 듯하다. 이로부터 프란치스코가 왜 자신과 동료들을 위해 가난과 겸손, 그리고 여정 안에서 예수님을 따르는 것을 선택했는지 더 잘 이해할 수 있다. "형제들은 집이나 거처, 그 어떤 것도 자기 소유로 하지 말 것입니다. 그리고 이 세상에서 순례자와 나그네처럼 가난과 겸손 안에서 주님을 섬기면서 신뢰심을 가지고 동냥하러 다닐 것입니다"(「인준 규칙」 6,1-2). 또한 레오 형제를 위해 직접 쓴 편지에서 프란치스코는 "우리가 길에서[in via] 함께 이야기를 나눈 모든 것"(「레오 편지」 2)에 대해 언급한다.

시편의 중심인 이 7절에서 또 다른 중요한 측면을 염두에 둘 필요가 있다. 3절에서 프란치스코는 예수님을 "사랑하는 아드님"이라 불렀는데, 이제 그의 마음과 애정은 "지극히 거룩하고 사랑스러운 아이"라는 새로운 호칭을 창안해내기에 이른다. 그렇지만 프란치스코는 감성주의로 빠지지 않는다. 그에게 새로 나신 아기는 여전히 "지극히 거룩한 아이"로서 경의와 애정을 동시에 가지고 다가가야 할 분이시다. 프란치스코는 친밀감을 가지고 접근하면서도 예수님께서 "우리를 위하여" 태어나셨음을 잊지 않는다. 이 "우리"가 두 번 되풀이되고 있는데, 여기에는 이 시편을 읽는 모든 이도 포함된다. 구유에 누우신 아기에 대한 프란치스코의 사랑은 '나-너'의 형태가 아니라 더 포괄적인 '우리'를 통해 표현된다. 이 아기 안에서 온 인류가 선물을 받았다. 다음의 구절들이 보여주듯이, 바로 이 때문에 모든 민족과 보는 피소불이 하느님께 찬미와 영예를 드려야 한다.

8절은 성탄 신앙 고백에 대한 일종의 응답과도 같이 저 유명한 천사들의 노래를 가져온다. "지극히 높은 곳에서는 주 하느님께 영광, 땅에서는 좋은 뜻을 지닌 사람들에게 평화"[Gloria in excelsis **Domino** Deo et in terra pax hominibus bonae voluntatis]. 여기에도 "주님"[dominus]이라는 단어가 들어왔다. 이런 고유한 표현은 프란치스코가 이 시편의 편집자임을 보여준다. 지금까지 전해지는 그의 기도문에서 자주 "주님"이라는 첨가문을 볼 수 있고, 그의 「유언」에서도 나타나듯이(「유언」 1-41) 이는 아씨시 성인이 애용하던 표현이기 때문이다.

9-12절은 같은 시편 95에서 나온 것이기에 한데 묶을 수 있겠다. 시편 95는 찬미의 시편으로서 성탄과 공현 밤기도에 바쳐졌다. 프란치스코는 들의 목자들이 들었던 하늘 군대의 노래(참조: 루카 2,9.14)를 인용한 뒤에 이렇게 말한다. "**하늘**은 기뻐하고… 들과 그 안에 있는 것도 모두

기뻐 뛰어라." 프란치스코는 온 우주를 하느님 찬미로 초대하는 구절들을 모아놓는다. 하늘과 땅, 바다와 들, 모든 민족과 나라가 하느님께 마땅한 찬미를 바쳐드려야 한다. "드려라"[afferte]라는 12절의 삼중 초대는 봉헌[Offertorio]과 아기에게 귀중한 선물을 드리는 세 동방 박사를 생각하게 한다. 이렇게 성탄 축제는 공현 축제에까지 이어지고, 성탄의 복음은 하느님께서 모든 민족 앞에 당신을 드러내 보여주심과 연결된다(참조: 마태 2,1-11). 사실, 성탄 시기의 절정은 공현이다!

13절은 또 개인적 성격이 강하다. 처음의 "바쳐라"는 앞 구절과 연결되어 시편 95,8을 이어간다. 그러나 프란치스코는 "제물을 들고 그분 앞뜰로 들어가라"(시편 95,8b)는 시편의 말씀으로 계속하는 대신, 신약의 영적 세계로 넘어간다. 진정한 제물은 그리스도의 십자가를 지고 우리 자신 전부를, 즉 마음과 몸을(참조: 로마 12,1) 모두 하느님께 드리는 것이다. 복음서에서도 그러하듯이(참조: 루카 14,27) 여기서 십자가를 지는 것과 예수님을 따르는 것은 연결되어 있다. 예수님께서 매일 우리 자신의 십자가를 지라고 요구하시는 것처럼 프란치스코도 그렇게 한다. "그분의 지극히 거룩한 계명을 **끝날까지** 지켜라." 이렇게 하여 복음적 극단성이 보존된다. 프란치스코는 일생 동안 항구하라는 이런 요구를 자주 한다. 예를 들면 「인준받지 않은 수도규칙」 21장은 다음과 같은 권고로 끝난다. "여러분은 온갖 악을 경계하고 멀리하며 **끝날까지** 선에 항구하십시오"(「비인준 규칙」 21,9).

이렇게 성탄 시편은 하느님을 찬미하라는 초대에서 그치지 않고 행동으로 옮겨 실천하라는 권고에까지 이른다. 이 권고의 대상은 모든 사람이다. 진정한 하느님 찬미는 행동을 촉구하고, 이 행동은 찬미 받는 대상을 입증한다. 주님께 자기 자신을 바치는 지속적인 충실함과 그분의 뜻을 실행하는 것만이 우리가 성탄 신비를 이해했는지 그리고 어느 정도까지 이해했는지를 보여준다.

구유와 십자가를 불가분의 관계로 함께 놓는 것은 아씨시 성인의 성탄 시편에서 두드러지는 점이다. 프란치스코는 그저 삶에서 유리된 기쁨을 누리기만 하는 것이 아니라, 하느님께서 이루신 업적의 중대성을 명백히 드러낸다. 이 은총은 우리 삶의 응답을 요구하며, 우리에게 예수 그리스도를 항구히 따를 의무를 부과한다. 프란치스코는 자신의 이 짧은 시편에서 놀라운 방식으로 하느님의 **존엄과 겸손, 구유와 십자가, 찬미와 따름, 인간과 우주**를 결합하고 있다. 이는 거의 완전한 그리스도 신앙의 전망이다!

그렉치오의 성탄 축제

이제 그렉치오로 돌아가 보자. 이곳은 보통 우리가 프란치스칸 성탄을 만나는 장소이다. 그렉치오는 무엇보다도 성탄 사건의 감성적 측면을 우리에게 보여준다. 프란치스코는 구세주의 탄생을 어떻게 경축했는가? 프란치스코의 첫 번째 전기 작가인 토마스 첼라노는 「아씨시 성 프란치스코의 생애」에서, 1223년 그렉치오에서 거행된 성탄 전례를 열정적으로 묘사한다(「1첼라노」 84-86). 보나벤투라도 토마스의 이야기를 받아들여 「대전기」(1262)에서 이 사건을 더 체계적으로 서술하고 있다(「대전기」 10,7). 이들로부터 우리는 프란치스코가 어떻게 주님의 탄생 축일을 경축했는지 알게 된다. 분명히 프란치스코는 나귀와 소, 아기 예수님의 요람이었던 구유 등을 밤중에 야외에 마련함으로써 제2의 베들레헴을 만들고자 했으리라. 프란치스코는 주변 은수처에 있던 모든 형제들과 그렉치오와 주변 마을 사람들도 이 행사에 초대하였다. 성인은 그들과 함께 초와 횃불을 들고 장엄한 행렬을 지어 미리 준비한 장소로 갔고, 거기서 하느님의 육화에 관한 성극이 시작되었다. 야외에서 열린 밤 축제는 **미사**와 결합되었고, 여기서 프란치스코는 부제로서 봉사하였다. 프란치스코는 감동을 주는 목소리로 예수님 탄생의 복음을 노래한 뒤 설교하였다. 그의 설교는 학문적 해설이 아니라 몸동작을 사용한 거의 희극적인 설교였다. 프란치스코는 마음을 다해 손과 얼굴, 몸짓과 말, 그의 존재 자체로 설교했다. 그의 몸 전체가 내적 체험의 충만을 열정적으로 표현했다. 첼라노가 전하듯이, 프란치스코는 "예수"[Ge-sùuu]나 "베들레헴"[Bet-lee-heem]이라는 말을 발음할 때 아기의 옹알이나 양의 울음소리를 흉내 내었다.

프란치스코가 말로 설명하기보다 동작으로 성자의 탄생 신비를 표현한 그 비길 데 없고 흉내낼 수 없는 말씀 선포 이후에, 그와 함께 바위틈에 마련된 제대에 함께 올라갔던 사제 형제는 성찬의 전례를 거행하였다. 육화의 신비는 구원의 신비와 성찬례 안에서 항상 새롭게 현존하시는 영광 받으신 예수님의 신비로 이어졌다.

프란치스코의 성탄 - 오늘을 위한 초대

프란치스코가 어떻게 그리스도의 탄생을 이해하고 선포했는지, 또한 어떻게 행위와 몸짓을 통해 그것을 시각적으로 표현했는지 보았으니, 그가 어떤 자세로 제대 위에 내려오시는 구세주께 인사를 드렸고 성찬례에서 얼마나 경건하게 그분을 흠숭하고 받아 모셨는지 상상해볼 수 있을 것이다.

그렉치오에서 거행된 것은 단순한 성극 이상의 것이었다. 미사성제와 결합하면서 이것은 거의 극적인 전례가 되었고, 그 주된 요소는 한 사건을 묘사하는 것이 아니라 신앙의 신비를 실현하고 부흥시키는 것이었다. 첼라노가 이야기하듯이 실제로 많은 이의 마음속에서 꺼졌던 신앙의 불이 새로이 되살아났다.

그렉치오의 성탄 전례는 베들레헴에서 일어난 일에만 국한되지 않고 골고타까지 예수님을 따라가며, 그분을 되살아나시고 영광 받으신 분, 오늘 성찬례 안에서 다시금 당신을 낮추시어 우리에게 당신 자신을 내어주시는 분으로 알아 뵙는다. 이러한 방식으로 **구유**와 **십자가**, **제대**가 단 하나의 축제 안에서 결합한다. 여기서 성탄 시편과의 연관성을 발견하는 것은 어렵지 않다. 성탄 시편도 구유와 십자가를 함께 보는 관점을 뚜렷한 특징으로 하고 있기 때문이다. 그렉치오의 전례에서는 한발 더 나아가, 하느님께서 당신 아드님 안에서 계속 우리에게 당신 자신을 주시는 성체성사에까지 이른다. 베들레헴에서 입증된 지극히 높으신 하느님의 겸손은 역사 안으로 뻗쳐와 모든 성체성사 안에서 실현된다. 이에 관해 프란치스코는 「권고」 1에서 다음과 같이 훌륭하게 표현한다.

> **그분은⋯ 매일 당신 자신을 낮추십니다. 그분은 겸손한 모습으로 매일 우리에게 오십니다. 매일 사제의 손을 통하여 아버지의 품으로부터 제대 위에 내려오십니다. 그리고 당신 자신을 참된 살로서 거룩한 사도들에게 보여 주신 것과 마찬가지로**

> 지금 축성된 빵으로 우리에게 당신 자신을 보여 주십니다. … 이처럼 "보라, 내가 세상 끝날까지 너희와 함께 있겠다"(마태 28,20) 하고 당신 자신이 말씀하신 대로 주님은 당신을 믿는 이들과 함께 항상 이렇게 계십니다(「권고」 1,16-19.22).

성체성사에서 일어나는 현존은 성탄에서 일어난 현존과 같다. 즉, 매일 한 번씩 성탄이 일어나는 것이다.

그렉치오의 거룩한 밤은 유일무이한 축제였다. 사실 그것을 그 정도의 강렬함과 독특함, 활기를 가지고 되풀이하기란 쉬운 일은 아닐 것이다. 그러나 그렉치오의 화려한 축제와 가난뱅이가 연출한 놀라운 예식 옆에 그가 만든 간소하고 진지한 성탄 시편이 따름[sequela]으로 초대하고 있음을 염두에 둘 필요가 있다. 프란치스코와 동료들은 성탄 시기에 이 시편을 하루에 몇 번씩 수일간 바쳤다. 시편의 형태를 한 이 묵상은 온 하루를 특징지었으며, 그렉치오에서 거행된 그 다시 없을 예식에서 일어난 일을 그들의 일상에서 나타나게 하였다.

8
마리아 찬미

프란치스코가 드린 두 개의 성모님 기도

프란치스코가 파스카 신비를 묵상하기 위해 만든 「주님의 수난 성무일도」의 시편과 특히 매 시편을 여닫는 **후렴**에서 우리는 주님의 어머니이신 마리아를 만났다. 이제 우리가 다루고자 하는 것은 바로 이 후렴 글이며, 이어서 프란치스코가 마리아께 공경을 드리기 위해 지은 또 다른 기도인 「복되신 동정 마리아께 드리는 인사」를 읽고 묵상하면서 해설을 마칠 것이다.

1. 「주님의 수난 성무일도」 후렴

1 **거룩하신** 동정 마리아님,
  세상에 태어난 여인들 중에 당신 같으신 이 없나이다.

2 **당신은 지극히 높으시고 지존한 임금이신 천상 성부의 딸이시며 여종이시고, 지극히 거룩하신 우리 주 예수 그리스도의 어머니이시며, 성령의 정배이시나이다.**

3 비오니, **성 미카엘 대천사와 하늘의 모든 능품천사들과 모든 성인들과 함께, 주님이시요 스승이신 당신의 지극히 거룩하시고 사랑하시는** 아드님 앞에서 저희를 위하여 빌어 주소서.

4 영광이 성부와 성자와 성령께 …

앞에서 다룬 작품들에서 이미 했던 것처럼 이 후렴을 옮겨 적으면서도 프란치스코로부터 유래한 부분을 명시하고, 그것을 정주 수도회의 성모 승천 축일 전례에 포함된 더 오래된 후렴에서 비롯된 부분과 구분하기 위해 굵은 글자 표기를 사용하였다. 폰테 아벨라나Fonte Avellana에서 사용하였고, 아마도 성 피에르 다미아니(Pier Damiani, +1072)가 만들었을 소성무일도[Officium parvum]에는 다음과 같은 기도가 있다.

동정 마리아님,
세상의 여인들 중에 당신 같이 태어나신 이 없나이다.
장미와 같이 화려하시고 백합과 같이 향기로우신 이여
아드님 앞에서 저희를 위하여 빌어 주소서.[1]

프란치스코의 글과 병행하는 구절이 많지는 않지만 명확하고 의미 있다. 첫 구절은 사실상 똑같다. 하지만 그가 전통으로부터 전해 받은 글을 자신의 영적 감수성에 따라 변형시키는 방식을 살펴보는 것은 큰 의미가 있다. 자연을 사랑했음에도 불구하고 성인은 장미와 백합 같은 꽃에 비유하는 것을 생략하고, 그 대신에 더 의미 있고 본질적인 구문을 첨가해 대체한다.

---

1 「Excerpta ex veteribus liturgicis codicibus Fontavellanensibus」, 『PL』 151, 972 B: "Maria virgo, non est tibi similis nata in mundo in mulieribus, florens ut rosa, olens sicut lilium: ora pro nobis apud tuum Filium."; 더 많은 설명을 위해서는 다음을 참조: L. LEHMANN, 『Tiefe und Weite』, 100-102.

a. 마리아를 "거룩하신 동정녀"라고 부른다.
b. 마리아를 삼위일체와 밀접히 연관 짓는다. 그에게 마리아는 성부의 딸이며 여종, 성자의 어머니, 성령의 정배이시다. 하느님과의 이런 관계는 여기에 첨가된 말 중에서 가장 중요하고 전체적으로 가장 신빙성 있는 것이다.
c. 마리아의 이름을 부르며 기도할 때 모든 천사들과 성인들의 호칭도 덧붙인다.
d. "아드님"이라는 말에 장엄하면서도 친근한 "지극히 거룩하시고 사랑하시는"과 "주님이시요 스승이신"을 덧붙이면서, 그리스도께 향하는 기도의 마무리를 확장한다.

여기서 우리는 프란치스코가 어떻게 전통을 살았는지에 대한 또 다른 예를 보게 된다. 전통은 새로운 것들이 탄생하는 흙[humus]과도 같다. 성 프란치스코의 마리아 **후렴**은 더 오래된 기도에 뿌리를 두고 있으면서도 성인의 고유성과 새로움을 지니고 있다. 이 후렴은 가난뱅이의 소리와 색채, 음성과 손길을 반영한다.

물론, 마리아를 위해 프란치스코가 사용한 몇몇 마리아 호칭 또한 마리아 공경의 긴 역사에 속한 것들이다. "거룩하신 동정녀", "딸이시며 여종", 특히 "어머니"라는 호칭은 성경에 그 뿌리를 두며, 교부들의 신학에서도 자주 사용되었다. 마리아의 이러한 호칭들은 전례의 한 부분이었고 개인적이고 대중적인 신심 안에 존재해 왔다.

구조와 해설

피에르 다미아니의 더 오래된 글처럼 프란치스코의 **후렴**은 명확히 두 부분으로 구성되어 있다. 첫 번째 부분은 다양한 호칭을, 두 번째 부분은 청원을 그 특징으로 한다.

호칭

여기서 가장 우선시되는 것은 찬양이다. 마리아는 일련의 호칭으로 불리고 있는데, 이 호칭들은 마리아의 품위와 삼위일체 하느님과의 일치를 드러내는 것이다. 공경을 표하는 말들이 청원보다 더 길게 이어지기에 통계적으로도 찬미가 나머지 요소보다 앞서는 것이 분명해진다.

"거룩하신 동정 마리아님": 이는 후렴을 시작하는 호칭이다. 프란치스코는 자신과 마리아 사이의 간격을 알고 있다. 그는 하느님은 "지극히 거룩하신 아버지"로, 마리아는 "거룩하신 어머니" 또는 이 경우에서처럼 "거룩하신 동정녀"라고 부르기를 선호한다. 성인은 동정 마리아로부터 그리스도께서 나셨음을 선포하는 **신경**과 일치하여 하느님의 어머니의 동정성을 고백한다. 호칭에 뒤이어 이 세상의 여인 중에 마리아 같으신 이는 없다는, 이 기도에 등장하는 유일한 확언적 문장이 뒤따른다.

프란치스코는 마리아를 "여인들 가운데에서 복되시다"(루카 1,42)고 노래한 엘리사벳의 찬미와 같은 선상에서 하느님에 의해 선택되고, 모든 피조물 위에 높여져 모든 여인 가운데 유일한 분이 되신 마리아가 받은 특별한 은총을 드러낸다. 그럼에도 마리아는 여종으로 남아 있다. 마리아는 유일하신 하느님의 곁에 있는 여신이 아니다. 그녀의 특별한 지위는 그녀에게 이런 품위를 주신 분에게서 온 선물이다. "딸"이라는 말을 들으면 즉시 아버지를 생각하게 된다. 그러므로 이 호칭은 마리아의 의존성을 반영하는 동시에 그녀의 자녀 됨과 품위 또한 반영하는 것이다.

"**딸이시며 여종이시고**": 마리아는 단숨에 이렇게 불린다. 이 두 단어의 가까움, 또는 더 적절한 표현으로 이 두 단어가 공존한다는 것은 매우 의미 있고 흥미롭다. 선택과 헌신, 품위와 유용함은 사실 이보다 더 간결하고 적절하게 표현할 도리가 없다. 마리아는 딸이기도 하고 여종이기도 하다. 마리아는 자신을 주님의 여종이라고 선언하는 순간에 아버지의 딸이 되었다. "보십시오, 저는 주님의 종입니다. 말씀하신 대로 저에게 이루어지기를 바랍니다"(루카 1,38). 그런데 여종이자 하녀가 되는 것은 노예적 굴종과는 관계가 없다. 마리아는 "지극히 높으시고 지존한 임금"의 여종인 것이다.

주목할 만한 사실은 마리아가 다른 수식어 없이 "딸이시며 여종"이라고 불린다는 점이다. 반면에 성부께서는 "천상의", "지존한 임금"이시다. 따라서 언어적으로도 마리아보다 먼저 하느님께 첫 자리와 영예와 경의를 드린다.

우리의 마리아 신심은 딸이시며 여종이라는 두 가지 특성을 밀접하게 연결하는 프란치스코의 신심과 같은 선상에 있어야 한다. 그녀는 성부에 의해 선택되고 그와 동시에 순종으로 응답하면서 그분께 종속된다. 즉, 모든 것을 주신 그분께 완전히 의존하고 그분을 전적으로 신뢰하며, 따라서 섬김의 태도로 그분께 순종한다. 이러한 전망은 일방적인 전망과 과장된 신심으로부터 우리를 지켜 준다.

"지극히 거룩하신 우리 주 예수 그리스도의 어머니이시며": 천사의 말을 듣고 하느님의 말씀에 순종하면서 마리아는 예수님의 어머니가 된다. 여기에서도 "사랑스러운"이나 "거룩하신"과 같은 수식어 없이 "어머니"라는 말만 나온다. 어머니라는 지위가 모든 것을 말해 준다. 그분은 하느님의 어머니이시며, 지극히 거룩하신 우리 주님의 어머니이시다. 아드님은 "지극히 거룩하신" 분, "우리 주님"이라 불리며 어머니를 초월하신다. 그분은 마리아의 주님만이 아니라 우리 모두의 주님이시다. 마리아가 어머니가 되는 그 순간에 이미 이 아기는 모두에게 속하고, 이미 주님이시다.

"성령의 정배이시나이다": 프란치스코는 성부와 성자에 이어 성령과의 관계 안에서 마리아를 바라본다. 여기에서도 "정배"라는 단어는 홀로 사용되고, "순결한 정배"나 그와 비슷한 형용사로 확장되지 않는다. 이와 반대로 세 번째 위격에게는 역시 "거룩하신"이라는 수식어가 더해진다.

이 모든 것 안에 한 가지 분명한 점이 있음을 알게 된다. 하느님은 유일하게 흠숭 받으실 분이시고, 가장 높으시며, 거룩한 분이시다. 마리아는 그분의 거룩함에 참여할 뿐이다. 그러나 이 호칭에서 더욱 중요한 것은 마리아를 삼위일체와의 관계 안에서 삼위이자 일체이신 하느님의 업적으로 본다는 점이다. 마리아 공경은 하느님 공경 안에 자리 잡으며 그 안에서 다시금 이해된다. 마리아는 구원 역사와 삼위일체와의 관계 안으로 들어온다.

여기서 마리아에 적용된 호칭들은 물질적인 이미지(예를 들어, 성모 호칭 기도에서 "당신은 황금 궁전이시며, 당신은 계약의 궤이시며" 등과 같이)에서 비롯된 것이 아닌 생생한 인격적 이미지에서 나왔다. 여기에 등장하는 단어들은 오직 사람에게만 쓰이는 것으로 딸이나 어머니, 정배나 여종과 같이 가족 관계에서 사용하는 용어들이다. 이런 호칭들은 친족 관계를 나타낸다. 딸이 아버지 없이, 어머니는 아들 없이, 신부는 신랑 없이 존재할 수 없다.

이렇게 하느님의 어머니에게 주어진 호칭들은 항상 거룩한 삼위 중의 한 분과 연관되어 있다. 마리아가 어떠하다는 것은 하느님의 은총으로 그러한 것이다. "프란치스코의 마리아 신심이 지닌 삼위일체적 특성과 강력하고 선명한 마리아론적 종합은 강조할 만하다. 지극히 거룩하신 삼위일체는 마리아에게 몸을 숙여 그녀를 신성함 자체에 가까이 가는 품위로 들어 높이신다. 삼위의 각 위격은 성부의 딸, 성자의 어머니, 성령의 정배라는 지극히 유일하고 단일한 관계를 그녀와 맺으신다."[2]

청원

프란치스코는 마치 짧은 호칭 기도처럼 마리아가 하느님께 받은 본질적 특권들을 열거한 후에, **"성 미카엘 대천사와 함께…저희를 위하여 빌어 주소서"**라는 요청을 덧붙인다. "저희를 위하여 빌어 주소서"는 당시에 성인 호칭 기도에서 폭넓게 사용되었기 때문에 프란치스코에게

---

2 S. Duranti, 『Preghiera di Francesco』, 82.

만 친밀한 것은 아니었다. 그런데 여기서 인상적인 것은 프란치스코가 마리아 혼자만 남겨 두는 것이 아니라 천사들과 성인들을 동반시켜 이 짧은 청원을 확장한다는 점이다. 그중에서 미카엘은 특히 이름으로 불리는데, 「하느님 찬미의 권고」에서 이미 보았듯이 프란치스코는 그에게 특별한 경의를 품고 있었기 때문이다. 하늘의 권세들[3] 중에 케루빔과 세라핌도 있을 것이고, 대천사와 천사들도 빠질 수 없다. 이렇게 마리아는 천사들의 무리와 하나가 된다.

이런 표현을 볼 때, 프란치스코는 천사들의 합창단 사이에 자리 잡고 있는 것으로 마리아가 묘사된 많은 그림으로부터 영향을 받은 것으로 보인다. 그의 기도에는 이렇게 그의 시대와 연관된 요소들이 모여 있다. 그의 후렴은 어떤 의미에서는 당시의 성인 공경을 반영하지만, 하느님의 어머니를 향한 개인적 태도를 표현하는 것이기도 하다.

초기 원천들이 전하는 바에 따르면, 프란치스코는 '천사들의 성 마리아' 소성당에 대한 특별한 애정을 지니고 있었다. 이 성당에서 그는 결정적인 복음 말씀을 들었다(「1첼라노」 22). 이 성당은 형제회 출발의 요람이자 근거지였으며, 프란치스코는 형제들이 이곳을 모(母)성당으로 여기고 보호하기를 바랐다(「1첼라노」 106). 그리고 마지막으로 성인이 세상을 떠난 곳도 포르치운쿨라였다(「1첼라노」 109-110).

이 모든 것은 마리아 **후렴**과 아마도 「**주님의 수난 성무일도**」 전체가 '모원'으로서 수도원 구조를 매우 일찍부터 받아들인 '천사들의 성 마리아' 성당에서 만들어졌으리라는 견해에 설득력을 더한다. 어쨌든,

---

3 역주: 우리말 번역에서는 "cum⋯omnibus virtutibus celorum"을 "하늘의 모든 능품 천사들과"로 해석했지만 저자는 이를 "하늘의 모든 능력[권세]들과"로 해석하고 있다.

천사들과 성인들과 함께 마리아를 부르며 기도하는 이 후렴은 프란치스칸 운동의 시작과 그토록 밀접하게 연관된 이 작은 마리아 성지의 분위기를 풍기고 있다.

그런데 프란치스코는 천사들과 성인들 곁에서 중재자이신 마리아를 부르는데 그치지 않고 "**주님이시요 스승이신 당신의 지극히 거룩하시고 사랑하시는 아드님 앞에서 저희를 위하여 빌어 주소서**"라고 청원을 길게 이어 간다. 이 후렴은 그리스도가 목적이며 따라서 그리스도 중심적이다. 그러므로 의미심장하게도 "주님이시요 스승이신 분"이라는 말이 마지막에 온다.[4] 당신의 어머니께서 공경받으실 때 그 중심에는 그리스도가 계신다. 그리스도만이 하느님과 인간 사이의 유일한 중재자이시기 때문이다. 마리아를 중재자로 하는 청원들은 그리스도께로 향하며, 예수님께 바쳐진 영예로운 칭호들은 마리아에게는 사용되지 않는다. 그래서 "아드님" 앞에는 "지극히 거룩하시고"와 "사랑하시는"이라는 수식어의 꾸밈을 받는다.

프란치스코는 시편에서도 "사랑하시는 아드님"(dilectus Filius; 시편 7; 8; 15)이라는 표현을 즐겨 삽입한다. 수도규칙에서도 그는 형제들 중의 스승은 그리스도 한 분뿐이시라고 상기시키는데(「비인준 규칙」 22,35), 이는 "너희의 선생님은 한 분뿐이시다"(마태 23,10), 또는 요한복음 13,13의 "너희가 나를 '스승님', 또 '주님' 하고 부르는데, 그렇게 하는 것이 옳다. 나는 사실 그러하다"라는 예수님의 말씀과 잘 들어맞는다. 요한복음의 이 구절은 마리아 **후렴**에 영감을 불어넣은 원천일 수 있는데, 적

---

4 역주: 한국어 소품집에서는 "주님이시요 스승이신 분"이라는 말이 문장 중간에 나온다.

어도 후렴의 마무리 부분에서 그러하다.[5] 마리아께 드리는 이 기도는 이렇게 프란치스코가 그리스도에 대해 지녔던 이미지를 드러내 준다. 그에게 예수님은 한편으로는 신적인 차원에서 우러러 보이는 분, "지극히 거룩하신 주님"이시고 "주님이시요 스승이신" 분이지만, 다른 한편으로는 마리아의 "사랑하시는 아드님", 즉 인간적으로 가깝고 사랑을 불러일으키며 사랑을 주시는 분, 어머니의 팔에 안겨 있거나 그 곁에 계신다고 상상할 수 있는 그런 분이다.

이 기도의 마지막은 마리아가 우리를 위해 전구하는 대상인 아드님께로 향한다. 이 때문에 처음에는 삼위일체적인 특징을 보였던 **후렴**은 아드님께로 집중된다. 하지만 이렇게 성자께 집중되는 것이 마지막 **영광송**을 통해 삼위일체 찬미로 귀결된다. 이런 관점에서 볼 때도 마리아를 찬미하는 것은 삼위이시며 일체이신 하느님께 찬미를 드리는 것 안에 자리하고 있다.

성령의 정배

"성령의 정배"라는 호칭은 특별히 묵상할 만한다. 이 호칭은 프란치스코 이전에는 드물게 사용되었다. 라틴 시인 프루덴씨우스(Prudentius, +405)에게서 찾아볼 수 있고, 동방에서는 400년이 지난 후에 코스마 일 베스티토레(Cosma il Vestitore)가 마리아의 아버지에 대해 "요아킴은 성령

---

5 참조: W. Viviani, 『L'ermeneutica di Francesco d'Assisi. Indagine alla luce di Gv 13-17 nei suoi scritti』, Roma, 1983, 162.

의 정배를 낳았다"라고 적고 있다. 서방 세계에서는 이 표현이 12세기에 와서야 네덜란드를 시작으로 좀 더 보편적으로 사용된 것으로 보인다. 탄켈모(Tanchelmo, +1115)라는 설교가는 모든 그리스도인은 세례 때 성령을 받았기 때문에 마리아를 정배로 삼을 수 있다고 주장하면서, 하느님 어머니의 조각상에 있는 손을 잡고 공개적으로 결혼식을 올렸다. 크산튼의 성 노르베르토(Norberto da Xanten, +1134)는 이런 지나친 행동에 맞서 개입해야 했다.

프란치스코는 결코 이런 과도한 신심의 영향을 받지 않았다. 하지만 피오레의 요아킴(Gioacchino da Fiore, +1202)의 사상과는 접촉했을 수 있다. 그에 따르면 마리아는 성령과 굳건히 일치하고 있다. 피오레의 수노원상의 세 시기 이론에 따르면, 마리아는 미래의 영적 교회의 어머니가 된다. 하느님을 낳는 분이자 순결하고 거룩한 교회를 낳는 분이 되는 것이다. 하지만 요아킴은 보호자 성령[paraclito]께서 정배이신 마리아를 영적 교회의 어머니로 삼으시리라고 강조하면서도, 정확하게 "성령의 정배"라는 명칭을 사용하지는 않았다. 따라서 "프란치스코가 마리아를 '성령의 정배'라고 부른 첫 번째 사람이라고 해도 과언이 아닐 것이다. 그 이전의 인물들이 비슷한 표현들을 사용하기는 했지만, '성령의 정배'라고 부르며 기도하는 경우는 없었다."[6]

여기서 중요한 것은, 프란치스코가 이 호칭을 성경의 삼위일체적 공경 안에 두면서 과장된 영적 열광이나 지나친 혼인의 신비 체험으로

---

6 O. van ASSELDONK, 「Maria, sposa dello Spirito Santo secondo Francesco d'Assisi」, 『Laurentianum』 23 (1982), 414-423, 여기서 421; O. van ASSELDONK, 『Maria, Francesco e Chiara』, Roma, 1989, 32-40.

빠지지 않았다는 점이다.

모든 시편의 처음과 끝에 후렴이 반복되기 때문에 "성령의 정배"라는 표현이 형제들의 매일 기도에서 14번이나 되풀이된다는 것을 유념한다면, 이 표현이 형제들의 수도 생활에 얼마나 큰 영향을 미쳤는지 짐작할 수 있다. 게다가 프란치스코는 처음부터 마리아의 이 호칭을 클라라와 동료 자매들, 그리고 모든 신자에게까지 전해 주었다.

우리의 모범인 마리아

두 개의 마리아 기도와 병행하는 프란치스코의 다른 글들을 간략하게나마 살펴보면, 성령과 마리아 사이의 혼인의 끈이 영적으로 살아가고, 자신의 삶 안에서 예수 그리스도의 영을 따르며, 성령께 자리를 내어 드리는 모든 이에게 확대되고 있음을 알 수 있다(참조: 「비인준 규칙」 22,27; 「인준 규칙」 10,8). 그는 마리아를 찬미하기 위해 **후렴**에서 사용하는 호칭들을 누구보다도 먼저 자신의 "작은 나무"[piccola pianticella]인 클라라와 그녀의 동료 자매들에게 적용하였다. 예를 들어, 프란치스코는 1212-13년에 클라라와 자매들에게 준 간략한 「생활 양식」[Forma vivendi]에서 다음과 같이 그들에게 애정 깃든 관심을 약속한다.

> 여러분은 하느님의 영감으로 지극히 높으시고 지존하신 임금님, 천상 성부의 딸과 여종들이 되셨고, 거룩한 복음의 완전함을 따라 사는 것을 택함으로써 성령의 정배들이 되셨기에, 나는 직접 그리고 나의 형제들을 통하여 나의 형제들에게 가지고 있는

만큼 여러분에 대해서도 애정 어린 보살핌과 특별한 관심을 늘 가질 것을 바라고 약속합니다(「생활 양식」; 참조: 「클라라 규칙」 6,3-4).

마리아와 삼위일체의 친밀한 관계를 해석하기 위해 **후렴**에서 사용하는 혈연관계적 호칭들은 클라라와 그의 자매들에게도 해당한다. 그들은 하느님의 영감으로 복음의 완전함을 따라 사는 것을 택함으로써 하늘에 계신 아버지의 **딸들**과 **여종들**이 되고 성령의 **정배들**이 되었기 때문이다. 바로 이 점에서 그들은 마리아와 닮았다.

클라라 스스로 열성적으로 "딸", "여종", "정배"라는 세 가지 명칭을 받아들였고, 그녀의 영적 아버지의 영감을 제2회의 특별한 여성적 카리스마의 전망 안에서 심화하였다. 클라라는 프라하의 아녜스(1989년 11월 12일에 성녀로 선포됨)에게 보낸 편지에서 그녀를 "임금들의 임금이신 분의 따님이고 주님들의 주님이신 분의 시녀이며 예수 그리스도의 지극히 합당한 **정배**"라고 부르며 인사한다(「2아녜스 편지」 1). 그리고 다른 편지에서 클라라는 다음과 같이 아녜스를 높여 말한다.

지극히 사랑하는 자매, 아니, 나의 주 예수 그리스도의 정배요 어머니요 자매이기에 온갖 경의를 받아 마땅한 주인이시며,… 매진하십시오(「1아녜스 편지」 12-13).

여성으로서 클라라는 프란치스코보다 더 열정적으로 동정의 서원 안에서 수도 생활의 핵심을 보았는데, 클라라는 수녀의 삶을 그리스도와의 거룩한 혼인으로 간주한다. "클라라는 그리스도를 따르려는 생각을 신비한 혼인의 이상과 결합한다."[7]

그런데 영혼과 성령 사이의 혼인의 끈은 모든 신자에게도 해당되는 것이다. 복음에 따라 살고자 노력하고, "주님의 영과 그 영의 거룩한 활동을 마음에 간직"(「인준 규칙」 10,8)하기를 무엇보다도 먼저 갈망하는 이들은 모두 하느님의 가족이 된다. 이 때문에 프란치스코는 회개 생활을 받아들이기로 한 모든 신자들에게 다음과 같이 말할 수 있었다.

> 오, 그런 일을 실천하고 그런 일에 항구하는 남녀들은 얼마나 복되고 얼마나 축복받은 사람들인지! 주님의 영이 그들 위에 머물고(참조: 이사 11,2; 1베드 4,14), 그들을 거처와 집으로 삼으실 것이며(참조: 요한 14,23), 그들은 아버지의 일을 하는 천상 아버지의 아들들이고(참조: 마태 5,45) 우리 주 예수 그리스도의 정배들이요 형제들이며 어머니(참조: 마태 12,50)들이기 때문입니다.
> 성령으로 말미암아 신실한 영혼이 우리 주 예수 그리스도께 결합될 때 우리는 정배들입니다. 하늘에 계신 아버지의 뜻을 실천할 때 우리는 그분의 형제들입니다(참조: 마태 12,50). 신성한 사랑과 순수하고 진실한 양심을 지니고 우리의 마음과 몸에 그분을 모시고 다닐 때 우리는 어머니들입니다. 표양으로 다른 이들에게 빛을 비추어야 하는 거룩한 행위로써 우리는 그분을 낳습니다(참조: 마태 5,16).
> 거룩하고 위대하신 아버지를 하늘에서 모시는 것이, 오, 얼마

7　E. Grau, 『Leben und Schriften der hl. Klara von Assisi』, Werl, 1980, 185.

나 영광스러운지! 위로가 되고 아름답고 감탄스러운 그러한 정배를 모시는 것이, 오, 얼마나 거룩한지! 또한, 흡족스럽고 겸손하고 평화롭고 감미롭고 사랑스러우며 무엇보다도 먼저 열망해야 할 그러한 형제와 그러한 아들인 우리 주 예수 그리스도를 모시는 것이, 오, 얼마나 거룩하고 얼마나 소중한지! 그분은 당신의 양들을 위해 목숨을 바치셨고(참조: 요한 10,15) 아버지께 이렇게 기도하셨습니다.

"거룩하신 아버지, 아버지께서 이 세상에서 저에게 주신 이들을 아버지의 이름으로 지켜 주십시오. 이들은 본래 아버지의 사람들이었지만 그들을 저에게 주셨습니다. 그리고 아버지께서 저에게 주신 말씀을 제가 이들에게 주었고, 이들은 또 그것을 받아들였습니다. 그리하여 이들은 제가 아버지에게서 나왔다는 것을 참으로 믿고 아버지께서 저를 보내셨다는 것을 알게 되었습니다. 저는 세상을 위해서가 아니라 이들을 위하여 빕니다"(참조: 요한 17,6-9)(「1신자 편지」 5-16).

반복되며 점차 강력해지는 이 글은 프란치스코가 인간과 하느님의 가족 관계를 묘사하면서 느끼는 감동을 보여 준다.[8] 인간의 마음속에 지극히 거룩하신 삼위일체께서 거주하시는 것을 묵상하면서, 그는 환희에 찬 외침을 세 번 터뜨리며(세 번의 오!), "하늘에 계신 내 아버지의

---

8 참조: L. LEHMANN, 「Exsultatio et Exhortatio de Poenitentia. Zu Form und Inhalt der "Epistola ad Fideles I"」, 『Laurentianum』 29 (1988), 564-608; 영문본은 『Greyfriars Review』 4 (1990) nr. 2, 1-33.

뜻을 실행하는 사람이 내 형제요 누이요 어머니다"(마태 12,50)라는 예수님의 말씀에서 출발하는 삼위일체적 신비 체험을 삼위일체적인 형식으로 다듬어서 전개한다.

마리아의 순결한 모성을 묵상하고 앞에 인용한 구절과 비슷한 성경 구절들을 숙고하면서, 교부들은 인간 안에서 하느님께서 태어나신다는 교의를 면밀하게 펼치기에 이른다. 예를 들어, 요한 크리소스토모 Giovanni Crisostomo는 "우리는 성전이고 그리스도께서는 그 안에 사신다. 그분은 맏아들이시고 우리는 그분의 형제들이다. …그분은 신랑이시고 우리는 신부이다"라고 말한다.

성 아우구스티노와 성 대 그레고리오는 후에 아씨시의 프란치스코에게서 보이는 것과 비슷한 생각을 표현했다. 그들의 의도는 사람들이 마리아처럼 삼위일체 하느님의 활동에 자신을 개방하도록 돕는 것이었다. 하느님의 영에 자신을 열고 순종하는 이는 자신 안에 예수님을 받아들이고 동정녀가 그랬던 것처럼 그분을 낳게 된다. 하지만 이는 베들레헴의 아기처럼 육체적으로 낳는 것이 아니라, 하느님과 일치하는 영혼에서 흘러나오는 모범적인 삶을 통해, 선행과 말과 그 밖의 태도들을 통해 낳는 것이다.

예를 들어, 인노첸시오 3세는 다음과 같이 말한다. "그리스도는 애정을 통해[per affectum] 마음속에 잉태되시고 결과를 통해[per effectum] 행위 안에 탄생하신다." 그리고 성 대 그레고리오는 이렇게 말한다. "믿음으로 그리스도의 형제자매가 된 이는 말씀을 선포하면서 그분의 어머니가 된다는 것을 우리는 알아야 한다. 그런 방식으로, 그가 듣는 이의 귀를 그분으로 적실 때 그는 주님을 낳는 것이고, 그의 말을 통해 이웃의 마음 안에 주님의 사랑이 탄생할 때 그는 주님의 어머니가 되는

것이기 때문이다."⁹

프란치스코 역시 삼위일체이신 하느님께서 인간 안에서 활동하신다는 신비로운 전망을 지니고 있다. 그렇기에 그는 마리아를 동떨어진 분이 아닌 삼위일체와의 관계 안에서 우리의 본보기가 되는 분으로 바라본다. 프란치스코에게 마리아는 하느님과 그분의 영예로운 피조물인 인간을 결합시키는 내적인 유대의 특별한 표현이자 실례實例이다. 그에게 마리아는 어머니로서도 모든 그리스도인의 본보기가 되신다. 하느님께 헌신하고 그분과 일치하는 마리아의 모습은 모든 그리스도인이 하느님과 어떤 관계를 맺을 수 있는가를 가장 깊이 표현한다. 그래서 프란치스코는 마리아의 신성한 모성 때문에 본래는 그녀에게만 적용되는 존엄한 명칭들을 회개 생활을 하는 모든 남녀에게 확장한다(「1신자 편지」 참조).

"예수님을 아들로 모시는 것"은 신비적 표현방식이고, 따라서 그 배경에서만 이해할 수 있다. 이 표현은 이해하기 쉽지 않았고 거의 이단적인 표현으로 간주되었기 때문에, 「신자들에게 보낸 편지」의 후대 편집본들에서는 이것이 삭제되었다(「2신자 편지」 56).¹⁰ 프란치스코에게 "예

---

9 이 모든 증언들은 라너(H. Rahner)에 의해 수집되었다. H. Rahner, 「Die Gottesgeburt, Die Lehre der Kirchenvater von der Geburt Christi aus dem Herzen der Kirche und der Gläubigen」, 『Symbole der Kirche』, Salzburg, 1964, 11-87. 참조: B. Pastor Oliver, 「Un precursor de la "Carta a los fieles" de San Francisco de Asis comparación con otros textos precedentes」, 『Analecta』 TOR 14 (1980), 751-770, 여기서 761.

10 참조: K. Esser, 『Gli scritti』, 238: "아씨시 필사본 모음집은 볼테라본과 함께, fratrem[형제] 뒤에 et filium[와 아들]을 삽입한다. 그리고 후대의 누군가가 그 부분을 긁어냈지만 여전히 분명히 읽을 수 있다. 이는 matres Christi[그리스도의 아드님]라는 말과 호응하기에 본래 있던 것이지만, 더 시간이 지나 부적합다고 여겨졌던 것이 분명하다. 그래서 나머지 필사본 전통에서는 이 부분이 빠지게 되지만, 이는 간직할 만한 것이다." 참조: 또한 250 n. 104, 그리고 K. Esser, 「Ein Vorlaufer der "Epistola ad fideles" des hl. Franziskus von Assisi

수님을 세상에 내어놓는 것", 즉 그분을 아들로 모시는 것은 계속해서 "오!"를 반복하게 하는 커다란 기쁨의 원인이 될 뿐만 아니라, 행동하게끔 하는 하나의 자극이 된다. 사실 그리스도의 어머니가 되는 것은 모든 신자에게 주어진 가능성인데, 다만 다음과 같은 조건에서 그러하다.

> **신성한 사랑과 순수하고 진실한 양심을 지니고 우리의 마음과 몸에 그분을 모시고 다닐 때 우리는 어머니들입니다. 표양으로 다른 이들에게 빛을 비추어야 하는 거룩한 행위로써 우리는 그분을 낳습니다**(「1신자 편지」10).

그러므로 프란치스코의 마리아 공경은 그 안에 선교적 차원을 지닌다. 그는 모든 신자들에게 마리아의 믿음과 삶의 자세를 하나의 모범으로 제시하면서 그들을 천상 아버지의 아들과 딸이 되고, 그리스도의 자매와 어머니가 되는 고귀한 성소로 초대한다. 마리아는 이미 이런 성소를 실현했기에 프란치스코는 그녀를 찬미한다. 이처럼 고귀한 성소를 실현할 기회는 클라라와 그의 자매들에게도, 신자들에게도, 또한 우리에게도 주어졌다. 이 때문에 그는 우리에게 회개하고 생명이 다하는 날까지 회개 안에서 항구하도록 권고한다.

마리아는 본보기이지만 우리 각자 안에 있는 가능성이기도 하다. 결국, 우리도 마리아 공경과 묵상 안에서 우리 내면의 마리아를 발견하고 일깨울 수 있다. 마리아는 모든 인간 안에 있는 순결한 부분, 우리

(cod. 225 Biblioteca Guarnacci Volterra)」, 『Collectanea Franciscana』 45 (1975), 5-37, 18.

안의 동정녀 또는 후대에 독일의 신비가들이 말하는 'Seelengrund', 즉 영혼의 근저, 영혼의 지킴이, homo capax Dei, 즉 하느님을 받아들이는 인간의 능력이다. 마리아는 이렇게 우리 안에 하느님을 잉태할 수 있는 부분, 우리 존재의 가장 깊은 곳을 대변한다.

마리아를 관상하면서 자신 안에서 그녀를 보는 법을 배우는 사람은 자기 자신이나 자신의 가능성과 능력에 대한 긍정적인 이미지를 얻게 된다. 우리는 자신 안에 좋음이 없다고 얼마나 자주 자신을 나쁘게 생각하고, 자신을 내던져 버리려 하는가. 그러나 우리는 각자 하느님으로부터 질문과 부름을 받고 있다는 것을 알아야 한다. 우리 안에는 하느님을 받아들여 선을 행할 수 있는 선하고 중요한 처소가 있다.

마리아를 묵상하면서 우리는 다른 이들 안에서 신적인 선한 토대를 발견하는 그녀와 같은 시선을 지니는 법을 배우고, 우리를 찾아오시고 우리에게 물음을 던지시고 우리를 선택하시는 하느님을 바라보는 법을 배운다.

결국, "은총이 가득하신 마리아님, 기뻐하소서! 주님께서 함께 계시니 여인 중에 복되시며"라는 기도가 돌려지는 이들은 우리 자신이다. 우리도 복된 이들인 것이다. 마리아의 전망 안에서 우리는 마리아처럼 질문받고 우리의 길을 가도록 격려받는다. "그분께서 당신 종의 비천함을 굽어보셨기 때문"(루카 1,48)이다.

얼마나 많은 이들이 유구한 역사 안에서 마리아를 바라보았고, 오늘도 여전히 그녀를 바라보는가! 하느님의 어머니를 그린 그림은 셀 수도 없이 많다. 어떠한 사진첩으로도 그것들을 다 담을 수 없고, 어떠한 미술관에도 다 모아둘 수 없을 것이다. 성 프란치스코의 두 번째 마리아 기도는 이 수많은 마리아의 이미지 중 몇 가지를 제공해 줄 것이다.

2. 복되신 동정 마리아께 드리는 인사

A   1   귀부인이요 거룩한 여왕이시여, 인사드리나이다.
하느님을 낳으신 분,
거룩한 마리아이시여,
당신은 교회가 되신 동정녀이시나이다.

       2   하늘에 계신 지극히 거룩하신 아버지께서
당신을 뽑으시어
그분의 지극히 거룩하시고 사랑하시는 아드님과 보호자이신 성령과 함께 당신을 축성하셨나이다.

       3   당신 안에는 온갖 은총과 온갖 선이 가득하였으며 지금도 가득하나이다.

B   4   하느님의 궁전이시여, 인사드리나이다.
하느님의 장막이시여, 인사드리나이다.
하느님의 집이시여, 인사드리나이다.

       5   하느님의 의복이시여, 인사드리나이다.
하느님의 여종이시여, 인사드리나이다.
하느님의 어머니시여, 인사드리나이다.

C   6   그리고 거룩한 모든 덕들이여, 당신들에게도 인사드리나이다.
성령의 은총과 비추심으로
믿는 이들의 마음에 당신들이 쏟아부어지면
하느님께 불충한 이가 충실한 이 되리이다.

구조

「복되신 동정 마리아께 드리는 인사」는 앞서 **후렴**처럼 일련의 호칭과 청원이 아니라, 일곱 번의 '인사드리나이다'[Ave] 목록으로 구성되어 있다. 이는 일종의 인사말[salutatio]로, "제목에서나 다른 여러 가지 점에서 저 유명한 천사의 인사[Salutatio angelica], 즉 성모송[Ave Maria]을 생각나게 한다. 하지만 프란치스코는 다른 마리아 기도와 전례, 구약 성경의 몇몇 메시아적 구절, 그리고 무엇보다 루카 복음서의 이야기에서 착안하여 이 기도를 풍요롭고 다양하게 만들었다. 그렇지만 성경과 전례에서 가져온 이러한 표현들은 극도로 간결하게 쓰였음에도 불구하고 프란치스코의 영감을 흐리지는 않는다. 성인의 다른 모든 찬미처럼, 이 또한 하느님의 어머니에 대한 충만한 믿음과 사랑을 말로 표현함으로써 기도가 된 영혼의 노래이다."[11]

그러므로 아씨시의 "음유 시인"[Troubadour]은 이 작품과 앞으로 보게 될 「덕들에게 바치는 인사」에서 활용한 **인사**[saluto]의 문학 장르를 사용하는 데 **성모송**으로부터 영감을 받았을 가능성이 매우 크다.[12] 이 문학 장르는 그의 기사도 정신과도 잘 어울리는 것이었다.

하느님의 어머니께 드리는 일련의 인사들은 성경의 영감 외에 전례의 영향도 받았음을 보여준다. 처음과 마지막 인사는 상당히 확장된 반

11　C. PAOLAZZI, 『Lettura degli scritti』, 47.
12　F. URICCHIO, 「San Francesco e il Vangelo di Luca」, 『Parola di Dio e Francesco d'Assisi』, Assisi, 1982, 90-153, 99.

면, 두 번째에서 일곱 번째까지의 다른 인사들은 각각 하나의 이미지만을 담는 데 그친다. 이 작품은 세 부분으로 나눌 수 있는데, 여기서는 A, B, C로 표시했다. 가운데 있는 B 부분은 다시 두 개의 하위 부분으로 나뉘는데, 이는 각각 세 개의 '인사드리나이다'로 구성되어 있다. 앞의 세 개는 공간적인 모티브(궁전, 장막, 집)를 보여주는 반면, 다른 세 개는 무엇보다도 개인적인 모티브(의복, 여종, 어머니)를 구성한다. 처음에 마리아는 삼위일체이신 하느님의 선택을 받은 이로서 인사를 받으며, 마지막에는 다시 성령의 활동으로 시선이 돌려진다.

「시간경마다 바치는 찬미」처럼, 여기서도 삼위일체께 대한 성 프란치스코의 공경을 느낄 수 있다. 이 인사는 세 개의 단락으로 구성되어 있고, 각 부분은 삼중의 방식으로 짜여 있다. A 부분에는 세 번의 호칭과 세 개의 관계절(라틴어로는 더 분명히 알아볼 수 있다: quae, quam, in qua)이 있다. B 부분은 2×3의 '인사드리나이다'로 이루어져 있는데, 각각의 인사는 라틴어든 이탈리아어든 세 개의 단어로 되어 있다. C 부분은 호칭(거룩한 모든 덕들이여), 관계절,[13] 그리고 마지막 문장(…되리이다)과 같은 순서의 삼중의 방식으로 다시 돌아온다.

그러므로 「복되신 동정 마리아께 드리는 인사」는 3×3 구조로 이루어져 있다고 결론지을 수 있다. 중간 부분이 짧은 것은 6개의 가장 많은 '인사드리나이다'로 보상된다. A와 C 부분에서는 종속절이나 종속 문장이 된 진술들을 B에서는 인사들이 대신하는 것이다.[14]

---

13 역주: 이 관계절은 'que'로 시작하는데 한국어 번역에서는 표현할 수 없는 문장 요소라 우리말 번역에는 분명히 나타나지 않는다.
14 참조: L. LEHMANN, 『Tiefe und Weite』, 103-105. S. DURANTI도 『Preghiere di Francesco』, 72-80에서 인사를 세 개의 단락으로 나눈다. 하지만 그에 대한 어떤 설명을 하지는

해설

마리아: 삼위일체 하느님의 업적

이 작품의 구조는 그 근저에 있는 신학적 기초를 반영하는데, 마리아 찬양은 지극히 거룩하신 삼위일체께 대한 공경을 그 틀로 하고 그 안에 배치된다. 모든 찬미의 표현은 프란치스코가 여러 이미지를 통해 해석하는 마리아의 신성한 모성에서 비롯된다. 「주님의 수난 성무일도」 '후렴'에서처럼 「복되신 동정 마리아께 드리는 인사」에서도 이 신성한 모성은 삼위이시며 일체이신 하느님의 업적이다. 성부께서는 마리아를 선택하시고, 성자와 함께 성령을 통하여 그녀를 축성하신다. 여기서 성령은 기도 마지막 부분에서 믿지 않는 이들을 믿는 이들로 변화시키는 힘으로 다시 한번 언급된다. 이처럼 이 기도는 외적인 구조나 내용에서 어떤 완결성을 보여주고 있다.

첫 번째 단락은 마리아를 성부께 선택받은 이, 예수 그리스도의 어머니, 성령의 축성을 받은 이, 그리고 말하자면 첫 번째 교회의 모태가 된 이로 보면서 인사한다.

두 번째 단락의 첫 부분은 하느님께서 마리아 안에 머무르신다는 생

않는다. 또한 다음을 참조: M. Adinolfi, 『Il saluto alla Vergine di san Francesco』 (Quaderni di "La Terra Santa"), Jerusalem, 1982; F. Di Ciaccia, 「Il "Saluto alla Vergine" e la pieta mariana di Francesco d'Assisi」, 『Studi Francescani』 79 (1982), 55-64; A. Martinelli, 「Il Saluto alla Vergine di san Francesco d'Assisi」, 『Studi Francescani』 88 (1991), 431-453.

각을 전개한다. 세 번의 '인사드리나이다'가 모두 궁전, 장막, 집과 같이 주거의 이미지를 보여주며 조화를 이룬다. 이어지는 세 번의 '인사드리나이다'는 의복, 여종, 어머니와 같이 마리아의 인격을 더 생각하게 한다. 이 단어들이 열거되는 순서는 우연이 아니다. 마리아는 하느님께로부터 창조되어 육체라는 의복으로 감싸여 있으며, 어머니가 되기 전에 하느님의 여종으로 준비된 자로 일컬어진다.

세 번째 단락은 성령을 통해 다른 이들에게도 효력을 발휘할 수 있는 마리아에게 주어진 덕과 능력을 대상으로 한다.

교회가 되신 동정녀

「주님의 수난 성무일도」 '후렴'에서 "성령의 정배"라는 명칭을 특별히 심화할 필요가 있었듯이 「복되신 동정 마리아께 드리는 인사」에 나오는 "교회가 되신 동정녀"[Virgo ecclesia facta]와 같은 비상한 표현에 대해서도 마찬가지다. 이 표현은 첫 번째 인사에서 바로 등장한다. "인사드리나이다, …마리아이시여, 당신은 교회가 되신 동정녀이시나이다. 하늘에 계신 지극히 거룩하신 아버지께서 당신을 뽑으시어…"[Ave…Maria, quae es virgo ecclesia facta et electa a sanctissimo Patre de caelo…].

마리아를 "하느님을 낳으신 거룩하신 분"으로 부르면서 마리아 신비의 핵심을 건드린 뒤 인사는 즉시 구원 역사로 향한다. 마리아는 그녀와 교회의 관계 안에서 관상된다. 에써는 그의 새로운 비판본에서 다른 학자들의 연구와 궤를 같이하여, "당신은 영원한 동정녀로서…뽑히셨나이다"[quae es virgo perpetua electa a…] 대신에, "당신은 교회가 되신 동정녀로서…뽑히셨나이다"[Quae es virgo ecclesia facta et electa a…]라는 난해한 독해[lectio difficilior]로 돌아가 이를 받아들인다.[15]

필사본을 옮겨 적는 이들은 더 이상 예전 독해의 의미를 이해하지 못했기에 "virgo ecclesia facta"[교회가 되신 동정녀]를 "virgo perpetua", 즉 "영원한 동정녀"로 바꾸어 놓았다. 이 표현은 에써 신부가 새 비판본을 내놓은 1976년까지 모든 프란치스코의 글 편집본에 그대로 남아 있었다. 많은 번역본은 아직도 이런 변화를 반영하지 않고 있다.[16]

"교회가 되신 동정녀"라고 기록하는 필사가 집단이 "영원한 동정녀"라고 하는 집단보다 더 오래되었으므로 분명히 더 어려운 독해를 하는 이들을 신뢰할 필요가 있다. 이에 덧붙여, 이런 표현은 교부 신학(예를 들어, 이레네오Irenaeus, 히뽈리토Hippolytu, 아우구스티노Augustinus, 오리게네스Origenes, 그리고 더 후대의 빅토리니Vittorini의 경우)은 물론, 교회를 동정녀이자 어머니로 보는 인식과 마리아를 이런 동정녀-어머니 교회의 전형으로 보는 개념이 자주 등장하는 중세 초기의 전례에 뿌리를 두었다는 점을 언급할 필요가 있다.[17]

프란치스코는 마리아의 영원한 동정성이 마리아의 교회성에 우선하는 이후의 스콜라 후기 전통보다 이 전통(교부 신학과 중세 초기) 안에서

---

15 K. ESSER, 『Gli scritti』, 547, 549.

16 참조: 『FF』 (ed. maior), quarta edizione Padova, 1990, 176: "Maria che sempre sei Vergine…"[마리아이시여, 당신은 언제나 동정녀이시나이다…]; L. CANONICI - G. BOCCALI, 『Scritti ed opuscoli』, 128: "Maria, che sei perpetua Vergine"[마리아이시여, 당신은 영원한 동정녀이시나이다…]

17 참조: 이와 관련해 제공되는 풍부한 자료는, H. PYFFEROEN, 「Ave…Dei Genetrix Maria, quae es Virgo ecclesia facta」, 『Laurentianum』 12 (1971), 412-434; O. van ASSELDONK, 『Maria, Francesco e Chiara』, 135-137.

움직인다. "교회가 되신 동정녀"에 뒤따르는 "궁전", "장막", "집"이라는 표현은 "교회가 되신 동정녀"라는 개념을 발전시키기 때문에 "영원"이란 말 대신에 "교회"로 읽는 것이 올바르다는 것을 확인해준다.

이러한 원문을 재발견하는 것은 아씨시의 성인이 지녔던 마리아와 성교회에 대한 신심과 관련해 밝은 빛을 던져 준다. 이 두 신심은 일치를 이루며 서로 영향을 주고받는 것으로 보인다. 프란치스코에게 마리아는 삼위이자 일체이신 주님께서 축성하신 첫 교회이다. 프란치스코는 포르치운쿨라의 성당에 있으면서 자연스럽게 마리아 찬미를 입에 올렸다. "천사들의 성 마리아 성당은 그가 수리하고 매우 사랑하던 작은 성당일 뿐만 아니라, 천사들에 둘러싸여 그 성지에 현존하시는 마리아 자체였다."[18]

「복되신 동정 마리아께 드리는 인사」에 담겨 있는 뚜렷한 윤곽처럼 이 작은 교회가 축성되었듯이, 더욱 깊은 의미에서 마리아는 성부께 축성되어 성자의 동정 어머니가 되시고 성령의 장막이 되셨다. 마리아는 교회가 되신 동정녀이시다. 프란치스코는 성당 건물을 통해 마리아를 묵상하고, 마리아를 통해 교회를 묵상한다. 동정녀이면서 동시에 하느님의 어머니인 마리아는 동정이자 어머니인 교회의 원초적 형상, 교회의 전형[Tipo]이 되신다.

프란치스코에게 교회는 무엇보다도 하느님의 아드님께서 육화하시는 경이로움이 되풀이되는 장소이다.

---

18 H. PYFFEROEN - O. van ASSELDONK, 「Maria santissima e lo Spirito Santo in san Francesco d'Assisi」, 『Laurentianum』 16 (1975), 446-474, 여기서 449.

보십시오! 그분은 어좌로부터 동정녀의 태중으로 오신 때와 같이 매일 당신 자신을 낮추십니다. 그분은 겸손한 모습으로 매일 우리에게 오십니다. 매일 사제의 손을 통하여 아버지의 품으로부터 제대 위에 내려오십니다(「권고」 1,16-18).

그래서 우리는 「복되신 동정 마리아께 드리는 인사」에서 교회에 바치는 하나의 송가[ode]를 볼 수 있는 것이다.[19]

모든 사람을 위한 교회

「복되신 동정 마리아께 드리는 인사」는 내적 역동성을 그 특징으로 한다. 첫 번째 "인사드리나이다"에서는 모든 것이 마리아와 하느님께서 그녀 안에서 이루어주신 바에 집중된다. 베들레헴에서 일어난 육화의 역사적 전망은 이제 오늘 위에 열린다. 마리아 "안에는 온갖 은총과 온갖 선이 가득하였으며 지금도 가득하나이다." 마리아는 모든 시대에 걸쳐 은총이 가득하신 분이고, 또한 사람들이 그녀에게 주어진 것과 같은 은총을 청하기 위해 향할 수 있는, 하느님께서 머무시는 특별한 장소로 남아 있다. 시간이 지나면서 사람들의 범위 또한 확장된다. 하느님께서 당신의 성령을 통해 마리아 안에서 본보기로 행하신 바는 여전히 이루어질 수 있다. 언어적으로 매우 의미 있는 것은 첫 번째 "인사드

---

19 C. Paolazzi, 『Lettura degli scritti』, 49; S. van der Horst, 「Franciscus' lofzang op Maria, een ode aan de kerk」, 『Franciscans Leven』 71 (1988), 59-72.

리나이다"의 "동정녀"에서 마지막 "인사드리나이다"의 "어머니"로 넘어가는 과정이다. 여기서 동정녀-교회는 어머니-교회가 된다. 하나의 인격으로 간주되는 교회는 불충한 이에서 충실한 이가 될 수 있는 모든 이들에게로 확대된다.

"비신자"[infideles]라는 말은 프란치스코가 수도규칙에서 "사라센인들과 다른 비신자들 가운데로"(「비인준 규칙」 16,3; 「인준 규칙」 12,1) 가고자 하는 형제들에게 말하는 장에서 사용된다. 그러니까 몇 번이나 직접 선교 여행에 뛰어들고 1219년에는 술탄의 면전에까지 갔던 이 사람은 「복되신 동정 마리아께 드리는 인사」에서 성령의 비추심으로 진실하시고 살아 계신 하느님을 믿는 이가 될 수 있는 비그리스도인들도 염두에 두고 있는 것이다.

마리아와 교회 안에 하느님께서 거주하심은, 하느님께서 당신의 활동을 통해 세례 안에서 비신자들을 믿는 이들로 변화시키실 때마다, 그리고 주입덕을 통해 그들이 충실하도록 지켜 주실 때마다 반복된다. "온갖 은총과 온갖 선이 가득하였으며 지금도 가득한" 마리아에서 출발하여 모든 시대의 모든 사람에게 시선이 확장되는 것이다.

동정녀-어머니-교회는 동정 마리아에게서 잉태되어 나신 하느님의 아드님을 세례의 은총 안에서 계속해서 잉태하고 낳는다. 프란치스코는 마리아에게만 국한하지 않는다. 마리아 안의 '온갖 은총'에 대한 그의 묵상은 성령의 활동을 따르는 모든 사람에게 가능한 온갖 은총으로 옮겨 간다. 프란치스코의 마리아 신심은 탁월하게 선교적이다.[20]

20　참조: L. LEHMANN, 「I principi della missione francescana secondo le fonti primitive」, 『L'Italia Francescana』 65 (1990), 239-278, 여기서 276.

「복되신 동정 마리아께 드리는 인사」: 성모송 묵상

하느님의 어머니께 드리는 프란치스코의 인사를 묵상할수록 **성모송**과의 관련성이 드러난다. 천사의 인사(루카 1,28)와 엘리사벳의 인사(루카 1,42)가 결합된 기도는 7-8세기부터 알려졌고, 교회 안에서 점차 으뜸가는 마리아 기도가 되어갔다. 1210년경에는 여러 시노드에서 모든 신자들이 **주님의 기도**, **신경**과 함께 성모송도 암송해 배우도록 규정하기 시작했다. 하지만 그 시대에는 아직 시에나의 성 베르나르디노가 첨가한 "천주의 성모 마리아님, …저희 죄인을 위해 빌어 주소서" 부분은 없었다. 1200년대의 이러한 성모송의 확산을 고려하면, 이 기도가 성 프란치스코에게 영향을 미쳤으리라고 추정하는 것은 어렵지 않다. 여하튼 이 두 기도에 있는 단어들의 연관성은 꽤 명확하며, 이를 다음과 같이 나타낼 수 있다.

Ave (기뻐하소서)	—	Ave (7번!)
Maria (마리아님)	—	Genetrix…Maria (낳으신 분…마리아이시여)
gratia plena (은총이 가득하신)	—	in qua fuit et est omnis plenitudo gratiae (당신 안에는 온갖 은총이 가득하였으며 지금도 가득하나이다)
Dominus tecum (주님께서 함께 계시니)	—	Pater, Filius, Spiritus Sanctus (성부, 성자, 성령)
benedicta tu in mulieribus (여인 중에 복되시며)	—	electa a sanctissimo Patre (지극히 거룩하신 아버지께서 당신을 뽑으시어)

et benedictus fructus ventris tui
(태중의 아들 예수님 또한 복되시나이다)

— palatium, tabernaculum, domus, vestimentum
(궁전, 장막, 집, 의복)

루카 1,28절과 명확히 관련된 부분이 두 곳에 있다. 하나는 처음에 나오는 Ave인데, 이는 좀 더 멀고 형식적인 문학적 성격의 인용으로서, 이 기도에 인사와 찬미와 관상의 특성을 부여하는 가운데 기도 전체에 어조를 준다. 둘째는 직접적이고 개념적인 인용으로, "in qua fuit et est omnis plenitudo gratiae et omne bonum"[당신 안에는 온갖 은총과 온갖 선이 가득하였으며 지금도 가득하나이다]으로 나타난 gratia plena[은총이 가득하신]의 유사문장[parafrase]이다. 여기에 나오는 "omne bonum"[온갖 선]과 "plenitudo gratiae"[온갖 은총] 사이에는 일종의 대응 관계, 아니 거의 유사성이 존재한다. "게다가 성경학자 프란체스코 우리키오Francesco Uricchio가 강조하듯이,[21] 그리스어를 알지 못하는 성인이 초자연적 직관과 마리아에 대한 사랑으로 인도되어, 'in qua fuit et est'[당신 안에는 가득하였으며 지금도 가득하나이다]라는 문장으로, 마리아의 과거와 현재를 포함하는 그리스어 케카리토메네κεχαριτωμένη의 수동태 과거완료 의미를 매우 잘 표현한 것은 강조할 만한 일이다."

프란치스코는 Ave를 일곱 번이나 되풀이하며 마리아를 귀부인, 여왕, 하느님을 낳으신 분이라는 세 개의 탁월한 명칭으로 들어 높인다. "은총이 가득하신" 분이라는 호칭 역시 "당신 안에는 온갖 은총이 가

---

21 F. URICCHIO, 「San Francesco e il Vangelo dell'infanzia di Luca」, 『Parola di Dio e Francesco d'Assisi』, Assisi, 1982, 90-154, 여기서 101 n. 31.

득하였으며 지금도 가득하나이다"라는 문장으로 풀어 설명된다. "주님께서 함께 계시다"[Dominus tecum]라는 구절은 "…아버지께서 당신을 뽑으시어, 그분의 아드님과 성령과 함께 당신을 축성하셨나이다"라는 말로 성삼위를 끌어들이면서 확장된다. "여인 중에 복되시며 태중의 아들 예수님 또한 복되시나이다"는 「복되신 동정 마리아께 드리는 인사」에서 문자 그대로 나오지는 않지만, "모태"[ventre]는 여기서 프란치스코가 선택한 말들인 "장막", "집", "의복"이 된다. 프란치스코의 마리아 기도와 옛 기도인 성모송은 믿음의 기본적인 개념을 공유하는데, 하느님께서 마리아 안에 거처를 마련하셨고, 그녀는 복되시며, 따라서 칭송받으실 만하다.

이저럼 프란치스코는 7개의 '인사드리나이다'[Ave]를 통해 호칭 기도 형식으로 성모송을 확장했으며, 여러 이미지를 통해 성경 본문의 중요한 요소들을 다시금 묵상하고 그것을 찬미의 노래로 만들었다. 「복되신 동정 마리아께 드리는 인사」는 **성모송**에 대한 묵상으로서 「"주님의 기도" 묵상」과 비교될 수 있다. 다음 장에서 살펴보겠지만, 「"주님의 기도" 묵상」은 결국 주님의 기도에 대한 프란치스코의 묵상 외에 다른 것이 아니다.

실천 지침

1. 먼저 성모송을 바치고 묵상한다. 그리고 프란치스코의 「복되신 동정 마리아께 드리는 인사」를 천천히 반복한다.

2. 삼종 기도를 매일, 그리고 가능하면 공동으로 바친다. 이 기도는 초기 형제회의 대표적인 묵상글이다. 이 기도를 특징짓는 삼중의 구조는 프란치스코의 「복되신 동정 마리아께 드리는 인사」 보다 더 분명하다. 프란치스코 수도회의 위대한 총봉사자이고 저명한 신학자요 추기경이었던 보나벤투라는 1260년에 저녁때 종을 울리며 성모송을 바칠 것을 명하였다. 이로부터 하루에 세 번 종을 울리며 삼종 기도를 바치는 관습이 서서히 발전했다.

이러한 관습은 점차 가톨릭 세계 전반으로 퍼져나갔는데, 프란치스칸들은 가장 열렬한 촉진자들이었다. 전례 학자인 테오도르 슈니츨러 Theodor Schnitzler는 이 기도를 가장 짧은 대중 성무일도[das kürzeste Volksbrevier]라고 부르면서 가장 훌륭한 대중 기도문 중 하나로 간주했다. 실제로 아침기도(아침)와 육시경(정오)과 저녁기도(저녁)라는 기본적인 공식 시간경을 바칠 때 삼종 기도를 드림으로써 주님의 육화와 십자가, 부활을 기념한다.[22]

---

22 Th. Schnitzler, 『Religiöses Brauchtum und Stundengebet』, Freiburg, 1988, 13. 바오로 6세 역시 그의 사도적 권고 「마리아 공경」(Marialis cultus)(1974년 2월 2일)에서 "가능한 언제 어디서나 삼종 기도를 바치는 습관을 유지하도록" 초대한다(n. 41: 「Acta Apostolicae Sedis」, LXVI, 1974, 152).

3. 시간경 기도 전에 프란치스코의 마리아 **후렴**을 읊으면서, 천상 교회와 일치하여 그들에게 하느님의 순례하는 백성인 우리를 위해 전구해 주시도록 청할 수 있다.

4. 마리아 찬미에 대한 가장 중요한 비잔틴 교회의 증언인 아카티스토스 힘노스Ἀκάθιστος Ὕμνος[23]를 디스크나 카세트를 통해[24] 듣고, 프란치스코의 「복되신 동정 마리아께 드리는 인사」를 묵상한다.

5. 성모 마리아의 이콘이나 그림을 오랫동안 바라보고 나서 「복되신 동정 마리아께 드리는 인사」를 천천히 읊는다.

6. 「복되신 동정 마리아께 드리는 인사」를 천천히 암송하면서, 첫 네 개의 호칭 후에 멈추어서 "머무름"을 묵상한다. 하느님께서 마리아 안에 머물고 계신다.

- 인간이 되신 하느님의 궁전
- "나는 살아있는 빵이다"(요한 6,51)라고 말씀하신 분의 장막
- 하느님께서 사람이 되시어 우리 가운데 "사시는" 천막(요한 1,14)
- 하느님 손수 마련하신 집

나 또한 하느님의 집, "영적인 집"(1베드 2,5)이며, "성령의 성전"(1코린 6,19)이다. 나는 어떻게 주님께서 머무실 곳을 마련해 드릴 것인가?(참조:

---

23 역주: '아카티스토스 힘노스'는 일어서서 드리는 찬가를 의미한다.
24 이 "트로파리오"(tropario; 다양한 운율로 이루어진 짧은 단락들로, 그 리듬은 강세에 기초한다)와 관련해, 라자냐(L. Lasagna)가 감수하고 "Cor Unum", Roma, s.a.가 편집한 가락을 녹음한 카세트가 있다. 성가대를 위한 번역(P. Ermanno M. Toniolo, O.S.M. 감수)은 다음의 멋진 소책자에 실려 있다. 『Tralci di vite feconda. Con s. Francesco e s. Chiara a colloquio con il "dolcissimo Iddio"』, Genova, 1991, 391-407.

요한 14,23) "가서 나의 집을 수리하여라." 나의 집은 바로 너 자신이다! 프란치스코가 성 다미아노의 작은 성당에서 받은 이 사명은 나에게도 해당하지 않을까?

7. 마리아께 드리는 마지막 호칭들은 "여종이며 어머니"라는 주제와 연결되어 있다.

- "저는 주님의 종입니다"(루카 1,38)
- "행복하십니다, 믿으신 분"(루카 1,45)
- 하느님의 활동으로 믿음에 이르고 충실함과 믿음 안에서 앞으로 나아가는 모든 이는 복되도다.

나는 이러한 확언에 어떻게 반응하는가? 어떻게 하면 여종이자 어머니인 것처럼 동시에 주님과 인류에 봉사할 수 있는가? 어떻게 나도 교회와 함께 동정녀이자 어머니가 될 수 있는가? 나는 어떻게 하느님의 말씀을 받아들이고 그것을 세상에 전할 것인가?

8. 요한 23세는 1962년에 다음의 기도로 성탄절 담화를 마무리했다.

성부의 영원하신 말씀, 하느님의 아드님이시자 마리아의 아드님이시여, 영혼의 신비로운 깊이 안에서 당신 탄생의 놀라운 표지를 다시 한번 새롭게 하소서.

신학적으로 함축하는 바가 많은 이 기도는 하느님의 삼중 탄생이라는 옛 교의를 취하고 있다. 교황께서는 영원하신 말씀, 하느님의 아드님을 부르면서 **영원** 속에서 탄생하신 말씀[Logos]을 생각했고, **베들레헴**

의 성탄 사건을 기억했으며, 그 뒤에는 주님께서 **모든 인간의 마음 속에** 이 놀라운 표지를 다시금 새롭게 해 주시기를 기도했다.

교황의 이러한 기도를 반복하면서 그것을 나의 기도로 만들 수 있는가? 인간 안에 하느님께서 탄생하신다는 생각은 다음과 같은 말들을 더욱 깊이 이해하게 해준다.

- "이제는 내가 사는 것이 아니라 그리스도께서 내 안에 사시는 것입니다"(갈라 2,20).
- "만약 그리스도가 거룩하신 동정녀에게서 나셨지만 내 안에서는 태어나지 않는다면 나에게 무슨 소용이 있겠는가?"(오리게네스)
- "그리스도께서 베들레헴에서 수없이 태어나셨다 한들 당신 안에서 그렇지 않다면, 당신은 영원히 길을 잃게 될 것이다"(안젤로 실레지오Angelo Silesio).

9. 마리아가 다음의 대상들과 어떻게 관계를 맺는가를 바라보라.
- 하느님
- 자기 자신
- 다른 이들
- 세상

10. 마리아의 찬미 노래인 마니피캇(Magnificat; 루카 1,46-55)을 바치면서 개인적인 표현 즉 1인칭 단수형 표현을 자신에게 적용해 본다. 마리아는 내 안에 있으며, 주님을 찬미하는 이는 바로 나다. "그분께서 당신 종의 비천함을 굽어보셨습니다", 즉 나의 작음과 약함을 굽어보셨다. "전능하신 분께서 나에게 큰일을 하셨습니다."

11. 「복되신 동정 마리아께 드리는 인사」를 사도 바오로의 다음 문

장과 비교해 보라. "온전히 충만한 신성이 육신의 형태로 그리스도 안에 머무르고 있습니다. 여러분도 그분 안에서 충만하게 되었습니다"(콜로 2,9-10).

12. 「복되신 동정 마리아께 드리는 인사」에 맞는 가락을 만들거나 찾아서 노래해 보라.

13. 세기를 통해 많은 성인들이 마리아를 찬미하는 노래를 끝없이 불러왔다. 서정성과 경탄스러운 놀라움으로 가득한 아름다운 증언들이 많이 있다. 그중 하나로 여기에 카푸친 형제이자 교회 박사인 브린디시의 성 로렌죠(Lorenzo da Brindisi, 1559-1619)의 성모님에 대한 매우 해박하면서도 신심 깊은 증언을 소개한다.

> 마리아가 받으신 하느님의 은총과 총애와 영예와 품위와 특권과 재능은 얼마나 위대한가! 마리아가 하느님 성부의 따님이자 하느님 성자의 참된 어머니, 하느님 성령의 정배, 하늘의 여왕, 천사들의 귀부인, 우주의 황후가 되셨으니 어떤 언어가, 비록 천사의 말일지라도 이를 묘사할 수 있을 것인가![25]

마리아에 대한 이 찬미를 성 프란치스코의 찬미와 비교해 보자.

25　S. Duranti, 『Preghiere di Francesco』, 84에서 인용.

9
주님의 기도에 대한 묵상

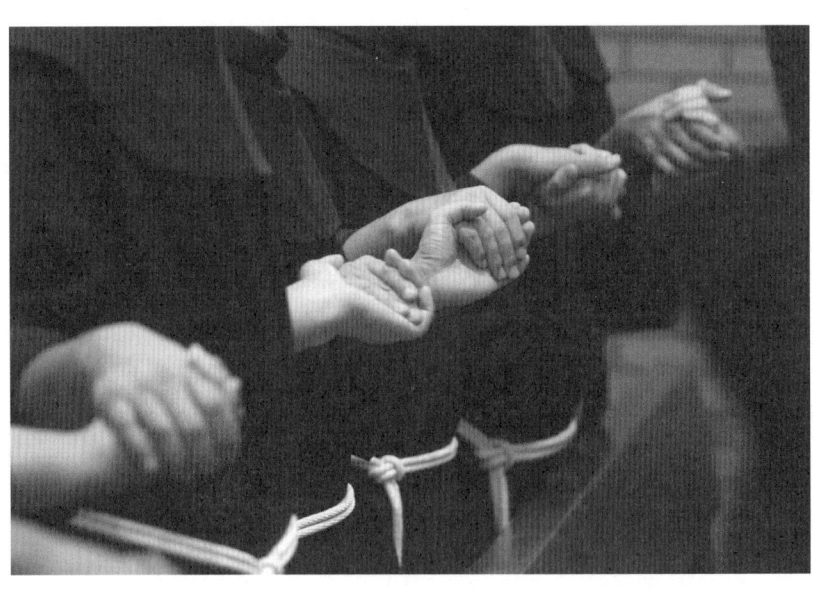

"주님의 기도" 묵상

앞에서 이미 보았듯이 성 프란치스코는 시간경을 바칠 때 항상 주님의 기도를 드렸는데, 처음에 아버지의 이름을 부를 때 매번 "지극히 거룩하신"을 덧붙여서 "지극히 거룩하신 우리 아버지"라고 읊었다. 「주님의 수난 성무일도」 시편에서도 경의와 신뢰를 함께 표현하면서 이 확장된 호칭이 사용된다. 이처럼 요한복음 17장에 나오는 예수님의 고별 기도와 연관된 아버지 호칭은 아씨시 성인의 기도에 항상 등장한다. 어쨌든 프란치스코는 이제 우리가 읽으려는 이 글에서 호칭을 늘렸을 뿐만 아니라, 주님의 기도 문장 하나하나를 묵상하면서 그의 「"주님의 기도" 묵상」을 탄생시켰다. 이는 **주님의 기도 해설**[Exposizione] 또는 **주님의 기도 풀이**[Parafrasi]라고도 한다.

오랜 전통의 연속

주님께서 드리신 기도라는 점에서 '주님의 기도'는 복음서가 저술되던 시기부터 교회 안에서 매우 특별한 의미를 누려 왔다. 이 기도는 제자들의 요청으로 예수님께서 직접 가르쳐 주신 유일한 기도이다. "너희는 기도할 때 이렇게 하여라. '아버지, 아버지의 이름을 거룩히 드러내시며'"(루카 11,2), 또는 나중에 전례에 받아들여진 더 긴 작성본에서는 "그러므로 너희는 이렇게 기도하여라. '하늘에 계신 저희 아버지'"(마태 6,9)라고 읽힌다.

예수님께서는 그리스도인의 기도하는 자세를 평가하는 기준이자 하느님과의 모든 대화가 지향해야 할 본보기로 교회에 이 기도를 남겨 주셨다. 그 규범적 가치 때문에 초기부터 주님의 기도 본문에 대한 해석과 주해가 시작되었다. 이 기도는 예비자들의 교리 교육에서도 중요한 부분을 차지했다. 그들에게 이 기도는 세례가 임박한 준비 기간에 주어졌으며, 세례 때 비로소 그들에게 이 기도를 바칠 수 있는 것이 허용되었다.

주님의 기도[oratio dominica]는 오늘날보다 옛날에 더욱 그리스도인들의 기본 규범을 이루고 있었을 것이다. 사실 사람들이 읽고 쓸 줄 몰랐던 시대에는 암기로 배운 반복적 기도들에 의존했다. 그중 가장 일반적이고 잘 알려졌던 것이 바로 주님의 기도였다. 하지만 이 기도가 공허한 형식이 되지 않게 하려고 설교나 주해를 통해 심화하고 해설하게 되었다. 이로부터 테르툴리아노(+220 이후), 오리게네스(+253), 치프리아노(+259), 아우구스티노(+430) 등이 주님의 기도에 대한 다양한 주해를 내놓게 되었다.

중세 때는 그런 주해들에 대한 관심이 더욱 증가하였다. 따라서 프란치스코의 작품이 이런 앞선 글들 가운데 몇몇과 관련이 있다 해도 결코 놀랄 일이 아니다. 그의 작품의 뿌리는 그의 글이 생겨나는 영적 환경을 형성했던 중세 초기의 신학으로 거슬러 올라간다.[1]

---

1 참조: A. Hamman, 『Le Pater expliqué par les Pères』, Paris, 1962; J. Carmignac, 『Recherches sur le "Notre Père"』, Paris, 1969.

'주님의 기도'에 대한 주해들이 시대의 특성을 지녔다면, 아씨시의 프란치스코의 경우 더욱 놀라운 점은 앞에서 보았듯이 그는 이미 존재하는 주석 중 하나를 단순히 받아들여 취하지 않고, 전통을 새로운 방식으로 되풀이하면서 전통과 창조적인 관계를 맺었다는 것이다.

「"주님의 기도" 묵상」의 친저성과 특징

프란치스코의 「"주님의 기도" 묵상」과 중세 초기 신학, 특히 아우구스티노 신학의 관념과 사상의 명백한 관련성 그리고 프란치스코에게서는 나타나지 않는 세련된 문체로 인해 십여 년 전까지만 해도[2] 여러 연구자가 이 작품을 가난뱅이가 친히 작성한 것으로 받아들이려 하지 않았다. 하지만 한 작품의 저자를 너무 좁게 이해하지 않는다면, 그리고 프란치스코가 다른 저작들에서도 그랬던 것처럼 교양 있고 작문 능력이 좋은 형제들의 도움을 받았다는 점을 인정한다면, 이 작품의 친저성에 대한 의문은 더 이상 없을 것이다.

1970년에 카예탄 에써(+1978)는 이 글에 대한 오랜 역사비평 연구 결과를 내놓았다.[3] 이 작품의 친저성과 특성에 대한 그의 결론을 다음과 같이 정리할 수 있다.

---

[2] 역주: 1993년에 이 책의 이탈리아어본이 출판될 당시로부터 10년 전이라는 의미이다.

[3] K. ESSER, 「Die dem hl. Franziskus von Assisi zugeschriebene "Expositio in Pater noster"」, 『Collectanea Franciscana』 40 (1970), 241-271; 또한, K. ESSER, 『Studien zu den Opuscula』, 225-257. 비평 연구는 주님의 기도 묵상이 프란치스코가 직접 저술한 글 가운데 하나라는 점을 증명한다. 그러나 이 연구에서는 이 저작에 대한 영성적인 읽기는 이루어지지 않는다.

1. 대부분의 **사본들**[codici]이 이 작품을 프란치스코의 것이라고 말한다. 오직 하나의 사본만이 에지디오Egidio를 저자로 말한다. 이는 형제회 창설자의 동료인 에지디오가 프란치스코의 기도-주해를 기억하고 있다가 나중에 구술하여 전해주었다는 사실에 따른 것일 수 있다. 그 결과로 사본을 만든 이는 이 기도가 에지디오의 것이라고 믿었는데, 이는 에지디오가 수년간 관상에 몰두했고, 거룩함의 명성을 얻었기 때문이기도 하다(참조: 그의 "금언"[dicta aurea]).[4]

2. 실제로 어휘와 문체가 가난뱅이의 다른 글들과 비교해 다르다는 점을 인정할 필요가 있다. 하지만 「"주님의 기도" 묵상」과 다른 작품들 사이에는 일치하는 어휘가 존재하고 특히 내용상의 일치가 존재한다.

3. 이는 일부는 전해 내려온 글에서, 또 일부는 프란치스코 개인의 글에서 유래한 내용으로 구성된 혼합된 글이다. 프란치스코는 이전의 해설을 받아들여 그것을 자기 생각과 감성에 맞게 바꾼다. 이와 관련해서 세 가지 가능성이 있다.

   a. 프란치스코는 상당히 잘 구성되어 기억하기 쉬운 주해를 알고 있었을 것이다. 그는 여기에 자신의 영성의 핵심 요소들을 표현하는 고유 부분을 첨가하여 확장하였다. 이렇게 변형된 기도가 프란치스코의 작품으로 전해져 내려왔다는 사실을 필사본들이 증명하고, 이는 중세의 관습과도 일치한다.

   b. 이 작품은 여러 원천에서 나왔을 것이다. 프란치스코는 「"주님의 기도" 묵상」의 버팀돌들을 전통의 풍부한 보물에서 취했을 수 있다.

---

4 참조: E. MARIANI, 『La sapienza di frate Egidio compagno di san Francesco con "I Detti"』, Vicenza, 1982.

c. 아마도 이 작품의 바탕에는 구술된 원천만이 있을 수도 있다. 프란치스코가 설교를 듣거나 형제들과의 대화 안에서 「"주님의 기도" 묵상」에 나타나는 생각들을 형성했다는 의미에서 그러하다.

여하튼 이 글은 우리가 가진 본문과 일부가 아닌, 완전히 일치하는 다른 저자의 필사본을 얻기 전까지는 친저로 간주되어야 한다. 우리에게 전해진 그 당시의 주님의 기도에 관한 모든 주해 중에서 프란치스코의 작품이 그것을 베꼈다고 생각할 수 있을 정도로 형식이나 내용 면에서 유사한 작품은 없다.

4. 우리가 가지고 있는 「"주님의 기도" 묵상」은 프란치스코의 정신에 부합하고, 여러 첨가문 안에서 그의 글쓰기 방식이 드리니며, 그기 사용했고 그의 동료들이 전달했다는 점에서 성인의 친저 중에 하나로 넣을 수 있다.

5. 이 글이 언제 작성되었는지 말하는 것은 불가능하다. 외부의 증언이 전혀 없으며, 글 자체는 작성 시기에 대해 어떠한 단서도 제공하지 않는다. 이 주해에 나오는 심오한 생각들은 주님의 기도에 대한 오랜 묵상에 따른 열매로 간주되어야 한다. 몇몇 표현들은 고도의 신학, 곧 하느님에 대한 깊은 이해와 체험을 보여 주며, 신비가 프란치스코를 드러내 준다.[5]

---

[5] 참조: K. Esser, 『Gli scritti』, 341-354; 친저성을 지지하는 몇몇 언어적 고찰과 관련해서는 L. Lehmann, 『Tiefe und Weite』, 149-174 참조.

영적인 해설

마태 6,9-13에 나오는 익숙한 형태의 주님의 기도는 관계절을 통해 확장되는[6] 처음의 호칭과 7개의 청원으로 구성되어 있다. 기도가 된 그의 주해에서 프란치스코는 먼저 시작 부분의 호칭과[7] 그 관계절 "하늘에 계신"을 다룬 다음 7개의 청원으로 넘어가는데, 이 중 다섯 번째 청원은 둘로 나누어 다룬다. 이렇게 하여 프란치스코의 기도-주해는 10개의 절로 구성되는데, 여기서는 한 구절씩 분리된 형태로 옮겨 해설할 것이다(출처가 되는 성경 본문은 굵은 글씨로 표시할 것이다). 프란치스코의 다른 글에도 특별한 관심을 기울일 터인데, 이는 거기에 나타나는 사상과 개념들이 「"주님의 기도" 묵상」과 갖는 근접성을 드러내 보이는 한편, 세심한 검토를 통해 이 글의 친저성을 증명하기 위해서이다.[8]

호칭: 신뢰와 경의

---

6 역주: 여기서 말하는 관계절은 "하늘에 계신"을 의미한다.
7 역주: 여기서 말하는 시작 부분의 호칭은 "아버지"이다. 이탈리아어 어순상 "아버지", "우리", "하늘에 계신"의 순서로 말이 이어지기 때문이다.
8 참조: C. Paolazzi, 『Lettura degli scritti』, 39-47; 신약 성경에서 시작해 프란치스코의 삶의 다양한 순간들을 살펴보는 더욱 구체적인 해석을 위해서는 다음을 참조: L. Lehmann, 「"Venga a nosotros tu reino". El Padre nuestro con Francisco de Asís」, 『Selecciones de Franciscanismo』 17 (1988), 269-299; S. Duranti, 『Preghiere di Francesco』, 33-47.

1 오 지극히 거룩하신 우리 아버지

우리의 창조자, 구속자, 위로자, 구원자시여.

이미 첫 단어들부터 전형적인 프란치스코의 표현들이다. 앞서 언급했듯이 성인은 "우리 아버지"라는 호칭 앞에 항상 "지극히 거룩하신"이라는 형용사를 덧붙인다. 그것이 여기서도 확인된다. 프란치스코는 한편으로 아버지 사랑의 가까움을 강하게 느끼지만, 다른 한편으로는 인간과 하느님 사이의 무한한 거리를 자각하고 있다. 「주님의 수난 성무일도」의 시편이 보여 주듯이 프란치스코는 단순히 "아버지"라고 말하지 못하고, 매번 "거룩하신" 또는 "지극히 거룩하신"을 덧붙여야 한다. 프란치스코가 주교 앞에서 지상의 아버지와 결별한 극적인 사건에서, 그는 하느님의 자유롭게 하는 부성을 철저히 발견했고, 그토록 깊은 도우심을 체험했기에 놀라움으로 가득 차 "오 지극히 거룩하신 아버지"라고 외쳤다. 「신자들에게 보낸 편지」에서도 이처럼 열정적인 탄성을 들을 수 있다. "거룩하고 위대하신 아버지를 하늘에서 모시는 것이, 오, 얼마나 영광스러운지!"(「1신자 편지」 1,11; 「2신자 편지」 54).

구원 역사의 주님이신 하느님

경탄으로 가득 찬 첫 번째 호칭에 창조자, 구속자, 위로자, 구원자라는 하느님을 구원 역사의 주님으로 드러내는 4개의 명사, 찬미의 4가지 명칭이 뒤따른다. 이 중 마지막 호칭은 전형적인 프란치스코의 첨가문이다. 주님의 기도에 대한 이전의 한 가지 해석에서는 성부, 성자, 성령을 일컫는 처음 세 가지 명칭, "창조자, 구속자 그리고 위로자"만 등장한다. 프란치스코는 "구원자"를 덧붙이면서 오순절을 넘어 이미 마지막 날을 바라본다.

가난뱅이에게 "구속자"[Redemptor]와 "구원자"[Salvator]는 똑같은 의미를 가진 용어가 아니라, 십자가 위에서의 구속과 그리스도의 재림이라는 구원 역사의 두 단계를 보여주는 단어들이다. 프란치스코가 「인준받지 않은 수도규칙」에서 바치는 감사의 긴 노래처럼 하느님은 "우리를 창조하셨으며 속량하셨고 오직 당신 자비로써 구원하실" 분, "우리 창조주이시고 구세주이시고 구원자"이시다(「비인준 규칙」 23,8-9).

우리 위에 그리고 우리 안에 계시는 하느님

2 하늘에 계신 우리 아버지
    천사들과 성인들 안에 계신
    주님, 당신은 빛이시기에
    당신을 알아보도록 그들을 비추시나이다.
    주님, 당신은 사랑이시기에
    사랑하도록 그들을 불로 태우시나이다.
    주님, 당신은 으뜸선이시고 영원한 선[9]이시며
    모든 선이 당신에게서 나오고
    당신 없이는 어떠한 선도 없기에
    그들 안에 머무시며
    그들을 복됨으로 채우시나이다.

---

9 역주: 레만은 "선"[bonum]을 생략하고 "영원한"만 표기한다.

프란치스코는 "하늘에 계신"이라는 표현을 장소적 의미가 아니라 인격적 의미로 해석한다. 아버지께서는 당신의 영에 열려 있는 모든 사람 안에 머무신다. 그 영은 "당신을 믿는 이들 안에서 머무르시는 주님의 영"(「권고」 1,12)이다. 이 머무심은 천사와 성인들 안에서 충만히 실현된다. 프란치스코가 마리아에 대해 "하느님의 집이시여, 인사드리나이다"(「동정녀 인사」 4)라고 말한 것도 바로 이 때문이다. 그리고 「인준받지 않은 수도규칙」에서는 "그리고 우리는 성부와 성자와 성령이신 전능하신 주 하느님께 집과 거처를 항상 마련해 드립시다"(「비인준 규칙」 22,27)라고 권고한다.

우리 안에서 하느님에 대한 앎이 환히 빛나야 하고, 그분의 주권이 넘쳐 흘러야 한다. 하느님께서 성인들 안에 계시듯이 그분께서는 우리가 그분의 얼굴을 직접 뵙기에 이를 때까지 언제나 더욱더 우리 안에서 사셔야 한다. "하늘"이라는 용어는 완전한 이들, 천사들과 성인들에게 개방된 하느님의 충만하심을 가리키며, 우리는 그분을 향한 여정 중에 있다. 수많은 우리의 형제들 덕분에 하늘은 우리가 이미 볼 수 있고 도달할 수 있는 대상이 되었다. 그들을 통해 하늘은 우리 위에서 열린다.

하느님은 빛이시고 사랑이시며 선이시다

프란치스코는 복음사가 요한처럼(요한 8,12; 1요한 1,5; 5,16) 하느님을 빛이시고 사랑이시며 참된 선이신 분으로 본다. 하느님은 모든 선의 원천이시기에 모든 거룩함의 근원이자 최종 완성이시다. 프란치스코는 이 절에서 세 번이나 "선"이라는 말을 반복한다.[10] 우리는 「시간경마다 바치는 찬미」에서 아씨시의 성인이 하느님은 선의 원천이시며 온전한 선이심을 얼마나 끊임없이 강조하는지 이미 알고 있다. 「"주님의 기도" 묵상」에서도 "모든 선(이 나오고)"[omne bonum]과 "어떤 선(도 없기에)"[nullum bonum]의 대비를 통해서 하느님의 이러한 본성이 강조된다. 이것은 「"주님의 기도" 묵상」이 프란치스코에게 얼마나 깊이 속해 있는지 보여 준다. 세 번 반복되는 "주님"이라는 호칭과 하느님께서 인간 안에 머무신다는 프란치스코에게 친근한 생각도 마찬가지이다.

하느님께서는 천사들과 성인들 안에 머무르신다. 그들은 하느님께 자리를 내어 드려 그들 안에서 활동하시게 하여도 이렇게 그들은 진복에 이를 수 있었다. 다음의 문장이 강조하는 것처럼 그들이 달성한 것이 우리 안에서도 실현되어야 한다.

첫 번째 청원: 하느님의 위대하심을 깨닫는 것

3 아버지의 이름이 거룩히 빛나시며
    당신의 지식이 우리 안에서 밝게 빛나
    당신의 은혜가 얼마나 넓고
    당신의 약속이 얼마나 길며
    위엄은 얼마나 높고
    판단은 얼마나 깊은지
    우리가 깨닫게 하소서.

---

10 역주: 레만은 "영원한" 다음에 "선"을 적지 않으므로 한글 번역본과는 달리 세 번이다.

그러므로 2번 문장에서처럼 이 구절도 무엇보다도 하느님을 깨닫는 일에 대해 다루고 있다. 하느님을 믿고 받아들이는 것은 인간이 근본적으로 자기를 실현하는 것이고, 하느님의 이름을 참으로 거룩하게 하는 일이다. 사실 하느님의 이름은 우리가 그분의 위대하심을 인식하고, 역사 안에서 그분의 발자취를 알아보며, 그분께서 우리와 함께 실현하고자 하시는 위대한 구원 계획으로 들어갈 때마다 거룩해지고 영예로워진다(참조: 요한 17).

프란치스코가 네 방향을 가리키면서 바오로와 함께 넓고 길고 높고 깊은 하느님의 차원에 대해 말할 때(참조: 에페 3,18), 그는 말하자면 인류 위에 십자 성호를 긋는 것이다. 이러한 방식으로 성인은 우리 안에 하느님께서 행하시는 선하신 활동뿐만 아니라 그분의 초월적 숭고함 또한 칭송한다. 성인은 위안이 되는 약속들을 생각하지만, 마음을 시험하고 영혼의 더욱 깊은 심연을 아시는 그분의 정의로운 심판에 대해서도 지각한다(시편 139). 앞에서 아버지를 부를 때 하느님을 창조자, 구속자, 위로자, 구원자로 보듯이 여기서도 하느님께 대한 매우 넓은 전망이 드러난다. 하느님은 인간이 상상할 수 있는 모든 차원을 넘어서신다. 그분은 한 가지 차원에 국한할 수 없을 정도로 크시다.

두 번째 청원: 은총으로 다스리심

4 아버지의 나라가 오시며

은총으로 저희 안에서 다스리시고,
당신의 나라에 저희가 이르게 하시기 위함이나이다.
그 곳에는

당신께 대한 또렷한 바라봄이 있고
당신께 대한 완전한 사랑이 있고
당신과의 복된 사귐이 있으며
당신의 영원한 누림이 있사옵니다.

중세 시대에 "당신의 나라가 오소서"라는 청원은 종종 다른 민족에 대한 지배를 정당화하는 데 이용되었다. '하느님 나라' 개념은 교회의 정치적 권력을 정당화하기 위해 너무도 쉽게 교회와 동일시되었다. 이러한 경향 앞에서 프란치스코의 「"주님의 기도" 묵상」은 그와는 대비되는 큰 가치를 보여 준다. 이 가난뱅이는 무슬림과 그리스도인 사이의 전쟁에서 중재자의 역할을 하고자 술탄의 궁에까지 갔는데(「1첼라노」 56-57), 이 주해에서도 그는 하느님 나라를 장소의 개념이 아니라 영적인 개념으로 이해한다. 즉, 프란치스코는 영토 확장 형태의 신앙 전파나, 교황의 확실한 지향이자 프란치스코 시대 십자군 운동의 목적이었던 예루살렘의 탈환이 아닌, 인간 안에 있는 하느님 나라로 이해했다. 그 나라는 우리 안에 있다.

은총을 통해서 하느님 나라는 우리 안에서 시작된다. 당신의 나라와 당신과의 영원한 친교에 이르도록 해 주시는 분, 그분과 영원한 일치를 이루게 하는, 우리가 이 땅에서 알기를 열망하는(3번 문장) 그분을 너울 없이 직접 바라보도록 해주시는 분은 하느님 자신이시다. 그분의 얼굴을 직접 뵙는 것은 우리 사랑의 불(2번 문장)을 활활 타오르게 할 것이다. 하느님을 바라봄으로써 그분과 내적 일치에 이르러 더 이상 어떠한 제한도 없이 그분을 맛보게 될 것이다.

인간이 애타게 갈망하는 하느님 안에서 프란치스코가 성 다미아노 십자가 앞에서 간청했던 완전한 사랑에 결정적으로 다다르게 된다. 이는 하느님과 인간 사이의 사랑이고, "복된 사귐"[societas beata]이라는 표현에 암시되어 있듯이 인간들 사이의 사랑이기도 하다. 하느님 나라가 몸을 지니는 곳은 바로 복된 사귐, 행복한 친교이다. 하느님 나라는 이러한 하느님의 행복한 사회가 건설된 곳, 사람들이 서로의 행복을 위해 일하는 곳에 존재하며, 이렇게 이 땅에 하늘이 존재하게 된다.

하느님을 영원히 맛봄

프란치스코에게 하느님 나라, 즉 하느님은 추상적이거나 닿을 수 없는 대상이 아니라 모든 감각으로 감지할 수 있는 분이다. 하느님은 손으로 붙잡을 수 있고(또렷한 바라봄; visio manifesta), 사랑할 수 있으며, 복된 사귐을 체험할 수 있고, 끊임없이 맛볼 수 있는 분이시다. 특히 "영원한 누림"[fruitio sempiterna]이라는 마지막 표현에서 아씨시의 프란치스코가 영원한 생명을 얼마나 사실적으로 생각하는지 알 수 있다. 여기서 프란치스코는 영원한 생명을 만질 수 있고 맛볼 수 있는 차원에 놓고 있는 것이나 마찬가지다.

하느님을 맛보는 것에 대한 언급으로 「"주님의 기도" 묵상」의 전반부가 마무리된다. 프란치스코는 하나의 여정을 묘사했다. 인간이 하느님께로 올라가는 것은 하느님께서 인간에게 내려오심으로 시작된다. 「"주님의 기도" 묵상」의 후반부는 삶의 실천적인 측면을 더욱 특별한 방식으로 바라본다.

세 번째 청원: 하느님께서 바라시는 것은 사랑이다

5 아버지의 뜻이 하늘에서와 같이 땅에서도 이루어지소서
   당신을 항상 생각함으로써 마음을 다하여 당신을 사랑하게 하시고,
   당신을 항상 갈망함으로써 넋을 다하여 당신을 사랑하게 하시며,
   우리의 모든 지향을 당신께 두고,
   모든 것에서 당신의 영예를 찾음으로써
   정신을 다하여 당신을 사랑하게 하시고,
   우리의 모든 기력과 영육의 감각과 육신의 감각을
   당신 사랑의 봉사를 위해서만 바치고
   다른 데에 쓰지 않음으로써
   우리의 모든 힘을 다하여 당신을 사랑하게 하기 위함이나이다.
   그리고 우리의 힘이 닿는 대로
   모든 이를 당신의 사랑으로 이끌고,
   다른 이들의 선을 우리 것처럼 즐거워하며,
   불행 중에 있는 이들의 고통에 함께 하고,
   누구에게도 해를 입히지 않음으로써
   우리 자신과 같이 우리 이웃을 사랑하게 하기 위함이나이다.

이 본문은 「"주님의 기도" 묵상」의 중간에 있으며 가장 길다. 여기서 프란치스코는 하느님의 뜻이 무엇인지를 매우 깊이 있게 설명한다. 하느님의 뜻은 사랑, 즉 하느님 사랑과 이웃 사랑이다.

주님의 기도가 하늘과 땅에 상응해서 두 개의 부분으로 나뉘듯이, 그 해설 역시 하느님 사랑과 이웃 사랑이라는 두 가지 주제가 있다. 우리가 하느님을 사랑할 때, 하느님의 뜻은 하늘에서 이루어진다. 즉 그

분께 마땅한 영광이 주어진다. 우리가 서로 사랑할 때, 하느님의 뜻은 땅에서 이루어진다. 「신자들에게 보낸 편지 1」의 시작 부분에서도 프란치스코는 하느님 사랑과 이웃 사랑의 일치를 강조한다(「1신자 편지」 1,1). 유일한 사랑의 이 두 가지 양상과 관련해서 그 태도에 대해 구체적으로 다음과 같이 말한다.

우리는 어떻게 하느님을 사랑하는가

우리는 다음과 같은 때 하느님을 사랑할 수 있고 또 사랑해야 한다.

- 마음을 다하여 그분을 생각할 때
- 넋을 다하여 그분을 갈망할 때
- 우리의 모든 관심과 감정을 그분께로 향할 때
- 모든 것에서 그분의 영예를 찾을 때
- 우리의 모든 기력과 영혼의 감각과 육신의 감각을 그분 사랑의 봉사를 위해서만 바치고 다른 데에 쓰지 않을 때

이탈리아어 번역에서도 문장이 눈에 띄게 길어지는 것을 볼 수 있다. 프란치스코는 경탄의 감정에 깊이 빠지지 않고서는 사랑에 대해 말할 수 없는 것이다.

프란치스코는 신약의 예수님처럼(참조: 루카 10,27), 이른바 사랑의 자리이자 미움의 자리이기도 한 마음, 넋, 정신, 감각, 기질과 같은 영적이고 육적인 모든 힘을 나열한다. 우리는 육신과 영혼을 다해, 모든 힘을 다해 하느님만을 온전히 사랑해야 한다. 생각과 말과 행위가 그분께 향해야 한다. 그분은 실로 다른 모든 것 위에 갈망할 만하고 사랑할 만한

분이시다. 사랑은 언제나 사랑받는 이에 대한 갈망에서 드러난다. 사랑이 강렬해질수록 그분에 대한 갈망도 더욱 커진다. 사랑은 결코 그치지 않으며 시간에 묶이지 않는다. 사랑은 자신의 영광을 열망하지 않고, 언제나 그리고 무엇보다도 하느님의 영광을 추구한다.

여기서 진정으로 참여하고 관계를 온전히 허용하는 것, 즉 자신 안에 갇혀 있지 않고 "너"[tu]와의 지속적인 긴장 안에 사는 것이 얼마나 중요한지 인식하게 된다. 사랑은 개방, 긴장, 움직임을 의미한다. 사랑은 그로 인해 모든 것이 살아가는 근본적인 힘이다. 하지만 이러한 힘은 잘못된 방향으로 이끌려 마침내 인간을 자신의 고독 속으로 인도할 수도 있다. 그러니 당신을 생각하고, 당신을 갈망하고, 당신께 나아가고, 당신의 영광을 추구함으로써 모든 것이 이 크신 "당신"[Tu]을 향해야 한다고 프란치스코가 그토록 강하게 말하는 이유를 이해하게 된다.

성인은 하느님께 대한 우리의 사랑이 얼마나 이기적일 수 있는지, 그리고 사실 번번이 그러하다는 것을 알고 있다. 때때로 이러한 사랑은 겉꾸민 자기애일 뿐이다. "우리의 모든 기력과 감각을 당신 사랑을 위해서만 바치고 다른 데에 쓰지 말라." 이런 표현의 형식과 내용은 프란치스코에게 전형적인 것이다.

> 우리는 충만한 선, 모든 선, 완전한 선, 참되시고 으뜸선이신 우리 창조주이시고 구세주이시고 구원자이시며 홀로 진실하신 하느님 외에는…다른 아무것도 우리는 원하지도 말고 바라지도 말며, 다른 아무것도 마음에 들어 하지도 즐거워하지도 맙시다(「비인준 규칙」 23,9).

하느님의 사랑에 응답하다

"in obsequium tui amoris"[당신 사랑에 순종하여, 당신 사랑의 봉사를 위해서]라는 표현의 의미를 더 명확히 할 필요가 있다. 이것은 어떤 명령에 대한 순종이 아니라 그리스도 안에서 우리에게 도달한 구원에 대한 응답이고, 그분을 따르고 그분께서 주시는 사랑의 선물에 흠뻑 취하도록 우리를 초대하는 그분 사랑이 맺는 결과이다.

하느님께 모든 것을 드리는 것에서 사람들을 향한 조건 없는 헌신이 비롯된다. 5번째 문장의 후반부가 보여주듯이 프란치스코는 이러한 헌신을 절대 잊지 않는다.

우리는 어떻게 이웃을 사랑하는가

이웃 사랑은 다음과 같은 것이 포함된다.
- 우리의 힘이 닿는 대로 모든 이를 하느님의 사랑으로 이끄는 것
- 다른 이들의 선을 우리 것처럼 즐거워하는 것
- 불행 중에 있는 이들의 고통에 함께 하는 것
- 누구에게도 해를 입히지 않는 것

프란치스코는 앞서 하느님 사랑에 대해서도 그러했듯이 이번에도 실제적 예를 들면서 이웃 사랑을 구체화한다.

하느님의 사랑으로 이끌어 가르치다

일반적으로 말해서 이웃 사랑은 무엇보다도 할 수 있는 한 모두를

하느님 사랑으로 이끄는 것이다. 여기서 프란치스코는 선교 정신에 경도되어 모든 사람이 우리를 통해 그러한 사랑을 체험하기를 열망한다. 사랑은 모든 선교의 시작이며 목적이다. 이것이 바로 프란치스코가 십자군 운동의 시대에 한 증언이었다!

하지만 하느님 사랑으로 인도하는 것은 선교사들에게만 해당하는 것이 아니라 모든 사도직의 기본 원칙이라 할 수 있다. 사랑의 교육과 사랑의 사목이 여기서 시작된다. 우리가 행하는 것과 우리가 살아가는 방식은 모두 하느님 사랑을 드러내는 것이어야 한다. 우리는 그분의 사랑에 이끌린 이들로서 다른 이들도 이 사랑이 솟아나는 원천을 향해 옮겨 가도록 하는 매력적인 방식으로 모든 것 안에서 이 사랑을 드러내야 한다.

기쁨과 아픔을 함께 나누다

"모든 이를 하느님 사랑으로 이끈다"라는 일반적인 표명 후에 이웃 사랑은 더욱 구체화되는데, 다른 이들의 선, 또는 다른 이들이 행하는 선을 마치 우리가 한 것처럼 기뻐하는 것이다. 이 문장에는 깊은 지혜가 감추어져 있다. 다른 이들을 우리 자신처럼 사랑하라는 예수님께서 제시하신 바로 그 기준이 여기에 적용되어 있다. 자신의 능력과 힘에 대해 기뻐할 수 없는 이는 다른 이가 이룬 선에도 기뻐할 수 없을 것이다. 자신에게 아무것도 허용하지 않는 이는 이웃에게도 아무것도 허용하지 않는다. 프란치스코에 따르면, 다른 이들의 능력을 인정하고 그들을 칭찬하며 그들과 함께 기뻐하는 것은 사랑의 일상적인 모습이다. 함께 나누는 기쁨은 두 배가 된다. 동정심 또한 이웃 사랑의 일상적 모습에 속한다. 함께 나누는 고통은 절반이 된다.

　기쁨과 고통을 함께 나누는 곳에서 프란치스코가 말하는 저 "복된 사귐", 즉 복되고 행복한 친교를 경험하게 된다. 이러한 친교와 그런 관계 안에서 하느님 사랑을 체험하게 된다. 그곳에 물적이고 영적인 선의 나눔이 있고 함께 참여하는 기쁨이 있기 때문이다. 이 모든 것에서 하느님 나라를 위해 효과적으로 일하게 해 주는 새로운 힘이 분출된다. 우리는 모두 질투나 미움이 아니라 기쁨을 깨닫고 함께 나누는 노동의 분위기가 이루어질 때, 일하는 것이 얼마나 가뿐한지 알고 있다.

누구도 분노하게 하지 말라

　이웃 사랑은 결국 우리가 누구도 괴롭히지 않을 때 실현된다. 이 또한 하나의 구체적인 요청이다. 우리는 누구에게도 아무리 작은 물의라도 일으켜서는 안 된다. 프란치스코는 여기서 다른 이들을 사랑하라고, 그렇게 할 수 없다면 적어도 그들을 분노하게 하거나 해를 입히지 말라고 요청하는데, 이는 그의 다른 글과 같은 노선 위에 있는 것이다. 사실 이러한 내용은 「신자들에게 보낸 편지 2」에도 나타난다.

> **그리고 누가 자기 자신을 사랑하듯이 이웃들을 사랑하기를 원치 않는다면, 적어도 그들에게 악을 끼치지 말고 선을 행할 것입니다**(「2신자 편지」 27).

　이 밑바탕에는 앙갚음하지 않음으로써 평화를 향한 한 걸음이 가능하다는 점을 아는 실천적이고 심리적인 자각이 놓여 있다. 이에 관해서 프란치스코는 "우리는 무슨 일에서나 아무에게도 지장을 주지 않으려고 합니다"(2코린 6,3)라는 사도 바오로의 말씀을 상기시킨다.

이처럼 주님의 기도의 세 번째 청원에 대한 주해는 저 유명한 사랑의 찬가(1코린 13)를 지은 이의 말씀으로 마무리된다. 아씨시의 노래하는 이는 하느님 사랑에 대한 응답으로서 그리고 한때 이 땅 위를 걸으신 그 사랑에 대한 울림으로서 이 사랑의 찬가가 다시 울려 나오게 한다. 이 사랑을 위해서 프란치스코는 영혼과 육신을 바친다. 하느님의 뜻은 사랑이기 때문이다.

네 번째 청원: 우리의 일용할 양식이신 그리스도

6 오늘 저희에게 일용할 양식을 주시고
　주님께서 저희에게 가지셨던 사랑과,
　저희를 위하여 말씀하시고 행하시고 견디어 내신 것을
　저희가 기억하고 알아듣고 경외할 수 있도록,
　사랑하시는 당신의 아드님 우리 주 예수 그리스도를
　우리에게 주소서.

일용할 양식에 대한 걱정

네 번째 청원으로 주님의 기도 후반부가 시작된다. "분위기가 바뀐다. 홀로 계시는 당신[Tu]이신 천상의 하느님으로부터 양식이나 죄, 유혹, 악처럼 매일같이 우리를 괴롭히는 문제와 어려움을 지니고 있는 지상의 우리로 옮겨 간다."[11]

'우리의 일용할 양식'이라는 표현은 거의 관용어가 되었다. 이는 매일의 생계유지와 관련된 어려움을 의미하는, 일용할 양식을 얻기 위한 분투를 말한다. 이러한 걱정은 우리보다도 프란치스코에게 더욱 큰 것이었다. 사실 성인은 예수님께서 제자들에게 이르신 "길을 떠날 때에 아무것도 가져가지 마라. 지팡이도 여행 보따리도 빵도 돈도 여벌 옷도 지니지 마라"(루카 9,3)는 명을 따랐다. 그런데 그는 "주는 것을 먹고 마셔라. 일꾼이 품삯을 받는 것은 당연하다"(루카 10,7)라는 예수님의 다른 권고도 받아들인다. 프란치스코와 그의 동료들은 그들이 들판이나 집에서 하는 손노동으로 먹을 것을 충분히 얻을 수 있으리라 믿었다. 그렇지만 프란치스코는 다음과 같이 말하기도 한다.

그리고 우리가 일의 보수를 받지 못할 때에는 집집마다 동냥하면서 주님의 식탁으로 달려갑시다(「유언」 22).

아침이면 점심을 위한 약간의 빵을 얻을 수 있을지, 어떻게 얻을 수 있을지 생각하며 작은 형제들을 괴롭혔던 삶의 이런 불확실성 때문에 주님의 기도는 훨씬 더 깊이 있게 체험되었다. 그들은 허기진 배를 부여잡고 "오늘 저희에게 일용할 양식을 주시고"라고 기도하는 것이 무엇을 의미하는지 잘 알고 있었다. 그들에게 이 청원은 실제적이고 구체적이었으며 진정한 필요에서 생겨난 것이었다.

---

11 S. DURANTI, 『Preghiere di Francesco』, 42.

그럼에도 불구하고 프란치스코의 요청은 생계유지의 필요라는 자연적인 차원을 훨씬 넘어선다.

예수 그리스도: 매일의 양식

식탁 위에 있는 빵과 제대 위에 계신 그리스도를 연결 짓는 것은 우리를 놀라게 할 수 있다. 프란치스코는 물질적인 필요로 고통받음에도 불구하고 일용할 양식을 청하면서 무엇보다도 성체 안에 현존하시는 주님을 생각한다.

> **그분은 겸손한 모습으로 매일 우리에게 오십니다. 매일 사제의 손을 통하여 아버지의 품으로부터 제대 위에 내려오십니다. 그리고 당신 자신을 참된 살로서 거룩한 사도들에게 보여 주신 것과 마찬가지로 지금 축성된 빵으로 우리에게 당신 자신을 보여 주십니다. 그리고 그들은 육신의 눈으로 그분의 육신만을 보았지만, 영신의 눈으로 관상하면서 그분이 하느님이심을 믿었습니다. 이와 같이 우리들도 육신의 눈으로 빵과 포도주를 볼 때, 그것이 참되고 살아 있는 그분의 지극히 거룩하신 몸과 피라는 것을 보고 굳게 믿도록 합시다. 이처럼 "보라, 내가 세상 끝날까지 너희와 함께 있겠다" 하고 당신 자신이 말씀하신 대로 주님은 당신을 믿는 이들과 함께 항상 이렇게 계십니다**
>
> (「권고」 1,17-22).

이와 관련해 프란치스코가 "매일"이라는 말을 두 번 반복하는 것이 인상적이다. 그는 분명 매일의 성체성사 거행을 눈앞에 떠올렸으리라. 육신을 위해서 일용할 양식이 중요하듯이 그의 영혼을 위해서는 매일의 성체성사가 중요했다.

우리는 이미 몇몇 교부들에게서 일용할 양식의 청원에 대한 성체성사적 해석을 보게 된다.[12] 예를 들어, 251년에서 252년 사이에 쓰인 치프리아노의「주님의 기도 주해」에서는, "**오늘 저희에게 일용할 양식을 주시고**. 이 말씀은 영적인 의미와 문자적인 의미를 지니고 있는데, 어느 쪽으로 이해하든 하느님의 좋으심 때문에 우리의 구원에 유익하다. 사실 그리스도는 생명의 빵(요한 6,35)이신데, 이 빵은 우리의 것이지 모두의 것은 아니다. 하느님께서는 당신을 알고 믿는 이들의 아버지이시기에 우리가 **우리 아버지**라고 하듯이, 그리스도께서는 또한 그분의 몸을 맛보는 이들의 빵이시기에 그분을 **우리 양식**이라고 부른다. 그리스도의 몸에서 떨어져 나가지 않도록 매일 이 빵을 얻기를 청하자"[13]라고 말한다.

예수님의 삶에서 빵과 식탁에 참여하는 것이 얼마나 깊은 의미를 지녔는지에 대해 생각한다면 이런 이해가 그리 놀라운 것은 아니다. 그분은 친히 "내가 생명의 빵이다. 나에게 오는 사람은 결코 배고프지 않을 것이며…"(요한 6,35)라고 말씀하신다. 일용할 양식을 요청하는 것이

---

12 참조: W. DÜRIG,「Die Deutung der Brotbitte des Väter unser bei den lateinischen Vätern bis Hieronymus」,『Liturgisches Jahrbuch』18 (1968), 72-86.

13 CYPRIANUS,『De oratione dominica』, cap. 18; trad. it. di L. Vicario, in: TERTULLIANO - CIPRIANO - AGOSTINO,『Il Padre nostro Per un rinnovamento della catechesi sulla preghiera』, a cura di V. Grossi, Roma, 1983, 105.

이처럼 생명의 빵이신 그리스도를 요청하는 것으로 변모한다. 즉 "주님, 그 빵을 늘 저희에게 주십시오"(요한 6,34)라는 기도가 된다.

프란치스코가 일용할 양식을 요청하는 것에 대한 성체성사적인 해석을 얼마나 기꺼이 했을지 우리는 쉽게 상상할 수 있다. 실제로 그의 「권고」와 편지들과 「유언」에서 제대 위의 성사에 대한 공경은 특별한 자리를 차지하고 있다. 성인은 성찬례 거행과 영성체, 그리고 성체 보관에 마땅히 지극한 존경과 주의를 기울이기를 원했다. 그의 태도는 세심한 주의를 기울이는 측면에서가 아니라 사랑으로 가득한 마음에서 우러나는 것이었다. 우리를 그토록 사랑하신 사랑께서는 사랑받으셔야 했다. 프란치스코는 이 때문에 「"주님의 기도" 묵상」에서 그토록 절박하게 하느님 사랑을 촉구하는 것이다.

프란치스코에게 성찬례를 거행하는 것은 무엇보다도 "너희는 나를 기억하여 이를 행하여라"라는 예수님의 유언을 실행하는 것을 의미한다. 성찬례 안에서 하느님의 사랑이 생생한 모습으로 현존한다. 하느님의 사랑은 분석적인 사고를 통해서보다 전례 거행을 통해서 훨씬 잘 도달할 수 있고 이해할 수 있게 된다. 신비이신 분께 사로잡히지 않으면 신비를 이해할 수 없다. 신비는 신비 체험을 필요로 한다.

왜 매일의 성체성사인가?

프란치스코는 이 질문에 짧고 분명하게 "예수님의 사랑을 기억하고 알아듣고 경외할 수 있도록"이라고 대답한다. 여기에 사용된 동사들인 "기억하다", "이해하다", "경외하다"의 배열은 매우 의미 깊다. 기억과 이해에서 경외와 공경이 비롯된다. 프란치스코는 「형제회에 보낸 편지」에서 바로 이러한 태도의 부재를 아쉬워하고 있다.

> **사실, 사도의 말대로 그리스도의 거룩한 빵을 다른 음식이나 다른 행위와 구분하지 않고 "분별없이"**(1코린 11,29) **합당치 못한 사람이**[14] **먹는다든가, 아니면 합당한 사람이라 해도 아무 생각 없이 합당치 않게 먹는다면 하느님의 어린양을 멸시하고 더럽히고 짓밟는 것이기 때문입니다**(「형제회 편지」 19).

성찬례를 올바르게 거행하기 위해서는 예수님의 최후 만찬을 다시 생각하여 그분의 의도를 읽고 그 뜻을 실현하고자 해야 한다. 우리가 숙고하고 이해해야 하는 것, 우리가 극진히 경의를 표하며 기념해야 하는 것은 언제나 하느님의 사랑이다. 성찬례는 이 하느님의 사랑이 보고 만지고 맛볼 수 있는 형태로 드러나는 장소이다. 그렇기에 성찬례를 거행하는데 필요한 모든 것은 커다란 존중을 받아 마땅하다. 성작과 성합은 값진 것이어야 하며, 전례서와 제의들은 깨끗하게 잘 관리되어야 한다. 여기가 바로 대체로 엄격하게 요구되고 지켜지는 프란치스코의 가난이 적용되지 않는 지점이다.

프란치스코는 우리가 성체성사를 거행할 때 지니는 사랑에서 출발하여 성찬례를 온전히 해석하면서, "사랑에 대한 기억과 이해와 경외"[memoria, intelligentia et reverentia amoris]라는 세 단어를 통해서 이 성사의 본질을 밝혔다. 이와 마찬가지로, 예수님의 구원 행위는 그분께서 "우

---

14 역주: "합당치 못한 사람이"라는 말은 한국어 소품집에는 있으나 레만의 인용문에는 없다.

리를 위해 말씀하시고 행하시고 견디어 내신" 것으로 표현된다. 거룩한 빵을 받을 때든 그것을 요청할 때든, 우리가 떠올려야 하는 것은 바로 이 신비이다.

예수님께서 우리를 위해 말씀하시고 행하시고 견디어 내신 것으로 살아가다

거룩한 창설자는 다른 글에서 하느님의 말씀과 제대의 성사를 똑같이 공경하라고 말하는데(「성직자 편지」 1-7.11-12; 「1보호자 편지」 2-5; 「형제회 편지」 12.34-37), 여기서도 성찬례와 관련하여 예수님께서 "우리를 위하여 말씀하신" 것에 대한 생각으로 돌아간다. 프란치스코는 예수님의 삶에서 말씀과 행위의 일치를 본다. 예수님께서는 당신이 말씀하신 것을 충실히 이행하셨으며, 그에 따라 스스로 죽음을 받아들이셨다. 그러니 그분의 수난과 고통을 언급하지 않을 수 없는 것이다.

하지만 프란치스코는 주님께서 "말씀하시고 행하시고 견디어 내신" 것을 과거를 회고하는 것으로 보지 않는다. 이것은 오래전에 있었던 우리와 관계없는 사건이 아니다. 예수님께서 말씀하시고 행하시고 고통받으시는 것은 "우리를 위한" 것이었고, 따라서 과거와 현재와 미래의 모든 사람과 관련된다. 이런 이유로 교회의 **신경**에서도 우리는 그분께서 "우리 구원을 위하여 하늘에서 내려오셨다"는 진리를 고백하는 것이다.

양식을 청하는 것에 대한 프란치스코의 주해를 한 마디 한 마디 묵상하는 사람은, 이것이 더 이상 우리가 관용적으로 말하는 "일용할 양식"이 아닌, 우리에게 이 세상의 생명을 넘어서는 당신의 생명을 주셨고 지금도 주고 계신 하느님의 사랑받는 아들이신 예수 그리스도에 대한 것임을 알게 된다.

다섯 번째 청원: 하느님께서는 우리가 용서하듯이 용서하신다

7 저희 죄를 용서하시고
 형언할 수 없는 당신의 자비와,
 우리의 주님이시며[15] 사랑하는 당신 아드님의 수난의 힘과,
 지극히 복되신 동정 마리아와
 당신께서 뽑으신 모든 이들의 공로와 전구로

우리에 대한 하느님의 자비

 죄에 대한 용서를 구하면서 프란치스코는 우리가 하느님의 자비에 완전히 의존하고 있음을 알고 있으며, 그분의 자비는 한없이 크기에 그 자비를 입으리라고 확신한다. 하느님의 자비는 말로 다 담아낼 수 없으며, 우리 구원을 위해 당신의 아드님을 보내시는 것에서 드러난다. 우리는 아드님의 고통을 통해 구원되었다. 아버지의 사랑과 아드님의 수난은 우리에게 죄의 용서를 가져다주는 첫째이자 근본적인 원인이다. 프란치스코는 두 번째 부분에서야 비로소 마리아와 모든 성인의 공로와 전구를 언급한다. 신학적으로 잘 형성된 「"주님의 기도" 묵상」의 이 문장에서는, 그가 아마도 고해 성사를 통해 알고 있었을 사죄경 다음에

---

15 역주: 레만은 카예탄 에써의 비판본을 따라 "우리의 주님이시며"를 넣지 않았으나, 우리 말 번역에서는 최근에 나온 파올라찌 비판본을 따라 이 표현을 넣었다.

드리는 옛 기도가 울려 나온다.

다른 기도들에서도 프란치스코는 천상 교회와 지상 교회 사이에 존재하는 친교를 깊이 인식한다. 이미 보았듯이 그는 이런 이유로 성인들의 전구를 청한다.

자비의 문화

8 저희에게 잘못한 이를 저희가 용서하오니
  그리고 저희가 완전히 용서하지 못하는 것을
  주님, 저희가 완전히 용서하게 해 주소서.
  당신 때문에 원수를 참으로 사랑하게 하시고,
  저희가 아무에게도 악을 악으로 갚는 일이 없이
  원수를 위하여 당신 앞에서 열심히 전구하게 하시며,
  당신 안에서 모든 것에 도움이 되도록 힘쓰게 하기 위함이나이다.

예수님께서는 죄의 용서를 우리 역시 우리에게 잘못한 이를 용서한다는 조건과 연결하셨다. 신약 성경 전체를 관통하는 이 원칙은 매정한 종에 대한 강한 비유 안에서 극명해진다(마태 18,23-35; 참조: 마태 6,14; 마르 11,25).

주님의 기도에 따르면, 우리는 용서하는 것 외에 다른 것을 해서는 안 된다. 용서는 이 기도에서 사람에게 요구되는 유일한 행위이다. 다른 모든 경우에서는 행하는 이가 하느님이시다. 우리의 기도가 받아들여지기를 원한다면, 우리는 용서할 준비가 되어 있어야 한다. 하느님을 공경하면서 인간을 멸시할 수는 없다. 하느님과 진정한 관계를 원하는 사람은 가족이나 지인, 이웃이나 직장 동료와 있을 수 있는 잘못된 관계를 가능한 한 바로잡아야 한다. 이러한 요구는 기도가 세상으로부터의 도피가 될 수 있다는 마지막 의심마저도 없애버린다. 오히려 기도는 삶의 관계들을 되돌아보고, 만일 잘못되었다면 그것을 다시 정리할 것을 요구한다.

마음속에 미움을 품고 주님의 기도를 드리는 것은 자기 모순적이다. 하지만 우리의 '나' 안에 있는 그토록 복잡하게 쌓인 어두움 속에 용서보다 원한이나 복수에 대한 갈망이 스며들지 않기란 거의 불가능하다. 이 때문에 프란치스코는 "저희가 완전히 용서하게 해 주소서"라고 기도하면서 주님을 향한다. 사실 주님만이 사람에게 진정한 용서를 할 수 있게 해주신다.

원수 사랑

한없이 용서하려는 자세가 있어야만 원수 사랑이 탄생할 수 있다. 이는 이웃 사랑에 관한 주님의 기도 세 번째 청원의 해설과 연관된다. 그 해설에서는 기쁨과 고통을 서로 나누고 아무에게도 해를 입히지 말라는 권고가 있었다면, 여기에서는 원수 사랑에서 사랑이 그 정점에 이른다. 원수 사랑은 공격하지 않고, 다른 이를 원수로 보지 않으며, 자신과 타인을 무장 해제하기에 이른다. 프란치스코는 여기서도 이러한 사랑의 철저함과 무제한성, 그리고 진실성을 강조하기 위해 구체적인 본보기를 소개한다.

- 하느님의 사랑 때문에 원수를 참으로 사랑함(참조: 마태 5,44)

- 원수를 위하여 겸손되이 기도함
- 악을 악으로 갚지 않음(참조: 로마 12,18; 1테살 5,15)
- 하느님의 이름으로 모든 일에서 사람들에게 도움이 되도록 힘씀

우리 자신의 안위가 아니라 원수의 구원을 첫 자리에 놓는다. 그러므로 하느님의 사랑에 힘입어 무엇보다도 사랑으로 원수들을 얻고 그들을 위해 기도해야 한다. 우리는 모든 복수와 보복을 멀리하며, 자신의 이익을 구하지 않고 모든 이의 구원을 위한 하느님의 계획에 봉사하는데 전적으로 헌신해야 한다.

이 문장의 마지막 부분에 있는 "in omnibus"는 "모든 사람에게" 또는 "모든 것에"로 번역할 수 있다. 두 가지 모두 하나의 진리를 담고 있다. 즉 모든 것에서 도움이 되도록 힘쓰는 것이며, 원수를 포함한 모든 이 안에서 하느님께서 우리 길 위에 놓아주신 한 사람을 알아보는 것이다. 예수님께서 친히 걸으신 이 길은 우리를 그분께로 이끌어주는 원수 사랑의 길이다. "행복하여라, 평화를 이루는 사람들! 그들은 하느님의 자녀라 불릴 것이다"(마태 5,9).

하느님 안에 평화의 토대를 두기

이 단락 전체에서 하느님 중심성이 두드러진다. 프란치스코는 세상에 대한 철저한 사랑과 보편적 화해를 하느님이라는 기초 위에 확립한다. 우리는 하느님을 "주님"이라 부르며 그분께로 향하고, 원수를 위하여 "당신 앞에서"[presso di te] 전구하며, 마지막으로 우리가 "당신 안에서"[in te], 즉 하느님 안에 있을 때만 유익한 사람이 될 수 있다.

주님의 기도 다섯 번째 청원의 해설은 프란치스코가 사람이 사회적

으로 더 위협받고 자극받는 곳에서 하느님과 맺는 관계를 더욱 힘주어 강조한다는 것을 보여 준다. 프란치스코가 행동하는 방식은 이 모든 것을 확인해준다. 모든 이 안에서 감지하고 알아뵐 수 있는 하느님과의 관계에 감화된 성인은 평화의 선포자요 중재자가 된다.

여섯 번째 청원: 모든 유혹에 대한 도움

인간에게 주어진 의사 결정의 능력에는 잘못과 죄의 가능성 또한 놓여 있다. 죄에 대한 용서를 구하는 것에 "저희를 유혹에 빠지지 않게 하시고"라는 청을 의미신장하게 결합하는 것은 이 때문이다. 어떤 이들은 마치 하느님께서 친히 우리를 악에 빠뜨리시는 것으로 이 청을 해석한다. 하지만 이 청원은 '저희가 유혹에 굴복하지 않도록 이끌어 주소서', '저희가 유혹에 넘어가는 것을 허락지 마소서'와 같은 방식으로 이해해야 마땅하다.

"하느님께서 먼저 허락하시지 않으면, 원수는 우리에게 아무것도 할 수 없음이 이를 통해 확실해졌다. 그러므로 오직 하느님을 두려워하고 그분만을 섬기며 따르도록 하자. 유혹 중에서도 원수가 그분께 미리 힘을 얻지 못했다면 우리를 거슬러 어떤 것도 할 수 없기 때문이다."[16] 예수님 역시 유혹을 받으시고(마태 4,1-11), 고통 중에 시험받으셨지만, 고통을 피하지 않으면서 유혹하는 자를 이겨내시어 우리와 함께 아파하실 수 있는 대사제, "모든 면에서 우리와 똑같이 유혹을 받으신, 그러나

---

16 CYPRIANUS, 『De oratione dominica』, cap. 25: 『Il Padre nostro』, 112.

죄는 짓지 않으신"(히브 4,15) 대사제가 되셨다.

거의 모든 성인전에서 그렇듯이 성 프란치스코의 전기에서도 유혹은 중요한 역할을 담당하였다. 비록 그 유혹 이야기들이 성인전 형식에 맞게 가공되어 전달되었을 수 있지만, 그런데도 그 핵심에는 깊이 있는 진리가 담겨 있다. 이는 어떤 사람이 하느님께 대한 지식과 그분의 은총에 가까이 가면 갈수록 자신 안에서 그리고 자기 주변에서 악의 세력을 더 많이 경험하게 된다는 것이다. 그러한 유혹의 종류가 얼마나 다양한지는 주님의 기도의 여섯 번째 청원의 작은 첨가문이 보여주고 있다.

9 저희를 유혹에 빠지지 않게 하시고

감춰진 유혹이나 드러난 유혹, 갑작스러운 유혹이나 끈질긴 유혹에 빠지지 않게 하시고.

본래의 청원이 한 쌍의 표현, "occultam vel manifestam, subitam vel importunam"[감춰졌거나 드러난, 갑작스럽거나 끈질긴]을 통해 확장되었다. 프란치스코가 서로 대조적으로 배치된 이 단어들로 말하고자 하는 것은 다음과 같이 다른 방식으로 해석할 때 더 분명해질 것이다. "유혹은 은밀하거나 명백할 수 있고, 즉각적이거나 지속적일 수 있다." 아무튼 프란치스코의 청원은 분명하다. 그것이 가볍든 무겁든, 분명하든 모호하든, 어떤 종류의 유혹에서도 하느님께서는 우리가 넘어지지 않도록 보호해 주시며, 모든 위험 속에서 의지가 되어 주신다는 것이다.

오늘날의 비밀주의[occultismo]나 사탄 예식과 같은 현상을 고려하면, 프란치스코가 감춰졌거나 드러난 유혹에 대해 말한다는 사실은 주목할 만하다.

일곱 번째 청원: 모든 시기의 악으로부터 해방

10 악에서 구하소서

　과거와 현재와 미래의 악에서 구하소서.

　유혹 중에 도와달라는 청원은 악에서 구해 달라는 청원으로 이어진다. 이 마지막 청원은 예수님께서 "이들을 세상에서 데려가시라고 비는 것이 아니라, 이들을 악에서 지켜주십사고 빕니다"(요한 17,15)라고 제자들을 위해 바치신 기도를 상기시킨다. 하느님께서는 당신께서 구원하고자 하시는 백성과 한 사람 한 사람 모두를 구원하신다는, 구원 전제의 중심 주제가 울러 나온다. 이렇게 해방을 청하는 이는 하느님만이 구원이 없는 상태에서 보호해주시고, 악의 위협으로부터 지켜주실 수 있다는 것을 알고 깨닫는다.

　프란치스코는 전례를 통해서 알고 있던 바대로 주님의 기도 마지막 청원을 확장한다. 주님의 기도 삽입구, 즉 공의회 이전의 미사에서 주님의 기도에 덧붙였던 부분처럼 그도 "과거와 현재와 미래의" 모든 시간의 악에서 벗어나게 해달라고 청한다. 성인은 모든 역사가 악으로부터 위협받는다는 것을 잘 알기에 시간을 이상화하지 않는다. 오직 하느님만이 이미 저지른 잘못과 여전히 존재하는 악과의 관계에서 우리를 구원하시고 미래의 악에서 우리를 보호해 주실 수 있다.

　이 세 가지 시간을 언급하는 것은 프란치스코가 삼위의 거룩하신 이름을 불렀던 주님의 기도 시작 부분으로 우리를 데려간다. 사실 일곱 개의 청원은 지극히 거룩한 삼위일체께 대한 찬미로 흘러든다.

영광이 성부와 성자와 성령께 처음과 같이 이제와 항상 영원히, 아멘.

삶의 거울인 주님의 기도

프란치스코의 「"주님의 기도" 묵상」에 대한 지금까지의 독해는 그가 단지 의례적인 수준에 머물지 않고 주님의 기도에 얼마나 깊이 잠겼는지 알게 해 준다. 이는 분명 그의 삶을 형성하고 결정지은 이 기도의 근본적 성격에 따른 것이다. 프란치스코가 나병 환자와 함께하고 성당들을 수리하는 일로부터 야기된 그와 아버지 사이의 갈등은 이 회개자를 아씨시의 교회 법정 앞에 서게 한다. 주교와 아씨시 시민들 앞에서 벌어진 이 극적인 장면에서 젊은 프란치스코는 대담하게도 이렇게 외쳤다.

> 여러분, 저의 말을 듣고 알아두십시오. 지금까지 저는 베드로 베르나르도네를 저의 아버지라고 불러왔습니다. 그러나 저는 하느님을 섬기기로 결심하였기에, 아버지를 저토록 노엽게 하는 돈을 돌려드리고 아버지의 소유인 제가 지금 몸에 걸치고 있는 일체의 옷가지들까지도 돌려드리겠습니다. 그리고 저는 이제부터 베드로 베르나르도네를 아버지라고 부르지 않고, 하늘에 계신 우리 아버지를 아버지라고 부르겠습니다(「세 동료」 20).

이렇게 상인 베르나르도네의 아들은 하늘에 계신 우리 아버지께 호소하면서 지상의 아버지의 유산과 부모로부터 자유로워졌다.

다른 동료들이 그의 극단적 생활 양식에 참여하려고 합류하였을 때, 프란치스코는 그들에게 주님의 기도를 공동체의 가장 중요한 기도로 제시하였다. 「신자들에게 보낸 편지」에 나타나듯이 그는 모든 그리스도인들에게도 그렇게 했다.

> 따라서 우리는 언제나 기도하고 낙심하지 말아야 하기에, "하늘에 계신 우리 아버지"를 바치면서 그분께 밤낮으로 찬미와 기도를 드립시다(「2신자 편지」 21).

주님의 기도는 작은 형제들이 즐겨 바치는 기도였고, 더욱 중요한 것은 이 기도가 그들의 공동생활을 결정적으로 규정했다는 것이다. 오직 하늘에 계신 아버지께로 향하는 것은 하느님을 유일하시고 진실하신 아버지로 모시는 형제체를 이 땅 위에 탄생시킨다.

> 너희는 모두 형제다. 또, 이 세상 누구도 너희의 아버지라고 부르지 마라. 너희의 아버지는 오직 한 분, 하늘에 계신 그분뿐이시다. 너희는 스승이라고 불리지 않도록 하여라. 너희의 스승님은 하늘에 계신 그리스도 한 분뿐이시기 때문이다(「비인준 규칙」 22,33-35; 참조: 마태 23,8-10).

이러한 배경에서 주님의 기도는 아버지 베드로 베르나르도네와의 결별에서 본 것과 같은 근본적인 결과를 가져온다.

하느님은 하늘에 계신 우리 아버지이시기에 땅에 있는 우리는 모두 형제들이다. 프란치스코는 이러한 그리스도교의 근본 진리를 매우 진지하게 받아들였고 별과 천체, 비와 우박, 물과 강, 식물과 동물, 고통과 죽음에까지 확장되는 형제적 관계를 살았다. 프란치스코는 이 형제성의 기초 위에 자신의 형제체를 설립했으며, 모든 것을 버리고 그의 신뢰를 하느님의 부성적인 섭리에 두었다. 그에게 주님의 기도는 일종의 강령이자 계약이었음이 분명하다. 이 기도에 담긴 진리는 프란치스코와 그의 공동체가 사는 방식을 폭넓게 설명해 준다. 프란치스코는 사람이 된 주님의 기도이고, 그의 형제체는 공동체적으로 체험한 주님의 기도이다.

프란치스코가 만들고 우리에게까지 이른 「"주님의 기도" 묵상」은 그저 말로만 구성된 것이 아니라, 그의 삶의 경험이 최종적으로 구체화되어 드러난 것이다. 또한 이 묵상은 우리에게 그와 비슷한 방식으로 주님의 기도와 관계를 맺으라는, 즉 이 기도를 사랑하고 살아내라는 하나의 초대가 된다. 그럴 때 우리는 예수님을 따르는 이, 그리고 주님의 기도의 성인이라고 적절히 정의되는 아씨시의 가난뱅이를 따르는 이들이 될 것이다.

그룹 작업을 위한 지침과 삶의 실천을 위한 제안

1. 마태 6,9-13과 루카 11,2-4의 본문을 함께 읽고 이 둘을 비교한다. 이들 사이의 차이점을 통해 쉽게 다음과 같은 주제로 토론할 수 있다.
   - 왜 두 복음서 저자 사이에 강조점이 다른가
   - 마태오의 첨가문은 본질적으로 새로운 것을 말하는가

- 각각의 청원과 관련해 신약 성경에 어떤 병행구절이 있는가

2. 프란치스코가 겪은 변화와 유사하게 주님의 기도를 통한 변화를 겪거나, 이와는 완전히 다른 종류의 변화를 겪은 사람을 알고 있는가?

3. 주님의 기도를 몸짓으로 표현하면서 바친다.

- 어울리는 동작을 찾아서 완성하고 그에 관해 토론한다
- 아이들, 젊은이들, 어른들과 함께 "우리의 모든 기력과 영혼의 감각과 육신의 감각을 당신 사랑의 봉사를 위해서만 바치고 다른 데에 쓰지 않는다"는 프란치스코의 말을 시각화하기 위한 다양한 형태를 찾는다

4. 프란치스코의 이 글은 내용이 많고 어려운 부분도 있으므로 다음과 같이 시도해 본다.

- 더 짧은 문장으로 변형해 본다
- 새로운 번역을 제안해 본다
- 다른 번역들과 비교해 본다
- 자신의 말로 재구성해 본다

5. 「"주님의 기도" 묵상」은 그 자체로 하나의 기도다. 프란치스코는 기도하면서 예수님의 기도를 해설한다. 주님의 기도에 대한 자신의 묵상에서 출발하여 예수님의 기도문을 확장해 본다.

6. 그룹의 구성원 각자는 주님의 기도에서 청원 하나씩을 선택한다. 침묵의 시간을 어느 정도 가진 후에 저마다 문구에서 떠오르는 것을 적어 볼 수 있다. 그런 다음 그룹으로 다시 모여 각자가 자신이 적은 것을

나누고, 그때마다 대화나 침묵의 시간을 갖는다. 진행자는 현대판 주님의 기도 풀이, 예를 들면 하인츠 쉬르만Heinz Schürmann, 피에트로 스테파니 Pietro Stefani, 레오나르도 보프Leonardo Boff 등의 구절[17]로 마무리한다.

7. 오늘날 하느님을 체험하고자 하는 커다란 갈망이 존재한다. 이는 종종 공인된 교회의 영역 밖에 있는 종파와 종교들을 통해 충족된다. 아씨시의 프란치스코는 카리스마적 인물이자 평화의 사람으로 여전히 많은 사랑을 받고 있는데, 이를 활용하여 그의 영적 체험을 전파할 수 있지 않을까? 교육 영역을 모두 국가가 담당하게 된 오늘날, 우리는 어떻게 기도의 학교를 발전시키고, 묵상을 위한 도움을 제공하며, 성 프란치스코와 그를 따르는 많은 이가 그러했던 것처럼 기도의 스승이 될 수 있을까?[18]

8. 예수님은 히브리인으로서 분명히 카디쉬나 쉐마 이스라엘[이스라엘아, 들어라!], 시편 등의 기도를 알고 계셨을 것이다. 프란치스코도 또한 주님의 기도, 영광송, 시편과 다른 기도들을 알고 있었을 것이다. 그런 기도들은 무미건조한 시기를 극복하는 데 도움을 주고, 자신의 고유한 내적 기도를 발전시킬 수 있는 공간을 제공해 준다.

- 어떤 기도문을 알고 있는가? 그것들이 당신의 삶에 도움을 주는가?

---

17 H. Schürmann, 『Padre nostro, la preghiera del Signore』, Milano, 1982; E. Brzostowski, Pregare e vivere il Padre nostro, Torino, 1988; L. Boff, 『Padre nostro, preghiera della liberazione integrale』, Assisi, 1988; P. Stefani, 『Il Padre nostro』, Genova, 1991; A. Gasparino, 『Padre nostro. Conversazioni con I giovani』, Torino, 1991.
18 젊은이들을 위한 주님의 기도 해설은 다음을 통해 제공된다. A. Parenti, 『A scuola di preghiera da Francesco e Chiara d'Assisi』, Padova, 1992, 75-99: "Scoprire un Dio-Padre."

- 언제 기도문을 사용하며, 언제 기도를 바치는가?
- 어릴 때 배운 당신이 좋아하는 기도 중 하나를 선택하여 그룹에서 그에 관해 이야기해보라.

9. 프란치스코가 확장한 주님의 기도를 공동체적으로 기도한다면, 양편으로 나누어서 한쪽은 예수님의 말씀을, 다른 쪽은 프란치스코가 첨가한 부분을 읽으면서 기도를 드릴 수 있다.

10. 「"주님의 기도" 묵상」으로부터 사랑에 대한 프란치스칸적 교육을 전개할 수 있을까? 이 여정에는 어떤 단계가 있으며 어떤 방해 요소가 있는가?

10
사탄을 부끄럽게 하는 덕들

「덕들에게 바치는 인사」

주님의 기도에 대한 프란치스코의 주해-묵상은 그와 주님의 기도의 오랜 접촉이 맺은 열매로, 이 관계는 작은 형제들의 여정에도 함께 했다. 프란치스칸 체험에서 중요한 역할을 한 프란치스코의 또 다른 글이 있는데, 그것은 「덕들에게 바치는 인사」 또는 「덕들에 대한 찬미」로 알려져 있다. 이것은 엄격한 의미에서 기도로 보기는 어렵지만, 어쨌든 기도의 정신과 오랜 묵상, 그리고 삶의 체험에서 생겨난 것이다.

이 글이 언제 기록되었는지는 알 수 없으나, 그 저자가 프란치스코인 것은 확실하다. 토마스 첼라노는 이 글의 첫 구절을 인용하면서 프란치스코가 지은 덕들에 대한 찬미[laudes de virtutibus]를 언급하고 있다(「2첼라노」189). 이 글은 내용과 시적인 형태에서 아씨시 음유 시인의 문체와 아주 잘 맞는다. "따라서 그의 친저성을 의심할 만한 이유는 없다."[1]

설교의 모델

1223년의 결정적 수도규칙 이전에는 성직형제이든 평형제이든 모든 형제들에게 회개의 권고, 즉 하느님 찬미와 결합된 간결한 권고의

---

[1] K. Esser, 『Gli scritti』, 554.

설교를 하는 것이 허용되었다. 형제들은 어디서든 기회가 있으면 인노첸시오 3세가 그들에게 부여한 허락에 따라 이 전례 외적이고 대중적이며 구체적인 "평신도 설교"를 활용할 수 있었다. 이는 교리를 다루는 **교의적** 설교와는 달리 악습과 덕행에 초점을 맞춘 **회개**의 설교이자 **도덕적** 설교였다.² 「인준받지 않은 수도규칙」에서 성경의 권고들을 상기시키는 이러한 찬미와 권고[laus et exhortatio]의 예를 볼 수 있다(참조: 「비인준 규칙」 21). 「덕들에게 바치는 인사」와 좀 더 가까운 글은 「인준받은 수도규칙」에 나오는데, 여기서 프란치스코는 형제들에게 다음과 같이 권고한다.

> **설교할 때 그들의 말은 백성들에게 유익하며 감화를 줄 수 있도록 숙고되고 순수해야 합니다. 또한, 설교자들은 간결한 설교로 그들에게 악습과 덕행, 벌과 영광을 선포할 것이니, 이는 주님께서 이 세상에서 간결하게 말씀을 하셨기 때문입니다**(「인준 규칙」 9,3-4).

이 규정은 「덕들에게 바치는 인사」와 정확히 호응한다. 「덕들에게 바치는 인사」에서 형제회의 창설자는 「인준받지 않은 수도규칙」 21장에서처럼 자신의 동료들에게 설교의 모델을 제공하고 있다. 프란치스코는 그들에게 간결한 설교를 권고할 뿐만 아니라 스스로 모범을 보이

---

2 참조: C. DELCORNO, 「Origini della predicazione francescana」, 『Francesco d'Assisi e francescanesimo dal 1216 al 1226. Atti del IV convegno internazionale. Assisi 15-17 ottobre 1976』, Assisi, 1977, 125-160; L. LEHMANN, 『Tiefe und Weite』, 61-67.

고 글로 쓴 모델을 제공한다. 그리함으로써 형제들에게 말과 행동으로 모범이 되고자 함이었다. 따라서 이런 측면에서도 프란치스코는 카푸아의 토마스(Tommaso da Capua, 1216-43) 추기경이 자신의 후렴에서 "인사드리나이다, 거룩하신 아버지, 본향의 빛, 작은 이들의 원형, 덕행의 거울, 행실의 규범…"[Salve, sancte pater, patriae lux, forma minorum, virtutis speculum, regula morum…]³이라고 불렀던 것처럼, "작은 이들의 원형"[forma minorum]으로 나타난다.

「덕들에게 바치는 인사」는 작은 형제들이 하느님의 어릿광대로서 대중 앞에서 노래했던 **찬미**[laudi] 중의 하나로 보아야 한다. 「덕들에게 바치는 인사」에서는 「인준받지 않은 수도규칙」 21장의 찬미와 권고⁴보다도 음유 시인과 어릿광대의 정신이 더 잘 드러난다. 덕들은 시적으로 인물처럼 묘사되며, 기사도적으로 "귀부인"[Dame]이라고 불리거나 지혜의 경우 "여왕"으로 불린다.

"덕행과 악습"은 당시의 많은 설교 작품의 주제였는데, 이 작품들이 프란치스코에게도 영향을 미쳤을 것이다.⁵ 사실, 「덕들에게 바치는 인사」에는 당시 라틴 문학의 영향과 기사도 문화에서 유행하던 궁정시의 영향이 그의 다른 글들에서보다 더 많이 느껴진다. 이제 이 글 본문을 그 고도의 예술적인 구조를 드러낼 수 있는 방식으로 옮기고자 한다.

---

3 『Analecta franciscana』, vol. X, 337.
4 지면 관계상 여기에 이 기도를 싣고 해설하는 것은 불가능하다. 이에 대한 폭넓은 분석을 위해서는 다음을 참조: L. Lehmann, 『Tiefe und Weite』, 175-219.
5 참조: M. W. Bloomfield - B. G. Guyot, 『Incipits of Latin Works on the Virtues and Vices, 1100-1500 A.D.』, Cambridge, 1979, 567-686.

덕들에게 바치는 인사

호칭

A   1   여왕이신 지혜여, 인사드립니다.
주님께서 당신의 자매인 거룩하고 순수한 단순성과 함께
당신을 지켜 주시기를!

       2   귀부인이신 거룩한 가난이여,
주님께서 당신의 자매인 거룩한 겸손과 함께
당신을 지켜 주시기를!

       3   귀부인이신 거룩한 사랑이여,
주님께서 당신의 자매인 거룩한 순종과 함께
당신을 지켜 주시기를!

       4   지극히 거룩한 덕들이여,
주님께서 당신으로부터 흘러나오는
여러분 모두를 지켜 주시기를!

하나 또는 아무것도

B   5   온 세상 사람 그 누구도
정녕 먼저 [자신이] 죽지 않으면
여러분 가운데 어느 하나도 가질 수 없습니다.

       6   하나의 덕을 가지고 있고
다른 덕들을 거스르지 않는 사람은
모든 덕을 갖게 됩니다.

7   그러나 하나의 덕을 거스르는 사람은
    하나도 갖지 못하고
    모든 덕을 거스르게 됩니다.

8   그리고 어느 덕이든지
    악습과 죄를
    부끄럽게 합니다.

활동들

C   9   거룩한 지혜는
        사탄과 그의 모든 간계를
        부끄럽게 합니다.

    10 순수하고 거룩한 단순성은
        이 세상의 모든 지혜와 육신의 지혜를
        부끄럽게 합니다.

    11 거룩한 가난은
        모든 탐욕과 인색과 이 세속의 근심을
        부끄럽게 합니다.

    12 거룩한 겸손은
        교만과 이 세상의 모든 사람을
        부끄럽게 하고
        이와 마찬가지로
        세상에 있는 온갖 것들을
        부끄럽게 합니다.

13 거룩한 사랑은
　　모든 마귀의 유혹과 육의 유혹
　　그리고 육의 모든 두려움을
　　부끄럽게 합니다.

14 거룩한 순종은
　　자신의 모든 육신 및 육의 의지를
　　부끄럽게 하며,

15 자기 육신의 억제로
　　영에 순종하고
　　자신의 형제에게 순종하도록 합니다.

16 따라서 사람은 세상에 있는 모든 이들에게
　　매여 있고 그 아래에 있으며,

17 또한, 사람들에게만이 아니라
　　모든 집짐승과 들짐승들에게까지
　　매여 있고 그 아래에 있게 됩니다.

18 그리하여 주님께서 높은 데서 그들에게 허락하신 만큼
　　그들이 육신에게 무엇이든 원하는 대로 할 수 있게 됩니다.

구조와 양식

이탈리아어 번역에서도 운율의 반복과 병행 구조를 느낄 수 있다. 이 노래와 「복되신 동정 마리아께 드리는 인사」는 공통적인 요소를 많이 지니고 있다. 두 가지 모두 라틴어본에서 "인사드립니다"[Ave]라는

인사로 시작한다.[6] 즉 「덕들에게 바치는 인사」는 "여왕이신 지혜여, 인사드립니다"[Ave, regina sapientia]로, 「복되신 동정 마리아께 드리는 인사」는 "귀부인이요 거룩한 여왕이시여, 인사드리나이다"[Ave Domina, sancta Regina]로 시작한다. 무엇보다도 덕들을 인격화하여 대하며, 이어서 "주님께서 당신을 지켜 주시기를!"이라는 기원이 뒤따른다. 그리고 마지막으로 덕들이 지켜지기 위해 필요한 매개체를 언급하는데, 이것들은 목적을 위한 수단(~를 통해: per cui)이 아니라 동료(~와 함께: con cui)로 소개된다.

절들은 병행 형식으로 구성되어 있는데, 이는 특히 1-4절과 9-13절에 해당한다. 이 절들은 각각 삼중 구조를 취한다. 이는 내용에서도 마찬가지인데, 항상 세 쌍의 덕들로 나타난다. 이러한 구소는 글 전체로까지 확장된다. 이 글은 형식과 내용에 따라 세 부분으로 나뉘는데, 여기서 그것을 A, B, C로 표시했다.[7]

단락 A는 1-4절을 포함한다. 주제는 첫 번째 단어인 "인사드립니다", 즉 덕들에게 드리는 인사이다. 세 가지 덕이 "귀부인"으로 불리고,[8] 여기에 자매이자 보호자인 세 가지 덕이 연결된다. 4절에는 "거룩한"에서 "지극히 거룩한"으로, 그리고 하나의 덕에서 모든 덕으로 나아가며 증가된다. 이 절은 모든 덕을 그들 공통의 원천인 주님께 되돌리면

---

6 역주: 한국어 소품집에서는 "Ave"를 뒷 부분에 붙여 번역했다.

7 참조: 더 자세히, L. LEHMANN, 『Tiefe und Weite』, 223-233. 이 삼중 구조는 파올라찌(C. Paolazzi)에 의해 확인되었다. C. PAOLAZZI, 『Lettura degli scritti』, 133; 참조: M. STEINER, 「El "Saludo a las virtutes" de S. Francisco de Asís」, 『Selecciones de Franciscanismo』 16 (1987), 129-140.

8 역주: 여기서 "귀부인"[domina]으로 불리는 덕은 "가난"과 "사랑" 두 가지이지만, 저자는 1절의 "여왕"[Regina]도 귀부인의 범주에 들어가는 것으로 본 듯하다.

서 단락 A를 마무리한다. 이런 생각은 「복되신 동정 마리아께 드리는 인사」의 마지막 부분에서도 나타난다.

그리고 거룩한 모든 덕들이여, 당신들에게도 인사드리나이다. 성령의 은총과 비추심으로 믿는 이들의 마음에 당신들이 쏟아 부어지면 하느님께 불충한 이가 충실한 이 되리이다(「동정녀 인사」 6).

단락 B는 5절에서 8절까지인데, 호칭 형태가 확언의 형태로 바뀐다. 주제는 인간이 어떻게 덕들에 도달할 수 있는가에 집중된다. 그 대답은 간단하다. 자신의 이기심에서 벗어나고 자신에 대해 죽는 것이다. 프란치스코는 여기서 요한 12,24 또는 1코린 15,36(어리석은 사람이여! 그대가 뿌리는 씨는 죽지 않고서는 살아나지 못합니다)을 간접적으로 다시 언급하고 있는 듯하다. "그가 회개와 세례를 통한 죽음과 삶의 사건을 암시하고 있을 가능성도 있다. 세례를 통해 '우리는…그분과 함께 묻혔습니다. 그리하여…우리도 새로운 삶을 살아가게 되었습니다'"(로마 6,4).[9]

덕들 사이에 존재하는 밀접하고 견고한 일치에 관한 성인의 강조가 찬미가의 이 부분에서 매우 중요하지만, 이는 이미 교부들의 전통에도 있었다.[10] 덕들은 유일한 실재의 다양한 측면, 그리고 인간 전체를 관통하는 유일한 신적 힘의 다양한 활동을 구성한다. 모든 덕은 인간의

---

9 C. PAOLAZZI, 『Lettura degli scritti』, 135.
10 참조: K. ESSER, 『Gli scritti』, 563-564.

일부만이 아니라 인간 전체에 반영된다. 따라서 덕들은 분리될 수 없다. "하나의 덕을 가지고 있는 사람은 모든 덕을 갖게 됩니다."

단락 C는 이 노래의 후반부 전체, 즉 9-18절에 해당한다. 단락 B에서 덕들에 대해 전반적으로 말하고 있다면, 여기서는 단락 A에 나온 순서대로 하나하나 등장한다. 9-14절은 그 시작이 같다. 15-18절은 자체적으로 단락을 구성하지 않고 문장 구성상 14절에 속하는데, K. 에써가 그 길이 때문에 이를 나눈 것이다.

덕들의 활동이 단락 C의 주제이다. 모든 절의 핵심이자 중심이 되는 단어는 "부끄럽게 하다"[confondere]인데, 이 동사는 단락 A에서 규칙성 있게 나타나는 "지켜 주다"[salvare]와 대비를 이루도록 배치된다. 이 대비의 기교에 관심을 기울이면 구조상의 병행뿐만 아니라 이 단락의 힘과 생생함까지도 알 수 있다. 가장 고상한 덕들이 가장 저열한 악습들과 대치한다. **주님**과 그분의 귀부인인 덕들은 **사탄**과 그의 동맹자들에 대적하여 이미 승리한 전사들이다.

덕과 마찬가지로 악도 탐욕, 인색, 교만, 두려움과 같이 많은 이름을 갖고 있다. 움브리아 시인의 언어 안에서 덕들은 하느님 안에 기원을 두고 있기에 거룩하다. 반면 악은 세상, 시간, 그리고 육과 관련된다. 여기서 플라톤 사상의 영향으로 그리스도교 안에 들어온 육신과 세상에 대한 적대적인 태도를 느낄 수 있다. 그렇지만 다른 측면에서 하느님-세상, 영-육의 대립은 성경 안에 이미 존재하며, 특히 바오로는 그것을 신학적으로 제시하고 있음(예를 들어, 로마 8,1-17)을 잊어서는 안 된다.

하느님과 세상 사이에, 덕과 악습 사이에 프란치스코가 파놓은 깊은 도랑은 물론 충격을 주고 동요하게 하며 자극하기 위한 설교의 목적에도 기여한다. 덕들을 인격화하는 것과 마찬가지로 대조적인 요소들은 시적인 옷을 입히는 것에 해당한다. 양쪽 모두 단순한 언어 유희가 아니라 깊은 의미를 지닌다. 그것은 덕들만이 인격화되어 채색되고(귀부인) 악습들은 그렇지 않다는 사실만 보아도 알 수 있다.

해설

여기서 모든 덕을 프란치스코의 글과 전기 사료들에 비추어 분석하는 것은 불가능하다.[11] 프란치스코는 수없이 겸손과 가난 등을 언급했고, 전기 작가들도 그에 대해 말할 때면 마찬가지였다. 우리는 「덕들에게 바치는 인사」가 프란치스칸의 그리스도 추종을 이 하나의 찬미 안에 축약하여 담고 있음을 보여주기 위해서, 그의 글에서 몇 구절만을 활용하고자 한다.

여왕이신 지혜와 순수하고 거룩한 단순성

프란치스코가 왜 「덕들에게 바치는 인사」를 지혜로 시작하고 "여왕"이라고 명명했는지는 짐작만 할 뿐이다. 우리는 그 대답을 「신자들에게 보낸 편지」에서 발견할 수 있을 것이다. 여기서 프란치스코는 회

---

11 참조: A. MATANIĆ, 『Virtú francescane. Aspetti ascetici della spiritualità francescana』, Roma, 1964.

개하지 않는 이들에 대해 "그들은 아버지의 참된 지혜이신 하느님의 아들을 자신들 안에 모시지 않기에 영적인 지혜를 가지지 못합니다"(「2신자 편지」 67; 참조: 「1신자 편지」 2,8)라고 말한다. 「권고들」 5장에서도 그는 "가장 높은 **지혜**에 대한 특별한 인식"(「권고」 5,6)을 언급하고 있다.

다른 글에서도 비슷한 내용을 볼 수 있는데, 육의 영은 "이 세상의 지혜"(「비인준 규칙」 17,10)에 관심을 갖도록 한다면서 다음과 같이 말한다.

> **이와 반대로 주님의 영은 육이 혹독한 단련과 모욕을 당하기를 원하며, 천한 것으로 여겨지고 멸시받고 수치당하기를 원합니다. 그리고 겸손과 인내, 그리고 순수하고 단순하며 참된, 영의 평화를 얻도록 힘씁니다. 그리고 무엇보다도 항상 성부와 성자와 성령의 신성한 두려움과 신성한 지혜와 신성한 사랑을 얻기를 갈망합니다**(「비인준 규칙」 17,14-16).

"지혜의 뿌리는 주님을 경외함이다"(집회 1,20; 아마도 프란치스코는 집회서 24장의 '지혜의 찬미'와 같은 구약 성경의 지혜 문학을 조금은 알고 있었을 것이다).

프란치스코는 지혜를 여왕으로 부르고 첫 자리에 놓는다. 이는 예수 그리스도께서 사람이 되신 지혜이시기 때문이다. 4절에서 말하고 있듯이 모든 덕과 모든 지혜는 하느님으로부터 나온다.

지혜와 단순성의 형제 관계[12]는 「신자들에게 보낸 편지」에서도 등장한다. 그러나 거기서는 "우리는 육적으로 지혜로운 자들과 영리한

---

12 참조: L. Izzo, 『La sempicità evangelica nella spiritualità di s. Francesco d'Assisi』, Roma, 1971.

자들이 되어서는 아니 되며, 오히려 더욱 단순한 자들, 겸허한 자들, 순수한 자들이 되어야 합니다"(「2신자 편지」 45)와 같이 반대의 위치에 놓여 있다. 육적인 지혜는 여왕인 지혜, 신성한 지혜에 반한다. 거룩한 단순성은 거짓된 지혜의 가면을 벗김으로써 자매인 지혜를 돕는다. 프란치스코는 「권고」 7에서 이 거짓 지혜의 모습에 대해 더 분명히 밝힌다.

> **사도가 말합니다. 문자는 사람을 죽이고 영은 사람을 살립니다. 사람들 중에서 더 많은 지식을 가진 자로 인정받기 위해서 또 친척이나 친구들에게 줄 많은 재물을 얻기 위해서 다만 말마디만을 배우기를 열망하는 이들은 문자로 말미암아 죽임을 당한 사람들입니다**(「권고」 7,1-2).

참된 지혜는 단순하고 꾸밀 필요가 없으며, 거짓 가면을 벗기고 온갖 허무와 헛된 영광에 대한 갈망을 멀리한다.

> **실상, 그대가 모든 지식을 가지고 있고, 모든 언어를 해석할 수도 있고, 또 천상 일을 날카롭게 꿰뚫어 볼 정도로 예리하고 명석하다 할지라도, 그대는 이 모든 것을 자랑할 수 없습니다. … 오히려, 우리는 이 안에서 우리의 연약함과 우리 주 예수 그리스도의 거룩한 십자가를 매일 지는 일을 자랑할 수 있습니다**(「권고」 5,5.8).

단순성을 통해 지혜에 도달한 사람은 사탄과 그의 모든 간계(9절)와 같은 악의 모든 공격에 저항할 수 있다. 모든 덕의 여왕은 온갖 악을 꾸미는 이를 부끄럽게 한다. 교만으로 하느님처럼 되고자 하는 사탄은 자신에 대한 솔직한 평가를 통해 모든 선을 하느님께 되돌려 드리고 영예나 보상을 요구하지 않으면서 정직한 의도를 가지고 행동하는 지혜를 통해 격퇴당한다.

우리는 모두 지혜와 단순성이 일치를 이루는 사람을 알고 있다. 보통 노인들이 그러한데, 더욱 단순할수록 더욱 지혜롭다. 그리고 반대로, 더욱 지혜로울수록 더욱 단순하다. 사실, 이 두 가지 덕을 가진 이는 무엇에도 분노하지 않으며, 어떤 것에 대해서든 그것의 참된 가치를 깨닫는다. 그리고 무엇보다도 삶에서 참으로 중요한 것, 즉 하느님과 순수한 양심에 대해 안다. 나머지는 그렇게 중요하지 않다.

거룩한 가난과 겸손

덕의 두 번째 짝은 귀부인인 가난과 그 자매인 겸손으로 구성된다. 일반적으로 가난은 프란치스칸 운동의 특징적인 요소로 간주되며, 즉시 물질적 재산의 포기와 탁발로 이해된다. 하지만 「덕들에게 바치는 인사」에서 프란치스코는 가난을 세 번째에서야 호명하고, 그것을 무엇보다도 **내적 가난**으로 규정한다. 가난은 "탐욕과 인색과 이 세속의 근심을"(11절) 극복한다.

가난에 반대되는 것은 부가 아니라 인색과 탐욕이며, 겸손의 적대자는 교만이다(12절). "소유 없이 사는 것"은 세상을 버리고, 모든 것이 모두에게 속하는 수도원에 들어간다고 해서 보장되는 것이 아니다. 가난은 자신을 위해서 어떤 선도 요구하지 않는 총체적인 포기를 의미한다. 하느님 앞에서 인간은 아무것도 가진 것이 없다. "그리고 우리의 것이라고는 악습과 죄밖에는 아무것도 없다는 사실을 우리는 확실히 알고 있어야 합니다"(「비인준 규칙」 17,7).

가난과 겸손의 관계는 「덕들에게 바치는 인사」뿐만 아니라 「인준받지 않은 수도규칙」 9장에서도 볼 수 있는데, 이 장은 "모든 형제들은 우리 주 예수 그리스도의 겸손과 가난을 따르도록 힘쓸 것이며"라는 말로 시작한다. 「인준받은 수도규칙」 6장에서는 다음과 같이 말한다.

> 그리고 이 세상에서 순례자와 나그네처럼 가난과 겸손 안에서 주님을 섬기면서 신뢰심을 가지고 동냥하러 다닐 것입니다. 그리고 주님께서 우리를 위하여 이 세상에서 스스로 가난해지셨으니 부끄러워하지 말아야 합니다. 이것이 바로 지극히 사랑하는 나의 형제 여러분을 하늘나라의 상속자요 왕이 되게 하고, 물질에 가난한 사람이 되게 하면서도, 덕행에 뛰어나게 하는 지극히 높은 가난의 극치입니다(「인준 규칙」 6,2-4).

또한, 이 수도규칙의 마지막 부분에서는 짜임새 있고 요약의 형태로 다음과 같이 말한다.

> 그리하여 형제들은 거룩한 교회의 발 아래 항상 매여 순종하고, 가톨릭 믿음의 기초 위에 굳건히 서서 우리가 굳게 서약한 가난과 겸손과 우리 주 예수 그리스도의 거룩한 복음을 실행할 것입니다(「인준 규칙」 12,4).

가난과 겸손은 떼려야 뗄 수 없게 맺어져 있다. 이 두 요소는 **작은 형제들**[frati minori]이라는 이름 안에 매우 함축적인 형태로 담겨 있으며, 프란치스코에게 주어진 별명 안에 더욱 아름답게 녹아들어 있다. 가난과 겸손이 어찌나 깊이 그를 특징지었던지, 그는 아주 잘 어울리는 **가난뱅이**[Poverello]라고 불릴 정도였다.

거룩한 사랑과 거룩한 순종

더욱 인상적인 것은 세 번째 짝인 **사랑과 순종**이라는 의외의 상호 관계인데, 사실 이는 프란치스코에게는 전형적인 관계이다. 참된 순종은 사랑에서 비롯된다는 것을 보여 주기 위해서 사랑을 앞자리에 놓고 있다는 점에 주목해야 한다. 사랑이 없는 순종은 덕이 아니다. 「권고」 3은 전체적으로 "완전한 순종"에 대해 다룬다.

> 자기 장상의 손 안에서 순종하기 위해 자기 전부를 바치는 사람은 가지고 있는 것을 모두 버리고 자기 영혼과 자기 몸을 잃는 사람입니다. 그리고 장상의 뜻을 거스르지 않는다는 것을 본인 자신이 알고, 또 하는 일이 선한 것이라면, 그가 행하고 말하는 것은 무엇이나 참된 순종입니다. 그리고 아랫사람은 장상이 자신에게 명하는 것보다 자신의 영혼에게 더 좋고 더 유익하다고 여기는 경우가 있을 때라도, 기꺼이 자기 것을 하느님께 희생으로 바칠 것입니다. 그리고 장상이 명한 것을 실행에 옮기도록 힘쓸 것입니다. 사실, 이렇게 하는 것이 하느님과 이웃을 흡

족케 하므로, 이것이야말로 사랑의 순종이 됩니다(「권고」 3,3-6).

하느님과 장상에 대한 사랑으로 자신이 보기에 더 좋고 더 유익한 것을 포기하는 것, 이것이 사랑에서 탄생하는 순종이다. 사랑이 어느 정도까지 순종으로 이어져야 하는가는 장상이 영혼의 구원을 거스르는 무엇인가를 명하는 극단적 상황에서 명백히 드러난다. 이 경우에 대해 「권고」 3은 다음과 같이 이어진다.

> 그러나 만약 장상이 아랫사람에게 그의 영혼에 거스르는 어떤 것을 하도록 명한다면, 그 장상에게 순종하지 않아도 되지만 그를 버리지는 말아야 합니다. 그리고 만일 이 때문에 다른 이들로부터 핍박을 당하더라도 하느님 때문에 그들을 더욱더 사랑하도록 해야 할 것입니다. 왜냐하면 자기 형제들과 헤어지기를 바라기보다는 핍박을 견디는 이가 자기 형제들을 위하여 자기의 목숨을 내놓기에 완전한 순종에 참으로 머무는 사람이기 때문입니다(「권고」 3,7-9).[13]

그 결과로 누군가는 공동체 안에서 양심에 따라 지극히 극적인 삶을 살도록 불렸을 수도 있다. 다른 이들이 그를 순종하지 않는 이로 간주하고 이 때문에 그를 박해한다 할지라도, 그가 공동체와의 일치를 깨

---

13 참조: K. ESSER, 『Le Ammonizioni di san Francesco』, Roma, 1974, 53-74; S. DURANTI, 『Francesco ci parla. Commento alle Ammonizioni』, Assisi, 1992, 78-89.

뜨리지 않고 고통과 자기 봉헌을 통해 계속해서 자기 형제자매들을 사랑하는 한, 그는 참되고 완전한 순종에 머물러 있는 것이다.

프란치스코에게 사랑은 행동의 기준이다. 다른 이를 자기 자신처럼 사랑하는 것은 모든 사람, 특히 도움이 필요한 사람을 위해 구체적으로 행동한다는 것을 의미한다. 다른 이들이 우리에게 해 주기를 바라는 그대로 해 주는 것이다(참조: 「비인준 규칙」 4,46). 우리는 모두 죄인으로서 하느님의 자비에 의존하고 있다. 그래서 장상은 정당한 질책을 할 때, 분노나 원한에 휘둘림 없이 항상 사랑으로 행동해야 한다. 죄인에게는 특별한 사랑이 필요하다.

그리고 그런 다음에도 그가 그대의 눈앞에서 수천 번 죄를 짓더라도 그를 주님께 이끌기 위하여 나보다 그를 더 사랑하고, 이런 형제들에게 늘 자비를 베푸십시오(「봉사자 편지」 11).

사랑의 가장 높은 단계는 오직 초자연적인 힘의 도움을 통해서만 얻을 수 있는 **원수에 대한 사랑**이다. 이것이 바로 프란치스코가 「"주님의 기도" 묵상」에서 "주님, 저희가 완전히 용서하게 해 주소서. 당신 때문에 원수를 참으로 사랑하게 하시고, …원수를 위하여 당신 앞에서 열심히 전구하게 하시며, …"(「"주님 기도" 묵상」 8)라고 간청하는 이유이다. 이러한 용서는 **순교**에서 그 절정에 이르는 자기 부정을 전제로 한다. 형제회의 창설자는 사라센인들 가운데로 가는 이들에게 모든 종류의 고통과 불의, 심지어 죽음까지 받아들일 온전한 준비가 된 자세를 기대한다(참조: 「비인준 규칙」 16,10-12). 프란치스코 자신도 순교할 각오를 하고

무슬림들의 땅으로 여행을 떠났다(참조: 「1첼라노」 55-57).[14]

이 모든 것이 「덕들에 대한 찬미」에서 프란치스코가 왜 그토록 강력하게 순종을 강조하는지 이해할 수 있게 해 준다. 그는 나머지 덕들에 대한 설명에 할애하는 만큼이나(9-13절), 순종을 많이 부각시키고 있는 것이다(14-18절).

참된 사랑은 모든 이기심에서 자유롭다. 이것이 14-15절에서 "거룩한 순종은 자신의 모든 육신 및 육의 의지를 부끄럽게 하며, 자기 육신의 억제로 영에 순종하고 자신의 형제에게 순종하도록 합니다"라고 말할 때 의미하는 바이다. "육신을 억제하는 것"은 5절의 "죽다"와 같은 의미이다.

인간은 덕들에게 자리를 내어주고 하느님께서 그 안에서 다스리시도록 자기 의지를 버리고 자기 자신에 대해 죽어야 한다. 이것은 순종 안에서 실현되는데, 순종은 인간이 진정 자기 자신으로부터 자유로운지 시험해 준다. 순종은 여기서 묘사된 대로, 프란치스코가 덕들 가운데 첫 자리에 놓은 지혜의 완성이다. 순종은 다른 모든 덕을 확인해 주는 인장이다. 왜냐하면 그것은 우리가 얼마나 사심 없는 사랑을 하는지 시험하고 증명하는 것이기 때문이다. 순종하는 이는 점점 더 주님의 영과 형제들과 자매들에게 기꺼이 귀 기울이게 된다.

프란치스코는 누가 형제요 자매인지 결정하기 위해 어떤 한계를 두어 지시하지 않는다. 자기 자신을 진정으로 포기하는 것은 **모든 사람에게** 순종하게 한다. 그렇게 자기 자신을 내어놓는 것의 철저함을 거듭 강조하기 위해 그는 "세상에 있는 모든 이들"을 덧붙인다. 이것으로도

---

14 참조: L. LEHMANN, 『I principi della missione francescana』, 262-270.

부족했는지 그는 짐승들에게까지 확장하면서 순종의 철저함을 명확히 한다. "또한, 사람들에게만이 아니라 모든 집짐승과 들짐승들에게까지 매여 있고 그 아래에 있게 됩니다. 그리하여…그들이 육신에게 무엇이든 원하는 대로 할 수 있게 됩니다"(17-18절).

여기서 우리는 보편적이고 무제한적이며 무조건적인 것으로 이해되는 순종의 절정에 도달한다. 자신을 온전히 하느님께 의탁하는 이는 사람뿐만 아니라 집짐승과 들짐승들을 통해서도 순교를 당할 준비가 되어 있다.

프란치스코는 여기서 안티오키아의 이냐시오 같은 맹수들에게 찢긴 순교자들에 대한 이야기의 영향을 받았을 수 있다. 하지만 프란치스코의 이런 표현을 이해하기 위해서는 그가 동물들과 가진 특별한 관계를 생각하는 것으로 충분하다. 이와 관련해 많이 알려진 것이 '굽비오의 늑대'(「잔꽃송이」 21) 이야기이다. 성인은 적대적이지 않은 태도로 늑대에게 다가가 그를 형제라고 부르며 그가 필요로 하는 것에 관심을 가지면서 늑대의 태도를 변화시켜 늑대 **형제**가 되게 한다. 확실히 프란치스코는 동물들이란 원수들처럼 하느님의 손에 있는 도구라는 견해를 갖고 있다(참조: 「비인준 규칙」 22,1-4). 그 도구들은 "주님께서 높은 데서 그들에게 허락하신 만큼"(18절) 우리에게 해를 끼칠 수 있을 따름이다.

순종의 순전히 사회적인 기능은 여기서 광범위하게 극복된다. 순종하는 이는 자기 자신을 초월하여 항상 더 작은 이, 즉 작은 형제로 남아 있어야 한다. 그러면 모든 이가 하느님의 마음에 드는 대로 그를 활용할 수 있게 된다. 프란치스코는 「신자들에게 보낸 편지 2」에서 다음과 같이 말한다. "우리는 절대로 다른 사람들 위에 있기를 바라서는 아니 되며, 오히려 하느님 때문에 모든 인간 피조물의 종이요 아랫사람이 되어야 합니다"(「2신자 편지」 47; 참조: 「비인준 규칙」 16,6). 하느님께서 역사를 이끄신다는 확신을 지니고, 「덕들에게 바치는 인사」 끝부분에 나오는 "모든 이들 아래에 있으라"는 권고는 아마도 베드로의 첫째 서간에서 가져온 것일 것이다(1베드 2,13). 하지만 프란치스코는 이를 자유로이 활용하기만 한 것이 아니라, 감상적인 강조 없이 난폭한 짐승들에게까지 순종을 확대하였기에 어떤 면에서는 넘어서고 있다.

그 당시 집도 고향도 없이 순회하는 형제들에게 들짐승과의 불편한 만남은 매우 일반적이었다. 프란치스코는 자신이 말하는 것이 무엇인지 알고 있다. 이 경우 그는 시적인 과장이 아니라 참으로 순종하는 이들에게는 아무것도 일어날 수 없다는 확신에 이끌린 것이다. "무엇이 우리를 그리스도의 사랑에서 갈라놓을 수 있겠습니까? 환난입니까? 역경입니까? 박해입니까? 굶주림입니까? 헐벗음입니까? 위험입니까? 칼입니까? …나는 확신합니다. 죽음도, 삶도, 천사도, 권세도, 현재의 것도, 미래의 것도, 권능도, 저 높은 곳도, 저 깊은 곳도, 그 밖의 어떠한 피조물도 우리 주 그리스도 예수님에게서 드러난 하느님의 사랑에서 우리를 떼어 놓을 수 없습니다"(로마 8,35.38-39; 참조: 2코린 4,7-15; 6,4-10).

순종은 신뢰를 가지고 하느님께 자신을 내맡기는 것이다. "형제들이나 다른 사람들이 그대를 때리면서까지 방해하든, 이 모든 것을 은총으로 받아들여야 합니다. 그리고 그대는 이런 것들을 원하고, 다른 것은 원하지 마십시오"(「봉사자 편지」 2-3). 이것은 하느님께서 자기 삶의 주님이 되시도록 하는 사람의 사랑 가득한 순종이다. 이토록 철저한 개방은 인간과 피조물의 총체적 화해를 가능하게 하며, 개별 인간에게 주어진 내적 가능성인 "낙원으로 돌아감"을 피조물 전체를 위한 가시적 실재가 되게 하는 평화를 이룩한다. 이는 굽비오의 늑대 이야기에 나타나고 있으며, 첼라노도 프란치스코가 동물들과 맺는 관계를 언급하면서 분명하게 이야기하고 있다(참조: 「2첼라노」 165-171).

따라서 순종과 가난, 겸손은 평화라는 단일한 지평 안에 놓인다. 평화는 사랑에 자리를 내어 주어 하느님이신 유일한 선이 세상 안으로 들어오실 때 가능해진다.

"**행복하여라, 평화를 이루는 사람들! 그들은 하느님의 자녀라 불릴 것이다**"(마태 5,9). **이 세상에서 어떤 일을 겪더라도 우리 주 예수 그리스도의 사랑 때문에 마음과 몸에 평화를 간직하는 사람들이 진정 평화의 사람들입니다**(「권고」 15).

"아버지의 뜻에 당신의 뜻을 맞추시며"(「2신자 편지」 10) 많은 이를 위하여 돌아가신 그분께 대한 사랑이 "육의 모든 두려움"을 극복할 정도로 결정적 기준이 되었을 때, 순종은 피조물 안에 당신을 드러내시는 하느님의 선하심과 섭리에 평온히 의탁하게 된다. 그분을 따름은 찬미의 노래가 된다. 명백히 초인적인 그리스도 추종의 이상들에 시적인 옷을 입히고 매우 엄격하고 힘든 것들을 노래로 표현해내는 프란치스코의 능력은 바로 여기서 나온다.

같은 언어적 특성이 있는 글로 「권고」 27이 있다. 이 「권고」는 구조에 있어서든 "악습을 몰아내는 덕"이라는 주제에 있어서든 「덕들에게 바치는 인사」와 밀접히 관련되어 있다. 각 행의 앞부분에서 한 쌍의 부사[ubi(어디에) - ibi(그곳에)]를 반복하여 틀을 잡고 압운과 유사음들을 활용하여 운을 맞춘 이 권고는 28개의 권고 중에서 유일하게 시적인 노래에 가깝다. 이 권고는 구조적으로 2×3=6개의 문장으로 이루어지고, 각

문장은 ubi-ibi를 필두로 한두 개의 반구半句로 구성되어 있다. 여기서 덕들은 악습과 죄악을 몰아낸다는 공동의 목표를 위해 둘씩 짝을 짓는다. 이 권고의 여섯 구절은 「덕들에게 바치는 인사」의 여섯 개의 덕들과 상응하면서 그것들을 가장 잘 완성하고 설명한다. 실제로 이 권고에서 영적 삶에 대적하는 모든 적을 쫓아내는 덕들은 더욱 명확하고 간략하게 그리고 대칭적 리듬 안에서 불린다.

사랑과 지혜가 있는 곳에
두려움도 무지도 없습니다.
인내와 겸손이 있는 곳에
분노도 동요도 없습니다.
기쁨과 더불어 가난이 있는 곳에
탐욕도 인색도 없습니다.
고요와 묵상이 있는 곳에
걱정도 방황도 없습니다.
자기 집을 지킴에 주님의 두려움이 있는 곳에
원수가 들어갈 곳이 없습니다.
자비와 신중함이 있는 곳에
지나침도 완고함도 없습니다(「권고」 27,1-6).[15]

---

15 참조: K. Esser, 『Le Ammonizioni』, 347-368; Th. Zweerman, 「"Timor Domini". Versuch einer Deutung der 27. Ermahnung deshl. Franziskus von Assisi」, 『Franziskanische Studien』 60 (1978), 202-223; A. Jansen, 「Traduction, sens et structure de la 27ᵉ Admonition」, 『Franziskanische Studien』 64 (1982) 111-127; C. Paolazzi, 「Lettura degli scritti」, 130-132; S. Duranti, 『Francesco ci parla』, 241-247: "Cantico delle virtù".

그룹 작업을 위한 제안

1. 오늘날 '덕'이라는 말은 그리 긍정적으로 받아들여지지 않는다. 사람들은 더 이상 라틴어 단어 'vir', 즉 "성숙한 인간"[uomo-virilità]이라는 말과 관련된 그 본래 의미를 알지 못한다.

 - 개인적으로 또는 그룹으로 오늘날 사람들이 '덕'이라는 말을 무엇과 연결하는지, 그리고 그 의미를 어떻게 알릴 수 있을지 생각해 본다
 - '사추덕'은 당신에게 무엇을 상기하게 하는가? 이 덕들은 여전히 당신 삶에서 기준점이나 중심축(근본적 태도)으로 남아있는가?

2. 「덕들에게 바치는 인사」와 「권고」 27을 비교해 본다.

 - 이 두 글에서 어떤 덕과 악습이 언급되는가?
 - 각 글에서 덕들은 어떻게 짝지어지는가? 어떤 것들이 병행하게 놓이고 어떤 것들이 대립하게 놓이고 있는가?
 - 당신은 어떤 글을 선호하며, 그 이유는 무엇인가?

3. 「덕들에게 바치는 인사」의 모든 구절과 「권고」 27을 따로 묵상해 볼 수 있다.

 - 당신에게 어떤 이미지와 사건들이 떠오르는가?
 - 당신에게 어떤 동의 또는 거부의 감정이 일어나는가?
 - 덕들 가운데 어떤 것을 더 지니고 싶고, 그래서 "주님께서 ~과 함께 당신을 지켜 주시기를"이라고 프란치스코와 기도하고 싶은가?

4. 어떤 덕들 또는 악습이 오늘날 더 '유행'하는가?

- 오늘날 악습과 덕의 목록을 자유롭게 적어 본다
- 이 악습과 덕이 당신에게 지니는 우선적인 가치, 의미에 따라 1에서 10까지 점수를 매기면서 순서대로 나열해 본다
- 당신의 목록을 그룹의 다른 이들의 목록과 비교해 본다

5. 인간의 덕은 본능과 순간적 욕망에 지배당하지 않고 개인과 사회적 존재로서 윤리적 기준에 따라 자신의 삶을 주도하는 능력이다. 일상생활에서의 태도와 덕들을 열거하고, 그룹에서 토론해 보라.

- 우리가 살아가거나 생존하는 데 도움을 주는 덕들
- 공동체 생활을 구축하는 데 기초가 되는 덕들

11
당신, 언제나 오직 당신

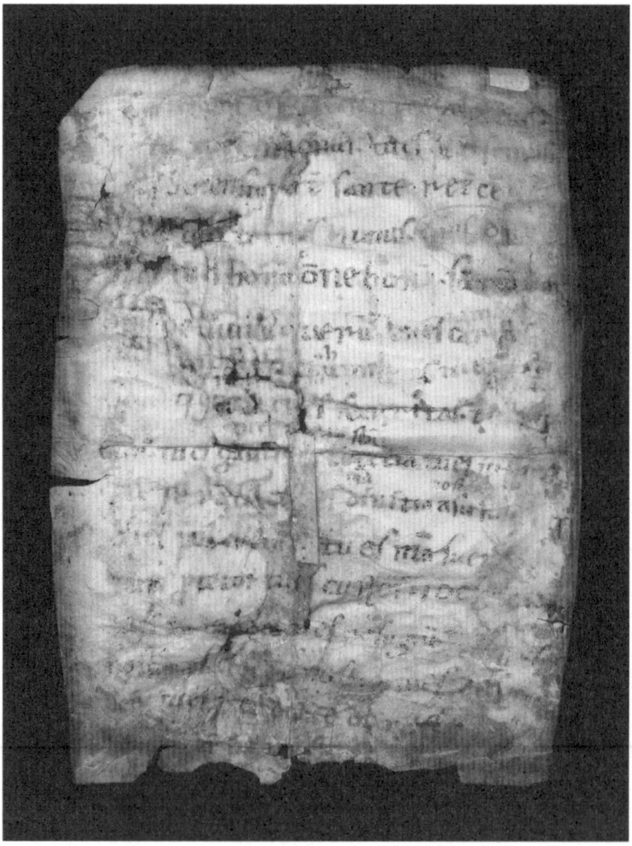

「지극히 높으신 하느님께 드리는 찬미」

성 다미아노에서 라 베르나 산으로

　성 다미아노 성당의 생생한 빛깔의 십자고상은 성 프란치스코에게 강한 인상을 남겼다. 그리스도는 십자가형에 참여하는 많은 사람들에 둘러싸인 가운데 죽어 가는 사람이 아닌, 열린 눈과 빛으로 충만한 시선을 지니고 다스리시는 분으로 묘사되어 있다. 그 날 이 십자가 앞에 무릎을 꿇고 기도를 드리고 있을 때 프란치스코는 십자가상의 그리스도께서 무기력과 혼란의 상태에 빠진 자신을 일깨우고 계심을 느꼈다. 이 체험은 그의 성소 여정에서 중요한 전환점이 되는데, 이때부터 십자가가 프란치스코 안에 깊이 새겨졌기 때문이다.

> **그때부터 십자가에 달리신 분에 대한 애처로움이 그의 거룩한 영혼에 뿌리를 내렸고, 아직 살에는 찍히지 않았지만 경이로운 오상이 그의 마음속 깊이 찍혔음을 경건히 추측할 수 있다**(「2첼라노」 10).

　이처럼 프란치스코의 첫 전기 작가에게는 성 다미아노 사건과 오상 사이에 밀접한 연속성이 존재한다. 비록 프란치스코가 당시에는 그 의미를 깊이 이해하지 못했다 할지라도 오상 사건은 이렇게 그의 청년 시기와 연결해서 보아야 한다. 오늘날의 심리학자들도 다음과 같이 질문하는 가운데 프란치스코의 첫 전기 작가와 같은 견해를 피력할 것이다. 프란치스코의 생애에서 결정적인 전환의 순간들은 무엇이었으며 그것들은 언제 일어났는가? 그것들은 프란치스코 안에 무엇을 남겨 놓았는가? 그것들은 프란치스코의 영혼에 어떤 자국과 상처를 남겨 놓았는가?

아씨시 프란치스코의 삶의 진로를 결정지은 것은 무엇보다도 두 가지 사건, 즉 나병 환자와의 입맞춤과 십자가에 달리신 분을 체험한 것이라고 할 수 있다. 이 두 사건을 하나로 묶는 것은 타인의 고통에 대한 감수성과 그 고통에 빠져들어 그것이 자신에게 스며들도록 내어놓는 자세와 관련이 있다. 다른 동시대인들처럼 이 아씨시 청년도 회개 이전에는 나병 환자들과 거리를 유지했지만, 그때는 말에서 내려 나병 환자에게 다가가 조금이나마 자선을 베푸는 데 주저하지 않으며 그를 끌어안는다. 프란치스코는 감염의 위험에도 불구하고 나병으로 혐오의 대상이 된 사람을 만지고 심지어 입을 맞추기까지 한다. 프란치스코는 이렇게 자신을 극복함으로써 새로운 가치의 세상으로 들어갈 수 있었고, 이 새로운 가치는 그가 삶을 바라보는 방식을 완전히 뒤바꾸어 놓았다. 그래서 그때까지 역겹고 쓰디쓴 것들이 이제는 기분 좋고 지극히 달콤한 것이 되었다(참조: 「유언」 3).

프란치스코는 전 생애에 걸쳐 나병 환자들과 가난한 이들, 고통받는 이들에게 이끌림을 느끼고, 다른 이들이 필요로 하는 것을 기꺼이 주며 여러 형태로 나타나는 고통에 민감했다. 프란치스코에게 모든 형태의 인간의 불행과 인간이 겪거나 남에게 끼치는 온갖 고통의 판단 기준은 주님의 십자가에 있다. 십자가는 세상의 모든 고통의 상징이지만, 프란치스코가 어떤 십자가를 보든 "당신의 거룩한 십자가로 세상을 구속하셨기에"(「유언」 5)라고 기도하듯이 그것은 또한 극복의 상징이기도 하다.

성 다미아노 십자가와의 만남 이래로 프란치스코는 모든 고통받는 이를 세상의 죄를 짊어지시고 십자가에 못 박히신 그분과 동일시한다. 모든 악이 그분께 퍼부어졌고 폭력의 물결이 그분을 덮쳤다. 그분은 우리 죄인들을 위한 사랑 때문에 몸소 당신 자신을 낮추셨지만, 하느님으로부터 높임을 받으셨다. 이제 십자가에 달리신 분은 고통이라는 어려운 질문에 대한 답이 되시며 고통의 바다에서 희망의 닻이 되신다.

프란치스코에게 나병 환자와 십자가에 못 박히신 분은 두 개의 서로 다른 세계가 아니다. 성 다미아노 성당의 십자가는 프란치스코로 하여금 형언할 수 없는 인간의 고통을 인식하게 하고, 인간의 고통은 그로 하여금 십자가 위의 예수님, "그러나 저는 인간이 아닌 구더기 사람들의 우셋거리, 백성의 조롱거리"(시편 22,7)라고 시편 작가가 노래한 예수님을 상기하게 한다.

프란치스코는 이 시편 구절을 그의 「주님의 수난 성무일도」 안에서 묵상하면서 불의한 사형 선고로부터 고통스러운 십자가 죽음에 이르기까지 예수님의 십자가 길을 거의 매일 관상한다. 그는 단지 마음만이 아니라 몸으로도 이 십자가의 여정을 따랐다. 사실 프란치스코가 겪은 지속적이고 심한 고통은 그의 많은 지병 때문만이 아니며, 그가 고수한 가난한 삶의 방식 때문이기도 하다. 그러나 이 모든 것 안에서 십자가는 그에게 위로와 힘이 되었다. 십자가는 프란치스코의 묵상의 대상이었고, 그가 마음속에 품고 있던 표상이었다(참조: 「2첼라노」 203).

프란치스코: 상처 입은 이

수년간 십자가에 못 박히신 분을 바라보며 예수님의 삶과 여정에 사랑으로 잠긴 이는 자신이 사랑하는 분 안에서 내적으로뿐 아니라 외적으로도 변모하게 된다. 수년간 함께 살면서 사랑으로 닮아간 부부들도 이처럼 되지 않을까? 프란치스코는 하느님의 사랑에 감동한 나머지 외딴곳에서 온종일 울면서 돌아다녔고, 왜 우느냐고 묻는 이에게 그는 "나의 주님의 수난을 생각하고 웁니다"(「세 동료」 14)라고 대답했다. 하느님에 대한 그의 사랑은 단지 말이 아니라 마음으로부터 나왔고, 머리부터 발끝까지 그의 온몸에 스며들었다.

이렇게 볼 때 우리는 1224년 9월의 십자가 현양 축일 즈음에 프란치스코에게 무슨 일이 일어났는지 더 쉽게 이해할 수 있다. 오래전부터 그를 내적으로 감화시키고 서서히 깊게 형성해 왔던 그것이 이 사건을 통해 가시적으로 드러났다. 십자가에 못 박히신 예수 그리스도의 몸에 찍힌 상처들이 이제 그의 몸에도 나타났다. 프란치스코는 오상을 받았다.[1]

이 믿을 수 없는 사건에서 활동하는 이는 오직 하느님뿐이시다. 그분이 행하는 분이시고, 프란치스코는 받아들이는 이다. 그렇지만 인간 프란치스코가 오상을 받을 수 있었던 것은 오직 그가 예수님의 수난에 대한 오랜 묵상과 고통에 대한 개인적 체험을 통해 준비되고 단련되어 십자가에 못 박히신 분과 고통받는 모든 피조물과 "함께 고통받

---

[1] 참조: 박식한 연구로, O. SCHMUCKI, 『The Stigmata of St. Francis of Assisi. A Critical Investigation in the Light of Thirteenth-Century Sources』, translated by C. F. CONNORS, New York, 1991.

는"[cum-passio] 경지에 이르렀기 때문이다. 예수님의 상처가 그의 몸에 재현된 것은 프란치스코가 스스로 "상처받은 이"가 될 정도로 사랑으로 깊이 찢기었음을 보여 준다.

성 다미아노 성당에서는 자신 **앞에** 십자가가 있었지만, 라 베르나 산에서는 그것을 자신 **안으로** 가져온다. 이를 통해 그는 그리스도의 상징, 십자가에 달리신 분의 형상으로 "제2의 그리스도"(alter Christus; 보나벤투라의 말)로 변모된다. 나중에 안젤로 실레시오Angelo Silesio가 의미심장하게 말한 "당신은 당신이 사랑하는 그것으로 변모되었습니다"가 프란치스코에게서 이루어졌다.

레오 형제: 절망의 유혹

이 사건의 목격자는 아니지만 성인의 영적 동반자이자 비서인 레오 형제는 가장 가까에서 오상 사건에 참여했던 사람임에 분명하다. 프란치스코는 성 미카엘 축일을 기념하는 자발적 단식을 하는 동안(8월 15일 성모 승천부터 9월 29일 성 미카엘 축일까지), 즉 그가 라 베르나 산에서 보내고자 했던 기간에 레오 형제를 데리고 갔다. 그러나 레오는 이 기간 내내 프란치스코를 방해하지 않기 위해 프란치스코의 움막에서 어느 정도 떨어진 곳에 머물러야 했다. 레오는 프란치스코가 허락할 때만 그들 사이를 갈라놓고 있던 절벽 위의 널빤지를 건너 그를 방문할 수 있었다.

그들 둘 사이에 있는 낭떠러지는 당시에 둘을 갈라놓고 있던 영적 심연을 상징하는 것 같았다. 프란치스코가 지극히 신비로운 황홀경에 빠져 있을 때, 레오 형제는 압박과 슬픔을 느끼고 있었다. 홀로 떨어져 있기를 원했던 프란치스코에게 물 한 그릇과 빵을 조금 가져다주는 것이 때때로 허락되었다. 그러나 프란치스코가 지내는 장소로부터 그처럼 분리되고 거기서 일어나고 있던 일로부터 그렇게 멀리 떨어져 있는 것은 레오에게 쉽지 않은 일이었음이 틀림없다. 분명 레오는 프란치스코가 자기 생애의 결정적 시간을 보내고 있음을 감지했고, 오상은 그 시간에 대한 명확한 증거였다.

프란치스코는 너무나 걷기 힘들고 손에 드러난 자국들로 인해 이 신비로운 상처들을 숨길 수 없었다. 레오 형제는 그 앞에서 할 말을 잃었고, 놀라움과 혼란스러움 사이에서 동요했다. 그리고 하느님과 그토록 깊은 관계를 맺은 분 앞에서 소외된 것처럼 느꼈다.

프란치스코는 레오 형제의 영혼 사정을 이해했음에 틀림없으며, 그를 위로하기 위해 그에게 하느님 찬미와 개인적 축복을 "쪽지"[chartula]에 적어 주었다. 이 사건에 대해 토마스 첼라노는 다음과 같이 상세하게 전하고 있다.

> 성인이 라 베르나 산 위에서 방 안에 은닉해 있는 동안, 그의 동료 중의 하나가 성 프란치스코의 손으로 주님의 말씀을 간략하게 적어 놓은 쪽지라도 있으면 그것으로 새로운 힘을 얻으려고 그것을 간직하기를 무척 갈구하였다. 육신의 유혹이 아닌 정신의 유혹이 그를 괴롭혔다. 그는 어렵고 무거운 그 유혹을 성인의 쪽지로 쫓아 버릴 수 있으리라고 믿었던 것이다. 그는 그토록 갖고 싶어 번민하면서도 이 일이 지극히 거룩하신 사부님께 드러날까 봐 두려워하였다. 아무도 프란치스코에게 이 일을 말하지 않았지만 성령이 그에게 계시하였다. 어느 날 복되

신 프란치스코가 그 형제를 불러 말하였다. "종이와 잉크를 가져오시오. 주님의 말씀과 내가 마음속 깊이 묵상한 주님에 대한 찬미를 적을까 합니다." 이 말이 떨어지기가 무섭게 종이와 잉크가 그에게 주어졌다. 그는 자필로 하느님을 찬미하는 노래와 말씀들을 써 내려갔다. 그러고는 맨 끝에 그 형제에게 주는 강복을 쓰고 나서 말하였다. "이 쪽지를 받으시오. 그리고 형제가 죽는 날까지 잘 보관하도록 하십시오." 즉시 그에게서 모든 유혹이 사라졌다. 그 필적은 보관되었고 그 후에도 그것은 놀라운 일을 하였다(「2첼라노」 49).

실제로 레오 형제는 1276년 세상을 떠날 때까지 이 양피지를 간직했다. 그것을 네 겹으로 접어 소중한 기억이자 거룩한 유물로 가슴에 있는 주머니에 넣고 다녔다. 오늘날에는 아씨시의 성 프란치스코 대성당 아래쪽 성당의 유물 경당에 전시되어 있다. 그러나 언뜻 보아서는 읽기 힘들다. 사실, 레오가 오랫동안 가지고 다니면서 이 양피지는 잉크가 거의 완전히 바랬는데, 「지극히 높으신 하느님께 드리는 찬미」가 적힌 바깥쪽의 두 면이 특히 그러해서 이제 이쪽의 글은 거의 읽을 수가 없다.

하지만 자외선 검사와 이 글의 내용이 무엇인지 확실히 알게 해 준 옛 증언 기록들 덕분에 본문을 재구성할 수 있었다.[2] 반면, 다른 면에 있는 레오 형제를 위한 축복은 쉽게 읽을 수 있다. 프란치스코는 검은

---

2 참조: D. Lapsanski, 「The Autographs on the "Chartula" of St. Francis of Assisi」, 『Archivum Franciscanum Historicum』 67 (1974), 18-37; K. Esser, 『Gli scritti』, 162-176.

색 잉크의 크고 고르지 않은 글자로 이를 기록하였다.

프란치스코가 쓴 글 옆에는 비서인 레오 형제가 붉은색으로 쓴 작고 아름다운 글이 눈에 띈다. 이 글은 프란치스코가 "자기에게 베푸신 은혜에 하느님께 감사드리면서 당신의 손으로 직접" 찬미가를 기록했음을 알려 준다.

따라서 라 베르나 산 위에서 프란치스코가 쓴 「지극히 높으신 하느님께 드리는 찬미」는 레오 형제의 요청에 따라 탄생한 것이라고 생각할 수 있다. 오상을 받은 이는 레오를 위대하신 당신[Tu], 즉 하느님께 이끌고 개인적으로 축복하면서 응답한 것이다. 십자가에 못 박히신 분과 사랑에 빠진 이는 오상을 받은 후에 그 손으로 직접 종이에 기록함으로써 하느님께 감사드리는 동시에 낙담하고 있는 동료를 돕는다.

양피지의 한쪽 면에서는 신비롭고 매력적인 하느님 당신에 대해 말하고, 다른 면에서는 도움이 필요한 형제 레오에게 향한다. 이 두 면은 모두 레오 형제를 위한 선물이자 묵상이며 위로의 편지라 하겠다.

「지극히 높으신 하느님께 드리는 찬미」의 특징

하느님의 이름으로 드리는 호칭 기도

이 귀중한 양피지의 바깥 면에 있는 **「지극히 높으신 하느님께 드리는 찬미」**는 짧은 문장들로 구성되어 있으며, 각 문장은 세 개의 단어로 이루어져 있다(이탈리아어 번역에서는 네 단어로 되는 경우가 많다). 모든 문장이 "당신"[Tu]으로 시작하는 하나의 호칭 기도이다. 다양한 호칭과 놀라움의 탄성이 접속사 없이 이어진다.

처음 읽을 때부터 이 글이 일종의 호칭 기도라는 인상을 받는다. 하지만 이 기도에서는 전형적인 호칭 기도 양식과 달리 호칭 다음에 뒤따르는 응답[예를 들어, 성인 호칭 기도에서 "ora pro nobis"(저희를 위하여 빌어 주소서)]이 없다. 바뀌는 것은 당신, 즉 하느님에 관한 표현이다. 더 정확히 말하자면, 여기서는 하느님에 대해 말하는 것이 아니라 하느님에게 말한다. 이 글은 논리적인 서술이 아니라 기도이다. 프란치스코의 하느님 체험은 너무나도 풍부하고 깊은 나머지 하느님이라는 경이로우신 당신께 돌리는 이런 일련의 감탄으로 흘러넘친 것이다.

오상을 받은 이는 그가 라 베르나의 사건에서 만난 분의 본성을 묘사하기에 적합하고 충분한 말들을 찾지 못하는 것처럼 보인다. 그래서 "힘세시나이다"와 "온화이시나이다" 같이 겉으로 보기에는 서로 상반되는 표현들을 사용하거나, 하느님을 "전능하시나이다"와 "겸손이시나이다" 같은 분으로 일컫는다. 이런 표현들 안에서 성인은 근본적으로 하느님은 말로 표현할 수 없는 분이심을 잘 알고 있다. 하느님은 그에게 신비이시고 또 신비로 남아 계신다. 이는 그가 오상을 받은 후에도 마찬가지로 그러한 분이시다.

이 호칭 기도의 독창성 뒤에는 하느님께 더욱 새로운 방식으로 자신을 봉헌하고, 그분에 대해 언제나 더 깊은 무엇인가를 말하고, 끊임없이 그분을 찬미하려는 프란치스코의 노력이 숨어 있다. 여기에는 하늘과 땅도 있으며, 프란치스코가 경외와 신뢰를 두고 모든 가능한 어감과 다양한 표현을 동원해 당신, 당신, 당신…이라고 끈기 있게 되풀이해서 부르는 그분에게서 나오는 온갖 선 또한 존재한다.

하나의 "사은 찬미가"

「지극히 높으신 하느님께 드리는 찬미」에서 프란치스코는 자기 자신이 아니라 오직 당신이신 하느님에 대해서만 말한다. '나' 또는 '나의'라는 말은 한 번도 나오지 않는다. 말하자면, 이 기도는 '나'와 관계된 모든 것으로부터 정화되었으며, 자신을 완전히 내어주는 것이자 다른 이를 향한 순수한 시선이다. 이 기도는 어떤 입장을 취하거나 물음을 던지거나 요청하는 것 없이 내적 열정을 통해 닿은 하느님 신비에 대한 깨달음이다. 이 기도는 하느님께 드리는 순수한 찬미이다.

그렇지만 '찬미' 또는 '찬미하다'라는 표현은 전혀 등장하지 않는다. 성인의 다른 기도들과는 달리 여기서는 찬미하라고 초대하지 않고 인간의 행위에 대해서도 이야기하지 않으며 오직 하느님의 행위하심에 대해서만 말한다(1절). 행위는 존재에 완전히 압도된다. 여기서 사랑으로 관상되는 것은 하느님의 현존이다. 인간 존재, 그의 작음과 무가치함은 무시된다. 오상으로 인한 고통에 대한 암시도 전혀 없으며, 예수님의 수난에 대해서도 말하지 않는다.

「지극히 높으신 하느님께 드리는 찬미」는 그 안에서 예수님의 부활이라는 주제가 나타나지는 않지만, 무엇보다도 부활 찬가와 닮았다. 기도하는 이는 하느님의 빛과 사랑 안에 잠겨 있으며 예수님의 지상 여정으로부터도 자기 자신의 역사로부터도 멀리 떨어져 있는 듯하다. 프란치스코는 자신의 삶에서 경험한 것과 상관없이 하느님의 위대하심을 찬미한다. 하느님은 그에게 "두렵고도 황홀한 신비"[mysterium tremendum et fascinans], 즉 그를 떨리고 두렵게 하지만 저항할 수 없이 끌어당기는 신비이시다. 이렇게 프란치스코의 「지극히 높으신 하느님께 드리는 찬미」는 암브로시오의 사은 찬미가[Te Deum]처럼 경외와 저항할 수 없는 힘으로 특징지어진다. 「지극히 높으신 하느님께 드리는 찬미」와 사은 찬미가는 "당신", 즉 각각 "Tu"와 "Te"라는 호칭이 반복된다는 점 또한 같다.

본문의 구분

대부분의 출판본에서는 이 글의 구조나 내적 구분을 나타내지 않고 다양한 호칭을 모두 이어놓았다. 그러나 이 글에 있는 증폭과 운율(라틴어에서 특히 잘 드러남)에 주의를 기울이면, 미약하게나마 그 구조를 알 수 있다. 에써는 그의 비판본에서 이 글을 단락짓지 않고 옮겼는데, 거의 임시적으로 글 전체를 여섯 부분으로 나누어 번호를 매긴다.[3]

반면, 테오 즈베르만Theo Zweerman은 이 글에 나오는 모든 호칭과 감탄에 숫자를 매겨서 33이라는 매우 상징적인 숫자에 이른다(33은 예수님의 나이). 「태양 형제의 노래」도 33개의 행으로 이루어져 있다. 게다가 즈베르만은 이 글을 세 부분으로 나누고, 다시 한번 상징적으로 중간 부분의 24개 절을 세라핌의 여섯 날개(4×6)로 해석한다.[4] 에써와 즈베르만이

---

3 참조: K. ESSER, 『Gli scritti』, 170-171.
4 참조: Th. ZWEERMAN, 『Timor Domini』, 220-223; 이에 대한 우리의 반론도 있다. 『Tiefe und Weite』, 255-256.

본문에 번호를 매기고 구분한 것을 다음과 같이 나타낼 수 있다.

에써	즈베르만		
1	I	1	당신은 기적을 일으키시는 거룩하시고 유일하신 주 하느님이시나이다.
2		2	당신은 힘세시나이다.
		3	당신은 위대하시나이다.
		4	당신은 지극히 높으시나이다.
		5	당신은 전능하시나이다.
		6	당신은 거룩하신 아버지, 하늘과 땅의 임금님이시나이다.
3		7	당신은 삼위이고 한 분이시오며 신들의 주 하느님이시나이다.
		8	당신은 선이시고 모든 선이시며 으뜸선이시고 살아 계시며 참되신 주 하느님이시나이다.
4	II	9	당신은 애정이시며 사랑이시나이다.	1
		10	당신은 지혜이시나이다.	2
		11	당신은 겸손이시나이다.	3
		12	당신은 인내이시나이다.	4
		13	당신은 아름다움이시나이다.	5
		14	당신은 온화이시나이다.	6
		15	당신은 안전함이시나이다.	7
		16	당신은 고요이시나이다.	8
		17	당신은 즐거움이시며 기쁨이시나이다.	9

	18	당신은 우리의 희망이시나이다.	10
	19	당신은 정의이시나이다.	11
	20	당신은 절제이시나이다.[5]	12
	21	당신은 우리의 흡족한 온갖 보화이시나이다.	13
5	22	당신은 아름다움이시나이다.	14
	23	당신은 온화이시나이다.	15
	24	당신은 보호자이시나이다.	16
	25	당신은 수호자요 방어자이시나이다.	17
	26	당신은 힘이시나이다.	18
	27	당신은 피난처이시나이다.	19
6	28	당신은 우리의 희망이시나이다.	20
	29	당신은 우리의 믿음이시나이다.	21
	30	당신은 우리의 사랑이시나이다.	22
	31	당신은 우리의 모든 감미로움이시나이다.	23
	32	당신은 우리의 영원한 생명이시나이다.	24
III	33	위대하시고 감탄하올 주님, 전능하신 하느님, 자비로운 구원자시여!	

첫 번째, 여덟 번째와 마지막 호칭 부분은 비교적 길고 장엄하다는

---

[5] 역주: 한국어 소품집에서는 "당신은 정의이시며 절제이시나이다"로 하나의 문장으로 되어 있다

것을 쉽게 알 수 있다. 시작과 끝에는 일종의 머리말과 맺음말이 있다. I 부분은 점점 고조되어 "하느님은 선이시다"라고 단언하며 이 진리를 세 번 반복(8행)하기에 이른다. 하느님의 본성과 관련된 몇 가지 측면에 대한 13가지의 언명(앞에서는 형용사를 사용했지만 여기서는 명사를 사용한다: 그분은 사랑이시고 지혜이시며, 겸손이시고 인내이시다 등등)이 나오는 II 부분의 중간에서도 이와 비슷하게 증폭이 일어난다. 이 언명은 "당신은 우리의 흡족한 온갖 보화이시나이다"(21행)에 이르기까지 양적으로 동일하게 머문다. 이 긴 호칭 이후에는 좀 더 차분한 리듬으로 옮아가고, 마지막으로 경의를 표하면서 장엄한 화음으로 다시금 고조된다(33행).[6]

에써의 구분에 따르든 즈베르만의 구분을 받아들이든 한 가지는 분명하다. 이 글은 **세 부분**으로 구성되어 있다. 이는 우리가 이 글의 다양한 호칭과 감탄을 읽을 때 기준점이 될 것이다.

해설

하느님의 위대하심과 선하심

1 당신은 기적을 일으키시는
  거룩하시고 유일하신 주 하느님이시나이다(시편 76,15).

---

[6] 참조: L. Lehmann, 『Tiefe und Weite』, 249-255; S. Duranti, 『Preghiere di Francesco』, 125; "위대한 기도가 끝난다. 프란치스코의 마음이 위로받고 채워졌듯이, 글의 문장도 길어지고 넓혀진다." 참조: 다음의 적절한 해설도 있다. C. Paolazzi, 『Lettura degli scritti』, 57-68.

2 　당신은 힘세시나이다.
　　당신은 위대하시나이다(시편 85,10).
　　당신은 지극히 높으시나이다.
　　당신은 전능하시나이다.
　　당신은 거룩하신 아버지, 하늘과 땅의 임금님이시나이다(요한 17,11; 마태 11,25).
3 　당신은 삼위이고 한 분이시오며 신들의 주 하느님이시나이다(참조: 시편 135,2).
　　당신은 선이시고 모든 선이시며 으뜸선이시고
　　살아 계시며 참되신 주 하느님이시나이다(1테살 1,9).

　1절은 노래의 첫 화음을 이루고 있으며, "당신은 기적을 일으키시는"과 같이 이 글 전체에서 관계절이 있는 유일한 부분이다. 이는 하느님의 행위를 언급하는 유일한 절이기도 하다. 「지극히 높으신 하느님께 드리는 찬미」의 나머지 부분에서는 하느님은 누구이시고 어떤 분이신가를 노래하고 있기 때문이다. 프란치스코는 "당신은…이시나이다", "당신은…하시나이다"와 같이 동사의 직설법 현재 시제를 사용한다. 그는 아직도 오상의 신비 체험에 깊은 충격을 받은 상태이고, 그 영향은 이 글에서 노래하는 하느님의 놀라우심 안에서 메아리치는 것 같다.
　그렇다면 여기에 이어지는 호칭들은 무엇보다도 그를 황홀한 사랑과 전적인 감사에 빠져들게 했던 신비로운 십자가 못 박힘에 대한 응답으로 이해된다. 프란치스코가 하느님에 대해 항상 부각시키는 것은 그분의 거룩하심이다. 하느님은 우리의 상상과 능력 저 너머에 계신, 전적으로 타자이신 분이시다.
　2절에서도 하느님의 초월성, 그분의 힘과 위대하심, 창조적 전능하심과 왕으로 다스리심이 강조된다. 하지만 여기에서도 임금님이라는 호칭과 함께 "거룩하신 아버지"라는 호칭이 등장한다. 하느님은 지극히 높은 분이시지만 또한 우리와 가까운 아버지이시다. 이 경우에(「비인준 규칙」 23,1의 경우와 같이) 아씨시의 성인은 예수님께서 하신 두 개의 기도를 결합하는데, 신약 성경에서는 서로 다른 두 구절, 즉 요한 17,11과 마태 11,25에서 찾을 수 있다. 프란치스코는 구세주의 말씀으로 기도함으로써 아버지께 드리는 예수님의 기도 안에 자신이 얼마나 깊이 잠겨 있는지 보여 준다.

하느님의 불가해성은 3절에서 고백하는 신앙의 신비인 삼위일체 신비 안에서 그 정점에 달한다. 그리스도교에서 특징적인 이 교의적 진리는 숫자에 대한 일종의 철학적 고찰이 아니다. 이 신비는 하느님께서 우리에게 당신 자신을 내어 주시는 방식을 담고 표현하는데, 프란치스코는 뒤이어 오는 "당신은 선이시나이다"[Tu es bonum]라는 호칭을 통해 이를 요약한다.

"논리적으로 볼 때 출발점은 하느님의 단일성[Unità]이 아니라 하느님의 삼위성[Trinità]이다. 단일성은 놀라운 귀착점이다. 한 분이 셋으로 나뉘는 것이 아니라, 세 분이 하나로 모이는 것이다."[7] 하느님은 고독이 아니시다. 삼위성 안에서 하느님은 소통하고 자신을 내어주는 충만이시며, 프란치스코가 3절의 끝에서 "선, 모든 선, 으뜸선"이라는 삼중의

---

7 F. Refatto, 『Tu sei umilta! Il Dio dell'evangelo』, Padova, 1990, 20. 「지극히 높으신 하느님께 드리는 찬미」로 시작되는 이 소책자는 그리스도교 신앙의 진리에 대한 일련의 묵상을 제공한다. 교부들과 잘 알려진 영성 생활의 스승들을 빈번하게 인용한 것이 「지극히 높으신 하느님께 드리는 찬미」의 묵상에 활력을 불어넣는다. 참조: 다음의 책에 나오는 간략한 소개글도 있다. F. S. Toppi, 『Preghiamo con san Francesco』, 27-29.

"선"[bonum]으로 선포하는 생명의 풍요이시다. 다른 글에서처럼(「시간경 찬미」 11; 「주님 기도」 2; 「비인준 규칙」 23,9) 여기에서도 하느님의 선하심이라는 요소가 강조된다. 그리고 성인은 하느님이 축소되는 위험을 피하려는 듯이 즉시 "주[Signore] – 하느님[Dio]"을 덧붙인다.

동일한 감탄문 안에서 하느님은 "선"이시자 "주님"이신 분으로 불린다. 이 두 가지 측면은 서로 관련되어 있다. 아씨시의 신비가는 자신의 체험 안에서 초월적인 하느님과 현존하시는 하느님을 만난다. 하느님은 그의 삶 안에 들어오시어 그의 삶을 완전히 결정하셨다. 만약 프란치스코에게 하느님이 '살아 계시며 참되신' 분이 아니라면, 라 베르나의 사건을 생각이나 할 수 있을까? 오상은 프란치스코가 그리스도에 의해 변모되었음을 확인해 수는 하나의 인호와도 같은 것이다. 진정 프란치스코는 바오로와 함께 "이제는 내가 사는 것이 아니라 그리스도께서 내 안에 사시는 것입니다"(갈라 2,20)라고 기도할 수 있으리라.

하느님의 겸손: 우리의 보화

4 당신은 애정이시며 사랑이시나이다.
   당신은 지혜이시나이다.
   당신은 겸손이시나이다.
   당신은 인내이시나이다(참조: 시편 70,5).
   당신은 아름다움이시나이다.
   당신은 온화이시나이다.
   당신은 안전함이시나이다.
   당신은 고요이시나이다.

당신은 "즐거움이시며 기쁨"이시나이다(시편 50,10).
당신은 우리의 희망이시나이다.
당신은 정의이시나이다.
당신은 절제이시나이다.
당신은 우리의 흡족한 온갖 보화이시나이다.

이 네 번째 단락에서 "당신"으로 시작하는 13개 호칭에는 공통분모가 있는데, 그것은 하느님께서 사랑으로 인간을 향하시는 것이다. 그래서 **사랑**이 첫 번째 자리에 놓일 뿐 아니라, "당신은 애정[amor]이시며 사랑[caritas]이시나이다"라고 두 번 연달아 명명된다. 「"주님의 기도" 묵상」에서도 프란치스코는 "…주님, 당신은 사랑이시기에 사랑하도록 그들(천사들과 성인들)을 불태우시나이다"(「주님 기도」 2)라고 말했다.

"당신은 지혜이시나이다"라는 언명은 구약 성경에서도 찾아볼 수 있지만, "당신은 **겸손**이시나이다"라는 표현은 신약 성경에서만 볼 수 있다. 하느님 아드님의 육화와 십자가 죽음을 통해 하느님의 능력은 우리에게 자발적인 무능과 겸손으로 드러났다. 하느님이 겸손이시라는 것은 그 자체로 하나의 모순이다. 이 모순을 선포하는 것은 오직 그리스도교에서만 가능하게 되었다. 프란치스코는 그의 체험 안에서 '하느님의 겸손'이라는 주제를 발견하였고, 이를 동시대인들에게 독특한 방식으로 제시하였는데, 그렉치오의 구유 재현이 그 예이다. 프란치스코는 하느님이 육화와 성체성사 안에서 얼마나 당신 자신을 낮추시는가를 생각하면서 깊은 놀라움과 기쁨의 탄성을 터뜨린다.

오, 탄복하올 높음이며 경이로운 공손함이여! 오, 극치의 겸손

이여, 오, 겸손의 극치여! 우주의 주인이시며 하느님이시고 하느님의 아들이신 분이 이토록 겸손하시어 우리의 구원을 위해서 하찮은 빵의 형상 안에 당신을 숨기시다니!(「형제회 편지」 27; 참조 : 「권고」 1,16-18).

수도규칙에서도 마찬가지로 "모든 형제들은 우리 주 예수 그리스도의 겸손과 가난을 따르도록 힘쓸 것이며"(「비인준 규칙」 9,1; 참조: 「인준 규칙」 12,4)라고 말한다. 프란치스칸의 모든 삶은 하느님의 겸손을 드러내는 것이고, 이 삶은 하느님께서 우리에 대한 사랑 때문에 당신 자신을 낮추셨다는 믿음으로부터 힘을 얻는다. 하느님의 능력은 삶을 억압하지 않는다. 하느님의 겸손은 삶을 해방시킨다. 이 진리는 작은 형제들이 기뻐하며 생명을 선포하도록 이끌었다.

프란치스코는 하느님 안에서 겸손 다음으로 **인내**를 묵상한다. 「권고」 13에서 말하듯이 이 두 개의 덕은 밀접하게 연관되어 있다.

> **하느님의 종은 자기가 만족스러워 할 때에는 자기에게 어느 정도의 인내심과 겸손이 있는지를 알 수 없습니다. 그러나 자기를 만족스럽게 해야 할 바로 그 사람들이 자신을 반대하는 순간이 왔을 때, 그 때에 지니고 있는 만큼의 인내와 겸손을 지니고 있는 것이지 그 이상을 지니고 있는 것이 아닙니다**(「권고」 13,1-2).

「권고」 27에서도 "인내와 겸손이 있는 곳에 분노도 동요도 없습니다"라고 말한다. 이 두 개념의 일치는 「신자들에게 보낸 편지」에서도

"어떤 형제의 죄악 때문에 그 형제에게 화를 내지 말고 오히려 온갖 인내와 겸손을 다하여 너그럽게 권고하고 부축하십시오"(「2신자 편지」 44)와 같이 나타난다. 프란치스코는 인간이 계속해서 추구해야 하는 인내와 겸손의 덕을 하느님 안에서 보았으며, 이 덕들은 사람이 되신 겸손이자 인내이신 예수 그리스도 안에서 완벽히 실현된 것으로 보았다.

> **주님의 영은 육이 혹독한 단련과 모욕을 당하기를 원하며, 천한 것으로 여겨지고 멸시받고 수치당하기를 원합니다. 그리고 겸손과 인내, 그리고 순수하고 단순하며 참된, 영의 평화를 얻도록 힘씁니다**(「비인준 규칙」 17,14-15; 참조: 「인준 규칙」 10,9).

인내를 실천하는 이는 그리스도를 본받고 인내이신 하느님께서 자기 안에 머무르시게 하는 것이다. "너희는 인내로써 생명을 얻어라"(「비인준 규칙」 16,20; 참조: 루카 21,19).

하느님의 **아름다움**에 대한 찬미는 이 기도에서만 찾아볼 수 있는데, 그것도 두 번(4절과 5절)이나 나온다. 라 베르나에서의 신비 체험은 성인의 몸에는 오상의 각인을 남겨 두었고, 그의 영혼에는 하느님의 아름다움을 각인하였다. 여기서 성금요일과 부활이 하나로 수렴되는 것을 볼 수 있다. 여하튼 프란치스코가 아름다움에 대한 심미적 용어, 즉 형태, 색채, 빛과 모양 개념을 어떻게 하느님께 적용하는가에 주목할 만하다.

프란치스코는 이미 성 다미아노의 「십자가 앞에서 드린 기도」에서 하느님을 "영광스러운"분으로 정의했고, 「"주님의 기도" 묵상」에서는

"주님, 당신은 빛이시나이다"라고 말한다. 프란치스코에게 태양은 모든 피조물 중에서 가장 아름답고, 지극히 높으신 분의 "모습을 지니는" 표상이다. 「태양 형제의 노래」에서 창조자는 다양한 피조물의 아름다움을 통하여 찬양을 받으시는 데 비해, 라 베르나에서 쓴 기도에서는 "당신은 아름다움이시나이다"라는 탄성으로 모든 것이 수렴된다. 이 언명은 「피조물의 노래」의 생생함과 충만함 안에서 완성된다.

"당신은 **온화**이시나이다"라는 표현은 똑같이 두 번 등장한다(4절과 5절).[8] 이렇게 말을 반복하는 것은 마치 프란치스코가 하느님을 찬미하고 그분의 신적인 특징을 적절하게 묘사하기 위해 적합한 말을 찾지 못해 말을 더듬는 것처럼 보인다. 그와 동시에 이 반복은 프란치스코가 했던 하느님 체험의 특징들을 이해하게 해준다. 하느님은 선(세 차례), 사랑(세 차례), 아름다움(두 차례), 온화(두 차례), 희망(두 차례)이시다. 프란치스코는 「인준받지 않은 수도규칙」에 담긴 감사의 찬미에서도 하느님을 "양순하신"[mite](「비인준 규칙」 23,9) 분으로 정의하면서 인간을 향한 하느님의 겸손과 우정에 대해 말한다.

이어지는 두 가지 호칭은 그 내용상 짝을 이룬다. 하느님은 **안전함**이시고 **고요**이시다. 하느님 안에 확고하게 머물러 있는 이는 평온에 이른다. 이는 "고요와 묵상이 있는 곳에 걱정도 방황도 없습니다"(「권고」 27,4)라는 말에도 담겨 있는 진리이다.

"당신은 **즐거움**이시며 **기쁨**이시나이다"라는 짝을 이루는 또 다른 호칭이 또 한 번 등장한다. 이는 회개의 시편 50, "기쁨과 즐거움을 제

---

8 역주: 한국어 소품집에서는 8절 "당신은 아름다우시나이다" 다음에는 없고, 11절에서만 한 번 등장한다.

가 맛보게 해 주소서"(시편 50,10)⁹를 통해 프란치스코가 알고 있던 한 쌍의 말이다. 기쁨의 주제에 대해서는 많은 글과 큰 깨달음을 주는 몇몇 이야기를 인용할 수 있을 것이나, 여기서는 「잔꽃송이」의 저 유명한 "성 프란치스코가 레오 형제와 함께 길을 가면서 참된 기쁨을 가르쳐 준 일"(「잔꽃송이」 8)을 떠올리는 것으로 충분하겠다. 이 대화는 더 오래되고 간략한 편집본에도 보존되어 있으며, 이는 "참되고 완전한 기쁨"의 역사적 배경과 그 이야기를 직접 받아썼다는 사실도 알게 해준다.¹⁰

그러나 기쁨의 원천은 무엇인가 하는 것은 하느님이 바로 기쁨이시라는 라 베르나의 이 기도를 통해서만 언급된다. 그리고 이 때문에 프란치스코는 바오로와 함께 **주님 안에서** 기뻐하라고 권고한다(참조: 필리 4,4).

> 그리고 형제들은 위선자들처럼 겉으로 침통한 표정을 짓거나 찌푸린 얼굴을 하지 않도록 조심할 것이며, 오히려 주님 안에서 기뻐하고 명랑하며 적절히 쾌활한 모습을 보일 것입니다
>
> (「비인준 규칙」 7,16; 참조: 「2첼라노」 128).

---

9 바로 이런 이유 때문에 우리는 다음과 같이 읽기를 선호했다: "Tu es gaudium et laetitia, tu es spes nostra"[당신은 즐거움이시며 기쁨이시나이다. 당신은 우리의 희망이시나이다.] 반면에 에써는 다음과 같이 제안했다. K. Esser, 『Gli scritti』, 169와 171: "Tu es gaudium, tu es spes nostra et laetitia"[당신은 즐거움이시나이다. 당신은 우리의 희망이시고 기쁨이시나이다.] 참조: L. Canonici - G. Boccali, 『Scritti ed Opuscoli』, 129: 또한 다음과 같이 읽는다: "Tu sei gioia e letizia, tu sei nostra speranza"[당신은 즐거움이시며 기쁨이시나이다. 당신은 우리의 희망이시나이다]. C. Paolazzi, 『Lettura degli scritti』, 또한 우리들이 읽는 것과 같은 선상에 있는데, 이렇게 읽는 것이 "쌍을 이루는 의미[gaudium et laetitia]와 내적 운율"을 보존하기 때문이다(p. 64, n. 7).

10 참조: K. Esser, 『Gli scritti』, 601-604; D. Thévenet, 「La vera e perfetta letizia negli scritti di Francesco d'Assisi」, 『Miscellanea Francescana』 91 (1991), 281-336.

특히 프란치스칸은 "가난과 기쁨"(「권고」 27,3)[11] 사이의 관계를 고려해야 한다. 이 관계는 우리 시대의 가난을 향한 노력에 진정한 기쁨이 결여되어 있지는 않은지, 그리고 왜 그러한지 자문하게 한다. "가난과 기쁨이 있는 곳"에 희망의 표지도 있다. 프란치스코가 자신의 「지극히 높으신 하느님께 드리는 찬미」에서 기쁨과 희망을 연결한 것은 결코 우연이 아니며, 실제로 이어지는 호칭에서 그는 "당신은 희망이시나이다"라고 말한다.

정의와 **절제**의 개념 역시 서로 밀접하게 관련되어 있다. 정의는 성경과 프란치스코의 글에도 하느님의 속성으로 자주 등장하지만(「형제회 편지」 22.50; 「비인준 규칙」 23,1.9), 하느님의 "절제" 개념은 거의 알려지지 않았다. 하지만 잘 묵상해 보면 하느님의 절제는 그분 정의의 모습이다. 이는 하느님께서 당신의 분노를 가라앉히시며 온화하시고 너그러우시다는 의미이다.

네 번째 단락에서 프란치스코를 가장 감동시키는 것은 하느님께서 인간을 위해 주시는 사랑이다. 성인은 인간의 영원한 갈망을 표현하는 개념들을 끊임없이 반복한다. 인간이 열망하는 모든 것은 하느님 안에 있다. 이 부분이 "당신은 우리의 흡족한 온갖 보화이시나이다"라는 강렬한 고백으로 끝나는 것은 그런 긴장을 재확인하고 요약하기 위해서이다. 여기에는 가난에 대한 가장 깊은 신학적 동기가 자리하고 있다. 우리는 하느님의 피조물이고 그분께 전적으로 의존한다. 하느님이 바로 우리의 보화이시다. 하느님이 우리에게 더 많이 속할수록, 그분은 우리가 당신에게 더 많이 속하도록 하신다. 이처럼 무언가를 자기 것으

---

11 역주: 한국어 소품집에는 "기쁨과 더불어 가난"이라고 되어 있다.

로 하지 않을수록 그는 더욱더 하느님의 것이 된다.

이것이 가난에 대한 프란치스코의 전망이자, "하느님만으로 충분합니다"라는 아빌라의 테레사의 기본 명제를 떠올리게 하는 전망이다. 인간의 갈증은 이렇듯 크기에 오직 하느님만이 가라앉혀 주실 수 있다. 인간은 하느님 안에서만 자기 자신이 된다. 이것을 이해하는 이는 모든 것을 놓아 버릴 수 있다. 그에게는 하느님으로 충분하다. 하느님이 그의 보화이시다.

하느님의 힘: 우리의 피난처

5   당신은 아름다움이시나이다.
    당신은 온화이시나이다.
    당신은 보호자이시나이다(참조: 시편 30,5).
    당신은 수호자요 방어자이시나이다.
    당신은 힘이시나이다(참조: 시편 42,2).
    당신은 피난처이시나이다.
6   당신은 우리의 희망이시나이다.
    당신은 우리의 믿음이시나이다.
    당신은 우리의 사랑이시나이다.
    당신은 우리의 모든 감미로움이시나이다.
    당신은 우리의 영원한 생명이시나이다.
    위대하시고 감탄하올 주님,
    전능하신 하느님, 자비로운 구원자시여!

이미 언급한 두 가지 속성(아름다움과 온화)을 되풀이한 다음, 이제 "보호자, 수호자, 방어자이신 하느님"이라는 주제에 이른다. 하느님의 보호를 받는다면, 인간은 안전함을 느낄 수 있고 따라서 주님의 힘을 찬미할 수 있다. 이것이 바로 단락 5가 "당신은 피난처이시나이다"라는 말로 끝나는 이유이다.

만약 「지극히 높으신 하느님께 드리는 찬미」에서 레오 형제에 대한 언급을 찾고자 한다면, 여기가 바로 그것을 발견할 수 있는 장소이다. 프란치스코는 레오의 싸움과 유혹들에 대해 하느님께서 우리를 보호해 주시고 수호해 주시며 방어해 주신다는 점을 그에게 상기시킨다. 그리고 하느님은 삶의 여정에서 지친 이를 생명의 물로 이끌어 주는 피난처이시다. "제가 비록 어둠의 골짜기를 간다 하여도 재앙을 두려워하지 않으리니 당신께서 저와 함께 계시기 때문입니다"(시편 22,4). 레오 형제에게 필요했던 것은 바로 이런 격려가 아닐까?

단락 6의 첫 구절은 단락 4에 있는 표현, "당신은 우리의 희망이시나이다"를 글자 그대로 다시 취한다. 하지만 여기에 다른 두 가지 향주덕을 더해 숫자를 맞추고, 우리가 「십자가 앞에서 드린 기도」의 "올바른 **믿음**과 확실한 **희망**과 완전한 **사랑**을 주소서"라는 말에서 이미 보았던 그 삼중성을 다시 만들어 낸다.

그러므로 성 다미아노에서의 체험과 라 베르나에서의 십자가에 못박힌 신비 사이의 연속성은 이렇게 다시 향주삼덕을 언급하는 것에서도 확인된다. 젊은 프란치스코가 회개의 시기에 청했던 것이 여기서 충만히 실현된다. 「지극히 높으신 하느님께 드리는 찬미」에서는 올바른 믿음과 확실한 희망과 완전한 사랑을 청할 때의 불안은 더 이상 지배하지 않으며 거리는 줄어들었다. 오상의 은총을 받은 이에게 하느님 자체가 믿음, 희망, 사랑이 되셨다. 오직 그를 위해서뿐만 아니라 우리 모두를 위해서도 그렇게 되셨다. 하느님은 "그분을 믿고 희망하고 사랑하는 모든[12] 이의 구원자"(「비인준 규칙」 23,11)이시다.

희망, 믿음, 사랑은 그리스도인 삶의 기반이 되고 그것을 완성한다. 이것들은 하느님에게서 와서 하느님께로 이끈다. 하느님을 우리의 애정-사랑으로 지칭한 다음에는 더욱 더 정감적인 개념인 "감미로움"[dulcedo]이 따르며, 이 작품을 특징짓는 증폭(고조)의 일환으로 "모든"이라는 말이 첨가된다. 사실 프란치스코는 하느님을 가장 완전하고 깊은 행복으로 체험했으며, 그분을 "참된 감미로움"으로 맛보고 경험했다.

여기서 우리는 한 신비가의 언어를 마주하고 있다. 이 사람은 하느님을 이성으로만 이해하려 하지 않고, 마음과 몸으로 그분을 만나려 한다. 아씨시의 성인에게서 내적으로 정복된 것은 밖으로도 표현된다. 영적 과정이 감각들에 전해져서 육체적 차원을 얻는다(참조: 「1첼라노」 86). 토마스 첼라노는 오상 사건에 대해 다음과 같이 쓰고 있다.

> 그와 함께 살아 본 형제들은 그가 매일 얼마나 끊임없이 예수님에 관한 이야기를 입에 올렸고, 성인의 말씀이 얼마나 감미롭고 부드러웠으며, 형제들과의 이야기가 얼마나 친절과 사랑이 담겨져 있었는지를 알고 있었다. 그의 마음에 가득 찬 것이 입으로 나왔고 그의 온 존재를 채우고 있는 빛을 받은 사랑의 샘이 밖으로 넘쳐흘렀다. 어디에서나 그는 늘 예수께 사로잡혀

---

12 역주: "모든"이라는 말은 한국어 소품집에는 없다.

있었다. 마음에 예수를 품고 있었고, 입에도 예수, 귀에도 예수, 눈에도 예수, 손에도 예수, 나머지 다른 지체에도 늘 예수를 모시고 다녔다. …그는 항시 십자가에 달리신 그리스도 예수를 놀랄 만한 사랑으로 지니고 간직하였기에, 남달리 가장 영광스럽게 예수님의 표지를 받은 것이다(「1첼라노」 115).

"사랑"이라는 말이 "감미로움"과 연결되어 있으므로 이는 첼라노가 쓴 다음의 글도 상기시킨다.

그는 내화에서 일상 쓰는 말에 어쩌다 하느님의 사랑이라는 말이 들어가면 마음속으로 어떤 변화를 느끼지 않고 들어 본 적이 결코 없었다. 하느님의 사랑이라는 말을 듣자마자 그는 마치 밖에서 말하는 사람의 소리의 채가 마음 안에 있는 현을 긁은 듯이 곧 자극을 받아 꿈틀거렸으며 불이 붙었다(「2첼라노」 196).

「지극히 높으신 하느님께 드리는 찬미」에서 주목할 것으로 **우리**라는 차원이 여전히 남아 있다. 비록 프란치스코가 예수 그리스도와의 개인적이고 유일하며 내밀한 만남 후에 이 기도를 적었다 할지라도 그의 시선은 여전히 우리라는 공동체를 향해 열려 있다. 그가 오상 사건 후에 "당신은 나의 감미로움이시나이다"라고 적었다 해도 놀랍지는 않을 것이다. 이렇게 순전히 개인적인 언명은 프란치스코 이전의 전통에서 자주 발견되는데, 특히 페캉의 요한(Giovanni di Fécamp)의 경우에 그

러하다.[13]

그러나 프란치스코는 '우리'라는 주어로 기도한다. 오상을 받은 뒤에도 그는 사람들에게서 떨어져 나갔다고 느끼지 않고, 그들과 일치되어 있다고 느낀다. 「지극히 높으신 하느님께 드리는 찬미」 안에서 일종의 발전을 볼 수 있다. 프란치스코는 이 기도의 첫 번째 부분에서 '하느님 자체'를 관상한다. 그런 다음 '애정-사랑'으로 형성된 그분의 본질을 이해하고 선포한 뒤, 프란치스코는 하느님의 선善의 바다에 거의 압도되어(세 차례 언급), 두 번째 부분에서 하느님의 응답의 신비를 깨닫기에 이르러 '우리를 위하시는 하느님'을 칭송한다.

마지막 문장은 무한한 미래에 문을 열어 놓는다. 프란치스코는 하느님께서 생명을 한없이 주신다는 것을 알고 있다. 이 구절에서 성인은 '영원한 생명'을 다시 한번 개인적이 아니라 공동체적으로 읽는다. 하느님은 우리의 영원한 생명이시다. 각자에게는 개인적으로, 모두에게는 공동체적으로 그러하시다.

「지극히 높으신 하느님께 드리는 찬미」에는 '~아닌', '전혀 ~ 않은', '악한' 또는 '나쁜', '고통'이나 '심판'과 같은 부정적 어조의 말이 전혀 없다. 하느님은 그저 선하시며 그 결과 모든 것이 긍정적으로 보인다. 이러한 전망에서 그의 사은 찬미가는 흥겹고 열정적인 외침으로 마무리된다. 이 찬미가는 처음의 말들을 다시 취하면서 하나의 원을 그리며 마감된다. "주님", "하느님", "감탄하올", "위대하신", "전능하신" 등은 아씨시의 성인이 하느님을 보는 관점에서 주요한 특징들이며, 삼위일체에 대한 그의 믿음은 주님, 하느님, 구원자라는 삼중의 호칭으로 표출된다.

---

13 참조: 그 예는 다음의 책에 인용, L. LEHMANN, 『Tiefe und Weite』, 263.

바로 가장 마지막에 오는 말이 미래를 바라보는 프란치스코의 긍정적인 전망을 다시 확인해 준다. 하느님은 "자비로운 구원자"이시다. 이를 통해 "당신은 힘세시나이다. 당신은 위대하시나이다. 당신은 지극히 높으시나이다. 당신은 전능하시나이다"라는 앞선 언급들과 일종의 균형을 맞추는 모습을 보게 된다. 하느님의 높으심과 자비로우심, 그분의 전능하심과 구원 행위가 한 자리에 놓여 있다. 하느님은 "당신 자비로써 구원하실" 것이다(「비인준 규칙」 23,8). 마지막 단어는 구원자[Salvatore]께 돌아간다. 그 말은 자비[misericordia]이다.

하느님께 드리는 찬미: 정감적 기도의 본보기

이 찬미가를 주의 깊게 묵상하면 프란치스코의 하느님에 대한 시각과 체험이 드러난다. 이 글에는 그의 영성에서 두드러진 정감적인 특성과 그와 하느님 사이의 거리에 대한 인식도 나타난다. 프란치스코의 다른 기도들과 비슷하게 여기서도 하느님은 살아 계신 현존이시며 참된 실재이시다. 그분은 위대하시고 신비로우시지만 만남에 기꺼이 응하시고 모든 사랑을 받기에 합당하시다. 그분은 주님이시지만, 당신의 온화하심 안에서 어머니 같은 아버지이시다. 그분은 우리의 보화이시고, 우리의 감미로움이시며, 우리의 하나이자 전부이시다.

이 찬미가는 또한 프란치스코가 기도하는 방식이 어떠했을지도 드러내 준다. 삼위이시고 자비로우신 하느님의 두렵고 황홀한 신비에 사로잡혀 하느님의 사람은 경배에 빠져든다. "한없는 사랑으로 인간에게 향하시는 하느님은 여기서 신학적인 성찰의 대상이 아니라, 그 맛을 음미하는 체험의 대상이 되신다는 데 의심의 여지가 없다."[14] 「지극히 높으신 하느님께 드리는 찬미」는 프란치스코가 했던 하느님에 대한 구체적인 체험의 요약이다.[15]

이미 카롤링거 왕조 시대의 정주 수도승과 신심 깊은 평신도들이 활용했던 반복 기도(예를 들어, '예수 기도')가 이 기도에서는 정감적인 묵상의 어조를 띠게 된다. 이렇게 많은 하느님의 속성을 호칭 기도식으로 반복하는 이면에는 하느님께 자신을 온전히 드리고 그분에 대해서 더 깊이 말하고자 하는 노력이 숨어 있다. 어휘가 부족하기 때문에 몇몇 표현을 반복하지만, 이것이 찬미의 흐름을 끊지는 않는다.

각각의 호칭은 심장의 리듬에 박자를 맞추는 듯하다. 말마디 하나하나가 이 사랑을 새롭게 표현한다. 기도하는 이는 당신의 신비 안에서 언제나 새롭고 황홀한 속성과 하느님께서 우리를 위해 베푸시는 사랑의 또 다른 모습을 발견하고 또 발견한다. 그는 "당신은~이시나이다"라는 말의 반복을 통해서 추상적 개념을 개인적인 체험과 연결시키고, 그리하여 모든 것을 영원하신 당신[Tu]과 연관 짓는다.

「지극히 높으신 하느님께 드리는 찬미」에서 프란치스코는 라 베르나 산에서 했던 체험을 전하려 한다. 하느님의 위대하심과 선하심을 만난 체험을 끊임없이 밀려오는 파도처럼 알려 주고자 하는 것이다.

---

14 O. Schmucki, 「Zur Mystik des hl. Franziskus von Assisi im Lichte seiner Schriften」, 『Abendländische Mystik im Mittelalter. Symposion Kloster Engelberg 1984』, a cura di K. Ruh, Stuttgart, 1986, 241-268, 여기서 251; 스페인어본은 『Selecciones de Franciscanismo』 20 (1991), 355-390.

15 이런 관점에 따라 다음과 같이 「지극히 높으신 하느님께 드리는 찬미」를 간략하게 해설한다. D. Barsotti, 『Le Lodi del Dio altissimo』, Milano, 1982.

실천적 제안과 그룹 작업

1. 「지극히 높으신 하느님께 드리는 찬미」는 영성체 후의 감사 기도로 적합하다.

2. 개인적으로 또는 그룹으로 이 기도를 천천히 드리는 것은 **"경배"**에 도움이 된다. 이때 조용히 현시된 성체나 십자가(아마도 성 다미아노의 십자가)를 바라본다면 매우 적절할 것이다. 각각의 호칭에서 "당신"을 반복하는 것은 기도의 핵심에 집중하는 데 도움이 된다. 이러한 기도 방식을 강화하는 것은 넓게 벌리는 **손의 자세**[expansis manibus]인데, 이는 어떤 면에서는 십자가 위에서의 예수님의 자세와 일치한다. 프란치스코는 이러한 개방과 봉헌의 자세로 자신 안에서 그리스도와의 일치를 이루어 나갔다.

3. 「지극히 높으신 하느님께 드리는 찬미」는 **자신의 묵상을 위한 지침**으로 사용될 수 있다. 한 줄 한 줄 읽어가면서 하느님에 대한 자신의 체험이 프란치스코의 체험과 일치하는지 자문할 수 있다. 예를 들어, 나는 프란치스코와 함께 진실로 "당신은 선이시고 모든 선이시며…"라고 말할 수 있는가?

4. 다양한 호칭 중에 마음에 더 와 닿는 것을 골라본다. 프란치스코가 지은 하느님의 속성에 대한 호칭 기도를 자신의 표현으로 확장해 보라. 그러면서 **하느님의 이름들에 대한 나 자신의 호칭 기도**를 써 볼 수도 있겠다.

5. 아우스피시우스 폰 코르스탄예Auspicius van Corstanje는 프란치스코의 찬미가에 **대비되는 글**을 적어 볼 것을 제안한다.[16] 즉 하느님을 높이는 표현과 인간을 낮추는 표현을 서로 비교되도록 배열하는 것이다. 다음과 같이 예를 들 수 있다.

주님, 당신은 거룩하시나이다.   -   저는 죄인입니다.
주님, 당신은 힘세시나이다.   -   저는 약하나이다.
당신은 지극히 높으시나이다.   -   저는 지극히 비천하나이다.
당신은 고요이시나이다.   -   저는 불안이나이다.
…   -   …

이렇게 기도해 보면 하느님과 인간 사이의 거리가 진정 명백하게 드러난다. 하지만 이를 통해 일종의 자기 연민으로 이끌려서는 안 된다. 열등감에 빠지거나 자신의 나약함에 젖어 들지 않도록 주의할 필요가 있다.

6. 안톤 로쳇터Anton Rotzetter는 「지극히 높으신 하느님께 드리는 찬미」에 대한 짧은 묵상에 "이해할 수 없는 하느님과 아씨시의 프란치스코"라는 제목을 붙였다.[17] 서로 대비되는 표현들이 프란치스코에게 하느님이 얼마나 이해할 수 없고 도달할 수 없는 분이신지를 보여 준다. 하느님은 힘세시면서 동시에 온유하시고, 지극히 높으시면서 동시에

---

16 A. van CORSTANJE, 『Francis: Bible of the Poor』, Chicago, 1977, 108-110.
17 A. ROTZETTER, 『Memoria e passione』, Padova, 1990, 41-45.

겸손하시다. 이 찬미가 안에서 대비를 이루는 것처럼 보이는 다른 표현들을 찾아보고, 나의 체험과 나의 삶의 배경에서 출발하여 비슷한 표현들을 덧붙여 본다.

7. 호칭 기도는 **호흡의 리듬**에 맞게 만들어진 기도이다. 「지극히 높으신 하느님께 드리는 찬미」의 호칭 하나하나도 묵상과 느릿한 반복을 통하여 그렇게 할 수 있다. 이렇게 기도를 바치는 것은 이 찬미가에서 하느님께 돌리는 속성인 고요, 기쁨, 겸손, 사랑 등을 우리 안에 자라게 해준다. 그렇지만 우리의 영적 체험에 비추어 볼 때 여전히 실현하기 어려운 표현들은 생략하고 대신 하나의 목표로 받아들일 수 있겠다. 이렇게 해 나가면서 이 기도와 함께 그리고 이 기도를 통해 영적 성장을 이루어 나갈 수 있다.

8. 그룹 안에서 프란치스코의 「지극히 높으신 하느님께 드리는 찬미」를 교회가 대축일의 독서기도 때 바치는 사은 찬미가와 비교해 볼 수 있다. 이 두 글 사이에 무엇이 같고 무엇이 다른가?

「지극히 높으신 하느님께 드리는 찬미」를 묵상한 후에 끝으로 두 가지 양식 중 하나의 사은 찬미를 노래하는 것도 매우 아름다울 것이다.

9. 모든 찬미가 그러하듯이 프란치스코의 찬미가 역시 노래로 흘러 들어가며 그리로 이끈다. 이 찬미가의 구절들로 묵상의 노래, 즉 음률보다는 하느님 찬미로 들어가는 것에 더 중점을 두는 노래를 만들어 보는 것도 매우 아름다울 것이다.

10. 「지극히 높으신 하느님께 드리는 찬미」를 통해 프란치스코는 영적으로 필요한 때 도움이 될 주님의 말씀을 달라는 레오 형제의 요청

에 응답한다. 레오 형제의 상황으로 들어가서 위로가 되는 응답을 받는 기쁨을 느낄 수 있기 위해서 레오 형제의 이름으로 그리고 프란치스코의 이름으로 **편지를 적어** 볼 수 있겠다.

만약 당신이 레오 형제라면 당신의 가장 중요한 청은 무엇이고, 당신의 가장 깊은 영적 필요는 무엇인가? 그리고 프란치스코는 당신에게 어떻게 응답할 것인가?

11. 기도할 때 여러분의 어려움과 그것이 어떻게 해결되었는지를 담은 편지를 서로에게 써보라. 무엇이 기도에 방해가 되고 무엇이 기도에 도움이 되는가?

12. 우리는 프란치스칸 전통 안에서 프란치스코의 글과 유사한 글을 발견할 수 있는데, 그 저자는 하느님의 신비에 대한 열정적인 탐구자이며 근래에 교회에서 복자로 인정된 둔스 스코투스(Duns Scoto, 1265-1308)이다. 하느님에 대한 그의 정의를 프란치스코의 것과 비교한다.

오 주님, 세상의 창조주시여!
제가 당신의 엄위하심을 믿고 이해하며 영광스럽게 하도록 허락하소서. 그리고 당신을 관상하도록 제 영혼을 들어 올려 주소서.

오 주님, 저의 하느님,
당신의 종 모세가 이스라엘 자손들에게 일러줄 이름을 당신께 여쭈었을 때 인간의 정신이 당신에 대해 이해할 수 있는 것을 아시면서 당신의 거룩한 이름을 드러내며 응답하셨나이다.
나는 있는 나다.

오 주님, 당신은 참된 존재이시나이다!

오 주님, 당신은 완전한 존재이시나이다!
이것을 저는 확고히 믿나이다.
이것을 가능하다면 저는 알고자 하나이다.

오 주님, 참된 존재이신 당신을 발견하도록 저를 도와주소서.
오 주님, 제가 믿는 바를 이해하도록 저를 도와주소서.
당신은 단순하시나이다.
당신은 무한하시나이다.
당신은 지혜로우시나이다.
당신은 사랑이시나이다!
당신은 불가해하시나이다!
당신은 무한하시나이다!
당신은 전지하시나이다!
당신은 전능하시나이다!
당신은 한없이 크시나이다!
당신은 어디에나 계시나이다!
당신은 정의로우시나이다!
당신은 자비이시나이다!
당신은 섭리이시나이다!

오 주님, 저의 하느님!
당신은 단지 처음이시나이다!
당신은 단지 마지막이시나이다!
당신은 단지 완전하시나이다!
당신은 단지 초월적이시나이다!
당신은 단지 원인 없으시나이다!
당신은 단지 태어남 없으시나이다!
당신은 단지 불변하시나이다!

당신은 단지 존재하시나이다!
당신은 단지 필연적이시나이다!
당신은 단지 영원하시나이다!

당신은 생명이시나이다!
당신은 행복이시나이다!
당신은 사랑이시나이다!

당신은 지고한 존재이시나이다!
당신은 최후의 존재이시나이다!
당신은 단순한 존재이시나이다!

당신은 동시적으로 원하시나이다, 오 주님!
당신은 우연적으로 원하시나이다, 오 주님!
당신은 자유로이 원하시나이다, 오 주님!

당신 홀로, 오 하느님, 절대적으로 변함이 없으시나이다!
당신 홀로, 오 하느님, 절대적으로 완전하시나이다!
당신 홀로, 오 하느님, 절대적으로 본질이시나이다!
당신 홀로, 오 하느님, 존재자들 중 으뜸이시나이다!
당신 홀로, 오 하느님, 존재자들 중 무한이시나이다!
당신 홀로, 오 하느님, 끝없이 선하시나이다!
당신 홀로, 오 하느님, 당신 사랑을 펼치시나이다!
당신 홀로, 오 하느님, 끝없이 사랑스러우시나이다!

당신 홀로, 오 하느님, 첫 번째 진리이시나이다!
당신 홀로, 오 하느님, 이해할 수 있는 진리이시나이다!
당신 홀로, 오 하느님, 틀림없는 진리이시나이다!
당신 홀로, 오 하느님, 진리들의 진리이시나이다!

당신은 유일하시나이다, 오 주님!
당신은 본성으로 한 분이시나이다, 오 주님!
당신은 수로 하나이시나이다, 오 주님!
당신은 참 하느님이시나이다, 오 주님!
당신은 세세에 찬양받는 하느님이시나이다!
아멘. 알렐루야! 알렐루야!

12

하느님 당신[Tu]에게서 형제 당신[tu]으로

... vel archi'epi a festo Assu[m]pc[i]onis s[an]c[t]e marie usq[ue] ...
michael' sept[em]b. 7 fe[r]ia est sup[er] eu[m] sec[un]d[u]m d[omi]n[u]m p[er]missione[m] 7 alterac[i]o[n]em
... simply 7 i[m]positione[m] ... 7 leu[n]s sua ... laudes et alia
... P[s]c[u]l[u]e septal' 7 manu[m] sua[m] sep[te]l' el[eua]ns ... de bursa sid[er]at ...

Bene dic[er]e u[er]ba ... cusi[n]
diat te. Ost[en]dat faciem
sua[m] tibi 7 misereat' tui
co[n]uertat uult[um] suu[m] ad te
... det tibi pace[m]...
B[eat]' francisc[us] s[cr]ipsit man[u] sua b[e]n[e]dic[tion]em i[n] fri lec[one] ...

    d[omi]n[us] be[n]e
fl e... t[ibi] dicat

「레오 형제에게 준 축복」

프란치스코가 레오 형제에게 선물한 14×10cm 크기의 양피지는 이미 말한 것처럼 두 개의 글을 담고 있다. 한 쪽에는 「지극히 높으신 하느님께 드리는 찬미」가 있고, 다른 쪽에는 그의 충실한 동료에게 주는 성인의 **축복**이 있다.

주님께서 형제에게 강복하시고 지켜 주시기를!
당신의 얼굴을 형제에게 보여 주시고
자비를 베푸시기를!
당신 얼굴을 형제에게 돌리시어
평화를 주시기를!

레T오 형제, 주님께서 형제에게 강복하시기를!

레오 형제는 이 글 아래쪽에 직접 아름다운 필체로 붉은색 잉크를 사용하여 다음의 말을 덧붙였다.

복되신 프란치스코께서 당신의 손으로 나 레오 형제에게 이 축복문을 써 주셨다.

그리고 양피지의 맨 아래쪽, 프란치스코의 서명과 타우 형상이 시작되는 얼룩-그림으로부터 떨어진 곳에 레오는 다음의 주해를 덧붙인다.

> 같은 모양으로 당신의 손으로 머리와 함께 이 타우[signum thau cum capite] 표시를 하셨다.[1]

거의 잊혀졌던 것의 복원

프란치스코가 한 **축복**의 말 중 앞의 다섯 줄은 민수기(민수 6,22-26)에 나오는 아론의 축복과 거의 완전히 일치한다. 하지만 성인은 "주님"(야훼 Jahwe - 주님 Dominus)이라는 말을 두 번 생략한다. 반면에 성경에서는 세 번 나오는데, 교부들은 삼중의 반복에서 삼위일체에 대한 암시를 보았다.

> 주님께서 그대에게 복을 내리시고…
> 주님께서 그대에게 당신 얼굴을 비추시고…
> 주님께서 그대에게 당신 얼굴을 들어 보이시고…

따라서 프란치스코가 구약 성경으로부터 직접 축복의 양식을 취하지는 않은 것으로 보인다. 그의 글은 오히려 사제 서품이나 성목요일에 죄인들의 화해를 위해 몇몇 교구에서 사용했던 축복에 더 잘 들어맞는다. 아마도 프란치스코는 매년 성주간 전례나 자신의 부제 서품, 또는

---

1 참조: K. Esser, 『Gli scritti』, 172.

그의 동료들의 서품을 통해 이것을 알게 되었을 것이다.[2]

여기서 언급한 두 가지 전례를 제외하면, 아론의 축복은 중세 때 매우 드물게 사용되었다. 사실 그리스도교 전례는 히브리 회당 전례와 거리를 두기 위해 처음부터 이 '유대교적 축복'을 멀리하였다. 아론의 축복을 처음으로 다시 제안한 사람은 1523년 마르틴 루터였다. 2년 후에 그는 이 축복을 자신의 『독일어 미사』에 마지막 강복 양식으로 집어 넣었다. 츠빙글리와 칼뱅도 루터의 선택을 따랐다. 그리하여 제2차 바티칸 공의회에 이르기까지 아론의 축복은 '전형적인 개신교의' 축복으로 여겨졌다.

그런데 공의회 이후 전례에서 다시 받아들여진 이 축복은 새 미사 경본에서 '연중'[per annum] 시기에 가능한 장엄 축복 중에서 첫 자리에 놓이게 된다. 게다가 민수 6,22-26은 3년의 전례 주기 모두에서 1월 1일 축일의 제1독서로 자리 잡았다. 따라서 오늘날 아론의 축복은 말하자면 가톨릭 교회가 '되찾은' 유산이다. 그에 더해 이 기도는 유다인들 및 복음주의 교회들과 우리를 이어준다. 즉, 이 기도는 교회 일치 차원에서 중요성을 지닌다.

그렇다면 이 축복에 대한 재평가를 이제 프란치스칸 가족에 속하는 모든 이가 많이 퍼트릴 필요가 있다. 우리는 이 축복을 재발견하고 다시 활용하는데 프란치스코가 행한 것 이외의 다른 무엇은 하지 않을 것이다. 프란치스코는 벗의 고뇌를 위로하기에 적합하다고 생각하여 거의 잊혀졌던 전례 양식을 복원하였던 것이다. 프란치스코는 이 축복을

---

2 참조: S. J. P. van DIJK, 「Saint Francis' Blessing of Brother Leo」, 『Archivum Franciscanum Historicum』 47 (1954), 199-201; L. LEHMANN, 『Tiefe und Weite』, 267-270.

활용하면서 그 깊은 의미를 발견하였고, 그가 이 양식을 사용한 방식을 통해 이 축복의 본래 의미를 정확히 파악했음을 보여주었다.

프란치스코가 이 성경적이고 전례적인 본문에 첨가한 말은 적지만 중요한데, 이는 성인의 개인적인 말이기 때문이다.

레오 형제, 주님께서 형제에게 강복하시기를!

이 문장은 쪽지의 약간 오른쪽으로 치우쳐 있으며, 십자가의 수직 축이 레오 형제의 이름을 통과해 지나가는 모양으로 쓰여 있다. 프란치스코는 낙심한 동료에게 매우 단순한 형식으로 축복을 준다. 개인적으로 이름을 부르는 것은 그의 가장 충실한 벗이자 아버지, 고해 사제이자 비서를 위한 프란치스코의 어머니다운 염려를 보여 준다. 레오는 사제이지만 프란치스코는 고작 부제이다. 그러므로 이 경우는 사제가 아닌 이가 사제를 축복하는 것이다!

프란치스코는 이 축복에서 아마도 매우 의식적으로 구약 성경에서 야훼의 축복을 전해주던 이들과 교회의 전례에서 특별한 상황에 개인이나 백성을 위해 하느님의 축복을 청하던 이들과 같은 선상에 있다. 성인은 여기서 세례가 그에게 부여한 자격을 행사하고 부제인 그에게 맡겨진 바를 실행했을 뿐이다.[3]

하느님께 드리는 것에서 형제에게 주는 것으로

---

3 참조: M. D'ALATRI, 『San Francesco diacono nella Chiesa』, Roma, 1977.

양피지의 앞면에 있는 「지극히 높으신 하느님께 드리는 찬미」에서 "당신"이라는 호칭을 30번 이상 반복하는 반면, '나'라는 표현은 한 번도 나오지 않는다. 이렇게 항상 새로운 호칭과 이름으로 칭송받는 하느님의 위대하심과 부유하심 앞에서 프란치스코는 옆으로 비켜선다. 말마디는 바뀌어도 변함없는 것은 도달할 수 없고 형언할 수 없는 '당신'[Tu]께 자신을 봉헌하는 것이다.

하지만 「레오 형제에게 준 축복」에서 프란치스코는 형제인 당신[tu]에게 향하기 위해 하느님 당신[Tu] 안의 신비적 침잠에서 다시 떠오른다. 하느님께 자신을 드리는 데서 움직여 형제에게 자신을 내어주는데 도달한다. 이 경우에도 성인의 '나'는 완전히 2선에 남아 있다. 그의 관심은 오식 수님과 레오 형제뿐이다. 이 짧은 축복문에서 인칭대명사 "당신"[4]이 일곱 번 반복되는데, 프란치스코가 향하는 곳이 이처럼 하느님 당신에서 고통받고 고뇌하는 형제인 당신에게로 확장하는 것이다.

프란치스코는 그의 동료에게 어떻게 하라는 실제적인 조언을 주지 않는다. 프란치스코는 레오 앞에서 신중하게 처신하면서 '그저' 그를 축복하기만 한다. 양피지의 다른 면에서 하느님의 위대하심과 선하심을 가리켰듯이 프란치스코는 이제 레오 형제를 바로 그 자비로운 보호자, 수호자, 방어자의 축복 아래 두어 **그분**께서 당신의 얼굴을 레오 형제에게 돌리시고 그에게 자비를 베푸시게 하는 것이다.

성 다미아노 성당에서 프란치스코의 어둠을 비추었던 주님의 얼굴은 레오 형제의 어둠도 비추어주시리라. 세라핌의 형상으로 프란치스코에게 사랑의 상처들을 새겨주신 그 얼굴은 레오 또한 사랑으로 불타

---

4 역주: 한국어 소품집에서는 이 단어들이 "형제"로 번역되어 있다.

오르게 해주시리라. "안전함이자 고요"이신 분이 레오에게 **샬롬**과 평화와 선을 주시리라.

프란치스코가 체험한 십자가의 환시로 의기소침해진 충실한 동료는 이 축복을 통해 성인이 그리스도와 가졌던 만남 안으로 통합된다. 프란치스코는 "머리와 함께 있는 타우 표시"로 강화한 지극히 개인적인 축복을 통해서 자신에게 주어진 그 은총에 레오를 참여시키고 싶어 한다.

타우 T 표시

타우 표시는 레오의 이름(Le-o)을 관통하고 있으며, 그 가로획은 약간 구불구불하고 양쪽 끝이 짧은 선으로 막혀 있다.

성경의 타우 표시

오늘날 그리 많이 알려지지 않은 이 표시는 성경에 기원을 두고 있다. 에제 9,3-4에서 야훼께서는 "아마포 옷을 입고 허리에 서기관 필갑을 찬" 사람을 부르신다. 이것은 예루살렘에서 저질러지는 극악한 일들 때문에 고통받는 이들의 이마에 구원의 징표인 **타우**를 표시하기 위해서이다. "너는 저 도성 가운데로, 예루살렘 가운데로 돌아다니면서, 그 안에서 저질러지는 그 모든 역겨운 짓 때문에 탄식하고 괴로워하는 사람들의 이마에 **타우**[5] 표를 해 놓아라." 옛 히브리어에서 **T**는 상단을 가로지르는 자획으로 끝나는 비스듬한 십자가의 형상을 지니고 있었다. 히브리어 알파벳의 마지막 글자인 타우taw는 글을 쓸 줄 모르는 사람들의 서명으로 사용되었다(참조: 욥 31,35). 이는 카인의 경우(창세 4,15)나 이집트에서 이스라엘인들의 집 문설주에 바른 피(탈출 12,7)처럼 보호의 표시로도 사용되었다.

구약 성경에서 히브리어 타우Taw는 신약 성경에서는 그리스어 문자 타우Tau로 바뀌면서, 그 의미도 구약에서 신약으로 넘어간다. 요한은 환시 중에 네 천사에게 주어진 명령을 들었다. "'우리가 우리 하느님의 종들의 이마에 인장을 찍을 때까지 땅도 바다도 나무도 해치지 마라.' 나는 인장을 받은 이들의 수가 십사만 사천 명이라고 들었습니다. 인장을 받은 이들은 이스라엘 자손들의 모든 지파에서 나온 사람들이었습니다"(묵시 7,3-4). 이와 반대로, "이마에 하느님의 인장이 찍히지 않은"(묵시 9,4) 사람들은 공격을 받았다.

명백하게 언급되지는 않아도 이 인장-표시는 타우, 즉 십자가가 내포되어 있을 것이다. 여하튼 묵시록의 이 글과 에제키엘서 9장의 타우 표시 사이에는 연관성이 있다고 항상 여겨졌다. 교부들은 구원받은 이들에게 찍힌 타우를 "구원의 표시"[signum salutis]인 십자가의 예표로 해석했다.

이러한 전통 안에는 타우 표시에 대한 프란치스코의 각별한 사랑이 이 두 개의 성경 본문으로부터 유래한다고 말하는 보나벤투라도 있다. 실제로 이 프란치스칸 박사는 하느님께서 프란치스코에게 맡기신 선

---

5 역주: 주교회의 번역에는 "타우"라는 말은 없다.

교 사명을 "'너희에게 통곡하고 애곡하라고, 머리털을 깎고 자루옷을 두르라고'(이사 22,12) 하며 회개의 십자가를 그어 주고 십자가 모양으로 된 자신의 수도복을 입혀주며 '탄식하며 괴로워하는 사람들의 이마에 표를 해주는'(에제 9,4) 사명"(「대전기」, 머리말 2번; 참조: IV, 9; 기적들 X, 6-7)으로 규정한다.

프란치스코 시대의 타우 전통

그러나 타우의 사용과 관련해서는 성경보다 동시대의 전통이 프란치스코에게 더 큰 영향을 끼쳤을 것이다. 사실, 타우라는 상징의 사용은 그 당시의 매우 중요한 요소였다. 교황 **인노첸시오 3세**는 제4차 라테란 공의회(1215)를 열면서 에제키엘서 9장에 대해 설교하고 모든 신자들에게 타우 표시 안에서 회개와 십자가의 증인이 되라고 초대했다. 전염병에 걸린 이들을 위해 일했던 **안토니안들**[Antoniani]은 타우와 같은 모양의 안토니오 아빠스의 십자가를 자신들의 수도복에 지니고 다녔다.

타우의 경배를 형상화했다고 할 수 있는 원천은 책, 특히 여러 미사 경본의 **로마 전문**(또는 감사기도 제1양식, canone romano)**에 있는 세밀화**를 들 수 있다. 성부께 바쳐지는 이 기도는 "Te igitur, clementissime Pater…"[인자하신 아버지…]라는 표현으로 시작한다. 감사 기도가 시작되면서 나오는 T는 보통 커다란 십자가로 바뀌고 다양한 색으로 부각되었는데, 그 모양은 T 그대로일 수도 있거나 라틴 십자가로 바뀔 수도 있

었다.[6]

성 니콜라오san Nicolò 성당의 미사 경본(오늘날 볼티모어 박물관에 보존되어 있음)은 라틴 십자가로 바뀐 경우이다. 프란치스코와 베르나르도, 그리고 피에트로 카타니는 바로 이 경본을 연속해서 세 번 펼쳐 봤는데 (sortes Apostolorum: 사도들의 제비뽑기), 이는 그들의 삶이 어떠해야 하는가를 복음에서 알고자 함이었다(참조: 「세 동료」 28; 「2첼라노」 15).[7]

프란치스코가 그린 타우

이렇게 히브리 타우Taw 또는 그리스 타우Tau는 프란치스코가 알고 있던 상징이었고, 그에게는 구원의 표지이자 구속의 표지인 십자가와 같은 의미가 있었다. 하지만 구원이 십자가와 고통을 통해서 이루어졌듯이 그리스도를 따르는 이들도 십자가의 길을 걷도록 불림을 받았다. 교황이 제4차 라테란 공의회를 열면서 한 초대와 같은 맥락으로 프란치스코에게 타우는 너무나도 의미심장한 쇄신과 회개의 표지가 되었기에 그는 이 표시를 더욱 자주 사용하게 되었다.

그는 어떤 글자보다도 타우(T)자를 좋아하였고, 그 타우로 친

---

[6] 참조: L. Lehmann, 『Tiefe und Weite』, 270-275; H. Rahner, 「Il mistico Tau」, 『L'ecclesiologia dei Padri』, Roma, 1964, 691-736; M. Bigi, 『Il segno del Tau』 (Testi ad uso dei membri dell'OFS, 2), Roma, 1985; D. Vorreux, 『Tau, simbolo franciscano』, Padova, 1988.

[7] 참조: O. Schmucki, 「La "forma di vita secondo il Vangelo" gradatamente scoperta da san Francesco d'Assis」, 『L'Italia Francescana』 59 (1984), 341-405, 여기서 349s.

히 편지에 서명하였으며, 방마다 벽에 타우자를 붙였다(「3첼라노」3).

'프란치스칸 시나이 산'인 폰테 콜롬보를 방문하는 이는 막달레나 경당 제대 왼편의 창문 옆 석회 위에 붉게 그려진 타우를 보게 될 것이다. 전승은 합리적인 이유로 이것을 프란치스코가 직접 그린 것으로 돌린다. 가로 획의 양쪽 끝을 의도적으로 많이 구부리는 것은 13세기 초반의 기록 방식으로 거슬러 올라간다. 이 경당에 타우가 있는 것은 회심자의 전형적인 인물로 여겨지는 막달레나와 아주 잘 어울린다.

이 타우와 십자가의 구속적 봉헌 및 성체성사와의 연관에 대해서는 로마 전문의 첫머리에 있는 타우 십자가가 증언해 준다. 프란치스코에게도 있는 그런 관계에 대한 분명한 증거이자 성체성사적 개혁에 대한 그의 강한 열망을 증거해 주는 것이 그가 「성직자들에게 보낸 편지」의 최초본의 끝에 거의 서명처럼 써넣은 타우이다. 이 편지는 오늘날에도 **수비아코**Subiaco의 **미사 경본**에서 볼 수 있다.[8] 그러므로 프란치스코의 글을 출판할 때, 「**레오 형제에게 준 축복**」의 마지막에 타우를 넣는 것처럼 「성직자들에게 보낸 편지」의 마지막에도 그렇게 해야 마땅하다.[9]

레오 형제에게 주는 축복에 타우가 있는 것에 놀랄 필요는 없다. 사

---

8 역주: 원본이 아니라 이 편지를 전해주는 유일한 필사본이다. 자세한 내용은 참조: C. PAOLAZZI, 『Francesco d'Assisi. Scritti』, edizione critica a cura di Carlo Paolazzi OFM, Roma, 2009, 136-137.

9 타우 그림은 K. ESSER, 『Gli scritti』, 172, 195, 198; FF 209a, 262에는 빠져 있다. 반면에 L. CANONICI - G. BOCCALI, 『Scritti ed Opuscoli』, 131과 F. S. TOPPI, 『Preghiamo』, 26에는 실려있다.

실 프란치스코는 이 표시를 다른 경우에도 사용하였다. 따라서 레오 형제에게 타우는 그 안에 감추어진 의미를 생각하도록 이끄는 분명한 표지였으며, 이 양피지를 **친서**로 판단할 수 있는 확실한 증거였다. 그 양피지는 혼동의 여지 없이 프란치스코의 서명을 담고 있었던 것이다.

타우 아래에 그려진 머리

타우 아래에 그려진 그림은 해석하기가 쉽지 않다. 타우의 세로획은 어떤 사람 머리의 벌려진 입 위에 연결된 것처럼 보인다. 즉, 십자가가 입에서 솟아 나와 회개와 십자가의 선포를 상징한다고 볼 수 있다. 이 그림의 애매한 선들은 다양한 해석을 낳았는데, 그중에는 잘못된 해석도 종종 있었다.[10] 다양한 견해들 사이에 오늘날 두 가지가 가장 신뢰할 만하다. 하나는 이 그림에서 아담의 두개골을 보고, 다른 하나는 레오 형제의 머리로 이해한다.

아담의 두개골

도미니칸인 보라지네의 야고보(Giacomo da Voragine, +1298)가 쓴 『황금전설』[Legenda aurea]의 이야기 중에는 중세 초기에 이미 널리 퍼져 있던

---

10 참조: 광범위한 토론과 관련 문헌들은 『Tiefe und Weite』, 271-275.

다음과 같은 전설이 있는데, 그리스도의 십자가는 아담이 죄를 지은 나무로 만들어졌고, 아담의 무덤이 있는 장소에 세워졌다는 것이다. 그리고 그리스도께서 십자가에서 흘리신 피로 아담이 구속되었고, 그와 함께 모든 인류가 구속되었다는 것이다.

전설로부터 암시적인 이미지들을 통해 신학적으로 옳게 다시 표현된 원죄와 보편적인 구원 사이의 이러한 연결은 6세기부터 예술에서도 '골고타 산 아래의 아담'이라는 주제로 나타난다. 예를 들어, 스폴레토 주교좌성당에 있는 1180년경에 그려진 한 십자가 그림에는 십자가에 못 박히신 분의 오른쪽과 왼쪽에 마리아와 요한이 있고, 그리스도의 발밑에 아담의 두개골이 묘사되어 있다. 그리고 그 머리 위로 발의 상처에서 나오는 피가 흘러내리고 있다.[11]

프란치스코가 개인적으로 이 전설을 듣지 않았다 할지라도 그것을 묘사한 예술 작품을 통해 그 내용을 알고 있었을 가능성이 매우 크다. 따라서 T 아래에 있는 머리는 아담의 두개골을 나타내는 것으로 생각할 수 있다. 그렇다면 프란치스코는 자기 방식대로 그린 그림으로, 아담의 모든 후손이 두 번째 아담이신 그리스도에 의해 구속되었음을 선포하고, 그의 동료에게도 이렇게 말하고자 했던 것이다. '레오 형제, 당신도 이 구원받은 이들에 속합니다.'

레오의 머리

---

11 참조: B. BAGATTI, 「Nota sull'iconografia di "Adamo sotto il Calvario"」, 『Liber Annus Studii Biblici Franciscani』 27 (1977), 5-37.

이 그림은 레오를 나타내는 것일 수도 있다. 이런 해석은 이 축복이 그에게 개인적으로 주어진 것이라는 사실 때문에도 앞선 해석과 마찬가지로 그럴듯하다. 프란치스코는 에제키엘서 9장과 요한 묵시록 7장으로 거슬러 올라가 타우를 사용함으로써 선택된 이들의 인장을 뜻하고자 했다. 삶에서 자신을 회개의 표시(T) 아래 두는 이는 하느님의 종으로서 의롭게 된 이들의 표시(T)를 자신에게 새기는 것이다. 성인은 고통받는 동료 형제에게 당신은 참된 회개자들에 속하고, 그로 인해 구원받을 이들에 속하기에 십자가의 인장이 당신의 이마에 있다는 확신을 주면서 위로한다.

이 두 개의 해석은 서로를 배척하는 것이 아니라 서로를 완성하며 함께 공손할 수 있다. 사실 인류 전체가 그리스도에 의해 구원받았다면 레오 형제도 그러하다. 아담처럼 레오도 구세주의 피로 깨끗해졌으며, 게다가 그는 "아씨시 출신의 회개자들"(「세 동료」 37)에 속하고 프란치스코와 함께 타우의 표시, 즉 회개와 구속의 표시 안에서 살고 있다. 프란치스코는 개인적인 방식으로 레오 형제를 축복하고 그의 머리 위에 십자가 표시를 그으면서 이 구원의 표시로부터 뿜어져 나오는 구원하는 힘이 그에게 향하도록 한다.

레오와 우리를 위한 위로의 축복

레오 형제가 축복의 끝 부분에 놓인 축복의 표시를 어떻게 해석했을지와는 별개로, 프란치스코의 축복과 말이 우리에게도 그러하듯이 그에게 분명 위로의 표시가 되었을 것이다.

이 양피지의 핵심적인 의미를 '모든 이를 위한 위로'라고 요약할 수 있을 것이다. 모든 사람이 이 쪽지를 자신을 위한 것으로 생각할 수 있다. 비록 「지극히 높으신 하느님께 드리는 찬미」는 프란치스코가 오상을 받은 후에 쓴 지극히 개인적인 기도이지만, 이 찬미는 그 상황에만 국한되는 것이 아니라 기도이기 때문에 모든 시대에 가치를 지니며 모두에게 열려 있다.

호칭을 부르는 형식의 이 찬미는 하느님의 위대하심과 선하심을 드러내고, 프란치스코와 함께 하느님의 거룩하심, 위대하심, 사랑, 온유와 선하심 안으로 들어가도록 초대한다. 그리고 이는 다음과 같을 때 실현된다.

우리가 사랑과 순수하고 진실한 양심을 지니고 우리의 마음과 몸에 그분을 모시고 다닐 때, …표양으로 다른 이들에게 빛을 비추어야 하는 거룩한 행위로써 우리는 그분을 낳습니다(「2신자 편지」 53).

우리에게 십자가에 못 박히신 분의 오상이 눈에 보이는 방식으로 새겨지지 않았다 할지라도 우리는 모두 구원할 수 있는, 즉 자신과 다른 이들을 위한 구원의 샘이 될 수 있는 자신의 상처들을 지니고 있다. 그리스도의 이름으로 상처를 감내하고 그분의 십자가를 지는 모든 이에게 프란치스코는 레오에게 했던 말을 반복한다. '당신에게도 그리스도의 십자가가 새겨져 있기에 축복을 받았습니다. 당신은 하느님의 소유이며 그분의 보호 아래 있습니다.'

이처럼 힘겨운 삶 속에서 예수님을 따르고자 애쓰는 모든 이는 프란치스코의 축복을 자신에게 향하는 축복으로 읽을 수 있고, 타우의 표시를 보면서, 이 타우는 십자가이고 희생되신 어린양이신 그리스도의 표시라고 확언할 수 있다. 이 십자가를 통해 나 또한 구원되었다. 나도 이 표시가 새겨진 이들, 큰 환난을 겪어 왔으며 어린양의 피로 자기들의 옷을 빤 이들 중 하나가 될 수 있다. 이제 그들은 그분과 일치하여 그분을 섬기며 살아간다. 그리고 어린양께서는 그들을 생명의 샘으로 이끌어 주실 것이며, 하느님께서는 그들의 눈물을 닦아 주실 것이다. 프란치스코는 나에게도 하나의 표지가 되었다. 그에게서 그리스도 수난의 표시들을 볼 수 있게 되었다. 그는 하느님의 정죄하는 심판을 막아 주고 하느님의 종들에게 인장을 찍고 축복하는 여섯째 봉인의 천사와도 같다. 그리스도의 십자가 안에서 나 역시 인장을 받고 구원된다. 그리고 프란치스코처럼 이제 나도 다른 이들을 축복하고, 그들을 위해 표지와 의미, 평화와 구원이 될 수 있다. 나, 그들의 형제 레오, 그들의 형제…, 그들의 자매….

실천적 제안

1. 첫째 단계로 **구약 성경의 축복들**에 대한 성경 연구를 할 수 있다.
   - 가장 오래된 축복 양식들인 창세 27,28; 48,15.20; 49,25 이하는 어떤 내용을 담고 있는가? 여기에서 축복을 말하는 사람은 누구

인가?
- 레위 9,22; 신명 10,8; 21,5에서 누가 축복을 주는가?
- 축복할 때 선호하는 장소가 있는가?

2. 문화적-사제적 축복의 발전에는 민수 6,22-27의 아론의 축복도 한몫을 한다.

> **22** 주님께서 모세에게 이르셨다.
>
> **23** "아론과 그의 아들들에게 일러라. '너희는 이렇게 말하면서 이스라엘 자손들에게 축복하여라.
>
> **24** '주님께서 그대에게 복을 내리시고 그대를 지켜 주시리라.
>
> **25** 주님께서 그대에게 당신 얼굴을 비추시고 그대에게 은혜를 베푸시리라.
>
> **26** 주님께서 그대에게 당신 얼굴을 들어 보이시고 그대에게 평화를 베푸시리라(샬롬).'
>
> **27** 그들이 이렇게 이스라엘 자손들 위로 나의 이름을 부르면, 내가 그들에게 복을 내리겠다."

- 이 구절들의 형식적인 관점에서 무엇이 인상적인가?(길이, 리듬, 증폭, 핵심과 짜임새 등)
- 내용상으로는 무엇이 특히 강조되고 있는가?
- 그룹 안에서 앞의 질문들과 다음의 질문에 대해 서로 나눈다. 나는 무엇을 이해하거나 이해하지 못했는가? 이 축복 양식은 나에게 무엇을 제시하는가?

3. 이 축복 양식 본문(24-26절)은 **삼중적**이고 운율감 있게 구성되었

다. 이 세 기원문은 차례대로 셋, 다섯, 그리고 일곱 개의 단어(히브리어에서)로 되어 있는데, 이렇게 축복을 기원하는 것이 점점 증폭된다.

- **이 숫자들이 상징하는 바**에 대해 무엇을 말할 수 있는가?
- 야훼의 이름은 몇 번 불리고 그분의 행위는 몇 번 언급되는가?
- 프란치스코가 숫자의 상징에 대한 특별한 감수성과 사랑을 지녔다고 말할 수 있는 단서들은 어떤 것이 있는가?

4. 민수 6,24-26은 이스라엘 **사제들**의 특권이었다. 그들은 아침 제사 중에 두 팔을 벌리고 공동체를 축복했으며(집회 50,14-21) 이스라엘 자손들 위로 하느님의 이름을 부르며 축복했다(민수 6,27). 더 후대의 회당 시대에도 아론의 축복은 사제들에게만 허용되었다.

- 이러한 제한의 이유는 무엇인가?
- 이 축복을 어떻게 보호하고 장려하며 심화시켜야 이것이 습관적인 것이 되어 그 표현력을 잃지 않을 수 있는가?
- 어떻게 그리고 왜 오늘날에는 평신도들이 축복하는 것이 허용되었는가?

5. **신약 성경의 축복**을 생각할 때 어떤 사람이나 사건, 장면이나 구절이 떠오르는가? 나에게 인상적인 것을 모은 후에 다음의 구절들을 살펴보면서 그것을 완성할 수 있다.

마르 10,16; 루카 10,5이하; 24,50

마태 5,44; 10,12; 25,34

로마 12,14; 1코린 4,12; 갈라 3,8이하

6. 어떤 축복 양식(말과 몸짓)을 알고 있거나 실행해 보았는가?

- 그에 대해 여전히 간직하고 있는 인상은 무엇인가?
- 오늘날에도 의미가 있거나 되살려야 할 양식은 어떤 것이 있는가?
- 왜 교회가 최근에 축복 예식서[benedizionale]를 개정 공포하면서 그 안에 일상의 많은 순간을 축복의 기회로 상정했다고 생각하는가?

7. 하느님께서 아브라함에게 주신 축복에서 다음과 같이 말씀하신다. "나는 너를 큰 민족이 되게 하고, 너에게 복을 내리며, 너의 이름을 떨치게 하겠다. 그리하여 **너는 복이 될 것이다**"(창세 12,2). 오상으로 새겨지고 축복받은 프란치스코가 레오 형제를 축복한다.

- 누가 주님의 축복을 받고(참조: 시편 24,4이하) 그것을 다른 이에게 전할 수 있는가?
- 축복의 방식은 다양하다. 눈길로 하는 축복, 손으로 하는 축복, 말로 하는 축복, 기도로 하는 축복. 이를 계속해서 실행하는 이는 다른 이들에게 축복이 된다.
- 성경과 전통에서 축복의 방식이 된 사례와 인물을 열거해 보자.
- 나는 어떻게 '축복의 다리'가 되어 다른 이들에게 희망의 표지가 될 수 있을까?

8. 병든 이나 장애인 또는 슬픔에 잠긴 이들을 위로하기 위해 무엇을 써 볼 수 있을까?

9. 축제의 경우(결혼, 영명 축일 등)에, '하느님이 현존하시는' **축하 쪽지**를 보낸다. 이는 프란치스코가 레오 형제에게 선물한 양피지와도 같은 것일 수 있다.

10. 프란치스코의 축복을 위한 가락을 만들고 함께 노래한다.

13
확고한 의지와 그분의 은총만을 통해 하느님께 이르다

「형제회에 보낸 편지」의 마무리 기도

「유언」에 있는 기도를 제외하고 지금까지 살펴본 기도들은 모두 독립된 작품들이고, 기도의 형식으로 전해진 것들이다.

이 장에서 살펴보려는 기도의 경우는 다르다. 이 기도는 하나의 긴 편지를 마무리하는 부분이고 그래서 편지와 함께 읽어야 한다. 그렇다 할지라도 그러한 배경에서 분리시켜 독립적인 글로 묵상할 수 있다. 몇몇 필사가들도 이러한 특징을 알아차리고 이 기도를 편지와 분리해서 전했다.[1]

프란치스코의 몇몇 기도에 대해서 했던 것을 이 장에서도 할 것이다. 즉 편지의 끝을 구성하는 이 기도를 편지와는 독립적으로 읽을 것이다. 이 기도가 편지를 마무리함으로 인해 프란치스코의 편지에서 때때로 찾아볼 수 있는 기도 양식과 그 특징을 잠시 살펴볼 수 있는 기회를 제공한다. 실제로 그의 편지들에는 의심의 여지 없이 문학 장르가 기도인 많은 구절이 산재해 있다.

---

1 참조: K. Esser, 『Gli scritti』, 287-288.

기도의 영 안에서 쓴 편지들

거의 모든 편지에 존재하는 기도 양식

프란치스코의 편지들을 읽다 보면 놀라운 특징을 발견하게 된다. 보통 강한 명령과 진지한 도덕적 요청을 담고 있는 그의 편지들은 종종 갑작스럽게 어조를 바꾸어 **진복**의 글, **찬미가**, 또는 단순히 **기도**가 된다.

예를 들어, 「신자들에게 보낸 편지」의 경우가 그렇다. 이 편지에서 성인은 회개의 삶에 관하여 길고 방대한 내용을 할애하면서 해야 할 것과 하지 말아야 할 것을 여러 문장에 걸쳐 나열한다. 성실한 그리스도인의 삶에 도움이 되는 이런 말에 이어서 그처럼 행동하는 "모든 성직자들과 평신도들, 남자와 여자들"은 "천상 아버지의 아들들이 될 것입니다. 그리고 그들은 우리 주 예수 그리스도의 정배들이요 형제들이요 어머니들이 됩니다"(「2신자 편지」 1.49-50)라고 결론짓는다.

프란치스코는 삼위일체 하느님과 우리의 내적 관계를 성찰한 끝에 세 번에 걸쳐 **기쁨으로 환호**하게 된다.

> **아버지를 하늘에서 모시는 것이, 오, 얼마나 영광되고 거룩하고 위대한지! 정배를 모시는 것이, 오, 얼마나 거룩하고 위로가 되고 아름답고 감탄스러운지! 또한, 무엇보다도 먼저 열망해야 할 그러한 형제와 그러한 아들을 모시는 것이, 오, 얼마나 거룩하고 소중하고 흡족스럽고 겸손하고 평화롭고 감미롭고 사**

랑스러운지! 그분께서는 당신의 양들을 위해 목숨을 바치셨고 우리를 위해 아버지께 기도하셨습니다. "거룩하신 아버지, 아버지께서 저에게 주신 이들을 아버지의 이름으로 지켜 주십시오"(「2신자 편지」 54-56).

놀라움으로 가득 찬 환희는 이렇게 예수님의 사제적 기도(요한 17장 참조)로 이어진다. 예수님께서 수난받으시기 전에 제자들을 위해 기도하셨듯이 프란치스코도 그렇게 한다. 프란치스코가 체험한 하늘에 그런 형제를 모시는 기쁨은 예수님께서 그와 모든 그리스도인을 위해 기도하셨고 착한 목자로서 당신의 목숨을 내어주셨으며 아버지 앞에서 우리를 위해 전구해 주신다는 확고한 믿음에서 나오는 것이다.

프란치스코에 따르면, 예수님께서 자유롭고 자발적인 수난에 앞서 하신 고별의 기도는 오직 그분의 열두 사도만이 아니라 모든 사람을 위한 것이기도 했다. 프란치스코는 바로 여기서 출발하여 모든 그리스도인에게 하느님과 일치하여 살아가라고 초대하고, 형제회 안팎에서 그와 결합할 - 그러니까 직접적이든 간접적이든 오늘날의 우리까지 포함하는 - 모든 이를 위해 기도하는 것이다.

이제 이 편지의 시작 부분에 관심을 기울이면 이 편지는 **십자 성호**, 즉 성부, 성자, 성령의 삼위의 이름으로 시작되며(「2신자 편지」 1), 이에 상응하여 삼위일체의 세 위격을 부르면서 **축복을 기원**하는 것으로 마친다는 것을 볼 수 있다.

그리고 이러한 모든 것을 잘 받아들이고 또 알아듣고 이것을 베껴서 다른 사람들에게 보내고 이것을 끝까지 지키는 모든 남녀에게 성부와 성자와 성령께서 축복하시기를 빕니다. 아멘(「2신자 편지」 88).

프란치스코는 직무의 무게에 눌려 고통받는 어느 봉사자 형제에게 편지를 쓰면서, "봉사자 모 형제께, 주님께서 그대를 축복하시기를!"(「봉사자 편지」 1)이라는 말로 편지를 시작했다.

성인은 자신의 글 첫머리에 자주 "주님 안에서 인사드리며 거룩한 평화를"(「2보호자 편지」 1; 「지도자 편지」 1) 기원한다. 프란치스코는 자신의 절친한 동료에게 "레오 형제, 그대의 프란치스코 형제가 인사하며 평화를 빕니다"(「레오 편지」 1)라고 말한다.

끝을 맺을 때는 보통 축복이나 축복의 약속이 나온다. 이미 인용한 「신자들에게 보낸 편지」에서처럼 「백성의 지도자들에게 보낸 편지」의 끝부분에서도 프란치스코는 매우 확신을 갖고 다음과 같이 말한다.

이 글을 보관하고 또 지키는 사람은 주 하느님으로부터 축복을 받으리라는 것을 알고 계십시오(「지도자 편지」 9).

「보호자들에게 보낸 편지」에서도 그는 하느님의 축복에 자신의 축복을 덧붙인다.

그리고 이 편지를 받는 나의 보호자 형제들은 누구나 이를 베

끼어 간직하고, 또 설교하는 직책과 형제들을 수호하는 직책에 있는 형제들을 위해서도 베끼게 하고, 이 글에 들어 있는 모든 내용을 끝까지 설교할 때 주 하느님의 축복과 나의 축복을 받으리라는 것을 알고 계십시오(「1보호자 편지」 9).

프란치스코의 편지들은 이렇게 기도의 공기를 호흡한다. 그는 주님의 이름으로 '평화와 선'을 기원하면서 하느님의 이름으로 말하고, 청원하고, 축복한다.[2]

「형제회에 보낸 편지」에 들어있는 기도

기도의 영이 가장 강하게 스며들어 있는 편지는 「**형제회에 보낸 편지**」이다. 이 편지는 1225년에 작성되었을 가능성이 크며, 문학적으로 훌륭한 양식을 지닌 것이 특징이다.[3] 프란치스코의 편지 중에서 두 번째로 긴 이 편지는 다음과 같은 말로 시작한다.

---

[2] 참조: L. LEHMANN, 「Der Mensch Franziskus im Licht seiner Briefe」, 『Wissenschaft und Weisheit』 46 (1983), 108-138; 스페인어판: 『Selecciones de Franciscanismo』 15 (1986), 31-65; L. LEHMANN, 「Der Brief des hl. Franziskus an die Lenker der Volker」, 『Laurentianum』 25 (1984), 287-324; L. LEHMANN, 「Die beiden Briefe des hl., Franziskus an die Kustoden」, 『Franziskanische Studien』 69 (1987), 3-33; 영어판: 『Greyfriars Review』 2 (1988), n. 3, 63-91.

[3] 참조: K. ESSER, 『Gli scritti』, 286-323; O. SCHMUCKI, 「La "Lettera a tutto l'Ordine" di san Francesco」, 『L'Italia Francescana』 55 (1980), 245-286; 영어판: 『Greyfriars Review』 3 (1989), 1-33.

지극히 높으신 삼위이시며 거룩한 일체이신 성부와 성자와 성령의 이름으로. 아멘.

그리고 나서 프란치스코는 형제회의 모든 "봉사자들"을 언급한다. 사실, 이 편지는 특히 이들을 향한 것이다. 하지만 이 편지는 "맨 먼저 들어온 형제들과 최근에 들어온 형제들에게"라고 말하듯이 다른 모든 형제들도 대상으로 하고 있으며, 그들에게 "**고귀한 피로 우리를 속량하셨고 씻어 주신** 그분 안에서 인사를"(「형제회 편지 3」) 드린다. 프란치스코는 모든 형제들에게, 특히 사제 형제들에게 지극한 공경으로 성체를 모시고 깨끗한 마음으로 성찬례를 거행할 것을 간곡히 부탁한다.

이렇게 권고하면서도 몇몇 사제들이 성체성사 안에서 당신을 만질 수 있게 해주시는 분보다 세상적인 것에 더 마음을 쓰는 데 대해 몹시 개탄한 다음, 형제회의 창설자는 넘치는 기쁨을 주체하지 못하고 분출한다. 제대의 성사에서 보이는 하느님의 겸손 앞에서 프란치스코는 냉랭한 채로 남아있거나 단지 관념적으로 자신을 표현할 수 없어서 하느님의 사랑에 대한 그의 놀라움과 감탄을 자유롭게 풀어놓는 시인으로 변한다(「형제회 편지」 26-29).

> **오, 탄복하올 높음이며 경이로운 공손함이여! 오, 극치의 겸손이여 오, 겸손의 극치여! 우주의 주인이시며 하느님이시고 하느님의 아들이신 분이 이토록 겸손하시어 우리의 구원을 위해서 하찮은 빵의 형상 안에 당신을 숨기시다니!**(「형제회 편지」 27).

권고의 성격이 강한 편지의 바로 그 한가운데에 기쁨의 노래와 놀라운 경배가 있다! 이로부터 몇 줄 뒤에는 새로운 형태의 기도가 흘러나온다. 모든 공동체에서 당시의 관습과는 달리 하루에 미사 한 대만 드릴 것을 명하면서 프란치스코는 다음과 같은 고백으로 마감한다.

제대 위에 있거나 없거나 주 예수 그리스도께서는 당신께 합당한 사람을 채워 주시기 때문입니다. 그분께서는 여러 곳에 계시는 듯 보이지만 나뉠 수 없는 분으로 계시고, 결코 줄어들지 않으시며, 어디서나 하나이시고, 당신 마음에 드시는 대로 주 하느님 아버지와 보호자이신 성령과 함께 세세에 영원히 일하십니다. 아멘(「형제회 편지」 32-33).

하느님의 말씀과 성물들을 품위에 맞게 보관하도록 권고한 다음, 이 편지는 성인의 개인적 고백을 전한다. 이는 고백의 기도[Confiteor]의 전례 양식과 매우 유사하다. 프란치스코는 모든 형제들 앞에서 공개적으로 자신의 죄를 고백하는데, 우선 성부와 성자와 성령께 향하고, 그 다음으로 "평생 동정녀이신 복되신 마리아와 하늘과 땅에 계신 모든 성인들"에게 향한다(「형제회 편지」 38). 따라서 우리는 다시금 편지 안에서 한 가지 기도 양식을 발견하게 된다(이 경우는 고백의 기도). 글을 쓰는 이의 시선이 그의 형제들에게서 하느님께로, 그리고 하느님으로부터 그의 형제들에게로 계속해서 옮겨 간다. 그리고 언제나 그렇듯이 편지는 앞서 말한 바를 실행하는 이들을 위한 **축복의 약속**으로 끝난다.

이것들을 지키는 여러분에게 주님의 축복을 빌며, 주님께서 여러분과 영원히 함께 하시기를 빕니다. 아멘(「형제회 편지」 49).

다른 편지들과는 달리 마지막 축복 후에 고전적 양식으로 잘 만들어진 **기도**가 나온다. 몇몇 필사가들은 이 기도를 빠뜨렸는데, 이 기도의 문체가 편지의 그것과 같지 않은 것으로 판단했기 때문이다. 하지만 더 오래된 필사본들은 **편지**와 **기도**를 이어서 전하고 있다. 그리고 여기까지 말한 모든 내용을 생각하면 프란치스코가 자신의 편지를 기도로 마무리했다 해도 그리 놀랍지 않다. 이 기도는 이질적으로 덧붙여진 부분이 아니다. 이 기도는 편지의 요청을 받아들여 그것을 기도 안에서 승화시킴으로써, 편지를 쓰는 이와 받는 이를 모두 공통의 원천이자 유일한 목표이신 하느님께 인도한다.

마무리 기도의 본문

전능하시고 영원하시며 의로우시고 자비로우신 하느님,
가련한 우리로 하여금
당신이 원하신다고 우리가 알고 있는 것을
바로 당신 때문에 실천케 하시고,
당신 마음에 드는 것을 늘 원하게 하시어,
내적으로 깨끗해지고, 내적으로 빛을 받고, 성령의 불에 타올라,
당신의 사랑하시는 아드님

우리 주 예수 그리스도의 발자취를 따를 수 있게 하시고,
지극히 높으신 분이시여,
오로지 당신의 은총으로만 당신께 이르게 하소서.
주님께서는 완전한 삼위이시고 단순한 일체이시며
살아 계시고 다스리시며 영광을 받으시고
세세 대대로 전능하신 하느님이시나이다. 아멘(「형제회 편지」 50-52).[4]

이 글에 대해 어떤 이는 "이 편지의 마무리 기도는 참으로 프란치스칸 기도의 값진 진주이다. 당연히 이 기도는 하느님 앞에서 전적으로 가난한 이, **바로** 작은 형제의 기도라고 정의할 수 있다. 우리는 그 단순성 때문에 말로 옮기기 힘들고, 그 종교적 사고의 충만함 때문에 이루 헤아릴 수 없는 채로 남아있는 글을 마주하고 있다"라고 말했다.[5]

이 글의 **형식적 구조**는 유일한 경우이다. 사실 프란치스코의 어떤 기도도 이렇게까지 치밀하지 않다. 그 언어적 구성에서도 69개의 단어들(라틴어)로 이루어진 단 하나의 문장으로 된 이 기도에 필적할 만한 다른 기도는 없다. 조화롭게 구성된 이 문장은 전례서들이 프란치스코에게 상당히 큰 영향을 미쳤음을 보여준다. 이는 처음과 마지막 부분을 살펴보는 것으로 충분하다. 전체적으로 프란치스코의 이 기도는 미사 경본의 길고 잘 다듬어진 기도들을 생각나게 한다.

---

4 우리는 『FF』 233과 K. Esser, 『Gli scritti』, 313(라틴어)와 318(이탈리아어)에서 제공되는 글과는 달리 라틴어에 더 충실하기 위해 번역을 약간 변형하면서, 문법적이고 내용적인 기준에 따라 글을 배치했다. 참조: L. Canonici - G. Boccali, 『Scritti ed Opuscoli』, 112.
5 하르딕(L. Hardick)의 다음의 책 서론에서: 『Die Schriften des hl. Franziskus von Assisi』, Einführung, Übersetzung, Erläuterungen von L. Hardick und E. Grau, Werl, 1984, 89.

그 **내용**은 부활 제5주일과 성령 강림 대축일 후 제9주일과 제13주일의 본기도(공의회 이전 전례에서)와 공통적인 부분이 있다. 교부들과 중세 초기의 신학자들에게서도 비슷한 생각과 표현들을 발견할 수 있다. 동방에서는 에바그리우스 폰티쿠스(Evagrio Pontico, +399) 시대부터 영적 여정의 세 단계가 알려졌는데, 이에 의하면 영혼의 정화와 덕행의 실천으로 이해되는 '수덕'에 피조물들에 대한 '관상'이 따르고, 마지막으로 '신학', 즉 그 의미 그대로의 신비로운 관상에 이른다. 더 큰 영향을 끼친 것은 5세기 말엽의 저술들이고, 이 글들은 아레오파고스의 위 디오니시오(Pseudo-Dionigi l'Areopagita, 참조: 사도 17,34)의 것으로 여겨졌다. 그 저술들 안에서도 이 마무리 기도에서처럼 정화, 조명, 일치에 이야기가 집중되어 있다. 이러한 생각의 유사성은 프란치스코가 교부와 전례적 영성의 흐름 안에 있음을 증거한다. 성인은 완전히 새로운 영성적 사조를 만들어낸 것이 아니다.

다른 측면에서 염두에 둘 것은 이 기도와 「형제회에 보낸 편지」 전체를 작성할 때, 프란치스코는 자기 주변에 교양이 풍부한 형제들을 데리고 있었으리라는 점이다. 하지만 글로 표현하는데 그가 받았던 모든 도움과는 별개로 프란치스코의 전형적인 생각들이 기도 안에 분명히 나타난다. 이는 우리가 그의 다른 저술들을 통해 이 기도를 해설할 때 정확히 드러날 것이다.[6]

---

6 파올라찌는 「십자가 앞에서 드린 기도」와의 비교를 통해 둘 사이의 깊은 조화는 물론 영감과 구조에 있어 명확한 차이점 또한 보여 준다. C. PAOLAZZI, 『Lettura degli scritti』, 36-39; 더욱 치밀하고 시적인 해설은 다음을 참조: S. DURANTI, 『Preghiere di Francesco』, 91-98.

"전능하시고 영원하시며 의로우시고 자비로우신 하느님"

프란치스코는 하느님께 네 가지의 고유한 특성을 부여하는 긴 호칭을 통해 그분께 다가간다. 이렇게 청원이 아닌 하느님 찬양이 첫 자리에 온다. 그의 많은 기도들은 하느님을 전능하시고 최고선이신 주님으로 선포하면서 시작한다.

> 지극히 높으시고 전능하시고 좋으신 주님(「태양 형제의 노래」 1).
>
> 당신은 기적을 일으키시는 거룩하시고 유일하신 주 하느님이시나이다(「하느님 찬미」 1).
>
> 전능하시고 지극히 거룩하시고 지극히 높으시며 으뜸이신 하느님(「시간경 찬미」 11).
>
> 전능하시고 지극히 거룩하시며 지극히 높으시고 지존하신 하느님, 거룩하시고 의로우신 아버지, 하늘과 땅의 임금이신 주님(「비인준 규칙」 23,1).

첫 번째 자리에는 저 너머에 계시고 인간의 모든 상상력을 뛰어넘는 분이신 하느님의 비길 데 없는 **숭고함**이 놓인다. 프란치스코는 하느님을 인간의 수준으로 끌어내리지 않고, 그분과의 거리를 의식한 채로 남아 있다. 하느님은 완전한 타자이시다. 모든 것이 그분의 손안에 있다. 우리가 무언가를 할 수 있는 것은 그분의 영향과 그분의 자비로운 은총 덕분이다.

두 번째로, 프란치스코는 하느님을 **영원하신** 분으로 인식한다. 역사 안에서 행하시는 하느님의 업적과 우리의 가난 속에 그분께서 들어와 계심을 드러내면서도, 하느님은 영원하시며 "시작도 없고 마침도 없이 변함없으신 분, 바라볼 수 없는 분, 형언할 수 없는 분, 이루 말로 다 할 수 없는 분, 이루 다 알 수 없는 분, 헤아릴 수 없는 분…"(「비인준 규칙」 23,11)이심을 성인은 결코 잊지 않는다.

프란치스코에게서 항상 나타나는 하느님의 또 다른 속성은 그분의 **의로움**이다. 참으로 하느님은 "홀로 선하시고 홀로 거룩하시고 홀로 정의로우시고 홀로 진실하시고 거룩하시며 올바르신"(「비인준 규칙」 23,9)[7] 분이시다. 그리고 라 베르나에서 드린 찬미가에서는 "당신은 정의이시나이다"(「하느님 찬미」 9)라고 말하고 있다. 성인은 임박한 심판을 의식하고 있으며, 그의 편지에서 자주 하느님의 심판을 극복할 수 있도록 살아갈 것을 권고한다.

그러나 프란치스코의 하느님 상에서 더 두드러지는 점은 엄격함과 온유함 사이의 밀접한 관계이다. 그는 하느님을 심판자로 관상하는데 그치지 않고, 그분을 "**의로우시고 자비로우신**" 분으로 바라본다. 프란치스코에게 서로 대립하는 이 두 가지 측면은 함께 존재하며, 그가 가지고 있던 하느님 상에 적절한 조화를 부여한다. 하느님은 일차원적이지 않다. 하느님은 인간을 엄하게 벌하시는 무섭고 초월적이기만 한 분도 아니고, 모든 것을 넘어가 주시는 관대하고 친근한 분만도 아니니다.

---

7 역주: 한국어 소품집에는 "홀로 진실하시고 거룩하시고 올바르신"이 아니라 "홀로 진실하시며 홀로 올바르신"으로 되어 있다.

프란치스코에게 하느님은 하느님으로 남아 계시지만, 동시에 그분은 인간을 향해 계신 하느님이다. 이 기도에서 말하는 의로운 분이자 자비로운 분은 바로 성부이시라는 것을 이어지는 글이 밝히고 있다. 자비는 가난뱅이의 종교 체험에서 기반이 되는 요소 중 하나이다. 프란치스코가 오상을 받은 뒤에 탄생한 그의 위대한 찬미가는 "당신은 우리의 영원한 생명이시나이다. 위대하시고 감탄하올 주님, 전능하신 하느님, 자비로우신 구원자시여!"(「하느님 찬미」 16-17)라고 선포하기에 이른다.

프란치스코 자신이 하느님의 자비를 체험했는데, 포지오 부스토네 Poggio Bustone에서 주님께서는 그에게 젊은 날의 모든 죄가 용서받았다는 확신을 주셨다(「1첼라노」 26). 게다가 그의 생애의 결정적인 전환은 그가 젊을 때부터 나병 환자에게 베푼 자비와 밀접하게 연관되어 있다(「유언」 2). 프란치스코는 인간은 전적으로 하느님의 자비 덕분에 살아간다는 깊은 확신을 가지고 있었기에 죄인들과의 관계에서 한없고 주저하지 않는 자비를 첫째 계명으로 삼았다.

「어느 봉사자에게 보낸 편지」는 이에 대한 독보적인 증언을 해 준다. "수천 번 죄를 짓더라도…이런 형제들에게 늘 자비를 베푸십시오"(「봉사자 편지」 11). 우리는 권리를 주장하고 보상을 요구하면서 하느님의 자비를 요구할 수 없다. 하느님은 자비로운 심판자이자 구원자이시라는 확신은 우리가 잘못을 저지르는 이와 관계 맺는 방식을 규정하게 한다. 프란치스코의 입장은 명확하다. 하느님이 자비로우시다면, 우리가 다른 이들을 대하는 태도에서 자비 외에 다른 잣대가 있을 수 없다.

이 기도의 하느님 호칭에는 하느님 신비의 다양한 요소를 드러내는 강하고 생생한 긴장이 두드러지게 나타난다. 프란치스코가 하느님께 돌리는 모든 특징은 그의 구체적인 행동 방식에도 영향을 미친다.

이 찬미의 첫 호칭에 이어 **청원**이 따른다.

"가련한 우리로 하여금 당신이 원하신다고 우리가 알고 있는 것을 바로 당신 때문에 실천케 하시고, 당신 마음에 드는 것을 늘 원하게 하시어, …"

보통 프란치스코에게서 주로 나타나는 것은 찬미와 감사이다. 하지만 이 부분은 어떤 요청을 하는 드문 경우 중 하나이다. 이는 성 다미아노의 십자가 앞에서 드린 기도문을 상기시킨다.

아직 길을 찾고 있을 때 젊은 프란치스코는 자신의 마음을 비추어 주시기를 청했고, 그리스도인 삶의 기초가 되는 선물인 믿음, 희망, 사랑을 청했다. 하느님께 온전히 열려 그는 오직 한 가지, 즉 하느님께서 그에게 맡기신 사명과 그분의 뜻을 실행할 수 있는 길을 깨닫기를 갈망했다. 십자가 앞에서 드린 청원도 「형제회에 보낸 편지」의 청원도 라틴어 "dà"로 시작하는데, 여기서는 "허락하소서"로 번역된다. 이 두 청원은 내용에서도 유사하다. 이는 곧 하느님의 뜻을 깨닫고 실행하는 것으로 프란치스코의 삶 전체에 생기를 불어넣은 갈망이었다.

이 기도에서는 두 번에 걸쳐 '원의'라는 주제가 등장한다. 우리는 우선 하느님이 원하신다고 알고 있는 것을 실천해야 하며, 다음으로 하느님 마음에 드는 것을 항상 원해야 한다. 인간은 하느님 마음에 드는 것을 실행하기 전에 먼저 그것을 원하고 내적으로 받아들여야 한다. 하느님 마음에 드는 것을 늘 원하는 것, 이는 가장 드높은 목표이다!

프란치스코가 얼마나 사욕 없는 지향과 순수한 마음을 지니고자 염려했는지는 그가 첨가한 "propter temetipsum"(이탈리아어로는 "당신 사랑의 힘으로"[8]라고 번역)이라는 말이 보여준다. 사실 우리의 행위 안에는 우리 자신의 뜻이 아주 쉽게 스며든다. 수도 생활에서조차 자기 뜻을 추구하는 것을 숨기고 그것을 겉으로는 영성으로 위장하는 일이 빈번히 일어난다. 하느님의 뜻을 실행할 준비가 되어 있다고 말하지만, 실제로는 자기 자신의 영광을 추구한다. 이는 자신의 뜻이 사라져야 한다는 것이 아니다. 이 기도에서 말하고 있듯이 우리는 원의를 가지고 그것을 실행으로 옮기기를 **원**해야, 즉 받아들여야 한다. 단, 그것은 하느님께서 원하시는 바와 항상 일치해야 한다.

「"주님의 기도" 묵상」에서 프란치스코는 이렇게 말한다.

> **당신을 항상 생각함으로써 마음을 다하여 당신을 사랑하게 하시고, 당신을 항상 갈망함으로써 넋을 다하여 당신을 사랑하게 하시며, 우리의 모든 지향을 당신께 두고, 모든 것에서 당신의 영예를 찾음으로써 정신을 다하여 당신을 사랑하게 하시고, 우리의 모든 기력과 영혼의 감각과 육신의 감각을 당신 사랑의 봉사를 위해서만 바치고 다른 데에 쓰지 않음으로써 우리의 모든 힘을 다하여 당신을 사랑하게 하기 위함이나이다**(「주님 기도」 5).

하느님께 온전히 향하는 것은 원하는 것과 행하는 것의 중심이고, 프란치스코가 회개하던 때부터 이미 그의 근본적인 간청이었다. 하지만 그 당시에는 내밀히 일인칭으로(dame fede dricta: 올바른 믿음을 **제게 주소서**)

---

8 역주: 한국어 소품집에서는 '바로 당신 때문에'로 번역되어 있다.

청했던 것을 이제는 의식적으로 작은 형제들을 위해 말한다. 프란치스코는 그들과 함께, 그들을 위해서 "가련한 우리로 하여금…하게 하소서"라고 간청한다.

이 기도의 공동체적 성격도 그렇지만 성인이 자기 자신을, 그리고 더 일반적으로 인간을 가련한 존재로 생각하는 것도 인상적이다. 같은 생각을 「인준받지 않은 수도규칙」 23장에서도 찾아볼 수 있다.

> **또한, 불쌍한 사람들이요 죄인들인 저희 모두는 당신 이름을 부르기조차 부당하오니, 당신의 마음에 드시는 당신의 사랑하시는 아드님 우리 주 예수 그리스도께서 보호자 성령과 하나 되어, 당신과 그분의 마음에 드시는 대로, 모든 것에 대해 당신께 감사드리시기를 간절히 청하나이다**(「비인준 규칙」 23,5; 참조: 「태양의 노래」 2).

프란치스코는 언제나 하느님의 마음에 드는 것을 원한다. 우리는 하느님의 이름을 부르기에 합당치 않다. 그러나 예수님께서 우리를 위해 감사를 드리고 우리를 위해 중재해 주신다. 그분께서는 아버지의 뜻을 충만히 이루셨기에 아버지께는 언제나 예수님만으로 충분하다. 그분과 함께 그리고 그분을 통해서 우리도 아버지 앞에 나아갈 수 있다. 하느님께서는 전능하시고 홀로 선하시기에 프란치스코는 인간을 그분으로부터 멀리 떨어져 있고 가난과 비참의 상태에 있는 존재로 본다. 그러나 바로 이런 가련한 인간이 하느님의 자비를 입고, 비참함에서 들어 높여져 하느님에게까지 이른다. 이는 이 기도의 뒷부분에 말하는 것처럼 "오로지 하느님의 은총으로만" 그러하다. 하지만 그 전에 하느님의 뜻을 향해 가는 우리가 그분께 도달하기 위해 거치는 여정이 묘사된다.

"내적으로 깨끗해지고, 내적으로 빛을 받고, 성령의 불에 타올라, 당신의 사랑하시는 아드님 우리 주 예수 그리스도의 발자취를 따를 수 있게 하시고, …"

우리가 당신의 뜻을 실천하도록 해 달라고 하느님께 드리는 청원은 여기서 더욱 자세히 구체화된다. 하느님의 뜻은 당신의 사랑하시는 아드님의 발자취를 따르는 것이다. 기도의 시작 부분에 놓인 "하느님"이라는 표현이 성부를 가리킨다는 것이 이를 통해 분명해진다. 성부는 성자를 사랑하시고 성자는 성부를 사랑하신다. 프란치스코는 계속해서 아드님께 **"사랑하시는"**이라는 수식어를 붙여 두 분 사이의 이러한 관계를 명확히 드러낸다.

그리스도께서 당신의 삶을 통해, 그리고 특히 당신의 수난과 죽음을 통해 아버지의 뜻을 이루신 것처럼 우리도 아드님을 따르면서 아버지의 뜻을 실천해야 한다. 기도보다 몇 줄 앞선 곳에서 프란치스코는 "우리 주 예수 그리스도께서 지극히 거룩하신 아버지께 대한 순종을 떠나지 않기 위하여 당신의 목숨을 바치셨습니다"(「형제회 편지」 46)라고 적는다. 그리스도께서는 성부의 뜻에 일치하였다. 프란치스코에게 예수님께서 이루신 구원의 핵심 사건은 바로 이것이었다. 「신자들에게 보낸 편지 2」의 한 구절에서 이에 대해 다음과 같이 말하고 있다.

그러나 아버지의 뜻에 당신의 뜻을 맞추시며 말씀하셨습니다. "아버지, 당신의 뜻이 이루어지게 하십시오. 제가 원하는 대로 하지 마시고 아버지께서 원하시는 대로 하십시오"(마태 26,39.42). 아버지의 뜻은, 아버지께서 우리에게 주시고 우리를 위해 태어나신 복되고 영광스러운 당신의 아드님이 십자가 제단에서 자신의 피를 통하여 자신을 희생과 제물로 바치는 것이었습니다. 이것은 당신을 통하여 모든 것이 생겨나게 하신(요한 1,3) 그분 자신을 위한 것이 아니라 우리의 죄 때문이었고, 우리에게 "모범을 남기시어 당신의 발자취를 따르게 하시려는 것이었습니다"(1베드 2,21) (「2신자 편지」 10-13).

베드로의 첫째 편지처럼 프란치스코도 따름에 대한 개념을 고난과 연관 짓는다. 이 사도의 편지에는 "그리스도께서도 여러분을 위하여 고난을 겪으시면서, 당신의 발자취를 따르라고 여러분에게 본보기를 남겨 주셨습니다"(1베드 2,21)라고 적혀 있다. 순종의 행위는 우리에게 하나의 본보기이다. 「신자들에게 보낸 편지」의 인용 부분과 이 기도에서 프란치스코는 다른 이의 발자취를 따르면서 한 걸음 한 걸음 나아가는 따름의 이미지를 또다시 취한다. 다른 이를 따르는 것은 취할 방향이나 도달할 목표에 대해 걱정할 필요가 없기 때문에 훨씬 쉽다. 이는 우리 앞에 가는 이의 뒤를 단순히 따라가고 그를 신뢰하는 것이다.

하지만 어떻게 하면 우리 주 예수 그리스도를 따를 수 있을까? 이 기도는 짧은 구절 안에 세 개의 길을 열거하는데, 이는 기도의 단계나 향주삼덕에도 자주 적용되는 것이다.

1. 정화의 길: 믿음과 관계된 '기도'[oratio]
2. 조명의 길: 희망과 관련된 '묵상'[meditatio]
3. 일치의 길: 사랑과 관련된 '관상'[contemplatio]

우리는 하느님 안에서 상승하는 이 세 단계에 대해 깊이 파고들어 가는 것을 원하는 것은 아니다. 프란치스코 이 글 말고 다른 곳에서는 이 단계에 대해 직접적으로 더 거론하지 않기 때문이다. 이미 말했던 것처럼 프란치스코는 이러한 세 단계의 길을 전통에서 받아들인다. 하지만 라 베르나에서 신비로운 일치를 경험한 뒤에는 그 자신이 풍요로운 신비적-영성적 전통의 출발점이 되었다는 점을 기억할 필요가 있다. 프란치스코가 신비로운 못 박힘에서 체험한 것을 특히 성 보나벤뚜라(1217-1274)가 세 개의 길로 깊이 발전시키면서 신학적-사변적인 형태로 정리했으며, 이 가르침은 이후 시대에 영향을 미치게 된다.

그런데 프란치스코가 말하는 "interius mundati"[내적으로 깨끗해지기]는 무엇을 의미하는가? 프란치스코는 'mundus'라는 단어를 다른 곳에서도 사용하는데, 「형제회에 보낸 편지」에서는 사제 형제들에게 "미사를 거행할 때는 언제나 거룩하고 **깨끗한**[monda] 지향으로 우리 주 예수 그리스도의 지극히 거룩한 몸과 피의 참된 제사를 티 없는 마음으로 정성과 공경을 다하여 드리십시오"(「형제회 편지」 14)라고 요청한다. 인준받지 않은 수도규칙에서 프란치스코는 다음과 같이 호소한다.

…모든 형제들에게 부탁합니다. 온갖 장애를 멀리하고 모든 근심 걱정을 물리쳐 할 수 있는 최선의 방법으로 무엇보다도 주 하느님께서 요구하시는 일, 즉 그분을 깨끗한 마음과 순수한

정신으로 섬기고 사랑하며 공경하고 흠숭하도록 하십시오(「비인준 규칙」 22,26).

이 글들만 보아도 "interius mundati"[내적으로 깨끗해지고]가 나뉘지 않은 마음으로 하느님을 섬기려 항상 새롭게 노력하는 것임이 명확해진다. 「권고」 16은 이에 대해 가장 잘 설명해준다.

"행복하여라, 마음이 깨끗한[mundi] 사람들! 그들은 하느님을 볼 것이다"(마태 5,8). 진정 마음이 깨끗한[mundi] 사람들은 지상의 것들을 멸시하고 천상의 것들을 찾으며, 살아 계시고 참되신 주 하느님을 깨끗한[mundo] 마음과 정신으로 항상 흠숭하고 바라보는 일을 그치지 않는 사람들입니다(「권고」 16).

여기서도 같은 단어 "mundus"가 세 번 나온다. 이렇게 따름의 첫걸음은 마치 그분과 계속해서 주파수를 맞추는 것처럼 우리의 감각들을 그분 안에 두는 지속적인 긴장이다. 모든 것 안에서 하느님을 뵙기를 갈망하는 이러한 정화는 평생 지속되며, "홀로 순수하신"(「비인준 규칙」 23,9) 분에 대한 관상으로 이끈다. 우리는 그 복된 바라봄으로 이끄는 순수함을 향한 여정 중에 있으며, 이러한 여정은 단순함과 지속적인 정화의 여정, 즉 회개의 여정일 수밖에 없다.

두 번째 단계는 "내적으로 빛을 받음"이다. 하느님을 순수한 마음으로 바라보면 바라볼수록, 우리는 우리 여정에 필요한 빛을 더 많이 받게 되고 우리 자신이 빛나게 되며 밝아진다. 프란치스코에게 내적으로 빛을 받는다는 것은 마치 따뜻한 햇살을 마주하듯이 하느님의 선하심에 노출된다는 것을 의미한다. 하느님은 선이시고 모든 선이시다. 그분은 성인들을 비추시는 빛이시다(참조 : 「주님 기도」 2). 프란치스코가 "제 마음의 어두움을 비추어 주소서"라는 말로 성 다미아노 성당에서 청한 것이 바로 이 빛이다. 실제로 그는 모든 비춤이 하느님에게서 오며 모든 선한 행위가 그분으로부터 영감 받은 것임을 알고 있는 것이다.

「복되신 동정 마리아께 드리는 인사」 끝부분에서 성인은 이 기도와 매우 가까운 방식으로 덕들에게 기원한다.

> **그리고 거룩한 모든 덕들이여, 당신들에게도 인사드리나이다. 성령의 은총과 비추심으로 믿는 이들의 마음에 당신들이 쏟아부어지면 하느님께 불충한 이가 충실한 이 되리이다**(「동정녀 인사」 6).

이 글에서도 목적은 점점 더 하느님의 빛에 민감해지고, 그분의 은총을 받을 준비가 되며, 그분의 사랑에 충실해지는 것이다. 그리스도의 발자취를 따르는 것은 그분께서 우리를 빛과 성부를 향해 인도하시도록 내어드리는 것이다. 따름은 하느님 안에 잠기는 것을 의미한다.[9]

아드님과 함께 아버지께로: 이 움직임과 이 역동성 안에 성부와 성자 사이의 사랑의 영이신 성령께서 현존하신다. 사실 성부께서 성자를 사랑하시고, 성자께서 성부를 사랑하시는 그 사랑이 바로 성령이시다.

---

[9] 이에 대한 더욱 광범위한 논의는 다음을 참조: G. Iammarrone, 「La "Sequela di Cristo" nelle Fonti Francescane」, 『Miscellanea Franciscana』 82 (1982), 417-461.

성령은 우리가 얼마나 불타오르는가에 따라, 즉 얼마나 우리 자신을 사랑 안에 잠기도록 하는가에 따라, 점점 더 강렬해지는 광채이시고 불이시며 끌어당기는 힘이시다. 이 사랑은 그리스도께서 자신을 바치기까지 아버지를 사랑하시고 우리를 사랑하신 바로 그 사랑이며, "나는 세상에 불을 지르러 왔다. 그 불이 이미 타올랐으면 얼마나 좋으랴?"(루카 12,49)라는 말씀과 같이, 예수님을 불타오르게 했고 이 땅 위에서도 타오르기를 원하셨던 바로 그 사랑이다.

우리는 이제 내적으로 깨끗해지고 빛을 받고 성령의 불에 타올라 우리의 목표를 향해, 즉 지극히 높으신 분을 향해 우리를 앞서가시는 주님이신 그리스도를 따를 수 있다.

"지극히 높으신 분이시여, 오로지 당신의 은총으로만 당신께 이르게 하소서"

"지극히 높으신 분이시여"라는 탄성은 이 기도를 시작할 때 나오는 하느님의 장엄한 호칭과 연결된다. 프란치스코가 가지고 있는 하느님 상의 특징적 요소는 위대함이다. 하느님은 모든 것 위에 계신다. 하느님은 시간을 넘어(영원한), 인간의 능력을 넘어(전능하신), 상상할 수 있는 모든 공간을 넘어(지극히 높으신) 계신다. 이렇게 지각할 수 없을 정도로 위대하신 하느님은 또한 자비로우시고 너그러우시다. 프란치스코가 지닌 하느님 모습의 광활한 폭을 보여주는 두 번의 대비 중 하나는 기도가 시작할 때 나오는 "전능하시고"와 자비로우신"이고, 다른 하나는 기도의 거의 마지막 부분에 나오는 "지극히 높으신"과 "은총"이다. 이러한 긴장에 **인간의 행위**와 **하느님의 은총** 사이의 다른 긴장이 상응한다.

여기서 두 가지 측면, 즉 은총의 효과와 인간의 행위-원의는 함께 놓인다. 만약 "오로지 당신의 은총으로만"(sola tua gratia, 『프란치스칸 원천』에서는 "오로지 당신의 은총의 도움으로만")이라는 표현에 한정한다면, 루터를 떠올릴 수 있을 것이다. 루터는 행위로부터 비롯되는 의로움에 반대하여, 인간의 공로가 아니라 "오로지 은총으로만" 의롭게 된다고 편향적으로 주장하였다. 이에 관해서는 프란치스코도 (그리고 그와 함께 교회와 신학의 가장 훌륭한 전승 또한) 같은 견해를 갖는다.

그러나 아씨시의 성인은 인간 행위의 가치를 부정하지 않는다. 인간은 하느님 마음에 드는 것을 원하고 행해야 하지만, 인간을 구원하는 분은 하느님이시다. 인간은 자기 스스로 아무것도 할 수 없는 가난하고 가련한 존재이다. 그러나 인간이 그것을 깨닫고 받아들이면 그는 복되다. 이것이 바로 우리가 살펴보고 있는 이 기도에서 정화, 조명, 성령의 불에 대해 말할 때 드러나는 기본 전제이다. 그런데 「형제회에 보낸 편지」에서 원의와 은총의 연결은 기도 이전에서도 발견된다.

> **지극히 높으신 주님 바로 그분의 마음에만 들기를 바라면서, 은총의 도움을 받아 가능한 한 모든 원의가 하느님께 향하도록 하십시오**(15절).

이미 언급한 「인준받지 않은 수도규칙」 23장에서 프란치스코는 다음과 같이 말한다.

우리 모두에게 온 몸과 온 마음과 온 생명을 주셨고 지금도 주시는 주 하느님을, 우리를 창조하셨으며 속량하셨고 오직 당신 자비로써 구원하실 주 하느님을, 불쌍하고 비참하며 썩었고 악취가 나고 배은망덕하고 악한 우리에게 모든 좋은 것을 다 주셨고 지금도 주시는 주 하느님을, 마음을 다하고 목숨을 다하고 정신을 다하고 힘과 용맹을 다하고 생각을 다하고 모든 기운과…온갖 욕망과 뜻을 다하여, 우리 모두가 사랑하도록 합시다(「비인준 규칙」 23,8).

여기에서도 우리의 사랑이 하느님의 구원 행위에 대한 응답이라는 의미에서 하느님과 인간 사이의 협력이 보존되어 있다. 하느님께서는 모든 선을 우리에게 주셨고 지금도 아낌없이 주시기에, 우리는 그분의 사랑에 응답하도록 부름 받고 있다. 지극히 높으신 하느님과 우리 사이의 거리는 너무나도 엄청나며, "가련하고 불쌍한" 우리의 처지는 이토록 심하기에 우리는 구원받을 만하다는 주장을 할 수도 없고 해서도 안 된다. 우리가 하느님께 다다른다면, 그것은 온전히 "전능하시고 영원하시며 의로우시고 자비로우신 하느님" 은총의 업적이다.

"주님께서는 완전한 삼위이시고 단순한 일체이시며 살아 계시고 다스리시며 영광을 받으시고 세세 대대로 전능하신 하느님이시나이다. 아멘."

앞에서는 세 위격이 한 분 한 분 불렸는데, 이제는 그 자리에 **삼위**와 **일체**의 개념이 온다. 프란치스코는 자신의 편지를 "지극히 높으신 삼위이시며 거룩한 일체이신 성부와 성자와 성령의 이름으로, 아멘"(「형제회 편지」 1)이라는 말로 시작했고 비슷한 모습으로 끝맺는다. 이처럼 삼위일체를 부르는 것은 기도 전체를 하나로 묶는 끈이다. 마지막 양식은 처음 것보다 좀 더 장엄하고, 의심의 여지 없이 확실히 전례의 영향을 받았다. 예를 들어, 「하느님 찬미의 권고」에서 성인은 삼위일체께 드리는 미사에서 뽑은 구절인 "거룩한 삼위이시며 나뉨이 없으신 일체이시여, 찬미받으소서"(「찬미 권고」 18)를 인용한다.

두 경우 모두 일체와 삼위가 함께 놓이는데, 이 기도에서는 두 개의 형용사를 통해 "완전한 삼위이시고 단순한 일체"라고 구체화된다. 명사로 말하는 것이 형용사 "단순한"으로 강화된다. 우리는 여기서 정신의 기도[orazione mentale]가 점진적으로 발전한 그 정점을 본다. "은총의 삶이 그러하듯이 그런 삶의 가장 중요한 표현인 기도 또한 성장과 발전의 법칙을 따른다. 소리 기도[preghiera vocale]를 잘 바치면 이는 정신의 기도[preghiera mentale]로 이어진다. 정신의 기도는 어떤 방식에 따르던 모든 기도의 본질적 핵심, 즉 감성의 기도[orazione di affetto]로 향하는 경향이 있다. 그리고 이 감성의 기도는 단순함의 기도[orazione di semplicità]로 발전하는데, 이는 기도에서도 마지막 목표이신 하느님께서 지극히 완전한 단순함이시기 때문이다."[10]

작은 형제들에게 "단순한 일체"라는 표현은 단순하게 살기 위한 하나의 자극이자 신학적 동기였을 수 있다고 생각하는 것도 아마 가능할 것이다. 왜냐하면, 하느님 자신이 단순하시고 "홀로 거룩하시고 홀로

10　B. GOEBEL, 『Con san Francesco davanti a Dio, Spunti di meditazione』, 이탈리아어 제3판은 R. 토조에 의해 완전히 새롭게 개정되었다. R. TOSO, Genova, 1991, 217-218.

정의로우시고 홀로 진실하시며 홀로 올바르신"(「비인준 규칙」 23,9) 분이기 때문이다.

    마치 이 기도가 외적인 형식에서도 삼위에 대한 흠숭을 반영하기를 원하는 것처럼 세 개의 동사인 **"살아 계시고 다스리시며 영광을 받으시고"**[vivis et regnas et gloriaris]가 뒤따른다. 이 세 가지 표현은 프란치스코의 다른 글에서도 발견된다. 1테살 1,9의 연장선상에서 하느님은 종종 "살아 계시고 참되신" 분으로 정의된다(「1보호자 편지」 7; 「권고」 16,2; 「수난 성무」 15,1). 하느님은 임금으로서 하늘과 땅을 다스리신다(「찬미 권고」 5.8; 「비인준 규칙」 23,1; 「하느님 찬미」 3). 하느님은 영광을 받으신다. 이 영광은 마지막 심판 때 드러날 것이다(「비인준 규칙」 23,4.9; 「수난 성무」 3,12; 4,11-12). 위대하신 임금님의 전령은 편지와 기도의 연관을 무수히 증거하는 이 편지에서도 지극히 높으신 하느님의 아드님이신 예수 그리스도께서 "이제 죽지 않고 영원히 살아 계시어 영광을 받으신 분"이라고 선포한다(「형제회 편지」 22).[11]

    이 기도 특유의 치밀함과 통일성은 마지막 관찰을 통해서도 확인된다. 이 기도는 "전능하시고 영원하신"으로 시작하여 같은 내용을 담은 "세세 대대로 전능하신 하느님"과 마지막 말 "아멘"으로 끝난다. 프란치스코는 이러한 방식으로 하나의 원을 완성한다. 프란치스코는 무엇보다도 찬미의 말들을 통해 하느님께서는 시간과 공간에 대한 우리의 상상을 뛰어넘으신다는 점을 고백한다. 그다음에 그의 시선은 가련

---

11 여기서 나는 『FF』(「프란치스칸 원천」 ed. minor), n. 220에 있는 올쟈티(F. Olgiati)의 번역보다, K. Esser, 『Gli scritti』, 315에 있는 감보소(V. Gamboso)의 다음 번역을 선호한다. "그분은 이미 죽음에 임박한 자가 아니라, 영원한 승리자이자 영광을 받는 분이시나이다."

하고 불쌍한 우리에게 옮겨오고, 이어서 하느님께 이르는 길, 즉 사람이 되신 하느님 아들의 발자취를 따르는 것을 묘사한다.

예수님을 뒤따르는 여정은 우리의 생각과 감각에 대한 끊임없는 정화, 빛을 향한 지속적인 긴장, 성령께서 직접 키우시고 유지하시는 하느님에 대한 불타오르는 열망을 통해 실현된다. 이러한 방식으로 따름은 은총에 의해 유지되고 인도된다. 하느님 몸소 우리 여정의 시작과 끝에 계신다. 왜냐하면 예수 그리스도 안에서 하느님은 길 자체이시기 때문이다.

하느님의 뜻을 받아들이고 실천할 수 있게 해 달라는 프란치스코의 청은 우리가 그리스도의 모범과 발자취를 따를 때 우리를 통해서 실현될 수 있다. 그리스도의 발자취는 성부와 성령과의 친교 안에서 우리를 그분과 함께 영광으로 이끌어 준다. 그래서 높음과 영광과 영원이 하느님을 바라보는 기준점으로 기도의 끝에 다시 등장하는 것이다. 은총의 선물을 받아들이고, 우리 안에 지펴진 불을 계속해서 살리며, 빛을 향하고 예수 그리스도께서 우리에게 남기신 발자취 위에 굳건히 충실하게 남아 있을 때, 우리는 그 높음과 영광과 영원에 참여하게 된다.

기도의 분석을 통해 그의 모든 표현은 프란치스코의 다른 글 안에서 병행 구절을 찾을 수 있다는 점이 드러났다. 그렇다면 비록 이 기도가 그 신학적 치밀함과 고전적인 전례적 양식 때문에 프란치스코와 무관한 것으로 보인다 할지라도, 내용상으로는 가난뱅이가 기도하는 감성적이고 하느님 중심적인 방식과 매우 잘 어울린다. 따라서 이 마지막 기도는 **하나**[una]의 문장으로 종합된 프란치스칸 신학의 **결정체**[summa]로 간주할 수 있다.

이 기도를 한 구절 한 구절 주의 깊게 묵상하는 이는 우리가 출발했던 처음의 입장인, 「형제회에 보낸 편지」의 마무리 기도가 "참으로 프란치스칸 기도의 값진 진주, **바로** 작은 형제의 기도"라는 평가가 확인되는 것을 분명히 볼 수 있다. 이 기도는 프란치스코와 함께 그리스도의 발자취를 따르고자 하는 모든 이의 기도이다. 모든 이를 위한 기도라는 측면에 큰 관심을 기울일 만한 가치가 있는데, 기도 직전에 나오는 다음과 같은 프란치스코의 권고가 이 기도에 적힌 수신인들과 마찬가지로 그들 모두에게도 적용되는 것이기 때문이다.

그리고…간청합니다. 이 글에 적혀 있는 것들을 힘써 지키시고, 전능하신 하느님께 흡족하도록 이제와 항상 이 세상이 끝날 때까지 더욱 열심히 실천하도록 하십시오(「형제회 편지」 48).

실천적 제안

1. 상당히 치밀한 이 기도에 우선 익숙해질 필요가 있다.
- 이 기도를 이루는 단일한 시제를 여러 시제로 바꾸어 본다
- 같은 생각들을 당신의 말로 다시 표현해 본다

2. 오늘날 이 기도를 신자들에게 소개한다면 어떤 반응이 일어날까? 어떻게 받아들여지겠는가? 이 기도를 어떻게 현대화할 수 있을까?

3. 그룹의 모든 이는 각자가 이 기도를 더 이해하기 쉽게 다시 써 본

다. 그런 다음 결과물을 서로 비교하고 토론한다.

4. 프란치스코는 관상의 태도로 그의 편지들을 썼다. 오늘날 사람들은 기도하는 사람들 앞에 있는 것을 매우 두려워한다.

- 당신의 감성에 맞다면, 편지를 십자가 표시로 시작하고 축복으로 끝맺는 것이 아름답게 여겨지지 않을까?
- 편지에 개인적 기도를 추가하거나, 기도가 쓰인 쪽지를 넣어보는 것은 어떨까? 아니면 당신에게 특별히 도움이 되었던 글, 예를 들어 시편을 보내면 어떨까?

특히 어떤 말을 하기가 어려운 편지들의 경우, 예를 들어 길병이니 사망의 경우에 시편과 같은 고전적인 글에서 가져온 구절이 도움이 될 수 있을 것이다.

5. 프란치스코의 기도를 제4주간 토요일 육시경의 **마침 기도**와 비교해 본다.

영원한 사랑에 불타는 빛이신 주여, 우리도 당신 사랑으로 불타게 하시어, 만유 위에 당신을 사랑하고 당신을 위하여 같은 사랑으로 형제들을 사랑하게 하소서.

- 어떤 공통점이 있는가?
- 프란치스코의 기도는 어떤 면에서 이 성무일도의 기도를 능가하는가?

6. 미사 경본의 기도는 우리가 살펴본 프란치스코의 기도처럼 치밀

한 경우가 많다. 이 기도들의 함축된 내용을 이해하기 위해서는 천천히 읊을 필요가 있다. 하지만 그런 노력을 하고 나면, 그 기도들은 즉시 이해할 수 있는 오늘날의 기도들보다 더 많은 것을 말해 준다.

- 예를 들어, 가장 최근 미사나 다음 주일 미사의 **본기도**[Colletta]를 묵상하고 해석해 본다.
- 다음과 같은 '연중 시기' 제20주일의 **본기도**를 적고 토론하고 묵상해 본다.

당신을 사랑하는 이들을 위해 보이지 않는 선을 예비하신 하느님, 저희 안에 당신 사랑의 달콤함을 부어 주시어, 모든 것 안에 모든 것 위에 당신을 사랑하면서, 모든 열망을 넘어 당신께서 약속하신 선을 얻어 누리게 하소서.

7. 우리는 평생 정화와 조명의 여정 중에 있다. 하느님을 온전히 뵙는 것은 우리가 얼굴을 맞대고 하느님을 보게 될 영원한 생명 안에서 완성되는 열망으로 남아 있다. 이와 상응해서 복음에 반대되는 행위나 경향을 극복하는 데 도움이 되는 **일곱 가지 제안**을 각각의 길과 관련해 찾아볼 수 있겠다.

- **정화의 길**

    1) 가장 중요한 것을 첫 자리에 놓는다. 전례력의 중요한 때를 놓치지 않는다. 기도로 하루를 시작하고 마친다.
    2) 우리가 하느님과 이웃 사랑에 더 가까이 갈 수 있게 하는 모든 포기를 받아들인다.

3) 사랑에 대한 쓸모 없고 공허한 비판을 하고 싶은 욕망에 굴복하지 않는다.
4) 다른 이들의 호평을 구하지 않는다.
5) 두려움에 빠지거나 이기적으로 자기 자신에 몰두하지 않는다.
6) 시간을 낭비하지 않는다.
7) 맨 끝자리를 선택하는 데서 가난하고 십자가에 못 박히신 예수님을 만나는 장소를 본다.

- **조명의 길**

1) 항상 다시 시작할 용기를 갖는다.
2) 침묵을 추구하고 사랑하며 실천하고, 다른 이들에게도 침묵을 허용한다.
3) 깨끗한 양심을 유지한다.
4) 성경의 거울을 들여다 본다.
5) 질서 잡힌 영적 삶에 주의를 기울인다.
6) 사랑의 삶을 꿈꾸며 살아간다.
7) 가족이나 공동체를 사랑하고 실현하면서 그들에 충실한 삶을 산다.

위에서 제안한 14가지 사항에서 나올 수 있는 실천적 결과들과 구체적 선택을 혼자나 그룹 또는 공동체적으로 찾아본다.

14
하느님의 창조에 대한 찬미가

「태양 형제의 노래」

「태양 형제의 노래」는 아씨시 성인의 작품 중에 가장 잘 알려진 것임에 분명하다. 이탈리아어로 쓰인 선구적인 작품 중 하나인 이 노래는, 교양 있는 형제 중의 누군가에 의해 프란치스코의 소품들이 라틴어로 번역되기 전에 프란치스코가 대부분의 작품을 구술할 때 사용한 민중어[volgare]로 기록되었다. 이 노래를 듣는 것만으로도 이미 피조물을 통한 프란치스코와 하느님과의 만남이 담고 있는 어감적이고 상상적인 힘을 느낄 수 있다.

I   지극히 높으시고 전능하시고 좋으신 주님,   1
    찬미와 영광과 영예와 모든 찬양이 당신의 것이옵고,
    홀로 지극히 높으신 당신께만 이것들이 속함이 마땅하오니,
    사람은 누구도 당신 이름을 부르기조차 부당하나이다.

II 내 주님, 당신의 모든 피조물과 더불어 찬미받으시옵고,   5
    그 가운데 각별히 주인이신 해님 형제와 더불어 찬미받으소서.
    해님은 낮이옵고, 그로써 당신께서 저희를 비추시나이다.
    아름답고 장엄한 광채로 빛나는 해님은,
    지극히 높으신 당신의 모습을 지니나이다.

III 내 주님, 달 자매와 별들을 통하여 찬미받으시옵소서.   10
    당신께서는 빛 맑고 귀하고 어여쁜 저들을 하늘에 마련하셨나이다.

Ⅳ 내 주님, 바람 형제를 통하여 그리고 공기와 흐린 날씨와 갠 날씨와
모든 날씨를 통하여 찬미받으시옵소서.
저들로써 당신 피조물들을 기르시나이다.

Ⅴ 내 주님, 쓰임새 많고 겸손하고 귀하고 순결한　　　　　15
물 자매를 통하여 찬미받으시옵소서.

Ⅵ 내 주님, 불 형제를 통하여 찬미받으시옵소서.
그로써 당신은 밤을 밝혀 주시나이다.
그는 아름답고 쾌활하고 씩씩하고 힘차나이다.

Ⅶ 내 주님, 우리 어머니인 땅 자매를 통하여 찬미받으시옵소서.　20
그는 우리를 기르고 보살피며
울긋불긋 꽃들과 풀들과 온갖 열매를 낳아 주나이다.

Ⅷ 내 주님, 당신 사랑 까닭에 용서하며,　　　　　　　　25
병약함과 시련을 견디어 내는 이들을 통하여 찬미받으시옵소서.
평화 안에서 이를 견디는 이들은 복되오니,
지극히 높으신 이여, 당신께 왕관을 받으리로소이다.

Ⅸ 내 주님, 우리 육신의 죽음 자매를 통하여 찬미받으시옵소서.　30
살아 있는 어느 사람도 이를 벗어날 수 없나이다.
불행하옵니다, 죽을 죄를 짓고 죽는 이들이여!
복되옵니다, 당신의 지극히 거룩한 뜻을 실천하며 죽음을 맞이할 이들이여,
두 번째 죽음이 저들을 해치지 못하리이다.

Ⅹ 내 주님을 찬미하고 찬양들 하여라.
감사를 드리고, 한껏 겸손을 다하여 주님을 섬겨라.　　　　33

이미 철학자와 신학자, 심리학자와 시인들이 이 작품을 다루었다. 사실 이 작품은 세계적인 문학에 속하며, "복음서 이래로 가장 아름다운 종교시"(E. Renan)로 꼽을 수 있다. 「태양 형제의 노래」는 이탈리아어 문학에서 차지하는 중요한 위치로 인해, 그리고 예술적인 가치와 무엇보다도 심오한 종교적 내용 때문에 자주 연구와 묵상의 대상이 되었다.[1]

음악가들은 음악을 통해 이 노래를 해석하고 그 내용으로 들어가려고 계속해서 시도해 왔다. 훌륭한 예술적 가치가 있는 오르간 연주곡에서 대중적 작품까지 수많은 작품이 이 노래에 헌정되었다. 하지만 그 단순한 어감을 생각하면, 젊은이들의 모임을 위한 곡을 많이 탄생시킨 이 노래에는 기타로 반주하는 것이 가장 적합하고 적절한 것으로 여겨진다.

「태양 형제의 노래」를 주제로 하는 일련의 회화나 채색화, 프레스코화, 모자이크, 조각과 조형, 스테인드글라스나 도자기의 수를 헤아리는 것은 거의 불가능하다. 위기에 처한 우리 세계에 대한 비탄의 노래를 프란치스코의 피조물의 찬가에 대비시키는 문학적인 해석들도 있다.

이런 다양한 현실적 적용 사례들에 대한 평가를 자제한다 할지라도 어쨌든 이 사례들은 한 가지를 증명한다. 「태양 형제의 노래」는 오늘날에도 여전히 마음을 사로잡는다는 것이다. 프란치스코의 이 작품은 질문하고 초대하며 도전한다. 이 노래는 듣는 이의 창조성을 일깨우고,

---

[1] 참조: F. BAJETTO, 「Un trentennio di studi(1941-1973) sul Cantico di frate sole, bibliografia ragionata」, 『L'Italia Francescana』 49 (1974), 5-62; 그 밖의 연구들은 다음의 책에 기록되어 있다. L. LEHMANN, 『Tiefe und Weite』, 279-324.

그 결과 피조물의 찬가를 그 시대에 알맞게 발전시켜 나가도록 이끈다. 이 글 안에는 노래를 듣고 읽는 이들을 매혹하고 사로잡을 힘과 자극이 감추어져 있다. 게다가 이 노래가 발산하는 힘은 결코 그리스도교 문화에만 국한되지 않는다는 점을 강조할 만하다. 「태양 형제의 노래」를 그리스도교에 접근할 수 있는 하나의 장으로 높게 평가하는 유대교, 이슬람, 힌두교인들의 증언이 있다.

거룩한 것과 상징적인 것에 대해 더욱 발전된 의미를 지니고 있고, 이런 전망 안에서 자연의 흐름을 해석하는 아프리카 문화 또한 이 프란치스칸 노래에 특별한 친밀감을 느낀다. 그들은 이 노래가 아프리카에서 그리스도교를 선포하기 위한 발판이 될 수 있다고 말할 정도이다. 일본인들, 그중에서도 더 폭넓은 문화 교육을 받은 이들도 이 작품과 프란치스코에 대한 열광의 한 부분을 보여준다.

「태양 형제의 노래」는 책 한 권을 만들 만큼 충분한 재료를 제공할 것이며[2] 무엇보다도 다양한 단락의 내용을 담은 사진이 들어간 책의 출판을 위해 그러할 것이다. 필자는 이미 이런 출판 일에 참여한 바 있기에[3] 여기서는 이 노래 전체를 종합하는 몇몇 측면을 드러내고 마지막에 이 작품으로 하는 작업과 이 노래를 오늘날 다시 적용하기 위한 실천적인 제안들을 내놓는 것으로 한정할 것이다.

---

2   E. DOYLE, 『Francesco e il Cantico delle creature』, Assisi, 1982; A. OXILIA, 『Il Cantico di frate Sole』, Firenze, 1984; E. W. Platzeck, 『Das Sonnenlied des hl. Franziskus』, Werl, 1984.

3   W. LIGGES - L. LEHMANN, 『Il Cantico di Francesco d'Assisi nello specchio della creazione』, Milano, 1990, 92-107.

운율과 리듬이 있는 산문

「태양 형제의 노래」의 가장 오래된 필사본은 1250년경에 기록된 아씨시 필사본 모음집 338에 포함되어 있다. 나폴레옹 때의 탄압 때문에 아씨시의 시립 도서관으로 옮겨져 보관되었던 이 유명한 필사본은 몇 년 전 그 본래의 자리인 아씨시의 프란치스코 대성당 수도원[Sacro Convento]의 오래된 도서관으로 다시 옮겨졌다. 이 필사본의 첫 번째와 두 번째 줄 사이에는 악보가 들어갈 공간이 있다. 유감스럽게도 음표들은 여기에도 다른 필사본에도 전해지지 않았기에 본래의 선율은 알려지지 않은 채로 남아 있다. 하지만 이는 이 작품의 다른 절에서도 똑같이 사용되었던 시편의 음률과 관련되었을 것이다.

「태양 형제의 노래」를 담고 있는 가장 오래된 편집본이 작성된 시기는 찬미시[poesia laudica]의 전성기와 일치하는데, 움브리아에서는 1260년경에 해당한다. 「태양 형제의 노래」는 그 이전에 탄생했으므로 프란치스코는 이탈리아의 찬미시의 초기에 위치할 뿐만 아니라, 그의 창작이 이탈리아의 찬미시에 큰 영향을 끼쳤을 것이라고 결론지을 수 있다. 게다가 이 작품이 '찬가'[lauda]라는 장르에 속한다는 것은 '피조물의 찬가'[Laudes creaturarum] 또는, 다른 원천 자료에 따르면 '주님의 피조물로 인해 주님께 드리는 찬가'[Laudes Domini de suis creaturis]라는 제목으로도 확인된다. 중간 단락들에서 여덟 번 반복되는 "찬미받으시옵소서"[Laudato si]라는 말도 찬가의 특징을 더욱 확실하게 보여주는 요소이다. 첫 단락이나 마지막 단락에서도 각각 "찬미"[laude]와 "찬미하여라"[laudate]라는 말이 등장한다. 이렇게 「태양 형제의 노래」의 주된 동기는 하느님의 피조물에 대해 감사를 드리기 위해서 그분을 찬미하는 것이다.

「태양 형제의 노래」는 **문학 양식**과 관련해서 라틴어 기도문들을 상기시키면서도 확실히 민중적인 문장 구조와 구성을 지니고 있다. 따라서 이 노래는 운율 있는 고전적 서정시와 단순한 산문 사이에 위치한 중세의 운율 있는 산문에 속한다. 운율의 양과 리듬은 규칙적이지 않다. 몇몇 행의 마무리에 관심을 기울인다면, 행과 행 사이에서든(10-11, 12-14, 20-22, 29-30의 경우) 그리고 서로 떨어진 행들 사이에서든(1/8과 2/9의 경우) 운율이 존재한다는 것을 발견하게 된다. 마지막 행들의 운율 외에도 행들 자체도 운율을 지니고 있다(4, 7, 8, 16, 19의 경우). 게다가 몇몇 행들에는 유사한 모음을 가진 단어들이 더 많이 나온다(11행에서는 모든 형용사가 "e"로 끝난다).

고통 속에서 탄생한 노래

「아씨시 필사본 모음집 338」에는 이 노래에 앞서 다음과 같은 머리글이 적혀 있다. "복되신 프란치스코께서 성 다미아노에서 병 중에 계실 때 하느님께 찬미와 영광을 드리기 위해 지으신 피조물의 찬미가 여기에서 시작된다."

토마스 첼라노는 「제1생애」(1228/29)에서 의미심장하게 「태양 형제의 노래」를 불타는 가마 속의 '세 청년의 노래'(다니 3,57-90)와 연결한다.

> 옛날에 유다인 세 청년이 불가마에서도 모든 피조물들을 하느님께 찬미와 영광을 드리도록 권유하였듯이, 이 사람도 하느님의 기운이 마음에 가득 차서 피조된 삼라만상에서 만물의 창조

주이시며 지배자이신 분께 끊임없는 영광과 찬미와 축복을 바쳤다(「1첼라노」 80).

「제2생애」(1246/47)에서는 프란치스코가 견뎌야 했던 많은 질병, 그가 "자매"라고 불렀던 그 병들에 대해 더 깊이 말한다. 그는 젊어서부터 만성적 말라리아에 걸려 오한, 구토, 두통에 시달렸다. 중동에서는 눈병에 걸렸다. 그는 빈혈, 위와 장의 궤양도 앓았다. 이러한 건강 문제들에 1224년 가을에는 오상의 각인이 더해져 걷기조차 힘들게 되었다. 설상가상으로 형제회 내부에는 심한 내적 긴장이 있었다. 프란치스코가 제시한 초기의 생활양식에 대한 반대가 점점 더 강하게 드러나기 시작했다. 당연히 이런 문제들은 이미 약한 그의 몸에 부정적인 영향을 끼쳐 육체적, 정신적으로 극도로 쇠약하고 피로한 상태에 빠지게 되었다.

이렇게 짓눌린 상태로 진흙으로 만든 성 다미아노 성당의 한 움막에 기진해 있는 동안, 프란치스코는 하느님의 약속을 새롭게 들으면서 그분께서 주시는 도움의 손길을 체험하였다.

"내 왕국이 네 병의 보상으로 네게 주어질 터이니 환호하라. 천국의 상속을 편안히 자신 있게 기다려라. 그것은 네 인내의 보답이니라." …그래서 이때에 그는 피조물들의 찬가를 지었다. 그는 창조주를 찬양하도록 한껏 피조물들을 북돋우었다(「2첼라노」 213).

「아씨시 편집본(페루자 전기)」은 쥐의 공격에 대해서 말할 정도로 성 다미아노에서의 상황을 더욱 길고 구체적으로 언급한다.

> 죽기 2년 전, 성 다미아노 진흙 움막집에서 살던 중 이미 눈병이 아주 심하게 되었는데 총봉사자 형제가 이를 보고 치료받기를 권했다. 더 나아가 의사가 수술하고자 할 때 함께 있겠다고도 말씀드렸다. 그래야 그분이 더 기꺼운 마음으로 치료를 받을 것이고, 또 힘을 북돋아 드리기 위해서였다. 사실 당시 성인이 몹시 힘들어했던 것이다. 하지만 그때는 날이 너무 추워서 수술하기에는 날씨가 좋지 않았다.
> 프란치스코는 거기서 50일 이상 몸져누워 있었는데 낮에는 햇빛을, 밤에는 불빛을 견뎌 낼 수 없어서 그 움막은 항상 어두침침했다. 더욱이 눈이 너무 아파서 낮이나 밤이나 쉴 수도, 잠을 제대로 이룰 수도 없는 지경이었다. 이는 그분의 눈병과 다른 지병들을 더욱 악화시켰다.
> 게다가 가끔 누워 있던(집의 한쪽 구석에 있었다) 그 움막에서 좀 쉬거나 잠을 자려 하면, 쥐들이 거적 위아래로 돌아다녀서 도저히 잠을 잘 수가 없었다. 이놈들은 특히 기도 중에 귀찮게 했고 낮이든 밤이든 그를 공격했다. 식사를 할 때도 접시 위에 뛰어오르곤 했다(「페루자 전기」 42-43).

첼라노의 글에서처럼 「아씨시 편집본」의 이야기 역시 프란치스코가 자신에 대해 느꼈던 연민, 주님의 도우심을 청할 수밖에 없는 영혼의 상태에 대해 말한다. 하느님의 자비가 그에게 새롭게 드러나고, 대단히 귀중한 보화를 그에게 약속하시면서 이렇게 말씀하신다.

"그렇다면 형제여, 그대는 병과 시련 가운데서 기뻐하고 즐거워하시게나. 왜냐하면 이제부터 그대는 이미 내 왕국에 있는 것처럼 그렇게 확신을 가져야 할 테니까 말이야."
다음 날 아침, 자리를 걷어차고 일어나서 동료들에게 이렇게 말했다. "만일 황제가 어느 종에게 한 나라를 선물했다면 그는 얼마나 기뻐하겠습니까? 만일 전 제국을 다 준다면 더욱더 기뻐하겠지요. 그러니 이제 나도 내 병과 고통에 대해 몹시 기뻐하며 주님 안에서 위로를 찾으며 나에게 수많은 은혜를 허락하신 성부와 독생 성자 우리 주 예수 그리스도와 성령께 감사를 드려야 할 것 같습니다. 당신 자비하심으로 아직도 육신으로 살아 있고 당신 왕국을 내게 주시기를 원하시니 말입니다.
이 때문에 그분께 찬미가 되고 내게는 위로가 되며 이웃에게는 감화가 되도록 주님께 드리는 찬가[Lauda]를 하나 만들고자 하오. 날마다 우리를 섬기고 그것들 없이는 우리가 살아갈 수 없는 당신의 피조물들 때문에 말이오. 사람은 피조물들 안에서 창조주의 마음을 가끔 상하게 하지요. 그리고 우리 또한 이다지도 좋은 선물들에 무심한 것 같은데, 이는 우리가 마땅히 돌려드려야 할 창조주께 감사를 드리지 않고 있기 때문이지요."
그러고는 자리에 앉아서 명상에 잠겼고, 한참 있다가 이렇게 운을 떼었다. "지극히 높으시고, 전능하시고, 좋으신 주님." 여기에다 곡을 붙이시고 동료들에게 배우도록 했다. 그분의 영은 어찌나 기쁨과 달콤함으로 충만해 있었던지 세속에서 "시의 왕"(노래 전문가)이란 별명을 얻었던 파치피코 형제를 불러, 그로 하여금 능력 있고 착하고 열심한 형제들을 뽑아 하느님을 왜 찬미해야 하는지 설교하고 노래하도록 세상에 파견하고자 했다

(「페루자 전기」 43).

이 이야기는 프란치스코가 병중에 있을 때나 건강할 때나 하느님을 찬미하였고, 다른 이들에게 그같이 하도록 권했다고 전하면서 끝난다. 프란치스코는 "극심한 병고 중에서도 이 찬가를 불렀고 이어서 형제들이 계속 부르게 했는데, 노래로 극심한 아픔을 잊으려는 뜻이었다. 돌아가실 때까지 성인은 이렇게 했다"(「페루자 전기」 43).

이 원천에 의하면, 「태양 형제의 노래」는 1224-25년 겨울에 성 다미아노의 클라라 수도원 근처에서 작성되었다. 평화와 죽음에 대한 단락들만 두 번째 시기에 덧붙여졌을 것이다. 다시 「페루자 전기」에 따르면, 용서와 평화 안에 머무는 것에 관한 절들은 주교와 시장 사이에 분쟁을 가라앉히기 위해 작성되었다. 한편, 죽음 자매에 헌정된 단락은 프란치스코가 세상을 떠나기 얼마 전에 덧붙여졌을 것이다.

그러나 다른 원천들에서는 확인되지 않는 글을 작성한 이러한 단계적인 과정이 실제로 이뤄진 사실과 부합하는지는 확실히 알 수 없다. 여하튼 이것이 이 노래의 내용과 의미를 이해하는 데 그리 중요한 것은 아니다. 중요한 것은 「태양 형제의 노래」가 어느 아름다운 봄날 아침과 같이 쉽게 상상할 수 있는 것처럼 감성적으로 고양된 순간에 작성된 것이 아니라는 점이다. 오히려 모든 원천이 일관되게 증언하듯이 이 노래는 질병과 괴로움으로부터 생겨난 것이다.

이처럼 프란치스코는 라 베르나에서 탁월한 신비 체험을 했음에도 불구하고 새롭게 다가오는 내적 고통에서 벗어나지 못했다. 이와 같은 극심한 영적 어려움의 상태는 프란치스코에게 주님 은총의 활동을 다시금 체험할 기회를 의미했다. 이 주님 은총의 활동은 우리에게도 중요하며 위로의 원천이 되는데, 우리는 죽을 때까지 투쟁도 겪겠지만 또한 주님의 선하심을 계속해서 체험할 것임을 상기시켜 주기 때문이다.

「태양 형제의 노래」의 구조

「태양 형제의 노래」의 구조는 명확하고 정확하다. 서로 다른 길이의 10개 단락을 포함하는데, 첫 번째와 두 번째 여덟 번째와 아홉 번째 단락은 다른 단락들보다 더 길다. 이런 이유로 에서는 그것들을 나누어 14개의 단락으로 구분하였다.[4] 하지만 내용상 연결되어 있기에 우리는 나누지 않고 10개의 단락 또는 "문단"[lasse]을 고수할 것이다. 이 단락들은 프란치스코에게 일용할 양식이 되어 주었던 시편이나 전례용 노래의 리듬을 자유롭게 본떠서 만들어졌다.[5]

---

4 K. Esser, 『Gli scritti』, 157-158; L. Canonici - G. Boccali, 『Scritti ed Opuscoli』, 132-133는 15개 단락을 언급한다.

5 참조: V. Branca, 『Il cantico』, 66-69; G. Ravasi, 「"Cantico delle Creature" e salmi della creazione」, 『Parola di Dio e Francesco d'Assisi』, Assisi, 1982, 64-89; M. Pes, 「Il Cantico di frate Sole. Note e considerazioni」, 『Studi Francescani』 82 (1985), 7-30, 여기서 23-29.

처음과 끝의 절들

첫 번째와 마지막 단락은 이 노래의 테두리를 이루면서 하느님께 드리는 찬미로서의 특징을 부여한다. 지극히 높으시고 전능하시고 좋으신 주님께 모든 영예가 속한다. 인간의 작음이 하느님의 크심에 다가간다. 사람은 누구도 그분의 이름을 부르기조차 부당하다. 그럼에도 불구하고 사람은 하느님에 의해 사라지지 않고, 그분 면전에 나설 수 있다. 인간의 존재는 찬미이고 섬김이기에 이 노래는 하느님을 찬미하고 섬기도록 초대하며 끝을 맺는다. 첫 번째와 마지막 단락은 각각 일종의 첫인사와 종결사[commiato]가 되며, 이 노래 전체를 '하느님 찬미'로 특징짓는다. 만약 이러한 근본적인 특징을 보지 못한다면, 「태양 형제의 노래」 전체를 단편적이고 잘못 해석하는 위험에 빠질 수 있을 것이다.

후렴

첫 번째와 마지막 단락 사이에는 항상 "내 주님, 찬미받으시옵소서"[laudato si, mi Signore]라는 표현으로 시작되는 여덟 개의 단락이 있다. 이 표현은 일종의 후렴이 되어 모두가 이에 함께하도록 초대한다. "내 주님"이라는 외침에서 모든 선을 주시는 분에게 향하는 프란치스코의 존경 어린 애정을 알 수 있다.

계속해서 반복되는 또 다른 말은 전치사 "per"인데, 프란치스코의 글에서 이 단어의 의미는 두 가지 미묘한 차이를 지닌다. 프란치스코는 피조물을 **통해서**[attraverso] 하느님을 찬미하며, 피조물의 아름다움과 유

용함과 다양성 **때문에**[a causa] 그분께 감사를 드린다.[6]

주제의 변화

"찬미받으시옵소서"라는 후렴과 "페르"는 이 노래에서 고정된 부분이며, 이 노래를 '하느님 찬미'로 특징짓는다. 이 찬미라는 주제는 각 단락에서 새로운 피조물이 무대에 등장함으로써 계속해서 변화한다. 프란치스코는 피조물을 통해 또는 그들로 인해 그리고 피조물과 함께 자신의 주님을 찬미하고자 한다.

이처럼 우리는 매번 다채로운 "배여"이 등장하는 다양한 장면에 참석한다. 하지만 그들의 등장은 매우 정확한 순서 안에서 이루어진다.

대우주에서 소우주로, 높은 곳에서 낮은 곳으로

등장하는 순서는 하늘에서 땅으로 옮겨 가고 사람에까지 이른다. 먼저 대우주가 나오고, 그 다음으로 소우주인 인간이 나온다. 하늘은 태양, 달, 별들로 대표되는 반면에, 이 세상은 그것을 구성하는 네 가지

---

6 'per'의 의미에 관해서는 다음의 논의를 참조: I. BALDELLI, 「Il "Cantico": Problemi di lingua e di stile」, 『Francesco d'Assisi e Francescanesimo dal 1216 al 1226』, 75-99, 여기서 94; R. MANSELLI, 『San Francesco』, Roma, 1980, 315; L. Lehmann, 『Tiefe und Weite』, 304-309; C. PAOLAZZI, 『Lettura degli scritti』, 96-97; per에 대해서는 옥실리아(A. OXILIA)가 적절히 말한다: "그 의미를 정리하도록 요구하는 것은 그것을 죽이는 것이다"(『Il Cantico』, 60).

요소인 바람, 물, 불, 흙[7]으로 대표된다. 옛 관점에 따르면, 이것들은 다른 모든 것이 그로부터 나오는 근본 요소이다. 이 네 가지 요소는 다른 조합들도 가능하게 했다. 예를 들어 세비야의 이시도로(Isidoro di Siviglia, +633)는 그의 저서 『어원학』[Etymologiae]에서 다음과 같은 조합을 제시했는데, 이는 카롤링거 왕조 시대부터 거의 상식화되었다.

바람	봄	열정의
물	겨울	냉정한
불	여름	성급한
흙	가을	우울한

대우주 다음에 소우주인 사람이 등장한다. 하지만 사람에 대해서는 그의 힘이나 아름다움, 자연에 대한 지배력을 노래하는 것이 아니라, 그의 견디고 고통받고 평화를 이루는 능력을 노래한다. 프란치스코에 따르면 자기 자신을 지배하는 데서 인간의 위대함과 힘과 영광이 드러나기에 이것들을 통하여 (또는 이것들 때문에, per) 하느님을 찬미할 필요가 있다. 프란치스코는 그렇게 병들었음에도 죽음을 "자매"라고 부르면서 죽음조차 찬미하는 것을 빠뜨리지 않는다. 사실 죽음은 영원한 생명의 문을 열어 준다.

그러나 성인은 영원한 실패의 가능성 또한 잊지 않고 있다. "축복"[beati]과 "저주"[guai]는 인간에게 내려질 양극단의 마지막 심판처럼 화해할 수 없이 마주 보고 있다. 산상 수훈의 권고에 따라 살아가는 이

---

[7] 역주: 한국어 소품집에서 "흙"은 "땅"으로 번역되어 있다.

는 지극히 높으신 분으로부터 왕관을 받게 될 것이나, 죽을 죄를 짓고 죽는 이는 "두 번째 죽음"에 떨어지게 될 것이다. 요한 묵시록의 상징에서 두 번째 죽음은 최후의 심판의 저주, 즉 지옥을 나타낸다. "이 불 못이 **두 번째 죽음**입니다. 생명의 책에 기록되어 있지 않은 사람은 누구나 불 못에 던져졌습니다"(묵시 20,14-15; 참조. 20,6). "승리하는 사람은 **두 번째 죽음**의 화를 입지 않을 것이다"(묵시 2,11). 프란치스코의 눈과 입과 마음은 "당신은 우리의 영원한 생명이시나이다"(「하느님 찬미」 16)라고 찬미하기 위하여 하느님의 신비에 이미 열려 있다.[8]

아씨시의 시인은 이런 방식으로 참으로 모든 것을 찬미의 노래 안에 담아낼 수 있게 된다. 아무것도 배제되지 않는다. 죄와 죽음과 질병과 결핍이 현재와 미래 세계의 아름다운 것들과 동등하게 노래된다. 모든 것 안에 존재하시는 분의 영광을 찬미하는 원무에 하나로 어우러져서 모두가 서로 결합한다.

10개의 단락과 33개의 행으로 이루어진 「태양 형제의 노래」의 구조는 다음과 같은 도식으로 나타낼 수 있다.

I	(1-4)	시작 단락	
II	(5-9)	태양의 단락	하늘
III	(10-11)	달과 별들의 단락	

---

[8] 참조: C. PAOLAZZI, 『Lettura degli Scritti』, 102; E. FRANCESCHINI, 『Nel segno di Francesco』, 133-145; S. DURANTI, 『Preghiere di Francesco』, 142.

IV V VI VII	(12-14) (15-16) (17-19) (20-22)	바람의 단락 물의 단락 불의 단락 땅의 단락	요소들
VIII IX	(23-26) (27-31)	평화의 단락 죽음의 단락	인간
X	(32-33)	마침 단락	

노래의 주제들

하나의 대가족인 우주

이 다양한 요소들 사이의 상징적 관계에 관심을 기울인다면, 「태양 형제의 노래」 안에 하나의 흥미로운 구조가 숨어 있음을 발견하게 된다. 남성 명사인 태양이 여성 명사인 달과 연결되어 있다. 전자는 활동적이고 후자는 태양의 빛을 받기에 수용적이다. 프란치스코는 이러한 형제와 자매의 관계를 다른 요소들에도 확장해 단일한 가족을 이룰 정도로 우주의 요소들 사이에 강한 내적 조화가 이루어졌음을 강조한다.[9]

---

9 참조: G. LAURIOLA, 「La personalita di Francesco d'Assisi nel Cantico delle creature」, 『Frate Francesco』 (Roma), 47 (1980), 18-30.

Messer lo frate sole e sora luna
주인이신 해님 형제와 달 자매

frate vento e sor acqua
바람 형제와 물 자매

frate foco e sora **madre** terra
불 형제와 **어머니**인 땅 자매

이렇게 우주는 세 쌍의 형제자매의 순서로 나열되는데, 그중에서 태양과 땅은 보다 작은 다른 피조물들을 보호하고 둘러싸는 맏형들과도 같다.

Messer lo frate sole e sora nostra **madre** terra
주인이신 해님 형제와 우리 **어머니**인 땅 자매

게다가 프란치스코는 이 네 요소를 '결합한' 순서를 의식적으로 선택한 듯하다. 사실 고대와 중세의 물리학자들은 이 요소들의 '무게'에 따라서 흙, 물, 바람, 불의 순서로 차례를 정했다.

색채의 변화와 어조의 명암

밝고 평온한 색채와 어조가 어둡고 진지하게 변한다. 그런 변화는 이 노래에 울림과 충만함을 준다. 첫 번째 부분은 태양의 밝은 빛을 지니고 있으며, 그 광채와 빛남과 장엄함으로 인한 기쁨이 있다. 거기에 달의 밝음과 별들의 반짝임이 등장한다. 바람과 함께 구름과 갠 하늘이 있다. 밤은 불의 활기차고 힘찬 빛으로 밝혀진다. 땅은 비옥함과 사려 깊은 사랑 때문에 어머니이자 자매로 불리고, 다채롭고 다양한 색깔은 눈을 즐겁게 하며, 어머니다운 관대함은 우리에게 풍요로운 식탁을 차려준다.

두 번째 부분에서는 어두운 어조가 지배적이다. 병약함과 고통, 시련, 그리고 영원한 죽음이 될 수도 있는 죽음에 대해 말한다. 이처럼, 이 기쁨의 찬가에는 참회와 회개에 대한 강력한 호소 또한 감추어져 있다. 「태양 형제의 노래」의 종착점은 자연에 대한 만족스러운 관상에 있지 않고, 하느님 찬미와 섬김에 있다. 이것이 바로 「태양 형제의 노래」가 네 개의 명령으로 끝나는 이유이다.

모든 것과 이룬 화해

「태양 형제의 노래」의 우주적인 광활함과 다층적인 색채와 어조 이면에는 자신과 하느님, 그리고 세상과 온전히 화해한 사람의 존재가 감추어져 있다. 이러한 측면은 지금으로부터 20년도 더 이전에 [10] 르클레르E. Leclerc가 종교사와 융C.G. Jung의 심리학을 활용하여 이 노래를 해석하면서 밝혀내었다. 노래하는 이가 자연의 요소들을 연결하고 그들 사이에 형제 관계를 설정하는 방식은 생명 없는 것들에게 생명을 주고,

---

10 역주: 1993년에 이 책의 이탈리아어본이 출판될 당시로부터 20년 이상을 거슬러 올라간다는 의미이다.

그들에게 마음, 즉 자신의 영혼으로 소통하려는 프란치스코의 노력을 보여 준다.

이처럼 프란치스코가 찬미하는 자연의 요소들은 그에게 단순한 사물이 아니라 상징들이다. 그리고 프란치스코는 죽음마저도 자매로 받아들이면서 더 이상 마음의 무의식적인 힘마저도 두려워하지 않고 모든 것과 완전히 결합하여 있음을 보여 준다. 아씨시의 성인은 모든 것과 그리고 모든 이들과 화해한 사람이다. 르클레르도 지적하고 있듯이 아씨시의 음유 시인의 노래에서는 우주적 차원의 넓이가 심리적 차원의 깊이와 상응한다.[11]

자연의 모든 요소와의 이런 화해는 "형제"와 "자매"라는 호칭의 반복적 사용에서 가장 의미심장하게 드러난다. 이렇게 조립된 형제-자매 호칭은 그리스도교 문학에서 처음으로 그리고 두드러지게 사용되는 것이며, 신약 성경과 관련해서도 형제라는 개념을 명백히 확장한다. 프란치스코의 이 찬미가에서 모든 피조물이 형제의 면모를 가진다. 그는 애정과 존경의 태도를 통해서 하느님께서 창조하시고, 그래서 선한 모든 것과 결합한다(참조: 1티모 4,4).

하지만 우주적 광활함 안에 잠기어 있음에도 불구하고, 이 노래는 개인적인 해석을 빠뜨리지 않는다. 노래하는 이는 우주와 수많은 피조물 안에서 자신을 잃지 않는다. 오히려 형제-자매의 호칭 덕분에 모든

---

11 E. LECLERC, 『Le Cantique des Creatures ou les symboles de l'union』, Paris, 1970; 이탈리아어 번역: 『Il Cantico delle creature, ovvero i simboli dell'-unione』, Torino, 1971; 참조: D. GAGNAN, in 『Collectanea Franciscana』 47 (1977), 317-347; I. MANZANO, 『Naturaleza y Gracia』 29 (1982), 101-135의 비판들. 르클레르의 연장 선상에 다음의 글도 있다. O. STEGGINK, 『Der Sonnengesang des Franziskus』, Düsseldorf, 1987.

것이 그에게는 가족처럼 친근하다. 「태양 형제의 노래」가 가지고 있는 독특함과 뛰어난 호소력은 바로 피조물과의 이러한 형제적 관계에서 나오는 것이다.

성금요일의 파스카 기쁨

자기 자신과 죽음까지도 포함하는 삶의 모든 측면과 화해하는 것은 프란치스코의 어디에서 비롯되는가? 그가 이미 몇 년 전부터 앓아 왔던 많은 병에 대해 다시 생각해 보자. 이 병들 또한 자매들이라고 불렸다(「2첼라노」 212). 1224-1225년 가을에서 겨울의 어느 때, 프란치스코는 끝도 없는 고통과 하느님으로부터 버림받았다는 느낌과 상상할 수 없는 공허함에 거의 다다랐다. 마치 욥처럼 그 역시 고통으로 옴짝달싹 못하게 되었지만, 욥과는 달리 하느님을 결코 저주하지는 않았다.

프란치스코는 자신의 '성금요일 밤'에 비록 공허와 어둠 속에 잠겨 있었다 할지라도 하느님께서 거기에 계시다는 확신에 압도된다. "그분의 사랑이 제 위에 있나이다." 프란치스코는 기쁨에 겨워, 그리고 초인적인 힘과 저항할 수 없는 영감으로 고무되어 "지극히 높으시고 전능하시고 좋으신 주님!"이라는 노래를 터뜨린다. 그가 처한 상황에서 하느님을 **좋으신 분**으로 부르는 것은 힘과 용기를 크게 요구하며, 무엇보다도 예수님께서 "아빠! 아버지! 제가 원하는 것을 하지 마시고 아버지께서 원하시는 것을 하십시오."(마르 14,36)라고 하셨듯이 자기 자신을 완전히 내어드리는 정신을 필요로 한다.

심각한 병중에서 「태양 형제의 노래」가 나온다는 것은 결코 당연한 일이라 할 수 없다. 사실 병에 걸렸을 때, 또 이로 인해 자기 자신에 대해 염려하고 몰두할 때, 자연과의 관계는 보통 약해지거나 사라지게 된다. 그러나 거의 소경이 된 프란치스코는 그렇지 않았다. 빛이 그를 고통스럽게 했을지라도 그는 "주인이신 해님 형제"의 빛을 발하는 힘을 통해 하느님을 찬미한다. 거의 더는 먹을 수 없을지라도 프란치스코는 어머니인 땅이 열매를 낳아주는 것에 감사를 드린다. 프란치스코는 자연의 위험하고 비극적인 측면을 생략하면서, 즉 불과 물의 파괴적인 힘에 대해서는 아무 말도 하지 않으면서 창조 세계의 놀라운 작품들을 찬양할 뿐이다. 바로 이것이 프란치스코가 날씨와 관련해서 갠 날씨뿐만 아니라 '모든 날씨를 통하여' 하느님을 찬미하는 이유이다.

마지막 완성에 이미 잠겨 있는 창조를 관상하는 이 노래는, 하느님께서 미래에 영원히 다스리심을 앞질러 찬양하는 성경 속 승리의 노래를 닮았다(예: 시편 98; 묵시 15,3-4).

프란치스코의 이 작품에는 파스카의 기쁨이 울려 퍼진다. 병들고 지치고 극도로 쇠약한 데다 오상마저 각인된 그의 몸에는 부활하신 그리스도의 모습이 투영되어 나타난다. 프란치스코 안에서 "너희는 세상에서 고난을 겪을 것이다. 그러나 용기를 내어라. 내가 세상을 이겼다"(요한 16,33)라고 말씀하신 분의 힘이 드러난다.

그리스도로 수렴되는 신비주의

바로 앞의 단락에서 우리는 「태양 형제의 노래」의 토대가 되는 가장 깊은 영적 층위와 이미 접촉했다. 이 노래는 프란치스코에게서 오상을 통해 외적으로도 보이게 나타났던 그리스도와의 깊고 생생한 관계에서 탄생한 신비로운 노래임은 의심의 여지가 없다. 예수 그리스도의 이름은 전혀 등장하지 않지만 이 관계는 「태양 형제의 노래」 안에서도 알아볼 수 있다. 성인의 다른 기도문과는 매우 다르게 이 노래에서는 드러나게 성부와 성자, 성령을 부르지 않는다. 하지만 이 작품의 근저에서 그리스도가 미세하게 암시되는 것을 볼 수 있는데, 이는 해님의 단락에서뿐만 아니라 하나의 '**암호문**'[criptogramma]처럼 읽힐 수 있는 노래 전체에 걸쳐 그러하다.[12]

「태양 형제의 노래」의 피조물들 사이에서 드러나는 통합적인 양극성, 색채와 어조의 대비, "복된"과 "불행한" 사이의 극한 상반 관계에 대해서는 앞서 이미 언급했다. 그 밖에도 "지극히 높으신…겸손을 다하여"라는 처음 단어에서 마지막 단어까지 포괄하는 커다란 아치가 존재한다. 처음 행과 마지막 행의 다른 단어들도 서로 연결된 것으로 여겨진다. **하느님의 높으심** 앞에서 인간의 **겸손**이 상응하듯이 **전능하심**은 **섬김**과 연결되고, **좋으신 주님**에는 인간의 **감사드림**이 호응한다.

만일 "여기 놓여 있는 개념들 사이에 그 관련성에 따라 줄을 긋는다면 **그리스도의 모노그램**[monogramma di Cristo]이 된다."[13] 이를 굳이 지나치게 예술적으로 꾸미지 않고 다음과 같이 나타낼 수 있겠다.

---

12 참조: Th. Zweerman, 『Timor Domini』, 202-223; Th. Zweerman, 「Über eine neue Deutungsweise der Schriften des hl. Franziskus von Assisi」, 『Wissenschaft und Weisheit』 51 (1988), 213-218.

13 A. Rotzetter, 「Der Sonnengesang des hl. Franz als missionarisches Lied von aktueller Bedeutung」, 『Erschaffe mir ein neues Volk』, a cura di A. Camps - G. Hunold, Mettingen, 1982, 44-61, 여기서 45.

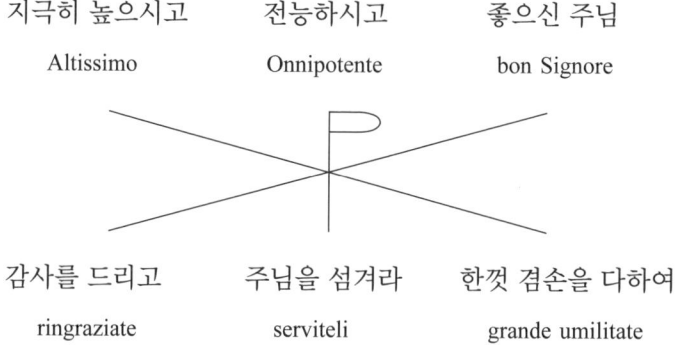

게다가 이 노래의 첫 두 단어의 알파벳, 즉 "Altissimo[지극히 높으시고] - Onnipotente[전능하시고]"를 살펴보면, 이 두 개의 알파벳이 그리스도의 모노그램을 그리는 예술에서 많이 사용되는 글자임을 알 수 있다(때로는 그리스 문자 알파Alfa와 오메가Omega나 라틴어 문자 A-O로).

마지막으로 각 절의 행의 개수에도 주의를 기울일 필요가 있다. 필사본 338에는 번호 표시도 각각의 절을 구분한 것도 없지만, 브랑카(V. Branca)는 그의 첫 번째 비판본에서 「태양 형제의 노래」를 33개의 행으로 구분하였다. 하지만 그는 이 숫자의 상징적인 가치에 대해서는 언급하지 않았다.[14]

중세 사람인 프란치스코에게 숫자는 순수한 수학적인 의미 이상으로 상징적인 세계로 채워져 있었다. 그중에서도 33이라는 숫자는 예수님께서 사셨던 햇수를 연상시키기에 그 자체로 특별한 의미를 지니고 있었다. 안톤 로제터가 이 노래에 새겨진 세공[filigrana]으로 직감적으로

---

14 참조: V. Branca, 『Il Cantico』, 59.

알아보았던 것을 필자는 위에서 제시한 두 가지 특이사항을 통해 확인하고자 한다. 즉 문자 A와 O, 그리고 숫자 33은 이 노래에 그리스도의 모노그램이 숨겨져 있다는 해석에 힘을 실어준다.[15]

물론 이러한 해석에 대한 결정적인 증거는 없고 실마리들만 있을 뿐이다. 그러나 이 실마리들은 글 자체에서 나오며, 더욱 오래되고 더 많은 해석가들이 제시하는 해석에 비해 설득력이 떨어지지도 않는다. 이 오래된 해석은 노래 초반부의 "주인이신 해님 형제"라는 표현에서 그리스도의 모습을 본다. 실제로 그리스도교의 옛 찬미가들에서 그리스도는 종종 '정의의 태양', '불굴의 태양', '성부의 광채'로 일컬어지곤 하였다. 그러니 태양 단락에 나오는 "주인이신 해님 형제"는 그리스도교의 오랜 전통에서 항상 그랬던 것처럼 프란치스코에게도 그리스도의 상징이라고 말할 수 있다.

이 노래 자체에서 나오는 논거들에 전기 작가들의 분명한 증언들이 많이 더해지는데, 이들은 프란치스코에 대해 다음과 같은 점을 알게 해 준다.

그는 구더기 한 마리를 보고도 큰 사랑에 불탔다. 그는 거기에서 구세주에 대하여 씌어 있는 말씀을 읽었기 때문이었다. '저는 인간이 아닌 구더기'(시편 21,6). **그러므로 그는 구더기를 길에서 집어 들고, 행인들의 발에 밟힐까봐 안전한 곳에다 옮겨 주었다**(「1첼라노」 80).

---

15 이것으로 슈무키(O. SCHMUCKI)와 얀센(T. JANSEN)에 의해 『Collectanea Franciscana』 54 (1984), 332와 55 (1985), 106에서 발전된 반대 의견들이 완화되고 약화되었다고 믿는다.

성인께서 아름다운 꽃의 자태를 보고 향긋한 방향을 맡을 양이면, 이 꽃의 아름다움이 얼마만 한 기쁨을 그의 마음에다 부어 넣었는지를 독자 여러분께서 생각할 수 있을지? 그는 사고의 눈을 이사이의 그루터기에서 피어나와 봄날에 빛을 주며, 그 향기로 해서 헤아릴 수 없이 많은 주검들을 부활시킨 바 있는 그 꽃의 아름다움으로 돌리곤 했다(「1첼라노」 81).

그는 빛과 등과 초를 스스로 스러지게 놓아두었다. 그들의 밝음을 그의 손으로 소멸시키기를 싫어하였으니, 그는 그것들을 **영원한 빛이신 그분의 상징**으로 보았기 때문이었다. 그가 돌 위를 조심스럽게 걸은 것은 그분이 **바위**로 불리신 때문이었다. …그는 형제들이 땔나무를 벨 때, 나무를 통째로 자르지 말라고 하였다. 다시 싹이 틀 수 있도록 하기 위해서였다. 그는 밭일을 하는 형제에게 밭 둘레를 가꾸지 말고 그냥 두라고 일렀다. 때가 되면 초록빛 풀잎과 예쁜 꽃들이 만물의 아버지이신 그분의 아름다움을 전하도록 하기 위해서였다(「2첼라노」 165).

    나무를 통째로 자르지 말라는 명을 이해하기 위해서는 이사 11,1만을 생각해서는 안 되고, 나무들이 프란치스코에게 십자가 나무를 상기시켰다는 사실도 고려해야 한다. 이러한 생각 때문에 프란치스코는 종종 하느님의 이 피조물을 얼싸안곤 했다.
    성인은 피조물들, 특히 어린양과 벌레, 땔나무와 돌과 꽃과 나무에서 그리스도의 생생한 부름을 알아보았다. 그것들은 사람이 되신 하느님의 아드님의 구체적인 사건을 떠올리게 하였다. "고통받는 주님께 대한 연민을 동물들에게까지 확장하는, 그리스도의 상징에 대한 이와 같은 직접적인 체험은 아마도 영성의 역사에서 유일한 경우일 것이다."[16] 모든 것이 그분을 투명하게 비추는 이러한 신비주의는 이 노래 안에 있는 그리스도의 모노그램을 알아보게 해 준다.

게다가 이 작품은 하느님께서 프란치스코에게 고통을 통해 하늘나라를 약속하신 신비 체험에 대한 프란치스코의 감사의 응답으로 나온 것이다.

「태양 형제의 노래」는 자연에 대한 순수 서정시도 아니고 자연에 대한 신비 체험도 아니다. 이 노래는 하느님께 바치는 찬미가이다. 그분의 아름다움은 창조된 세계에 반영되고, 세상에 대한 그분의 자비는 그리스도께서 행하신 구원에서 드러난다. 바오로가 콜로새 신자들에게 보낸 편지의 그리스도 찬가에서 그러하듯이 프란치스코도 창조 안에서 그리스도의 중심적인 위치를 알고 있다.

> 만물이 그분을 통하여 또 그분을 향하여 창조되었습니다. 그분께서는 만물에 앞서 계시고…과연 하느님께서는 기꺼이 그분 안에 온갖 충만함이 머무르게 하셨습니다. …그분을 통하여 그분을 향하여 만물을 기꺼이 화해시키셨습니다(콜로 1,16-20).

사람이 되신 말씀께서 이루신 화해의 업적을 통해서 모든 것이 우주적 형제 공동체로 재결합되었다. 이 모두가 유일하신 아버지의 자녀

---

16 O. Schmucki, 『Das Leiden Christi』, 259-260.

들이다. 모든 피조물의 형제로서 프란치스코는 우주적 전례 안에서 피조물과 함께 피조물을 통해, 그리고 피조물을 위해 하느님을 찬미하고 그분께 감사드리고자 한다. 아씨시의 노래하는 이는 그렇게 세상 위에 커다란 십자가를 긋는다. 세상은 그 표지를 통해 모든 시대에 걸쳐 구원받고 축복받았다.

지속적인 활동의 선포

성 프란치스코의 신비주의는 세상과 동떨어지지 않았다. 그가 하느님과 맺은 관계는 그를 인간의 선과 아픔에 민감하게 해 준다. 피조물을 통하여 창조주께 드리는 찬미 안에는 사람들을 향한 회개의 촉구 또한 감추어져 있다. 하느님 사랑 때문에 용서하고, 병약함과 시련을 견디어 내는 이들에게 프란치스코는 예수님의 진복을 선포한다(마태 5,9-10). "죽을 죄를 짓고" 죽는 이들에게 "불행하옵니다"라고 위협적으로 외치지만, 그래도 죽음에 대한 이 단락을 신뢰에 찬 모습으로 끝맺는다. "두 번째 죽음이", 즉 징벌의 심판이 "저들을 해치지 못하리이다"라고 말하듯이 하느님의 뜻과 그분의 계명을 따르며 죽음을 맞이할 이들은 복되다. 프란치스코가 말한 것은 듣는 이가 처한 상황에 따라 약속일 수도 있고 권고가 되기도 한다. 이처럼 「태양 형제의 노래」는 격려이자 설교가 된다.

「아씨시 편집본」 역시 이 노래의 기원에 대해 말하면서 이것이 설교의 노래로 고안되었다고 증언한다.

프란치스코는 여기에다 곡을 붙이시고 동료들에게 배우도록 했다. 그분의 영은 어찌나 기쁨과 달콤함으로 충만해 있었던지 세속에서 "시의 왕"(노래 전문가)이란 별명을 얻었던 파치피코 형제를 불러, 그로 하여금 능력 있고 착하고 열심한 형제들을 뽑아 하느님을 왜 찬미해야 하는지 설교하고 노래하도록 세상에 파견하고자 했다.

자기 생각으론 능력 있는 한 형제가 먼저 군중들에게 해야 할 설교를 하고, 설교 뒤에 마치 주님의 음유 시인인 양 주님 찬가를 노래하면 되겠다고 말했다. 노래[Laudi]가 끝나면 설교가는 군중에게 "우리는 하느님의 음유 시인들입니다. 그래서 하느님의 음유 시인으로서 우리는 여러분이 언제나 착하게 살아 그 값을 치러 주시기 바랍니다" 하고 말하라고 했다.

그는 가끔 이렇게 말하곤 했다. "주님의 종들이란 바로 마음을 감동시키고 사람들을 영적인 기쁨으로 충만하게 만들어야 하는, 그분의 음유 시인 같은 사람이 아니겠습니까?" 그리고 이는 백성들의 구원을 위해 파견된 작은 형제들이 무엇보다도 그래야 한다고 생각하며 말씀한 것 같다(「페루자 전기」 43).

이 이야기에 따르면, 「태양 형제의 노래」는 하느님께 드리는 찬미이자 사람들에게 하는 호소로 탄생한다. 이 노래는 세상을 돌아다니며 설교하는 형제들과 함께해야 한다. 형제들은 프란치스코가 지은 이 찬미가를 노래하고 설교하면서 하느님을 찬미하는데 그치지 않고, 사람들이 자신의 사회적 행동과 하느님 앞에서의 겸손한 봉사에 관한 결정을 하도록 사람들을 독려한다. 용서, 인내, 평화를 위한 일, 죽음 앞에서 하느님께 의탁함 등은 우리의 존재와 우리의 사회적 관계에서 근본적인 태도들이다.

    이로 인해 「태양 형제의 노래」는 모든 시대, 특히 우리 시대에 실제적인 것이다. 사실 우리 시대는 세계적인 생태 위기로 위협받고 있다. 자연자원의 무분별한 개발, 이 세상 재화의 정의롭지 못한 분배, 그리고 핵의 위협은 인류의 생존 자체를 심각한 위험에 빠뜨린다. 우리의 미래는 불확실하다. 평화는 더 이상 '정의로운 전쟁'을 통해서는 보장되지 못한다. 평화는 오히려 비무장을 통해, 그리고 모든 군사적 에너지를 인간을 위하고 창조된 세계를 지키고 보호하는 에너지로 다시 전환할 때 보장될 수 있다. 우리 사회에서는 이 모든 것에 더해 그와 같은 사건들과 대면하는 것을 피하는 가운데 죽음을 제거하기 위한 노력이 추가된다.

    이 모든 문제는 프란치스칸적인 응답, 즉 「태양 형제의 노래」가 주고 있는 응답을 요구한다. 우리에게 프란치스코의 찬미가는 한편으로 매력적인 선물이지만, 그와 동시에 특히 선한 뜻을 지닌 모든 사람이 오늘날 요청받는 시급한 책무이기도 하다.

실천적 제안과 그룹 작업을 위한 제언

1. 이 노래를 읽고 개인적으로 재해석해 본다. 그룹 구성원에게 이 글을 주고 단락을 구분하거나 숫자를 매기지 않고 다음의 질문을 한다.

- 이 노래는 몇 개의 단락으로 되어 있는가?
  어떤 기준으로 이 노래를 구분할 수 있는가?
- 무엇이 이 작품을 한 편의 시가 되게 하는가?
  이 노래 안에 어떤 '틀'[cornice]이 되는 구절이나 후렴, 시적인 증폭[crescendi]이 있는가? 행들 사이에, 또는 단어들 사이에 운율과 모음운이 있는가?
- 가장 지배적인 동기는 무엇인가?
- 이 노래가 전하는 분위기는 무엇인가?
  어떠한 색채와 어조의 대비, 그리고 어떠한 긴장이 노래 속에 감추어져 있는가?
- 처음 단락과 마지막 단락 사이, 그리고 첫 번째 단락과 태양의 단락 사이에 공통점은 어디에 있는가?
- 이 노래는 피조물을 열거하면서 특정한 순서를 따르고 있는가? 만약 그렇다면 그것은 무엇인가?
- 프란치스코가 "바람, 물, 불, 땅"을 통해 하느님을 찬미하는 것을 들을 때, 어떤 다른 "4중주"가 머리에 떠오르는가?
- 이 노래에서는 사람을 어떻게 보고 있으며, 그에게 무엇을 요구하는가?

2. 「태양 형제의 노래」를 교회가 주일 아침기도로 사용하는 성경 구절인 불가마 속 **세 젊은이의 노래**(다니 3,57-88)나 시편 148과 비교한다.
   - 어떤 요소들이 공통적인가?
   - 이 노래와 두 성경 본문 사이에 존재하는 형식과 내용의 차이는 무엇이며, 피조물들을 수식하는 방식에는 어떤 차이가 있는가?
   - 수직과 수평, 하느님 찬미와 인간 및 창조물을 위한 노력을 어떻게 일치시키는가?

3. 1978년 11월 29일, 요한 바오로 2세는 다음과 같은 서한을 통해 아씨시의 프란치스코를 '생태계의 주보 성인'으로 선포했다.

> 하느님께서 인간에게 주신 놀라운 선물인 자연에 특별한 경의를 표했던 성인들과 고명한 인물들 가운데 한 분으로 아씨시의 성 프란치스코는 헤아려질 자격이 충분하다. 사실 그분은 창조주의 모든 업적에 대해 높은 감수성을 지녔고, 거의 천상의 영감을 받아 지극히 아름다운 「태양 형제의 노래」를 지었으며, 피조물을 통해 특히 태양 형제와 달 자매와 별들을 통해 전능하시고 선하신 주님께 마땅한 찬미와 영광과 영예와 모든 축복을 드렸다.
> 그래서 교황청 성직자성 장관인 우리의 형제 실비오 오디Silvio Oddi 추기경은 특히 국제기구인 '삶의 질을 위한 환경과 생태 계획 연구소'[Planning environmental and ecological Institute for quality life]의 회원들을 대신하여 지극한 찬사를 받을 만한 솔선함으로, 아씨시의 성 프란치스코를 생태학자들의 천상 수호성인으

로 선포하는 것에 대한 투표를 사도좌에 요청하였다.
이에 따라 우리는 교황청 경신성사성의 의견을 받아, 우리의
이 교서의 힘으로 그리고 영구히, 아씨시의 성 프란치스코를
생태학자들의 천상 수호성인으로 선포하고 그에 따르는 모든
영예와 고유한 전례적 특전을 허락한다.[17]

- 프란치스코를 생태계의 주보 성인으로 선포한 동기는 무엇인가?
- 환경 문제를 가늠하기 위한 지점으로 프란치스코라는 인물을 제시하는 것이 오늘날 세계에 어떤 함의를 가질 수 있는가?
- 프란치스코는 오늘날의 인간에게 질문한다. 당신의 또 우리의 '작고-커다란' 세상을 지키고 보존하기 위해서 무엇을 선택하고 행동해야 하는가?

4. 「태양 형제의 노래」로 **회개의 전례**를 마련할 수 있다. 양심 성찰은 노래의 전개를 뒤따를 수 있겠다. 노래하는 사람 또는 낭독하는 사람이 매번 프란치스코 노래의 한 단락을 낭독하거나 노래하고, 질문과 성찰 거리를 제공한 뒤 침묵의 시간을 갖는다.

5. 그룹이 이 노래의 진행을 따라가면서 **감사의 전례**를 고안할 수

17　Bolla「Inter sanctos praeclarosque viros」,『Acta Apostolicae Sedis』71 (1979), 1509-1510; 이탈리아어 본문은 M. De Marzi,『San Francesco d'Assisi e l'ecologia』, Padova, 1981, 121. 이와 관련한 매우 가치 있는 연구는 R. D. Sorell,『St. Francis of Assisi and Nature. Tradition and Innovation in Western Christian Attitudes toward the Environment』, Oxford, 1988; P. Luzi,『Francesco d'Assisi. Guida spirituale di comportamento con l'ambiente』, Torino, 1989.

있다. 예를 들면, 들에서 수확을 마친 뒤에.

6. 「태양 형제의 노래」는 창조적인 상상을 하도록 초대한다. 노래하기, 그리기, 춤추기, 인쇄된 사진을 합성하거나 콜라주 형식으로 이어 붙여 재현하기 등. 이와 관련해 다양한 부류와 연령의 사람들이 만든 흥미로운 예들이 있다. 이들은 각자의 방식으로 프란치스코의 이 신비롭고 시적인 작품을 재현해 보였다.

7. 「태양 형제의 노래」와 관련한 **또 다른 풍경**을 제시해 본다. 예를 들어 폐품, 잔해물, 그리고 독성과 매연으로 오염된 물질들로 이루어진 광경일 수도 있다.

8. 「태양 형제의 노래」에서 말하는 내용을 바꾸고 뒤집어서 **대조적인 노래**를 작성한다. 그렇게 반대되는 노래[Anti-Canto]를 만들어 본다.

9. 청년 그룹과 함께 일종의 **훈련 프로그램**, 예를 들어 사순 시기를 위한 프로그램을 만들어 본다. 이 전례 시기에 '「태양 형제의 노래」에 따른 한 주간' 살기를 생각해 볼 수 있다.

주일: 태양의 단락과 별의 단락
- 혼자서 또는 공동체의 성찬례 거행 안에서 하느님을 의식적으로 찬미한다
- 산책을 하면서 자신에게 내리쬐는 빛과 열기를 감지하고 느낀다
- 10분 동안 자신이 소경이라고 상상한다
- 다른 사람을 위해 초를 켠다
- 10분 동안 침묵 속에 밤하늘을 바라본다

- 일출과 일몰을 관상한다
- 내 어둠을 밝혀주는 빛은 누구인가?

월요일: 바람의 단락과 날씨의 단락
- 의식적으로 자신의 호흡에 주의를 기울인다
- 구름을 바라본다
- 우리 주변에 존재하는 바람을 체험하고 지각한다
- 그날의 날씨에 대해 감사한다

화요일: 물의 단락
- 하루 동안 물을 어떻게 몇 번 사용하는지 주의를 기울인다
- 물을 사용하지 않고 하루를 보낸다
- 비를 맞으며 산책한다
- 샘에서 물을 마신다
- 차가운 물로 아침에 씻는다
- 우리의 우물을 깨끗이 유지하기 위해 함께 일한다
- 세례를 기억하며 성수를 찍는다
- 어느 샘으로부터 생명의 물을 퍼 올리는가?

수요일: 불의 단락
- 더위와 추위를 잠시 동안 의식적으로 느끼고 견딘다
- 초에 불을 켜서 그 빛을 바라본다
- 옷을 더 껴입고 난방을 낮춘다
- 하루 동안 불의 흔적을 찾는다
- 집안 벽난로의 불을 바라본다
- 하느님의 상징으로서 불을 관상한다

- 누구를 위해 또는 무엇을 위해 '나의 손을 불 속에 넣을 수 있는가?'

목요일: 땅의 단락
- 이른 아침에 신선한 공기를 진하게 호흡한다. 그리고 맨발로 풀밭 위를 걷는다
- 다가오는 계절의 조짐을 살펴본다
- 의식적으로 천천히 음식을 먹는다. 하루는 단식한다
- 땅을 체험한다. 땅을 만져본다, 느껴본다…
- 정원에서 일하고 무언가를 심는다
- '다양한 과일들'과 '색색의 꽃들'을 보고 느낀다
- "너는 흙에서 나왔으니 흙으로 돌아갈 것을 기억하라"는 유명한 문장을 묵상한다
- 하느님과 다른 이들에게 더 자주 감사드린다
- 식사 전 축복으로 어머니 땅을 향한 프란치스코의 찬가를 사용한다
- 환경을 보호하고 자연을 돌본다
- 나는 내 삶을 어떤 기초 위에 두고 있는가?

금요일: 용서와 평화의 단락
- 용서할 준비를 하고 있다
- 어려움과 불편함을 의식적으로 받아들인다
- 병중에 인내심을 유지하고 병자를 방문한다
- 다른 이의 십자가를 알아보고 십자가 지는 것을 도와준다
- 십자가의 길을 바치고 그것을 묵상한다
- 산책을 하거나 여행을 할 때, 우리 주변에 있는 거룩한 표시들을(십자가, 성상이 안치된 벽감, 경당, 시골의 십자가) 살펴보고, 가능한 만큼 그것

을 돌본다
- 평화를 위한 단체에서 함께 일한다
- 이방인과 이민자들에게 관심을 쏟는다
- 인간의 존엄성을 의식한다
- 하느님의 용서를 기꺼이 받아들인다
- 나 역시 프란치스코와 함께 "주님, 저를 당신 평화의 도구로 써 주소서"라고 기도할 수 있는가?

토요일: 죽음의 단락
- 내가 소중히 여기는 것을 선물로 준다
- 나에게 무언가가 부족할 때, 나는 어떻게 반응하는지 성찰한다
- 나의 죽음을 생각한다
- 묘지를 방문하고 죽은 이들을 위해 기도한다
- 노인들을 방문하고 그들의 말을 듣는다
- 종종 강한 이들이 약하고 약한 이들이 강하다는 것을 염두에 둔다
- "나에게는 죽는 것이 이득입니다"라는 바오로의 말씀 안에서 하나가 된다
- 나는 무엇을 위해 사는가?

10. 프란치스코의 「태양 형제의 노래」를 음악으로 만든 수많은 선율 중의 하나를 그룹 안에서 부른다. 예를 들어, 영화 "형제인 태양과 자매인 달"[Fratello Sole, Sorella Luna]에 나오는 리쯔 오르톨라니Riz Ortolani 의 멜로디 "달콤한 느낌이여"[Dolce è sentire] 또는 "내 주님, 찬미받으소

서"[Laudato si, o mi Signore]를 부른다.[18]

11. 「태양 형제의 노래」는 쉽게 흉내 낼 수 없다. 하지만 하루 또는 한 주간의 끝에 그동안 받고 겪은 모든 것에 대해 의식적으로 하느님께 감사를 드린다면, 이 노래의 자취 위에 서 있을 수 있다.

우리가 아름답고 좋은 것들에 감사하는 것조차 떠올리기 힘들어한다면, '형제인 무관심'과 '자매인 질병', '형제인 아픔'과 '자매인 죽음' 때문에 감사드리는 것은 더더욱 잊어버리게 될 것이다. 우리는 하느님께 드리는 감사와 찬미에 진정 이 모든 것을 포함할 수 있는가?

12. 우리는 놀라움으로 가득 차 창조의 아름다움에 잠겨서 다른 것들을 잊고 작은 '나'를 세상의 광대함으로 들어 올리기보다 얼마나 자주 나에게 필요한 것을 첫 자리에 놓고 있는가?

우리는 창조 안에서 하느님께서 손수 쓰신 작품을 읽을 수 있는가? 아니면 단지 숙명, 불운, 파국, 오염, 폭력을 볼 뿐인가?

13. 정원이나 공원을 걸으면서 우리를 둘러싸고 있는 살아 있는 모든 실재에 대해 주의를 기울여 보자. 그러나 그곳을 깨끗하고 질서 있게 유지하기 위해 애쓰는 이들에게 우리의 존경과 감사를 표현하는 것을 잊어서는 안 된다.

14. 겉으로만이 아니라 주의 깊게 바람과 비의 노래를 **듣고**, 꽃과 나무를 **관찰하고**, 바위를 **만지고**, 아침의 신선한 공기를 **맡고**, 잘 익은 과

---

18 「태양 노래」에 헌정된 많은 음반 중에서 다음의 두 개만 인용한다. F. ZEFFIRELLI - R. ORTOLANI, 『Fratello Sole, sorella Luna』, Ed. Ricordi. P. MARTINELLI, 『Certezza』, Ed. Paoline.

일을 **맛본다**. 이렇게 오감을 통해 세상의 신비를 진지하게 받아들인다.

16. 우리를 둘러싼 모든 것을 우주적 전례 안에 포함시키면서 「태양 형제의 노래」와 시편 98 또는 140을 **야외에서** 읊는다.

15

작별 인사

성 다미아노의 '가난한 자매들'에게 보낸 권고의 노래

「들으십시오, 가난한 자매들이여(노래 형식의 권고)」

성 다미아노의 가난한 자매들을 위한 「들으십시오, 가난한 자매들이여」는 「태양 형제의 노래」와 밀접하게 연관된다. 이 권고는 같은 민중어로 작성되었고, 저 유명한 「태양 형제의 노래」가 쓰인 그 장소에서 그보다 조금 뒤에, 즉 영적 물적으로 클라라와 자매들을 돌보던 작은 형제들이 거처로 사용한 성 다미아노 근처 작은 집의 어두운 방 안에서 프란치스코가 거의 소경이 되어 누워 있을 때 쓰였다.

14세기 초반의 몇몇 후대 원천들(「아씨시 편집본(페루자 전기)」는 1310년경에, 「완덕의 거울」은 1330년경에 작성되었다[1]) 덕분에 다음과 같은 사실이 이미 알려져 있었다.

같은 때 같은 곳에서 프란치스코는 찬가를 만들고 나서 성 다

---

[1] 역주: 최신 연구에서 「아씨시 편집본(페루자 전기)」은 1310-1312년 사이 쓰이고 「작은 형제의 완덕의 거울」은 1318년경 작성됐다고 보고 있다(참고: 『아씨시 프란치스코와 클라라의 글』의 '프란치스칸 원천 연표').

미아노의 가난한 자매들을 위로하고자 곡을 쓴 적이 있다. 그들이 당신의 병 때문에 몹시 힘들어하는 것을 잘 알고 있었기 때문이다(「페루자 전기」 45).

하지만 이 글은 성 프란치스코가 세상을 떠난 지 750주년이 되던 해(1976)에 죠반니 보칼리Giovanni Boccali 신부가 세상을 놀라게 한 발견을 하기 전까지는 다시 찾을 수 없을 정도로 완전히 잃어버린 것으로 보였다. 그는 클라라회를 돌보는 직무를 맡고 있었으며 클라라와 프란치스코의 글 전문가였다.

아씨시의 성녀 클라라 원수도원[protomonastero]의 키아라 레티찌아 마르발디Chiara Letizia Marvaldi 수녀와 키아라 아우구스타 라이나티Chiara Augusta Lainati 수녀가 보칼리 신부에게 베로나Verona 근방에 있는 노발리에Novaglie 수도원에서 발견한 두 개의 옛 필사본에 관해 이야기하였다. 이 연구자는 그들이 가리킨 곳으로 찾아가 14세기의 필사본을 확인하였는데, 그 57r-v면에 "들으십시오, 가난한 자매들이여"[Audite, poverelle]라는 말로 특정하여 시작되는 글이 있었다.

16세기 초반으로 추정되는 다른 필사본은 31v 면에 절이나 단락 구분 없이 「들으십시오, 가난한 자매들이여」를 싣고 있는데 이것은 당시의 이탈리아어에 맞게 적절하게 수정한 것이다. 이렇게 프란치스코가 클라라와 자매들에게 준 글을 발견한 이들은 결국 클라라회 회원들 자신이었던 것이다. 그러나 이런 운 좋은 발견 앞에서 즉시 그 친저성에 대한 의문이 제기되었다.

이 글이 클라라회의 정기 간행물인 『Forma sororum』[2]을 통해 이탈리아의 클라라회 수녀들에게 알려진 후에 보칼리 신부는 1978년에 이 작품의 친저성을 상세하게 증명했다. 보칼리는 두 개의 필사본을 기초로 작업한 자신의 비판본에서 「아씨시 편집본」과 「완덕의 거울」에 나오는 관련 내용과의 비교를 통해[3] 이 글이 프란치스코의 것임을 견지할 근거가 되는 다음과 같은 이유를 제시한다.

a. 가장 오래된 양피지 필사본은 본래 베로나의 클라라회 수도원에 속해 있었다. 이 수도원은 1224년, 그러니까 프란치스코와 클라라가 아직 살아 있을 때 세워졌다. 이 사실은 아씨시와 베로나 사이의 밀접한 관계를 증언해 준다.

b. 이 노래는 선집들에서 농료들이 이야기하는 것과 놀랍도록 잘 들어맞는다. 동료들은 프란치스코가 자매들에게 전하게 했던 말을 언급하는데, 이들이 말하는 바는 지금 우리가 프란치스코의 본래 말로 되찾은 내용과 완전히 부합한다.

이탈리아 문학의 전문가들은 보칼리의 주장을 보완해준다.[4] 그 양

---

2 G. Boccali, 「Parole di esortazione alle Poverelle di San Damiano」, 『Forma Sororum』 14 (1977), 54-70. 더 많은 이들이 이 글을 접할 수 있게 된 것은 키아라 아우구스타 라이나티 수녀 덕분이다. 라이나티 수녀는 보칼리의 연구와 같은 해, 즉 1977년에 나온 『프란치스칸 원천(Fonti Francescane)』의 아씨시의 클라라의 글들에 대한 서론을 쓰면서 마지막 순간에 이 글을 추가했다(참조: 『FF』 pp. 2239-40).

3 G. Boccali, 「Canto di esortazione di san Francesco per le "Poverelle" di San Damiano」, 『Collectanea Franciscana』 48 (1978), 5-29.

4 보칼리의 값진 공헌에 메니케띠(A. Menichetti)의 설득력 있는 주장을 덧붙인다. A. Menichetti, 「Riflessioni complementari circa l'attribuzione a san Francesco dell'"Esortazione alle poverelle"」, 『Ricerche storiche』 13 (1983), 577-93. 더 광범위한 참고 자료 검토와 최종적인 비판본에 대해서는 다음을 참조: E. Grau, 「Verba exhortationis "Audite Poverelle"」,

식과 언어와 운율에 있어서 이 노래는 프란치스코의 시대에 속한다. 이 노래의 구절들은 유사한 운율('cursus': 강약의 운율)을 지니고 있는데, 그 끝부분은 「태양 형제의 노래」와 들어맞는다. 두 작품 모두에 비슷한 민중어 단어들이 나타난다. 또한 첫 단어인 "들으십시오"[Audite]처럼 라틴어에 가까운 몇몇 표현들도 이 노래의 친저성을 확인해 준다. "결론적으로 만약에, 물론 이에 대해 의심의 여지는 없지만 「태양 형제의 노래」가 프란치스코의 것이라면, 가장 소박하지만 감동적이고 아름다운 노래인 가난한 자매들에게 주는 「들으십시오, 가난한 자매들이여」도 같은 저자의 이름 아래 들어가는 것이다."[5]

「들으십시오, 가난한 자매들이여」 본문

두 개의 필사본 중 더 오래된 것에는 성 프란치스코를 그린 지오토 유파의 아름다운 세밀화가 발견된다. 여기에서 성인은 권고하는 모양새로 오른손 검지를 들어서 보이지 않는 청중을 가리키는 것처럼 묘사되었다. 그 옆에는 민중어로 된 노래의 본문이 있다. 필사가는 본문에 앞서 라틴어로 소개의 글을 적어 놓았다. "Hec verba fecit beatus Franciscus in vulgari[복되신 프란치스코께서 민중어로 이 말씀들을 쓰셨다]."

『Franziskanische Studien 72 (1990), 47-69 또는 K. Esser, 『Die Opuscula des hl. Franziskus. Textkritische Edition』, Zweite, erweiterte und verbesserte Auflage besorgt von E. Grau, Grottaferrata, 1989, 462-488; 이탈리아어 번역은 『Forma Sororum』 28 (1991), 82-101, 154-165.

5 A. Menichetti, 『Riflessioni』, 593.

A	1	들으십시오, 주님의 부르심을 받은 가난한 자매들, 여기저기서 모여든 자매들.
	2	늘 진리 안에서 살아가십시오, 순종 안에 죽을 수 있도록.
B	3	바깥 생활에 관심 두지 마십시오, 영 안에서의 생활이 더 좋은 것이니.
	4	큰 사랑으로 부탁하오니, 주님께서 주신 애긍을 신중히 사용하십시오.
C	5	병고에 시달리는 자매들, 그리고 이들을 돌보느라 지친 자매들, 다 함께 평화 중에 인내하십시오.
D	6	그대들은 여러분의 수고를 비싼 값으로 팔아 동정 마리아와 함께 모두 하늘나라에서 왕관을 받아 여왕이 되리이다.

이 글에 「태양 형제의 노래」보다 더 많은 운율이 들어있다는 것을 어렵지 않게 알아차릴 수 있다. 구조적으로 이 노래는 4행의 운율을 가진 두 개의 단락(A-B), 3행의 운율을 가진 한 개의 단락(C), 2행의 운율을 가진 한 개의 단락(D)으로 구성되어 있다. 각 절의 중간, 즉 각각의 행에 숫자를 매기면 13이라는 숫자에 이르는데, 이는 현재 그라우 E. Grau가 지지하는 구분법이다.[6] 필자는 **전체** 문장을 숫자로 세는 것을 선호하며(단지 그 절반이 아니라), 그렇게 할 경우에 6개의 구절이 된다. 가장 긴 행(4b와 6b)은 운율 있는 두 개의 절반 절, 즉 **discrecione/**

---

6 E. Grau, 「Verba exhortationis」, K. Esser, 『Die Opuscula』, 479-480.

Segnore[신중히 / 주님께서], 그리고 더 분명하게는 regina/coronata/Maria[여왕이 / 왕관을 / 마리아]로 나뉠 수 있다. 따라서 이 노래는 운율 있는 음악적 행들로 이루어져 있고, 이 행들은 형식과 내용에 따라 네 부분(A-D)으로 나뉜다. 문학 연구가들은 이를 기술적으로 '라쎄'lasse[7]라고 부른다.

「태양 형제의 노래」도 그러했듯이 여기에도 선율은 실리지 않았다. 하지만 동료들이 언급한 바에 따르면, 이 작품은 노래로(아마도 시편 선율로) 불렸기에 이를 권고의 **노래**라고 합당하게 말할 수 있다.

「아씨시 편집본(페루자 전기)」에 나오는 동료들의 이야기

이 노래가 탄생한 상황은 본질적으로 같은 내용을 담고 있는 **두 개의 원천**인 「완덕의 거울」(90장)과 「아씨시 편집본」(45장)에서 언급된다. 우리는 이 중에서 도입부를 앞에서 소개한 「아씨시 편집본」를 선택한다.

> 같은 때 같은 곳에서 프란치스코는 찬가를 만들고 나서 성 다미아노의 가난한 자매들을 위로하고자 곡을 쓴 적이 있다. 그들이 당신의 병 때문에 몹시 힘들어하는 것을 잘 알고 있었기 때문이다. 건강이 나빠 그들에게 갈 수 없었기에 성인은 동료들이 가서 노래를 불러 주도록 했다.

---

7 역주: 라쎄 문학은 같은 철자(단어)를 반복적으로 사용해서 운율을 맞추는 표현 양식을 말한다.

이 노래에서 성인은 그들에게 늘 하듯이 사랑과 가족적인 친교 안에 살아갈 것을 짧게 당부했다. 아직 형제들이 얼마 되지 않았을 때 자매들은 당신의 모범과 말씀을 따라 그리스도께 자신들을 봉헌했기 때문이다. 자매들의 회개와 삶은 작은 나무로서 형제회와 전체 교회를 위해 큰 유익이 되었다.

프란치스코는 그들이 회개하면서부터 기꺼운 마음으로 엄격하고 가난하게 살아왔음을(또 지금도 그렇게 살고 있다) 잘 알고 있었다. 그래서 항상 그들에게 깊은 애정을 느끼고 있었다. 이 곡에서 성인은 자매들에게 주님께서 곳곳에서 그들을 불러모아 거룩한 사랑과 가난과 순명의 삶을 살도록 하셨음과 이 서약에 죽는 날까지 늘 충실할 것을 상기시켰다.

주님께서 그들에게 허락하시는 애긍으로 기쁨과 분별력 안에서 물질적인 필요에 응하라 했고, 건강한 자매들은 병고에 시달리는 자매들을 인내심을 가지고 잘 돌보고, 마찬가지로 병중에 있는 자매들은 끈기 있게 필요를 참아 내라고 당부했다(「페루자 전기」 45).

「들으십시오, 가난한 자매들이여」는 「태양 형제의 노래」가 나온 조금 후에 병과 절망과 극심한 번민에 시달리는 똑같은 상황에서 나왔다. 그러므로 가난한 자매들을 위로하기 위하여 만든 이 노래에도 「태양 형제의 노래」를 다룬 앞 장에서 이미 고찰한 모든 묵상이 적용된다.[8]

---

8 O. SCHMUCKI, 「El redescubierto Canto de Exhortacion de San Francisco para las Damas Pobres de san Damian」, 『Selecciones de Franciscanismo』 13 (1984), 129-143, 여기서 134.

그처럼 병으로 시달리면서 거의 앞을 보지 못하고 고통에 겨웠던 프란치스코가 어떻게 그런 노래를 지을 수 있었는지 우리는 그저 놀랄 수밖에 없다. 인간적이고 의학적인 관점에서 그토록 강렬한 성인의 창조적이고 시적인 능력은 하나의 신비이다.

보통 병에 걸린 이는 이미 자기 자신과 자신의 병에 너무 몰입해 있기에 다른 이들을 괴롭히는 문제에 신경 쓸 여력이 없다. 프란치스코는 기도와 묵상, 노래와 시를 통해 자신의 병을 극복하였다. 자기 연민의 유혹도 그를 뒤덮지 못했다. 오히려 그는 자기의 관심을 자신의 악에서 다른 이들의 병과 걱정으로 옮기는 힘을 지녔다. 자기 자신에게 위로가 필요한데도 프란치스코는 '가난한 자매들을 위로하고자' 무엇인가를 만들어낸 것이다.

해설[9]

제1절

예언자처럼(이사 1,2.10), 또는 잠언에서처럼(1,8; 4,1.10.20; 8,6), 그리고 베네딕토가 자신의 수도규칙 서문에서 그러했듯이, 프란치스코는 무엇보다 먼저 "들으십시오"라고 말하면서 청자들에게 그의 말에 주의를

---

[9] 참조: O. SCHMUCKI, 『El redescubierto Canto』, 129-143; F. S. TOPPI, 『Preghiamo』, 95-100; E. FRANCESCHINI, 『Nel segno di Francesco』, 170-179; C. PAOLAZZI, 『Lettura degli scritti』, 102-108; C. Paolazzi, 「Lettura dell' "Audite poverelle"」, 『Studi Francescani』 88 (1991), 417-430.

기울일 것을 요구한다. 프란치스코는 자신의 영적 아들들에게도 "주님의 아들들이며 나의 형제들인 여러분, 들으시고, 내 말을 귀담아 들으십시오"(「형제회 편지」 5)라고 같은 방식으로 말한다.

중요한 선포는 경청되어야 하며, 그것을 받아들일 내적 준비가 요청된다. 이와 같은 요청으로 시작한 후에 말을 듣는 대상인 "가난한 자매들"[poverelle]이 나온다. 가난한 형제가 가난한 자매들에게 향하는데, 그 이유는 같은 삶을 선택했기에 그들과 연결되어 있다고 느끼기 때문이다. "가난한 자매들"이라는 표현은 그저 하나의 애칭이 아니다. 이 표현은 고달픈 현실에 들어맞는 말이다. 이 자매들은 자유로이 선택한 극단적 가난을 살아간다. 프란치스코는 그들에게 연민을 느끼고 있으며, 이 자매들을 가장 잘 특징짓는 "가난한 자매들"이라는 이름을 부르면서 그들에게 향한다. 이는 단지 '연민'의 의미뿐만 아니라 '소명'의 의미 역시 지니며, 실제로 **"주님의 부르심을 받은"**[dal Signore vocate]이라는 말을 덧붙인다.

따라서 "가난한 자매들"이라는 표현에는 "행복하여라, 가난한 사람들! 하느님의 나라가 너희 것이다"(루카 6,20)라는 예수님의 부름을 듣는 이들에 대한 경의도 들어 있다. 자매들은 내적으로 외적으로 가난하게 됨으로써 예수님과 그분의 어머니 마리아의 발자취를 따랐다. 프란치스코는 가까운 곳의 자그마한 성 다미아노 수도원에서 사는 자신의 영적 딸들에게 이 탁월한 성소에 대한 기억을 불러일으킨다. 비록 이 자매들이 자신을 통해 수도 생활로 부름을 받기는 했지만, 형제회의 창설자는 성 다미아노 공동체를 **"주님의 부르심을 받은"** 하느님의 업적으로 여긴다.

클라라가 아버지의 집에서 도망 나온 후로부터 이 노래가 만들어지기까지 12-13년이 흘렀다. "여기저기서 모여든 자매들"[ke de multe parte et províncie séte adunáte]이라는 첫 번째 절의 내용으로부터 추론해 보건대, 이 기간에 성 다미아노의 작은 공동체는 놀라운 영향력을 발휘하며 많은 성소자의 마음을 끌었음이 분명하다. 실제로 클라라가 아직 생존해 있을 때, 성 다미아노의 작은 수도원에는 50여 명의 자매가 살았던 것 같다.[10]

제2절

글을 시작하고 자매들을 부른 후에 실제 **권고**가 시작된다. "늘 진리 안에서 살아가십시오, 순종 안에 죽을 수 있도록"[vivate sémpre en veritáte, ke en obediéntia moriáte!]. 생명과 진리는 사도 요한이 자주 사용하는 말이다. 프란치스코가 관심을 두는 것은 **vita**[생명, 생활]이다. 실제로 형제회의 기초가 되는 문헌은 "작은 형제들의 수도규칙과 생활은 이러합니다. 즉, 순종 안에, 소유 없이, 정결 안에 살면서 우리 주 예수 그리스도의 거룩한 복음을 실행하는 것입니다"(「인준 규칙」 1,1)라고 선언하면서 시작된다. 자매들은 그들이 약속한 것에 항상 충실하게 머물러야 하며, **진리 안**에서 살아야 한다. 즉 그들이 살아가는 태도는 진솔하고 참되며

---

10 참조: E. Grau, 『Verba exhortationis』, 483-488; C. Gennaro, 「Chiara, Agnese e le prime consorelle: dalle "Pauperes dominae" di San Damiano alle Clarisse」, 『Movimento religioso femminile e francescanesimo nel secolo XIII. Atti del VII convegno internazionale』, Assisi, 1980, 167-191; R. Rusconi, 「L'espansione del francescanesimo femminile nel secolo XIII」, 『Movimento religioso femminile e francescanesimo nel secolo XIII』, 263-313.

서원한 바에 상응해야 하고 전 생애에 걸쳐 신실하여 "순종 안에 죽을 수" 있어야 한다.

다른 글에서처럼 여기서도 순종은 프란치스칸의 삶 전체를 의미한다. 프란치스코에게 서원을 발한다는 것은 "순종 생활로 받아들여지는 것"(「비인준 규칙」 2,9)과 같은 의미를 지닌다. 프란치스칸 삶에 충실하지 않다는 것은 그에게 "순종을 벗어나 돌아다니는 것"(「비인준 규칙」 5,16)을 의미한다. 이 제2절은 자매들에게 진실로 참되게, 그리고 서약한 것을 언제나 살아갈 것을 극히 간결한 말로 권고한다.

제3절

가난한 자매들이 어떻게 살아야 하는지에 대해 긍정적 권고를 한 후에, 그들이 하지 **말아야** 할 것에 대한 권고가 뒤따른다. "바깥 생활에 관심 두지 마십시오"[Non guardate a la vita de fóre]. 이와 관련해서 성 다미아노의 "작은 자매들"은 엄격한 봉쇄 안에서 살았다는 점을 염두에 둘 필요가 있다.[11] 사실, 밖에서 사회생활을 하는 것이 더 유익하지 않을까, 가정을 이루는 것이 더 낫지 않을까 자문하면서 세속의 생활로 돌아가고자 하는 유혹이 빈번히 일어난다. 때로는 삶에서 무엇인가를 잃은 것 같은 기분도 든다. 이 모든 것에 대해 프란치스코는 "영 안에서의 생활이 더 좋은 것이니"[ka quella dello spirito e migliore]라고 대답하면서 하느님을 위해 선택한 동정성의 가치가 더 크다는 것을 역설한다.

---

11 참조: M. BARTOLI, 『Chiara d'Assisi』, 103-128(관련 참고 문헌 목록과 함께).

다시 한번 성인은 프란치스칸의 여정을 삶으로, "영 안에서의 생활"로, 즉 하느님의 영과 그분의 은총이 인도하는 대로 자신을 내맡기는 것으로 묘사한다. 여기서 "바깥" 생활과 대비되는 것은 봉쇄 수도원 "안의" 생활이 아니라 하느님의 **영에 대한 내적 개방**이다. 하느님께 열려 있지 않으면 봉쇄는 아무런 소용이 없다. 이에 관하여 프란치스코는 그의 형제들에게도 다음과 같이 권고한다. "오히려 우리가 무엇보다 먼저 갈망해야 할 것에 집중할 것입니다. 곧, 주님의 영과 그 영의 거룩한 활동을 마음에 간직하고, 주님께 깨끗한 마음으로 항상 기도하고 박해와 병고에 겸허하고 인내하며…"(「인준 규칙」 10,8-9).

제4절

마음에서 우러나온 요청을 할 때마다 프란치스코는 항상 하느님이신 사랑 안에서(참조: 1요한 4,16) 부탁하는데, 예를 들어 「신자들에게 보낸 편지」와 「인준받지 않은 수도규칙」에서 그러하다(「1신자 편지」 2,19; 「2신자 편지」 86; 「비인준 규칙」 17,5; 22,26).

「들으십시오, 가난한 자매들이여」에서 그가 **큰 사랑**으로 부탁하는 것은 무엇인가? 우리는 클라라회 자매들이 극도의 **가난** 속에 살았다는 것을 알고 있다. 1215-1216년에 클라라는 인노첸시오 3세에게서 "가난의 특전"을 힘겹게 얻어냈다. 클라라가 선택한 극단적 가난은 교회 당국이 보기에는 실천 불가능한 것이었다. 성녀는 프란치스코에게 의지해 자신의 이상을 위해 싸웠으며, 이 싸움은 1228년에 교황 그레고리오

9세로부터 그들의 특전을 확인받을 때까지 계속되었다.[12]

실제로 이것은 수녀들이 "거룩하신 자선가"의 위대한 섭리에 온전히 자신을 내맡기고, "동냥은 가난한 사람들에게 돌려주어야 할 유산이며 정당한 권리이고, 우리 주 예수 그리스도께서 우리를 위하여 그것을 얻어 주셨습니다"(「비인준 규칙」 9,8; 참조: 「2첼라노」 77)라는 프란치스코의 권고를 신뢰하면서 매일 은인들이 제공하는 것에 의존하며 살아가는 것을 의미했다. 은인들의 희사는 불규칙적으로 이루어졌기 때문에 자매들은 때로는 너무 적게, 때로는 필요 이상으로 많이 받곤 했다. 이 때문에 애긍과 관련해서 주의를 기울이고 "신중히" 처신하라는 권고가 나오는 것이다.

탁발하는 형제들과 은인들에 의해 생계를 유지했지만, 이것이 자매들에게 그들이 받은 것과 올바른 관계를 맺어야 한다는 책임을 면제해 주지는 않았다. 여기서 프란치스코가 자주 말했던 덕인 "분별"[discretio]이 활동하기 시작한다(「2성직자 편지」 4; 「1보호자」 4; 「비인준 규칙」 16,4; 17,2). 분별 없이 모든 것을 받아들이거나 필요 이상으로 받아서는 안 된다. 음식에 대한 신중함은 무절제로부터 자신을 지켜 주며(참조: 「권고」 27), 다른 이들이 힘든 노동의 대가로 마련한 것을 경솔하게 소비하지 않도록 해준다. 실제로 봉헌물을 무제한으로 받는 것이 가난을 죽음에 이르게 하는 경우가 허다하며, 애긍을 청하는 것이 게으름으로 이어지거나 프란치스코가 그토록 높이 평가했던 손노동(참조: 「유언」 20)을 포기하는 것으로 이끌 수 있음을 역사는 보여준다.

---

12 참조: 『프란치스칸 원천』 3279; M. BARTOLI, 『Chiara d'Assisi』, 77-101. E. GRAU, 「Das Privilegium paupertatis der hl. Klara. Geschichte und Bedeutung」, 『Wissenschaft und Weisheit』 38 (1975), 17-25.

칼뱅파 사람들 앞에서 가톨릭 신앙을 고백하면서 죽은 카푸친 형제회 사제인 식마링겐의 성 피델리스는 무엇인가를 받을 때 자신과 다른 이들에게 필요한 것 외에는 받지 않았다고 한다.

아마도 프란치스코는 지나친 **단식**에 대해서도 섬세하고 신중한 방식으로 주의를 기울이기를 원했다. 사실 클라라회 자매들은 오늘날 우리에게는 믿기지 않는 방식으로 단식을 했다. 프란치스코와 귀도 2세 주교는 클라라에게 매일 적어도 한 조각의 빵은 먹으라고 강요해야 했다(「클라라 전기」 18). 프란치스코가 「들으십시오, 가난한 자매들이여」에서 말하는 것은 너무 엄격히 금식하는 것에 관해 말하는 또 다른 권고를 상기시킨다.

> **하느님의 종은 먹든지 잠자든지 그 어떤 필요에서든 육신 형제가 '나는 서 있을 수도 없고 기도할 수도 없어. 내 상태로는 조용히 있거나 선행을 할 수도 없어, 왜 나를 돌보지 않는 거야' 하며 불평불만을 못하도록 자기 육신을 그렇게 다스려야 합니다**(「페루자 전기」 96; 참조; 「완덕의 거울」 27).

애긍에 관해 신중하게 처신하는 것은 그 안에서 하느님의 선물을 보고, 감사하게 받으며, 경의와 기쁨으로 맛보는 것을 의미한다. 「들으십시오, 가난한 자매들이여」에서 표현된 성인의 부탁은 올바로 분별하여 가난의 이상에 알맞게 먹고 마시고 입도록 초대하면서, 매일의 생활에 필요한 것이 무엇인지 결정하는 것을 목표로 한다.

제5절

성 다미아노에서 '자매인 질병'은 이미 수녀들의 삶에서 일상적인 요소가 되었다. 영양 부족과 계속된 단식은 수녀들이 말라리아나 결핵과 같이 중세 때 유행하던 병에 걸리기 쉽게 했다. 게다가 비좁은 생활 환경은 전염을 용이하게 했다. 따라서 식당 위에 있는 아픈 이들에게 배려된 공간은 수도원의 일상적 구조에 속해 있었다. 클라라 자신도 병 중에 있을 때 침실과 간호실을 잇는 방의 한쪽 구석에 침대를 두고 있었다(의미심장하게도 그 장소에는 오늘날에도 꽃 한 다발이 계속해서 놓여 있다).

이런 상황을 염두에 둘 때, 프란치스코가 먼저 병고에 시달리는 자매들에게, 그리고 다음으로 그들을 돌보는 사매들을 향해 차례로 말하는 세 개의 행을 이해하게 된다. 양쪽 모두가 서로 다른 방식이기는 하지만 힘겨운 짐을 지도록 요청받은 것이다. 프란치스코는 자신의 체험을 통해 병고에 시달린다는 것이 무엇을 의미하는지 알고 있었다.

다른 한편으로, 프란치스코가 병고에 시달리는 자매들뿐만 아니라 비록 단순하지만 많은 행위와 봉사로 그들을 돌보느라 지친 자매들까지 생각한다는 것은 매우 의미 있다.

프란치스코는 병든 자매들에게나 건강한 자매들에게나, 돌보는 이에게나 돌봄을 받는 이에게나 모두에게 **"다 함께 평화 중에 인내하십시오"** 라는 같은 부탁을 한다. 이 단순한 요청 안에 인간에 대한 얼마나 깊은 통찰이 감추어져 있는지! 이 요청은 간략하면서도 효과적으로 모든 것을 말한다. 침대에 오랫동안 매여 있고 나을 희망이 거의 없는 이, 약해서 계속 병이 재발하는 이는 쉽게 인내심을 잃고 때로는 하느님과 사람들 앞에서 자신의 절망과 한탄을 드러낸다. 평화를 간직하라! 이는 모든 불평과 한탄과는 완전히 반대되는 태도이다. 평화를 간직하십시오! 이 평화란 하느님이 원하시는 상황 속에서 체념이 아니라 자유롭고 기쁘게 인내하는 것이고, 그분의 뜻 안에 계속 머물면서 지금 여기서 예라고 응답하는 것이다.

> **내 주님, …병약함과 시련을 견디어 내는 이들을 통하여 찬미 받으시옵소서.**
> **평화 안에서 이를 견디는 이들은 복되오니, 지극히 높으신 이여, 당신께 왕관을 받으리로소이다**(「태양 노래」 23-26).

시련 속에서도 평화로이 살아가는 것은 병자들을 돌보는 이들의 책무이기도 하다. 그들은 자신의 봉사로 기진하여 불평불만을 늘어놓으면서 환자들의 항상 똑같고 '귀찮은' 부탁에 더 이상 귀를 기울이지 않을 위험에 처하게 된다. 더 나아질 가망도 삶의 희망도 없을 때 의사나 간호사는 환자를 포기하고 싶은 유혹에 빠지지만, 바로 그때가 환자에게 인간적인 친밀함, 신뢰와 평화를 나눌 수 있는 누군가를 더 필요로 할 때이다.

인내심 없고 항상 불만족하는 병자를 대면하는 것은 참으로 어려운 일이지만, 그 안에서 평화를 간직하라.

병든 이든 그들을 돌보는 이든 하느님 안에 닻을 내린 평화의 태도를 지니기 위해 계속 노력해야 한다. 그래야 프란치스코가 했던 것과 같은 체험을 하며 살 수 있을 것이다. 프란치스코는 이에 대해 자신의 「유언」에서 "그리고 내가 그들에게서 떠나올 무렵에는 나에게 쓴맛이었던 바로 그것이 도리어 몸과 마음의 단맛으로 변했습니다"(「유언」 3)라고 말한다. 사랑의 힘은 모든 것을 변화시킨다!

제6절

마지막 2행 단락은 "Ka"[실제로]라는 말로 시작됨으로써 앞선 내용과 관련된다. 자신의 병고 또는 병자들을 돌보는 가운데 인내하며 내적 평화를 간직하는 사람은 **보상** 없이 남겨지지 않는다. 다른 글에서도 자주 말하듯이 프란치스코는 여기서도 지상의 삶을 영원한 삶에 온전히 투영시켜 바라본다. '하늘나라에 대한 사랑 때문에'라는 전망은 모든 것을 평가하는 데 가장 결정적인 것이다.

영원한 보상이라는 개념과 관련해서는 오늘날 좀 더 조심스럽고 유보적이다. 실제로 우리는 그 사람에 대한 사랑 때문에 이웃을 사랑한다고 말하지, '하느님에 대한 사랑 때문에' 이웃을 사랑해서는 안 된다고들 한다. 어떤 보상을 바라고 무엇을 해서는 안 된다는 것이다. 이런 말 안에는 맞는 부분도 있다. 이웃, 특히 고통받는 이는 하늘에 도달할 수 있게 해주는 일종의 수단으로 축소될 수 없다. 평화 중에 병자를 돌보는 이는 자신의 수고를 그처럼 이기적으로는 결코 이해하지 않을 것이다. 오히려, 영원한 보상에 대한 생각을 올바로 이해한다면, 이는 우리가 이웃을 위해 수고할 때 사랑에 인색하지 않도록 하는 하나의 자극제가 된다.

젊어서부터 유능한 장사꾼이었던 프란치스코는 여기서 병자들을 돌보는 이들을 격려하기 위해 그가 아주 잘 알고 있는 이미지를 사용한다. **여러분의 수고를 비싼 값으로 팔아**[venderite cara quésta fatíga], 즉 여러분은 풍성한 보답을 받게 될 것이라는 이미지를 사용하는 것이다.

이런 식의 표현은 첼라노가 말하는 한 장면, 즉 프란치스코가 주교와 아버지 앞에서 공개적으로 자신의 유산을 포기한 후에 벌어진 일을 상기시킨다. 이 젊은이는 모든 것을 버리고 집을 떠났다. 때때로 애긍을 청하기 위해 도시로 돌아왔을 때, 그는 옛 동료들로부터 조롱을 당하고 "미친 놈"으로 불린다. 어느 겨울날 아침에 프란치스코와 육신의 형제 안젤로가 서로 만났다. 초라한 옷을 입고 있던 프란치스코는 추위에 떨고 있었다. 자신의 형제인 프란치스코에게 일어난 변화를 전혀 이해하지 못하고 그를 정신 나간 사람 취급했던 안젤로는 거리를 지나가던 다른 사람에게 말했다.

**"프란치스코에게 가서 그 알량한 땀을 너에게나 팔라고 해라."
이 말을 듣고 하느님의 사람은 기쁨에 싸여 미소를 지으며 대답하였다. "정말 나는 이 땀을 더욱 열심히 나의 주님께 팔겠소"**(「2첼라노」 12).

인내로이 견디어 내는 시련은 보상을 받을 것이다. 아마도 마리아께서 왕관을 받는 장면을 형상화한 수많은 그림과 모자이크의 영향을 받은 듯 성인은 **대관의 이미지** 안에서 영원한 보상을 본다. 병을 평온하게 받아들이거나 사랑으로 병든 이들을 돌보는 모든 자매는 하늘에서 **여왕**이 될 것이며, "그대로 이루어지소서"(루카 1,38)라고 말하며 항상 주님을 섬겼던 동정녀 마리아처럼 왕관을 받게 될 것이다.

앞에서 인용한 「태양 형제의 노래」 단락에서는 왕관을 받는 것에 대해서 언급하지만 성모 마리아에 대해서는 언급하지 않는다. 그에 비해 이 "그리스도의 기사"는 성 다미아노의 자매들의 눈앞에 마리아를 본보기로 제시한다. 실제로 프란치스코는 자신의 감수성 안에서 마리아가 한 여성의 영적 세계 안에서 특별한 역할을 수행한다는 것을 알고 있었다. 프란치스코는 클라라를 알고 있었고 마리아께로 향한 그녀의 지향을 알고 있었다. 마리아를 향한 클라라의 지극한 사랑을 고려하면 그녀가 세상을 떠날 때 보았던 환시, 즉 하느님의 어머니께서 "흰 옷을 입고 머리에 금으로 된 화관을 쓰고 있는 동정녀들의 무리"(「클라라 전기」 46) 가운데 계신 환시를 이해할 수 있다.[13]

영적 유언

「들으십시오, 가난한 자매들이여」는 형제회 창설자가 성 다미아노의 작은 수도원에서 자라고 있던 그의 사랑스럽고 소중한 '작은 나무들'에게 준 영적 유언이다. 프란치스코는 이것으로 영적 딸들에게 자기의 뜻을 **영원히** 보여주고자 했다. 길이가 짧음에도 불구하고, 이 노래는 성녀 클라라의 자매들이 살기로 마음먹은 프란치스칸의 체험 전체를 요약하는 것 같다.

사실, 이 시적인 글은 부르심의 은총, 프란치스코의 '작은 나무들'의 놀라운 성장과 자매들의 고귀한 약속을 상기시키며, 그녀들이 선택한

---

13 참조: M. Bartoli, 『Chiara d'Assisi』, 235.

것을 유지하고 그것을 성실하게 살아내며 죽을 때까지 순종 안에서 머무르라고 격려한다. 자매들에게 이 모든 것은 구체적으로 하느님께서 아낌없이 주시는 매일의 선물에 대해 책임감 있고 신중하게 처신하는 것과 병중에 또 서로를 위한 봉사에서 평화를 간직하는 것을 의미한다.

진리 안에서 살고, 평화 속에서 죽는 것, 그리고 하늘에서 왕관을 받는 것이 프란치스코가 여기서 지극히 사랑하는 성 다미아노의 가난한 자매들에게 제시하는 프란치스칸 삶의 목표이다. 클라라와 그녀의 자매들은 프란치스코가 공손하고 기사도적인 방식으로 자신들에게 노래한 이 권고를 자신들의 마음속에 메아리치게 하여, 사랑으로 가득 차 오늘에 이르기까지 세상에는 숨겨지고 하느님께 봉헌된 삶으로(참조: 콜로 3,3) 이를 실현해왔다.

클라라의 모범은 조용한 빛을 발하지만 우리 시대에도 밝게 빛난다. 클라라라는 인물에 대해, 그리고 '새로운 여인'[donna nuova]으로서 그녀가 가진 의미에 대해 최근 네 명의 총봉사자들이 성녀 클라라 탄생 800주년을 선포하는 긴 서한을 발행했다.[14]

프란치스코의 기도에 대한 일련의 묵상 마지막 말을 강인한 여인인 클라라에게 돌린다. 프란치스코의 학교에서 클라라는 스승이자 "여인들의 새로운 안내자"(첼라노)가 되었다. 비록 그녀의 말은 다음과 같이

---

14 『새로운 여인 아씨시의 클라라. 네 프란치스칸 가족 총봉사자들이 성녀 클라라 탄생 800주년(1193-1993)을 맞이하여, 클라라 회원들, 모든 프란치스칸 봉쇄수도자들, 그리고 클라라와 프란치스코를 사랑하는 전 세계 모든 이에게 보내는 서한』[Chiara d'Assisi donna nuova. Lettera dei ministri generali delle quattro Famiglie Francescane alle Clarisse, a tutte le claustrali francescane, a coloro che amano Chiara e Francesco in tutto il mondo in occasione dell'ottavo centenario della nascita di santa Chiara(1193-1993)], Roma, 1991.

그 모습은 다르다 할지라도 프란치스코의 말과 근본적으로 일치한다.

> 그대의 정신을 영원의 거울 안에 놓으십시오.
> 그대의 영혼을 영광의 광채 안에 두십시오.
> 그대의 마음을 하느님 본질의 형상 안에 두고
> 관상을 통하여 그대 자신 전부를
> 그분 신성의 모습으로 변화시키십시오(「3아녜스 편지」 12-13).[15]

---

15 『프란치스칸 원천』 2888; L. CANONICI - G. BOCCALI, 『Scritti ed Opuscoli』, 203; 참조: A. LAGIER, 『Klara von Assisi, "eine neue Fuhrerin der Frauen"』, Werl, 1980, 30-37; S. DURANTI, 『La canzone di Chiara』, Assisi, 1990, 85-96; A. MARINI, 「Agnese di Boemia」 (Bibliotheca Seraphico-Capuccina, 38), Roma, 1991; M. SCHLOSSER, 「Madre - sorella - sposa nella spiritualita di santa Chiara」, 『Chiara: francescanesimo al femminile』, a cura di D. COVI - D. DOZZI, Roma, 1992, 169-187.

참고 문헌

Adinolfi M., 『Il saluto alla Vergine di san Francesco』 (Quaderni di "La Terra Santa"), Jerusalem 1982.

Asseldonk O. van, 「S. Giovanni evangelista negli scritti di S. Francesco」, 『Laurentianum』, 18 (1977) 225-255.

— 「Il crocifisso di San Damiano visto e vissuto da S. Francesco」, 『Laurentianum』, 22 (1981) 453-476.

— 「Maria, sposa dello Spirito Santo secondo Francesco d 'Assisi」, 『Laurentianum』, 23 (1982) 414-423.

— 「Lo Spirito del Signore e la sua santa operazione negliscritti di Francesco」, 『Laurentianum』, 23 (1982) 133-195.

— 『La lettera e lo spirito. Tensione vitale nel francescanesimo ieri e oggi』, vol I-II, Roma 1985/86.

— 『Maria, Francesco e Chiara』, Roma 1989.

Bagatti B., 「Nota sull'iconografia di "Adamo sotto il Calvario"」, 『Liber Annus Studii Biblici Franciscani』, 27 (1977) 5-37.

Bajetto F., 「Un trentennio di studi (1941-1973) sul Cantico di frate sole, bibliografia ragionata」, 『L 'Italia Francescana』, 49 (1974) 5-62.

Baldelli I., 『Il "Cantico": Problemi di lingua e di stile, in Francesco d'Assisi e francescanesimo』, 75-99.

Barsotti D., 『Le Lodi di Dio altissimo』, Milano 1982.

— 『La preghiera di S. Francesco』, Brescia 1982.

Bartoli M., 「Chiara d'Assisi」, (Bibliotheca seraphico-capuccina, 37), Roma 1989.

Bigi M., 「Il segno del Tau」 (Testi ad uso dei membri dell'OFS, 2), Roma 1985.

Bloomfield M. W. - Guyot B. G., 「Incipits of Latin Works on the Virtues and Vices, 1100-1500 A.D.」, Cambridge 1979.

Boccali G., 「Parole di esortazione alle Poverelle di San Damiano」, 「Forma Sororum」, 14 (1977) 54-70.

— 「Canto di esortazione di san Francesco per le "Poverelle" di San Damiano」, 「Collectanea Franciscana」, 48 (1978) 5-29.

Boff L., 「Padre nostro, preghiera della liberazione integrale」, Assisi 1988.

Boyer M., 「François d'Assise à Saint Damien. Une expérience de Jésus crucifié」, Montréal-Paris 1982.

Branca V., 「Il Cantico di frate Sole. Studio delle fonti e testo critico」, 「Archivum Franciscanum Historicum」, 41 (1948) 3-87.

Brzostowski E., 「Pregare e vivere il Padre nostro」, Torino 1988.

Canonici L. - Boccali G., 「Scritti ed Opuscoli di S. Francesco e S. Chiara d'Assisi」, Assisi 1980.

Cont i M., 「La parola di Dio "spirito e vita" negli scritti di S. Francesco」, 「Antonianum」, 57 (1982) 15-59.

— 「Dio speranza dell'uomo nelle preghiere di S. Francesco, in La speranza. Atti del congresso promosso dal Pontificio Ateneo "Antonianum" 30 maggio - 2 giugno」 1982, Roma 1984, 381-420.

Corstanje A. van , 「Francis: Bible of the Poor」, Chicago 1977.

D'Alatri M., 「San Francesco diacono nella Chiesa」, Roma 1977.

Delcorno C., 「Origini della predicazione francescana」, 「Francesco d'Assisi e francescanesimo」, 125-160.

Del Zotto C., 「L 'esperienza dello Spirito Santo nella vita della Chiesa secondo S. Francesco d'Assisi」, 「Antonianum」, 57 (1982) 156-207.

Di Ciaccia F., 「Il "Saluto alla Vergine" e la pietà mariana di Francesco d'Assisi」, 『Studi Francescani』, 79 (1982) 55-64.

Dijk S. J. P. van, 「Saint Franci's Blessing of Brother Leo」, 『Archivum Franciscanum Historicum』, 47 (1954) 199-201.

Doyle E., 『Francesco e il Cantico delle creatures』, Assisi 1982.

Dozzi D., 『Il Vangelo nella Regola non bollata di Francesco d'Assisi』 (Bibliotheca seraphico-capuccina, 36), Roma 1989.

Duranti S., 『Preghiere di Francesco d'Assisi』, Assisi 1988.

— 「Francesco ci parla」, 『Commento alle Ammonizioni』, Assisi 1992.

Dürig W., 「Die Deutung der Brotbitte des Vater unser bei den lateinischen Vätern bis Hieronymus」, 『Lithrgisches Jahrbuch』, 18 (1968) 72-86.

Egger W., 「"Verbum in corde - cor ad Deum". Analyse und Interpretation von Regula non bullata X X II 」, 『Laurentianum』, 23 (1982) 286-311.

「Eremitismo nel francescanesimo meddievale」. 『Atti del X V II Convegno internazionale. Assisi, 12-14 ottobre 1989』, Assisi 1991.

Esser k., 『Das Testament des hl. Franziskus von Assisi』, Münster 1949.

— 「Die "Regula pro eremitoriis data" des hl. Franziskus von Assisi」, 『Studien zu den Opuscula』, 137-179.

— 「Die dem hl. Franziskus von Assisi zugeschriebene "Expositio in Pater noster"」, 『Collectanea Franciscana』, 40 (1970) 241-271; 『Studien zu den Opuscula』, 225-257.

— 「Das Gebet vor dem Kreuzbild in San Damiano」, 『Studien zu den Opuscula』, 78-89.

— 『Studien zu den Opuscula des hl. Franziskus von Assisi』, herausgegeben von E. Kurten und I. de Villapadierna, Roma 1973.

— 『Le Ammonizioni di san Francesco』, Roma 1974.

— 「"Exhortatio ad Laudem Dei". Ein wenig beachtetes Loblied des hl.

Franziskus」, 「Archivum Franciscanum Historicum」, 67 (1974) 3-17.

— 「Ein Vorläufer der "Epistola ad fideles" des hl. Franziskus von Assisi」 (cod. 225 Biblioteca Guarnacci Volterra), 「Collectanea Franciscana」, 45 (1975) 5-37.

— 「Die Opuscula des hl. Franziskus von Assisi」, Neue textkritische Edition, Grottaferrata 1976.

— 「Temi spirituali」, Milano ³1981.

— 「Gli scritti di S. Francesco」, Nuova edizione critica e versione italiana, Padova 1982.

— 「Die Opuscula des hl. Franziskus」, Textkritische Edition. Zweite, erweiterte und verbesserte Auflage besorgt von E. Grau, Grottaferrata 1989.

Fleming J. V., 「The Iconographic Unity of the Blessing for Brother Leo」, 「Franziskanische Studien」, 63 (1981) 203-220.

「Francesco d'Assisi e francescanesimo dal 1216 al 1226」, 「Atti del IV convegno internazionale. Assisi 15-17 ottobre 1976, Assisi」 1977, 75-99.

Francesco d'Assisi, 「Gli scritti」, a cura di G. V. Sabatelli, Assisi 1971.

— 「Scritti. Introduzione」, traduzione e schede di V. Gambaso, Padova 1983.

Franceschini E., 「Nel segno di Francesco」, a cura di F. Casolini e G. Giamba, Assisi 1988.

François d'Assise, 「Écrits」. Texte latin de l'édition K. Esser, introduction, traduction, notes et index par Th . Desbonnets - Th. Matura - J.F. Godet - D. Vorreux, Paris 1981.

Gagnan D., 「Office de la Passion, prière quotidienne de saint François」, 「Antonianum」, 55 (1980) 3-86.

Gallant L., 「L'"Officium Passionis" de saint François d'Assise. Discussion concernant quelques variantes」, 「Archivum Franciscanum Historicum」, 74 (1981) 502-507.

Gasparino A., 「Padre nostro. Conversazioni con i giovani」, Torino 1991.

Gennaro C., 「Chiara, Agnese e le prime consorelle: dalle "Pauperes dominae" di S. Damiano alle Clarisse」, 『Movimento religioso femminile』, 167-191.

Goebel B., 『Con S. Francesco davanti a Dio. Spunti di meditazione』, a cura di R. Toso, Genova 1991.

Grau E., 「Das Privilegium paupertatis der hl. Klara」, 『Geschichte und Bedeutung, Wissenschaft und Weisheit』, 38 (1975) 17-25.

— 『Leben und Schriften der hl. Klara von Assisi』, Werl ^{5}1980.

— 「Verba exhortationis "Audite Poverelle"」, 『Franziskanische Studien』, 72 (1990) 47-69.

Hamman A., 『Le Pater expliqué par les Pères』, Paris 1962.

Hubaut M., 『Cristo nostra felicità. Pregare con Francesco e Chiaara d'Assisi』, Padova 1986.

Iammarrone G., 「La "Sequela di Cristo" nelle Fonti Francescane」, 『Miscellanea Francescana』, 82 (1982) 417-461.

Iriarte L., 「Dios el bien, fuente de todo bien según S. Francisco」, 『Laurentianum』, 23 (1982) 77-101.

Izzo L., 『La semplicità evangelica nella spiritualità di S. Francesco d'Assisi』, Roma 1971.

Jansen A., 「Traduction, sens et structure de la 27e Admonition」, 『Franziskanische Studien』, 64 (1982) 111-127.

Jiménez F., 「Fraternidades contemplativas franciscanas de ayer y de hoy」, 『Selecciones de Franciscanismo』, 8 (1979) 361-372.

Jungclaussen E., 『Die Fülle erfahren. Tage der Stille mit Frana von Assisi』, Freiburg im Br. 1978.

Keuck W., 「"Der Herr segne dich". Der Segen des hl. Franziskus für Bruder Leo」, 『Wissenschaft und Weisheit』, 39 (1976) 81-107.

Lapsanski D., 「The Autographs on the "Chartula" of St. Francis of Assisi」, 『Archivum Franciscanum Historicum』, 67 (1974) 18-37.

Lauriola G., 「La personalità di Francesco d'Assisi nel Cantico delle creature」, 『Frate Francesco』, (Roma) 47 (1980) 18-30.

Leclerc E., 『Le Cantique des Créatures ou les symboles de l'union』, Paris 1970; trad. it. 『Il Cantico delle creature, ovvero i simboli dell'unione』, Torino 1971.

Leeuwen B. van, 「Twee gebeden van Franciscus voor het heilig Kr uis」, 『Franciscaans Leven』, 64 (1981) 55-71.

Lehmann L., 「"Gratias agimus tibi". Structure and Content of Chapter23 of the Regula non bullata」, 『Laurentianum』, 23 (1982) 312-375.

— 「Der Mensch Franziskus im Licht seiner Briefe」, 『Wissenschaf und Weisheit』, 46 (1983) 108-138.

— 「Der Brief des hl. Franziskus an die Lenker der Völker」, 『Laurentianum』, 25 (1984) 287-324.

— 『Tiefe und Weite. Der universale Grundzug in den Gebeten des Franziskus von Assisi』, Werl 1984.

— 「Die beiden Briefe des hl. Franziskus an die Kustoden」, 『Franziskanische Studien』, 69 (1987) 3-33.

— 「Exsultatio et Exhortatio de Poenitentia. Zu Form und Inhalt der "Epistola ad Fideles I"」, 『Laurentianum』, 29 (1988) 564-608.

— 「"Venga a nosotros tu reino". El Padre nuestro con Francisco de Asís」, 『Selecciones de Franciscanism』, 17 (1988) 269-299.

— 「I Principi della missione francescana secondo le fonti primitive」, 『L'Italia Francescana』, 65 (1990) 239-278.

— 「Ein Psalm des hl. Franziskus zur weihnachtlichen Zeit」, 『Geist und Leben』, 63 (1990) 5-15.

— 「"Geh hin und stelle mein Haus wieder her!". Überlegungen zum franziskanischen Grundauftrag」, 『Geist und Leben』, 64 (1991) 129-141.

Ligges W. - Lehmamm L., 『Il Cantico di Francesco d'Assisi nello specchio della creazione』, Milano 1990.

López S., 「Dios mio y todas mis cosas. Transcendencia y exclusividad de Dios en San Francisco」, 『Verdad y Vida』, 28 (1970) 47-82.

Luzi P., 『Francesco d'Assisi. Guida spirituale di comportamento con l'ambiente』, Torino 1989.

Manselli R., 『San Francesco d'Assisi』, Roma 1980.

Mariani E., 『La sapienza di frate Egidio compagno di san Francesco con "I Detti"』, Vicenza 1982.

Martinelli A., 「Il Saluto alla Vergine di san Francesco d'Assisi」, 『Studi Francescani』, 88 (1991) 431-453.

Matanić A., 『Virtú francescane. Aspetti ascetici della spiritualità francescana』, Roma 1964.

Matura Th., 「"Mi pater sancte". Dieu comme Père dans les écrits de François」, 『Laurentianum』, 23 (1982) 102-132.

— 『Dieu le Père très saint』, Paris 1990.

Menichetti A., 「Riflessioni complementari circa l'attribuzione a san Francesco dell' "Esortazione alle poverelle"」, 『Ricerche storiche』, 13 (1983) 577-593.

Montorsi G., 『La via crucis di S. Francesco』, Padova 1985.

『Movimento religioso femminile e francescanesimo nel secolo XIII. Atti del VII convegno internazionale』, Assisi 11-13 ottobre 1979, Assisi 1980.

Mrozinski R., 『Franciscan Prayer Life. The Franciscan Active Contemplative Synthesis and the Role of Centers of Prayer』, Chicago 1981.

Occhialini U., 「Lectio divina monastica e spiritualità biblica di san Francesco」, 『Parola di Dio e Francesco d'Assisi』, Assisi 1982, 42-63.

Oxilia A., 『Il Cantico di frate Sole』, Firenze 1984.

Paolazzi C., 『Lettura degli scritti di Francesco d'Assisi』, Milano 1987.

— 「Lettura dell "Audite poverelle"」, 『Studi Francescani』, 88 (1991) 417-430.

Parenti A., 『A scuola di preghiera da Francesco e Chiara d'Assisi』, Padova 1992.

Pastor Oliver B., 「Un precursor de la "Carta a los fieles" de San Francisco de Asís: comparación con otros textos precedentes」, 『Analecta TOR』, 14 (1980) 751-770.

Pes M., 「Il Cantico di frate Sole. Note e considerazioni」, 『Studi Francescani』, 82 (1985) 7-30.

Picard M., 『L'icona del Cristo di San Damiano』, Assisi 1989.

Platzeck E . W., 『Das Sonnenlied des hl. Franziskus』, Werl 1984.

Pyfferoen H., 「Ave ... Dei Genetrix Maria, quae es Virgo ecclesia facta」, 『Laurentianum』, 12 (1971) 412-434.

Pyfferoen H. - Asseldonk O. van, 「Maria santissima e lo Spirito Santo in san Francesco d'Assisi」, 『Laurentianum』, 16 (1975) 446-474.

Rahner H., Die Gottesgeburt. 『Die Lehre der Kirchenvä'ter von der Geburt Christi aus dem Herzen der Kirche und der Gläubigen」, 『Symbole der Kirche』, Salzburg 1964, 11-87.

― 「Il mistico Tau」, 『L 'ecclesiologia dei Padri』, Roma 1964, 691-696.

Ravasi G., 「"Cantico delle Creature" e salmi della creazione」, 『Parola di Dio e Francesco d'Assisi』, Assisi 1982, 64-89.

Refatto F., 『Tu sei umiltà! Il Dio dell'evangelo』, Padova 1990.

― 『Uomo fatto preghiera. Francesco d'Assisi maestro di preghiera. Sussidio a schede』, Padova 1990.

Rodríguez I., 「La. primera oración de S. Francisco」, 『Naturaleza y Gracia』, 29 (1982) 7-39.

Rotzetter A., 「Der Sonnengesang des hl. Franz als missionarisches Lied von aktueller Bedeutung」, 『Erschaffe mir ein neues Volk』, a cura di A. Camps - G. Hunold, Mettingen 1982, 44-61.

― 『Memoria e passione』, Padova 1990.

― 『Das Stundengebet des Franz von Assisi zum heutigen Beten neu erschlossen』, Freiburg 1991.

Rotzetter A. - Dijk W. - C. van - Matura Th., 「Vivere il Vangelo. Francesco d'Assisi ieri e oggi』, Padova 1983.

Rusconi R., 「L'espansione del francescanesimo femminile nel secolo XIII』, 「Movimento religioso femminile』, 263-313.

Schampheleer J. de, 「El Crucifijo de San Damián y Francisco de Asís』, 「Selecciones de Franciscanismo』, 17 (1988) 384-423.

Schlosser M., 「Madre - sorella, - sposa nella, spiritualità di santa Chiara』, 「Chiara: francescanesimo al femminile』, a cura di D. Covi - D. Dozzi, Roma 1992, 169-187.

Schmucki O., 「Das Leiden Christi im Leben des hl. Franziskus von Assisi. Eine quellenvegleichende Untersuchung im Lichte der zeitgenössischen Passionsfrömmigkeit』, 「Collectanea Franciscana』, 30 (1960) 5-30, 129-145, 241-263, 353-393.

— 「Das Geheimnis der Geburt Jesu in der Frömmigkeit des hl. Franziskus von Assisi』, 「Collectanea Franciscana』, 41 (1971) 260-287.

— 「"Mentis silentium". Il programma contemplativo nell'Ordine Francesco primitivo』, 「Laurentianum』, 14 (1973) 177-222.

— 「Luogo di preghiera, eremo, solitudine. Concetti e realizzazioni in san Francesco d'Assisi』, 「Le case di preghiera nella storia e spiritualità francescana』, Napoli 1978, 31-53.

— 「Gotteslob und Meditation nach Beispiel und Anweisung des hl. Franziskus von Assisi』, Luzern 1980.

— 「La "Lettera a tutto l'Ordine" di san Francesco』, 「L'Italia Francescana』, 55 (1980) 245-286.

— 「Preghiera liturgica secondo l'esempio e l'insegnamento di san Francesco d'Assisi (Sussidi formazione permanente,7)』, Roma [²1980].

— 「La visione di Dio nella pietà di s. Francesco』, 「L'Italia Francescana』, 57 (1982) 507-524.

— 「El redescubierto Canto de Exhortación de san Francisco para las Damas

Pobres de San Damian』, 『Selecciones de Franciscanismo』, 13 (1984) 129- 143.

— 「La "forma di vita secondo il Vangelo" gradatamente scoperta da s. Francesco d'Assisi」, 『L'Italia Francescan』, 59 (1984) 341-405.

— 「Zur Mystik des hl. Franziskus von Assisi im Lichte seiner Schriften」, 『Abendländische Mystik im Mittelalter』. Symposion Kloster Engelberg 1984, a cura di K. Ruh, Stuttgart 1986, 241-268.

— 『The Stigmata of St. Francis of Assisi. A Criticai Investigation in the Light of Thirteenth-Century Sources』, Translated by C.F. Connor s, St. Bonaventure, New York 1991.

Schnitzler Th., 『Religiöses Brauchtum und Stundengebet』, Freiburg 1988.

『Die Schriften des hl. Franziskus von Assisi』. Einführung, Übersetzung, Erläuterungen von L. Hardick und E. Grau, Werl ⁸1984.

Schürmann H., 『Padre nostro, la preghiera del Signore』, Milano 1982.

『Scritti ed Opuscoli di s. Francesco e s. Chiara d'Assisi』, traduzione, introduzione e note di L. Canonici e indice analitico a cura di G. Boccali, Assisi 1980.

『Gli scritti di Francesco e Chiara d'Assisi』, Introduzione, traduzione e note di F. Olgiati, Padova 1987.

Sorell R. D., 『St. Francis of Assisi and Nature. Tradition and Innovation in Western Christian Attitudes toward the Environment』, Oxford 1988.

Spagnolo G., 「L'Exhortatio ad Laudem Dei di san Francesco. Storia del testo e un commento spirituale」, 『L'Italia Francescana』, 63 (1988) 147-151.

Stefani P., 『Il Padre nostro』, Genova 1991.

Steggink O., 『Der Sonnengesang des Franziskus』, Düsseldorf 1987.

Steiner M., 「El "Saludo a las virtudes" de S. Francisco de Asís」, 『Selecciones de Franciscanismo』, 16 (1987) 129-140.

Tertulliano - Cipriano - Agostino, 『Il Padre nostro. Per un rinnovamento della catechesi sulla preghiera』, a cura di V. Grossi, Roma 1983.

Thévenet D., 「La vera e perfetta letizia negli scritti di Francesco d'Assisi」, 『Miscellanea Francescan』, 91 (1991) 281-336.

Toppi F. S., 『Preghiamo con San Francesco』, Roma 1987.

— 『Seguire Cristo con Francesco d'Assisi』, Napoli 1991.

『Tralci di vite feconda. Con s. Francesco e s. Chiara a colloquio con il "dolcissimo Iddio"』, Genova 1991.

Uricchio F., 「San Francesco e il Vangelo dell'infanzia di Luca」, 『Parola di Dio e Francesco d'Assisi,』 Assisi 1982, 90-154.

Viviani W., 『L'ermeneutica di Francesco d'Assisi. Indagine alla luce di Gv 13-17 nei suoi scritti』, Roma 1983.

Vorreux D., 『Tau, simbolo francescano』, Padova 1988.

Zweerman Th., 「"Timor Domini". Versuch einer Deutung der 27. Ermahnung des hl. Franziskus von Assisi」, 『Franziskanische Studien』, 60 (1978) 202-223.

— 「Über eine neue Deutungsweise der Schriften des hl. Franziskus von Assisi」, 『Wissenschaft und Weisheit』, 51 (1988) 213-218.